Macher und Romantik der Geschichte Alabamas

BF Riley

Writat

Diese Ausgabe erschien im Jahr 2023

ISBN: 9789359251721

Herausgegeben von
Writat
E-Mail: info@writat.com

Inhalt

GEWIDMET

ZUR EINFÜHRUNG

Der vorliegende Band soll einen wesentlichen Beitrag zur Geschichte Alabamas leisten, indem er die aufgezeichneten Leben seiner bedeutendsten Bürger erweitert – Männer, die gleichermaßen auf dem Feld und im Forum, auf der Bank und in der Sphäre des Handels, in im Hörsaal und auf der Kanzel, auf der Farm und im Hof, auf dem Gebiet der Entwicklung ebenso wie in den gewöhnlichen Lebensbereichen, haben auffällig an der Errichtung eines der stolzesten amerikanischen Commonwealths mitgewirkt.

Die Auszeichnungen, die diese herausragenden Bürger in verschiedenen Bereichen erreicht haben, verdienen eine ewige Aufzeichnung, und ihre jeweiligen Taten und Errungenschaften verdienen mehr als nur eine bloße Erwähnung in den aktuellen Chroniken des Staates. In den aufeinanderfolgenden Epochen, die Alabama über einen Zeitraum von mehr als hundert Jahren zunächst als Territorium, dann als Staat durchlaufen hat, hat jeder dieser Würdenträger einen Beitrag zum Aufbau eines mächtigen Gemeinwesens geleistet, und pure Gerechtigkeit erfordert, dass das Besondere Die von jedem so würdig geleistete Aufgabe sollte Gegenstand dauerhafter Aufzeichnungen sein. Hier wird versucht, nicht den ausgetretenen Pfaden der chronologischen Biographie zu folgen, sondern vielmehr die wichtigsten Punkte im Leben jedes bedeutenden Führers aufzugreifen und zu zeigen, wer und was er war und was er tat. Durch eine solche Methode werden diese angesehenen Männer zu Spiegelbildern der Zeit, in der jeder lebte und wirkte.

Darüber hinaus handelt es sich um eine Reihe romantischer Skizzen, die außerhalb des Rahmens der gewöhnlichen Geschichte liegen und dennoch die Funktion haben, den Seiten eine Würze und Würze zu verleihen, die sie weitgehend von der Alltäglichkeit befreien. Diese Szenen stammen aus den Transaktionen von fast vierhundert Jahren, wurden sorgfältig aus allen möglichen Quellen zusammengetragen und werden hier zum ersten Mal in praktischer Form verkörpert.

Die Bedingungen, die die Entwicklung eines großen Staates aus der rauesten wilden Wildnis begleiteten, haben einen Vorrat an Material hervorgebracht, das äußerst romantisch ist. Die ursprünglichen Stämme mit ihren einfachen Siedlungen und Festungen, die über die ungerodete Fläche Alabamas verteilt sind, mit ihren winzigen Kanus das Wasser der Bäche und angrenzenden Buchten überfliegen und auf schmalen Pfaden durch die Wälder ziehen; die Invasionen der Spanier und Franzosen und ihre Transaktionen und Konflikte, als sie auf den Widerstand der Ureinwohner stießen, und die spätere und dauerhafte Besetzung des Territoriums durch die Angelsachsen, die mit der vorherrschenden Entschlossenheit kamen, das Land zu besitzen und es dadurch umzuwandeln die Agenturen einer erobernden Zivilisation in eine erhabene Regierung – diese haben eine Ernte von Romantik hervorgebracht, die in ihrer Seltenheit außergewöhnlich und in ihrer Natur faszinierend ist. Während die Aufzeichnung solcher Szenen Abwechslung bietet, stellen sie gleichzeitig einen nicht minderwertigen Beitrag zu unserer Geschichte dar. Wie die Leben prominenter Geschichtsschreiber sind diese seltenen Szenen Zeugnisse der Zeit, in der sie stattfanden.

Man kann mit Fug und Recht sagen, dass das in diesem Band enthaltene Material zuerst auf den Seiten des Age-Herald aus Birmingham, Alabama, erschien, ohne einen ursprünglichen Plan für die Erweiterung, die sie nach und nach annahmen, und von Anfang an ohne Absicht sie in dauerhafter Form zu verkörpern. Beim ersten Erscheinen wurden die einzelnen Themen unter der allgemeinen Überschrift „Men Who Have Made Alabama" behandelt, während die anderen Skizzen unter der Überschrift „Romance of Alabama History" erschienen. Die einzige Änderung, die sie vorgenommen haben, bestand in der Korrektur einiger kleinerer Fehler, auf die der Autor freundlicherweise aufmerksam gemacht wurde und für die er jetzt seinen Dank anerkennt.

Die Veröffentlichung dieses Bandes ist auf zahlreiche Anfragen von innen und außen zurückzuführen, begleitet von einer großzügigen Andeutung des historischen Wertes des hier behandelten Themas. Diesen Wünschen entsprechend wird der Band veröffentlicht.

WILLIAM WYATT BIBB

An der äußersten Ostgrenze des Washington County, auf einer Klippe mit Blick auf den Tombigbee River im Westen, liegt das alte St. Stephens, die ursprüngliche oder territoriale Hauptstadt von Alabama. Einst hatte es vielleicht dreitausend Einwohner, die größtenteils aus Einwanderern aus Virginia bestanden. Zum Zeitpunkt seiner Wahl als Sitz der Territorialregierung war es so ziemlich der einzige Ort im Territorium, der geeignet war, eine Hauptstadt zu werden, obwohl Huntsville im äußersten Norden ebenfalls eine Stadt mit beträchtlichem Anspruch war.

Bereits 1817 war St. Stephens ein geschäftiges kleines Zentrum der Kultur und des Reichtums. In ihrer Isolation waren die Menschen stolz auf ihr kleines Kapital. Der Kontakt zur Außenwelt erfolgte über träge Flachboote, die von und nach Mobile verkehrten. Der ursprüngliche Standort ist heute ein Schauplatz der Verwüstung. Es sind noch einige Ruinen und Relikte übrig, die die Geschichte der einstmals raffinierten Gesellschaft erzählen, die dort existierte. Ein Teil des Grundmauerwerks des kleinen Hauptgebäudes und der winzigen Schatzkammer, eine gelegentliche Säule aus Stein oder Ziegeln, geschlagen und ramponiert, Baumreihen, die immer noch in regelmäßiger Reihenfolge wachsen, wie sie vor fast einem Jahrhundert gepflanzt wurden, und ein Friedhof mit Flecken und geschwärzter Marmor weisen darauf hin, dass dies einst ein Ort war, an dem eine elegante Gemeinschaft lebte.

Hier veröffentlichte bereits 1814 Thomas Easton, der erste öffentliche Drucker des Alabama-Territoriums, seine kleine Zeitung mit den spärlichen Nachrichten über Plattbootnachrichten aus Mobile, die Verbesserungen in der kleinen Stadt, die Heldentaten der Truthahn- und Hirschjäger , Wölfe und Bären, mit einer leichten Prise Persönlichkeiten. St. Stephens war jahrelang eine Stadt mit einigem Anspruch gewesen, bevor der erste Territorialgouverneur, der ehrenwerte William Wyatt Bibb aus Georgia, aus dem Chattahoochee durch das Land kam, um die Exekutivfunktionen zu übernehmen, zu denen er von Präsident Monroe ernannt worden war. Bibb war sowohl von Natur aus als auch durch Erfahrung bestens für seine schwierige Position gerüstet.

Als Absolvent des William and Mary College entschied er sich für den Beruf der Medizin und engagierte sich aktiv in seinem Beruf, als er ausgewählt wurde, Georgia in der Legislative zu vertreten, wo er, obwohl noch ein recht junger Mann, Auszeichnungen erhielt. Als er kaum 25 Jahre alt war, wurde er aus Georgia zum Kongress geschickt. Später wurde er einer der Senatoren des Staates und wurde später noch von Präsident Monroe zum Territorialgouverneur von Alabama ernannt. Es war eine mühsame Aufgabe.

Das Gebiet war übersät mit vereinzelten Siedlungen von Kolonisten, die aus Virginia, den Carolinas und Georgia kamen und sich hier und da niederließen, aber die beiden Hauptsiedlungen befanden sich an den gegenüberliegenden Enden des Territoriums in St. Stephens und Huntsville. Die Straßen waren noch nicht angelegt, und auf dem Weg von einer Siedlung zur nächsten folgten die Kolonisten den Spuren der Indianer, die durch die Wälder führten. Um die weit voneinander entfernten Gemeinschaften zu einem Staat zu verschmelzen und den Grundstein für ein großes Gemeinwesen zu legen, war mehr als gewöhnliche Staatskunst erforderlich.

Die Grenzen des Territoriums waren gerade vom Nationalkongress festgelegt worden, mit der Bestimmung, dass die territoriale Legislative der neuen Region diejenigen sein sollten, die Mitglieder des Legislativrates und des Repräsentantenhauses von Mississippi waren, die innerhalb der Grenzen des neu geschaffenen Alabama wohnten Gebiet. Von dieser Zahl fiel zufällig nur ein Mitglied des gesetzgebenden Rates oder Senats in das neue Territorium. James Titus aus Madison war das einzige Mitglied des Oberhauses und saß während der ersten Sitzung der gesetzgebenden Versammlung als Senat von Alabama allein in einem Saal. Er war Präsident, Sekretär und Senat – alles in einem. Er tagte, erörterte die Maßnahmen des Unterhauses, vertagte die Sitzungen und berief sie mit lächerlicher Formalität ein. Im Unterhaus gab es etwa ein Dutzend Mitglieder.

Die erste Botschaft des ersten Gouverneurs zeigte, dass er die rauen Bedingungen gut verstand und in der Lage war, mit gewaltigen Schwierigkeiten umzugehen. Eine Wildnis musste durch die Schaffung der notwendigen Ergänzungen zu einem Gemeinwesen geformt und geformt werden, was der junge Gouverneur in seiner ersten Botschaft allesamt empfahl. Zu seinen Empfehlungen gehörten die Förderung der Bildung, der Bau von Autobahnen, der Bau von Brücken und Fähren, die Festlegung der Grenzen von Landkreisen und die Schaffung neuer Landkreise, um die verstreute Bevölkerung zu einer Einheit zu verschmelzen.

Der vielleicht bemerkenswerteste Dienst, den Gouverneur Bibb erbrachte, bestand darin, die Bemühungen des Verfassungskonvents von Mississippi zu vereiteln, in dem dieser Staat organisiert wurde, indem er versuchte, die ursprüngliche Grenze zwischen den Territorien Alabama und Mississippi so zu ändern, dass sie in den neuen Staat einbezogen wurden von Mississippi den gesamten Teil von Alabama, der westlich des Tombigbee River liegt, oder mit anderen Worten, den Tombigbee zur Grenzlinie zwischen den beiden vorgeschlagenen Staaten zu machen. Dies stellte für den jungen Gouverneur eine wichtige und schwierige Aufgabe dar, aber mit kühler Aggressivität, gepaart mit einflussreicher Staatskunst, gelang es ihm, die vorgeschlagene Änderung zu verhindern. Wäre die Änderung vorgenommen worden, wäre Alabama der wertvolle Teil verloren gegangen, der jetzt in den

Grafschaften Sumter, Choctaw, Washington und Mobile liegt. Dem aktiven Handeln und der Energie dieses ursprünglichen Commonwealth-Gründers ist Alabama für die Erhaltung dieses wertvollen Gebietsstreifens zu Dank verpflichtet.

Handels- und Bildungssysteme wurden durch die Eingliederung von Banken und Schulen organisiert, und der erste Standort des Regierungssitzes des neuen Staates wurde durch die Auswahl eines Standorts am Zusammenfluss der Flüsse Cahaba und Alabama vorgesehen, der „Neustadt" genannt wurde Cahaba. Gouverneur Bibb wurde mit der Ausarbeitung der Stadtpläne und der Errichtung eines Kapitolgebäudes beauftragt. Inzwischen wurde der Regierungssitz nach Huntsville verlegt, um die Fertigstellung der Hauptstadt in Cahaba abzuwarten.

Nachdem seine Amtszeit als Territorialgouverneur abgelaufen war und Alabama nun ein Staat geworden war, bot Gouverneur Bibb die Wahl zum ersten Gouverneur des neuen Staates an und wurde von Marmaduke Williams aus Tuscaloosa abgelehnt. Bibb wurde gewählt, starb jedoch bald darauf. Zwei Landkreise, einer in Alabama und der andere in Georgia, wurden zu Ehren von Gouverneur William Wyatt Bibb benannt.

SAM DALE

In den frühen Tagen der Geschichte Alabamas gab es keine romantischere Figur als General Sam Dale. Kühl wie eine Meeresbrise und furchtlos wie ein Löwe – seine natürlichen Fähigkeiten bereiteten ihn auf die rauen Begegnungen der Pionierzeit vor. Wie ein alter Nordmann suchte er die Gefahr, anstatt sie zu meiden, und die Gefahr verschaffte ihm eine angenehme Atmosphäre. Er wurde für die Gefahren der Grenze geboren, und sein unerschrockener Geist bereitete ihn darauf vor, die stürmischen Szenen der frühen indischen Kriegsführung zu genießen.

Dale stammt aus Virginia und wurde in früher Kindheit nach Georgia gebracht, wo er zum frühen Mann heranwuchs. Aus seinen frühesten Erinnerungen kannte er die Geschichten über den lauernden Wilden und die Gefahren des Skalpiermessers und des Tomahawks. Er war somit ein früher Absolvent der Grenzschule für Jagd und Indianerkriegsführung.

Als Dale in der aufkeimenden Phase des Mannesalters nach Alabama zog, hatte er sich bereits den Ruf erworben, der mutigste und beeindruckendste Pfadfinder und Indianerkämpfer seiner Zeit zu sein. In zahlreichen Begegnungen war er ein herausragender Sieger gewesen. Er war 1,80 Meter groß, kerzengerade wie ein Fahnenmast, hatte kantige Schultern, grobe Knochen und Muskeln und ungewöhnlich lange und muskulöse Arme. Er war körperlich ein Riese und der Schrecken eines indianischen Gegners. Durch seinen Mut und seine Unerschrockenheit erregte er sogar die Achtung der Indianer, die ihn „Sam Thlucco" oder Big Sam nannten.

Die Qualitäten, die Dale besaß, können durch die Enthüllung einer oder zweier seiner gewagten Taten veranschaulicht werden. Dale wurde zum Späher in Fort Matthews am Oconee River in Georgia ernannt, das unter dem Kommando des berühmten indianischen Kämpfers, Kapitän Jonas Fauche, stand. Dale schlich heimlich durch das Land und erkundete den Aufenthaltsort und die Pläne der Indianer. Einmal, als er sich in großer Entfernung von der Festung über eine Wasserquelle zum Trinken beugte, sprangen zwei Muscogee-Krieger hinter einem Baumstamm hervor und sprangen mit erhobenen Tomahawks auf Dale. Mit völliger Gelassenheit warf er einen von ihnen über seinen Kopf, ergriff den anderen mit der linken Hand und stieß mit der rechten sein Messer in seinen Körper. Schnell erholte sich der andere und stürzte sich wahnsinnig auf Dale, gerade noch rechtzeitig, um einen weiteren Stoß seiner Klinge abzuwehren, und beide lagen tot zu seinen Füßen. Dale blutete aus fünf Wunden, die er im Kampf erlitten hatte, und verfolgte die Spur der Indianer neun Meilen lang durch den Wald. Als er den Rand ihres Lagers erreichte, fand er drei muskulöse Krieger, die schlafend auf dem Boden lagen und in ihren Lagern schliefen In der Mitte saß eine weiße Frau, eine Gefangene, mit gefesselten Handgelenken. Er tötete alle drei absichtlich im Schlaf und schnitt dem Gefangenen die Riemen durch. In diesem Moment sprang ein tapferer Indianer mit einem wilden Schrei hinter einem Baum hervor und hielt ein glitzerndes Messer bereit, um es in Dales Körper zu bohren. Dale, geschwächt durch seine Wunden und seinen anstrengenden Marsch, wurde von dem Indianer zu Boden geworfen, der ihn in eine solche Position brachte, dass er einen Augenblick später den tödlichen Stich ausgeführt hätte, wenn die Frau nicht schnell einen Tomahawk ergriffen und ihn darin vergraben hätte das Gehirn des Indianers. Die Frau wurde stillschweigend zurück zur Festung begleitet und kehrte zu ihrem Haus zurück.

Nachdem der Frieden geschlossen worden war, begann Dale mit den Indianern Handel zu treiben und tauschte Kattun, Schmuck, Munition und Alkohol gegen Pelzwaren und Ponys. Seine Gewinne wären enorm gewesen, wenn Dale nicht so verschwenderisch gewesen wäre wie er. Aber wie viele andere kannte er den Wert eines Dollars erst, als er in Not war. Sein Handel führte ihn 1808 über den Chattahoochee in das Gebiet von Alabama, wo er zu den ersten Einwanderern in diese Region gehörte. Er war vor allem als Führer bei der jahrelangen Leitung von Einwanderergruppen von Georgia nach Alabama wertvoll. Er war in Tookabatchee und hörte die Kriegsrede von Tecumseh, die den Krieg in Alabama auslöste, und alarmierte sofort die Bevölkerung über bevorstehende Feindseligkeiten. Eine lange und brillante Reihe gewagter Heldentaten prägte die Jahre der unmittelbaren Zukunft von Dales ereignisreichem Leben.

Die vielleicht bekannteste seiner Leistungen war die des berühmten „Kanukampfes" auf den Gewässern des Alabama River. Es war eine spannende Begegnung, die untrennbar mit den großen Errungenschaften verbunden ist, die die Geschichte des Staates prägen. Es ist zu lang, um im Detail darauf einzugehen, und hier können nur die groben Fakten dargelegt werden. Mit zwei Männern in einem Kanu, Austill und Smith, und dem treuen Neger Caesar, um das kleine Boot anzutreiben, machte sich Dale auf den Weg zum Flussufer, um elf Indianerkriegern in einem größeren Boot zu begegnen. Als das Boot, das die Indianer trug, den Fluss hinunterglitt, schoss das Boot mit den drei Weißen unter einer Klippe hervor und wurde direkt auf die Indianer zu gerudert. Zwei der Indianer sprangen aus dem Boot und schwammen zum Ufer. Caesar, der Neger, der das Kanu der Weißen steuerte, brachte sein Boot so, dass es auf das andere zusteuerte, damit sie bald neben ihm sein würden, und sobald es geschah, packte der Neger die beiden und hielt sie währenddessen zusammen die furchtbare Arbeit des Schlachtens ging weiter. Das Ergebnis des Handgemenges war, dass die neun Indianer getötet und in den Fluss geworfen wurden, während die Weißen nur mit Wunden davonkamen.

In den frühen Territorialkämpfen war General Dale teils als unabhängiger Guerillakämpfer tätig, teils unter dem Kommando der Generäle Jackson und Claiborne. Am Ende der Feindseligkeiten bezog Dale seinen Wohnsitz im Monroe County, von wo aus er für acht Amtszeiten als Vertreter in die Legislative entsandt wurde. Als Anerkennung für seine Verdienste gewährte ihm der Gesetzgeber ein Gehalt in Höhe des halben Gehalts eines Obersts der regulären Armee und verlieh ihm gleichzeitig den Rang eines Brigadegenerals, in dem er im Kriegsfall dienen sollte. Später wurde die Bewilligung jedoch aufgrund eines Verfassungsstreits eingestellt, als der Gesetzgeber den Kongress aufforderte, dem alten Veteranen eine Rente zu gewähren, dem Antrag jedoch keine Beachtung geschenkt wurde.

Um eine gewisse Entschädigung für seine Dienste zu erhalten, wurde General Dale von seinen Freunden überredet, nach Washington zu reisen, und während seines Aufenthalts in der Landeshauptstadt wurde er von Präsident Jackson bewirtet. Zusammen saßen die beiden alten, ergrauten Krieger in den Gemächern des Präsidenten und erzählten, während sie ihre Pfeifen rauchten, von den Erlebnissen der schwierigen Zeiten der Vergangenheit.

General Dale diente dem Staat zusätzlich zu den bereits genannten in einer Reihe weiterer Funktionen. Er war Mitglied des Konvents, der die Gebiete Alabama und Mississippi teilte, hatte den Auftrag, eine Autobahn von Tuskaloosa nach Pensacola zu bauen, und half bei der Überführung der Choctaws in ihre neue Heimat im Indianergebiet.

Seine letzten Jahre verbrachte er in Mississippi, wo er dem Staat in der Legislative diente. Er starb 1841 in Mississippi. Sein Biograph, der ehrenwerte JFH Claiborne, sagt, dass ein Choctaw-Häuptling, der am Tag nach seiner Beerdigung über dem Grab von Dale stand, ausrief: „Du schläfst hier, Sam Thlucco, aber dein Geist ist ein Häuptling und ein." mutig in den Jagdgründen des Himmels."

ISRAEL PICKENS

Einer der großen Commonwealth-Gründer des Südwestens war Gouverneur Israel Pickens, der dritte Gouverneur des Staates. Als Staatsbauer kam er gerade zu einer Zeit auf den Plan, als sein konstruktives Genie am meisten gebraucht wurde. Seine beiden Vorgänger, die Brüder, die Gouverneure William W. und Thomas Bibb, hatten dem Staat zusammen kaum mehr als zwei Jahre gedient, wobei ersterer während seiner Amtszeit starb und letzterer als Präsident des Senats seine Nachfolge antrat und seine noch nicht abgelaufene Amtszeit ausfüllte. Beides hatte sich unter rauen und chaotischen Bedingungen gut bewährt, aber das Beste, was in so kurzer Zeit erreicht werden konnte, bestand darin, Pläne für die Zukunft des jungen Staates zu entwerfen. Während mit dem Fundament gut begonnen wurde, war der Überbau noch nicht gebaut.

Dem Gouverneur Israel Pickens wurde die Aufgabe übertragen, Alabama tatsächlich zu einem Staat zu errichten. Es war eine Organisation, die gleichermaßen nach Können, Weisheit und exekutiver Leitung auf höchstem Niveau verlangte. Vor der Schwelle des jungen Staates standen ernste Probleme, denen man mit Feingefühl, aber dennoch mit festem und bewusstem Urteilsvermögen begegnen musste. Die Innenpolitik des Staates musste noch gestaltet und Präzedenzfälle geschaffen werden, die sich später auf das Schicksal Alabamas auswirken würden. Zu diesem Zeitpunkt war Gouverneur Pickens gerade einmal 41 Jahre alt. Es war außerordentliche Vorsicht geboten, wenn der Gouverneur die klügsten Berater, die der Staat damals hatte, mit sich in Verbindung brachte. Die Führungsspitze muss sich in dieser Zeit an einem kritischen Punkt befinden. Zum Glück für Alabama war Gouverneur Pickens für die ihm auferlegte schwere Aufgabe bestens qualifiziert. Er entstammte einer der bedeutendsten frühen Familien des Südens. Der Name Pickens ist noch heute mit einem Hauch von Vornehmheit in der Geschichte Carolinas verankert. Gouverneur Pickens war selbst der Sohn eines revolutionären Vaters, der als Hauptmann im Kampf um die Unabhängigkeit tapfere Dienste geleistet hatte. Als er 1817 North Carolina verließ, trug Gouverneur Pickens dem Staat das Ansehen seiner Familie bei in seinem Heimatstaat und im angrenzenden Bundesstaat South Carolina angeboten werden, zu dem ein Kurs am Washington College, Pennsylvania, hinzukam, wo er seine juristische Ausbildung abschloss. Pickens ließ sich 1817 in Alabama nieder, nachdem er eine Zeit lang in seinem Heimatstaat als Rechtsanwalt tätig war, einige Jahre als Abgeordneter in der Gesetzgebung tätig war und sechs Jahre lang im Kongress gearbeitet hatte. Er ließ sich dort als Anwalt in St. Stephens nieder und wurde dort ernannt die Eintragung des Grundbuchamtes.

Es wird betont, und das zweifellos zu Recht, dass keine Exekutive des Staates jemals Israel Pickens in puncto Gründlichkeit in der Effizienz und in der umfassenden Erfassung einer Situation übertroffen hat.

Er wurde 1821 Gouverneur und wurde 1823 wiedergewählt, wobei er sein Amt bis 1825 bis zum Äußersten seiner verfassungsmäßigen Amtszeit innehatte. Innerhalb der kurzen Zeitspanne von vier Jahren hatte er aus den rohen und unzusammenhängenden Elementen, die ihm zur Verfügung standen, einen kompakten Zustand aufgebaut. Die Qualitäten, die er an den Tag legte, waren Festigkeit, Besonnenheit, sorgfältige Sorgfalt, Weisheit und Verwaltungskraft, zu denen noch Arbeitsfreude hinzukam. Niemals voreilig, sondern immer am Werk, da er jeden Mangel an Mängeln in der sich entwickelnden Struktur sofort erkannte und mit der gleichen Bereitschaft, ihr einen scharfsinnigen Blick für die Dauerhaftigkeit zu verleihen, blieb das Interesse von Gouverneur Pickens bis zum Ende seiner Amtszeit unvermindert bestehen.

Diese staatsmännischen Eigenschaften waren so herausragend, dass sie bei seinen angesehenen Zeitgenossen allgemeine Kritik hervorriefen, die darauf beharrten, dass er an bedingungsloser Treue, selbstloser Hingabe, kluger Planung und geschickter Ausführung nie übertroffen, wenn nicht sogar erreicht worden sei. Dass ihm die schwierige Aufgabe vollauf gelungen ist, ist das Urteil der Nachwelt. Andere Führungskräfte mochten seitdem glänzendere Qualitäten besessen haben, andere mögen noch tiefgründiger gewesen sein, während wiederum die Taten anderer vielleicht spektakulärer waren, aber alle, die Israel Pickens nachgefolgt sind, haben den Nutzen daraus gezogen, was er so geschickt getan hat.

Als er das Amt des Gouverneurs antrat, befanden sich die Bedingungen zwangsläufig in unvollständigem Zustand. Unhöflichkeit und Grobheit prägten überall die Ausgangsbedingungen. So wertvoll die Dienste seiner Vorgänger auch gewesen waren, sein Los bestand darin, ein mächtiges Gemeinwesen in symmetrische Proportionen und in allen Teilen perfekt angepasst zu errichten, bereit, an der Seite der älteren Staaten würdig seine Karriere anzutreten. Die bestehenden Bedingungen trugen dazu bei, dass ein Wildnisgebiet in die Würde der Staatlichkeit überging. Aber als Gouverneur Pickens sein Amt als Regierungschef des Staates niederlegte, war die Struktur in allen Teilen vollständig. In dem jüngsten Werk von zwölf großen Bänden, „The South in the Building of the Nation", herausgegeben unter der Schirmherrschaft der Southern Historical Publication Society of Richmond, Virginia, wird Gouverneur Pickens als „einer der großen Staatsbauer von ..." bezeichnet der Südwesten."

Auch mit Ablauf seiner Amtszeit als Gouverneur endete seine Karriere nicht. Im Jahr nach seinem Rücktritt vom Gouverneursamt wurde er von

Gouverneur Murphy zum Senator der Vereinigten Staaten ernannt. Fast zeitgleich mit dieser Ernennung kam das Angebot von Präsident John Quincy Adams, das Amt eines Bundesrichters in Alabama zu übernehmen. Letzteres Angebot wurde jedoch abgelehnt und Gouverneur Pickens zog in den Bundessenat ein.

Aber Mr. Pickens sollte nur für kurze Zeit senatorische Ehren genießen. Im zweiten Teil desselben Jahres seiner Ernennung zum nationalen Senator wurde seine Lunge ernsthaft geschädigt, Tuberkulose entwickelte sich schnell und er war gezwungen, sein hohes Amt aufzugeben und ein anderes, milderes Klima zu suchen. Zu dieser Zeit waren die Westindischen Inseln der beliebteste Urlaubsort der Betroffenen, und Herr Pickens begab sich nach Kuba in der Hoffnung auf Erholung in seinem milden Klima. Doch seinen Ruhestand aus Washington überlebte er nur fünf Monate.

Senator Pickens hatte den Höhepunkt seiner Männlichkeit und Nützlichkeit noch nicht erreicht, bevor er niedergeschlagen wurde, denn bei seinem Tod war er erst siebenundvierzig Jahre alt. Sein Leichnam wurde zur Beisetzung nach Alabama zurückgebracht und er wurde wenige Meilen von Greensboro entfernt begraben. Durch seinen Tod verlor Alabama einen seiner beliebtesten und bedeutendsten Bürger und einen seiner bedeutendsten Staatsmänner. Ihm gehörte die Hauptaufgabe, Alabama zu einem symmetrischen Staat zu errichten.

CLEMENT COMER CLAY

Gouverneur Clay gehörte zu den Pionieren Alabamas. Er stammte aus Virginia, war der Sohn eines Revolutionssoldaten, und erhielt seine Ausbildung in Knoxville, Tennessee. Als Beruf wählte er Jura, zu dessen Ausübung er 1809 zugelassen wurde, und ließ sich 1811 in Huntsville nieder blieb bis zu seinem Tod im Jahr 1866 sein Zuhause.

Von Anfang an zeigte er großes Interesse am Territorium und an der Förderung seiner Angelegenheiten, und zwei Jahre nachdem er Huntsville zu seiner Heimat gemacht hatte, meldete er sich gegen die Indianer und wurde zum Adjutanten seines Kommandos gewählt. Sein Name ist unter den Territorialgesetzgebern in den beiden Sitzungen vor der Aufnahme Alabamas in die Union prominent.

Als die Verfassungsversammlung stattfand, war Herr Clay nicht allein Mitglied, sondern wurde zum Vorsitzenden des Ausschusses gewählt, der mit der Vorlage des Originalentwurfs der Verfassung beauftragt war. In einem besonderen Sinne ist er daher der Vater des Bundesstaates Alabama.

Den Staatsaufbauern von Alabama war klar, dass niemand tiefer an seinem grundlegenden Aufbau beteiligt war als Mr. Clay, und niemand von denen, die das Gebiet als zukünftige Heimat ausgewählt hatten, war in der Lage, dem jungen Staat in seiner ersten Phase besser zu dienen schwankt bei dem Versuch, wieder auf die Beine zu kommen. Die Weite und Klarheit seiner Vision und die Ungewöhnlichkeit seiner Fähigkeiten zeichneten ihn als jemanden aus, der unter solch anfänglichen Bedingungen in großer Not war. Seine Charakterstärke hatte sich gezeigt, und er war dazu bestimmt, einer der ersten Anführer des neuen Staates zu werden. Deshalb wurde er zum Mitglied des Obersten Gerichtshofs gewählt, und in Anerkennung seiner juristischen Fähigkeiten wählten ihn seine Mitarbeiter, obwohl jünger als alle anderen Mitglieder des neuen Gerichts, zum Obersten Richter, und er war damit der erste, der diese hohe Position innehatte in Alabama.

Das rasche Bevölkerungswachstum und die neuartigen Verhältnisse in einem jungen Staat führten zu einem wachsenden Geschäft und erforderten juristisch begabte Männer. Als Reaktion auf diese Forderung zog sich Richter Clay nach vierjähriger Amtszeit aus dem Obersten Richterstuhl zurück und nahm seine Privatpraxis wieder auf. Kurz darauf verspürte er als Reaktion auf eine irrtümliche Forderung nach gerechtfertigter Ehre den Drang, einen Groll gegen Dr. Waddy Tate aus Limestone County zu dulden, indem er sich mit diesem Herrn auf ein Duell einließ. Das Ergebnis war, dass jedem eine schmerzhafte Wunde zugefügt wurde, und die Angelegenheit war vorbei.

Zum Glück für die Zivilisation ist sie über diese Methode zur Beilegung von Streitigkeiten zwischen vernünftigen Menschen hinausgewachsen.

Richter Clay übte mehrere Jahre lang seine Privatpraxis aus und wurde 1827 als Vertreter des Madison County in die Legislative gewählt. Zwei Jahre später wurde er in den Nationalkongress gewählt, wo er drei Amtszeiten von jeweils sechs Jahren mit großer Effizienz vertrat.

Als er sich 1835 gegen General Enoch Parsons aus Monroe County um das Amt des Gouverneurs bewarb, erhielt er bei der Wahl fast doppelt so viele Stimmen wie sein Konkurrent. Während seiner Amtszeit als Gouverneur kam es zu Problemen durch einen Ausbruch der Creek-Indianer. Gouverneur Clay befahl sofort, die Streitkräfte des Staates abzuziehen, und als Oberbefehlshaber betrat er persönlich das Feld und arbeitete mit den Generälen Scott und Jesup von der Armee der Vereinigten Staaten bei der Unterdrückung der Unruhen zusammen. Ungefähr drei Monate lang hielten die Unruhen an, aber die unermüdliche Tätigkeit von Gouverneur Clay führte schließlich zur Unterdrückung des Ausbruchs und der Frieden wurde wiederhergestellt.

Noch als Gouverneur wurde Herr Clay zum Nachfolger des ehrenwerten John McKinley im Nationalsenat gewählt. In diesem neuen Umfeld kam er mit den Giganten der Nation in Kontakt, und die von ihm erbrachten Dienste sind Teil der nationalen Geschichte. Durch die Bemühungen von Senator Clay wurden die Vorkaufsgesetze erlassen, die Siedler benachteiligten. Zahlreiche Menschen haben von dieser wohltätigen Gesetzgebung profitiert, ohne ihre Quelle zu kennen oder auch nur daran zu denken. Dank dieses Gesetzes konnten Tausende Wohnungen auf öffentlichem Grund erwerben, ohne das dies nicht möglich gewesen wäre. Kein Mann im Nationalkongress war aktiver als er bei der Schaffung der Bedingungen für das größte Glück für die größte Zahl.

Herr Clay behielt seinen Sitz im Nationalsenat nur vier Jahre lang, bevor er aufgrund seiner finanziellen Situation in den Ruhestand ging und zur Verbesserung dieser Situation wieder in die Anwaltspraxis zurückkehrte. Sein früherer Dienst auf dem obersten Richterstuhl veranlasste Gouverneur Fitzpatrick jedoch, ihn 1843 für eine Position am Hof zu ernennen. Hier blieb er nur wenige Monate, eine Tatsache, die bei der Ernennung offenbar berücksichtigt wurde.

Ein zusätzlicher Dienst, den Gouverneur Clay leistete, und es war der letzte öffentliche Dienst für den Staat, war die Erstellung einer neuen Zusammenfassung der Gesetze von Alabama, zu deren Aufgabe er vom Gesetzgeber ernannt wurde. Sein von ihm verfasstes Manuskript wurde vom Justizausschuss angenommen, in unveränderter Form dem Gesetzgeber vorgelegt und wird bis heute als Autorität verwendet. Die letzten Tage von

Gouverneur Clay waren düster. Die Besetzung Nashvilles durch die Föderalen im Februar 1862 führte zur Einnahme von Huntsville, wo vielen der besten Leute der Stadt der Berge zahlreiche Demütigungen zuteil wurden. Zu denen, die diese Demütigungen teilten, gehörte auch der ehrwürdige Gouverneur Clay. Aufgrund seiner wohlbekannten Gefühle wurde sein Haus von den Bundestruppen überfallen, beansprucht und als Staatseigentum betrachtet, und Gouverneur Clay selbst wurde verhaftet. Er litt unter solchen Bedingungen, und in seinem fortgeschrittenen Alter befürchtete er, dass der Untergang des Landes gekommen sei. Auch die Bedingungen für die Beendigung der Feindseligkeiten verschafften ihm keine Erleichterung. Überlegungen wie diese trugen ihn wie eine Last, bis er unter der Last zusammenbrach und am 7. September 1866 im fortgeschrittenen Alter von 77 Jahren in seinem Haus in Huntsville starb.

ARTHUR P. BAGBY

Während sich Alabama noch in seinen territorialen Windeln befand, traf der ehrenwerte JL Martin, der später Gouverneur von Alabama wurde, einen jungen Virginianer, der gerade in das Territorium gezogen war und selbst dazu bestimmt war, Gouverneursehren zu tragen. Dieser junge Mann war zu Fuß durch das Land unterwegs und trug seine persönlichen Gegenstände in einem Bündel, ganz so, wie ein Hausierer seinen Rucksack trägt. Dieser große und gutaussehende junge Mann war Arthur P. Bagby.

Er war ein junger Mann von auffälliger und sogar einnehmender Erscheinung, groß, anmutig, aufrecht, mit klassischen Gesichtszügen und schwarzen Augen, die mit einem ungewöhnlichen Glanz funkelten. Er gehörte zu den vielen unternehmungslustigen jungen Geistern, die die älteren Staaten des Südens verließen und mit Imperien im Kopf nach Westen zogen.

Bagby ließ sich in Claiborne im Monroe County nieder, einer der aufstrebenden Siedlungen im Süden Alabamas, und nutzte die hervorragende Bildungsausrüstung, die ihm in seinem Heimatstaat zur Verfügung gestellt worden war, sofort zu einem praktischen Vorteil. Als Herr Bagby erkannte, dass das Gesetz nicht nur die Möglichkeit bot, Reichtum anzuhäufen, sondern auch ein Mittel zur Unterscheidung, trat er in eine Anwaltskanzlei ein und begann mit seiner Vorbereitung auf die Anwaltstätigkeit. Der rasche Bevölkerungszustrom in den aufstrebenden Staat, die Landbesetzung in alle Richtungen und das unvermeidliche Wachstum des Reichtums würden Rechtsstreitigkeiten hervorrufen und ein Erntefeld für die am besten ausgerüsteten Juristen darstellen. Der junge Bagby traf den Zeitgeist und zögerte nicht, die Gelegenheit zu nutzen.

Bagby war hochbegabt und verfügte wie viele andere junge Männer über seltene natürliche Kräfte. Er verließ sich mehr auf seine natürlichen Begabungen als auf fleißige Anwendung. Seine charmante Persönlichkeit und sein faszinierendes Auftreten machten ihn äußerst beliebt, und seine Popularität wurde durch seine lebhafte Fantasie und seine produktiven und poetischen Äußerungen noch verstärkt. Von seinem ersten Auftritt vor der Öffentlichkeit bis zum Ende seiner langen und ereignisreichen öffentlichen Karriere war er ein äußerst beliebter Redner. Sein Ruf als Redner wuchs allmählich und seine Dienste waren nicht nur vor Gericht, sondern auch bei wichtigen öffentlichen Anlässen häufig gefragt.

Es dauerte nicht lange, bis er seinen Weg ins öffentliche Leben fand, denn 1821 wurde er ausgewählt, Monroe County in der Legislative zu vertreten. Sein geselliges Wesen und seine einheitliche Höflichkeit eroberten die Herzen seiner Abgeordnetenkollegen, und als er nach seiner ersten Amtszeit ins Unterhaus gelangte, wurde er problemlos zum Sprecher gewählt – das jüngste Mitglied in der Geschichte des Staates, das diese Position innehatte. Er war zu diesem Zeitpunkt kaum älter als fünfundzwanzig Jahre. Fünfzehn Jahre lang blieb er in der Legislative, manchmal in einem Zweig und dann wieder in dem anderen. Er beendete seine Karriere als aktiver Gesetzgeber im Repräsentantenhaus 1836 als Sprecher.

Sein aktives Interesse an Angelegenheiten hatte ihn zu diesem Zeitpunkt zu einem der bekanntesten öffentlichen Männer des Staates gemacht, während seine Popularität unvermindert anhielt. Vielleicht hatte Alabama nie einen beliebteren Beamten als Arthur P. Bagby. Zu den bereits genannten Ausstattungen gehörte der Charme eines beständigen Flusses natürlicher, heller und lebhafter Gespräche. Die Natur hatte diesen bescheidenen jungen Virginianer mit ihren reichsten Gaben überhäuft.

Im Jahr 1837 wurde Herr Bagby Kandidat für das Amt des Gouverneurs. Die Wahl von Bagby, der bei den führenden Männern im ganzen Staat wohlwollend war, wurde zunächst zugestanden, obwohl er von einem sehr beliebten Mann, dem ehrenwerten Samuel W. Oliver aus Conecuh, abgelehnt wurde. Die Popularität von Mr. Oliver beruhte auf seinem Konservatismus, und er wurde allgemein als ein Gentleman von großer Gerechtigkeit geschätzt. Sie waren gewaltige Gegner, deren Qualitäten jedem die höchste Wertschätzung einbrachten, aber die Popularität, die der jüngere Kandidat bereits erlangt hatte, und seine überzeugende und mitreißende Redekunst machten ihn zu Freunden, wo immer er auftrat, und er wurde gewählt.

Bis zu diesem Zeitpunkt galt die Amtseinführung eines Gouverneurs als ein so harmloser Anlass, dass die Bevölkerung nur in geringem Umfang an den Zeremonien teilnahm, doch als Bagby in sein Amt eingeführt wurde, strömten diejenigen, die ihn während des Wahlkampfs gehört hatten, in die Hauptstadt, um ihm zuzuhören zu diesem erhabenen Anlass. Aus entlegenen Gegenden suchte sich der hochstehende und bescheidene Bürger den Weg nach Tuscaloosa, der damaligen Hauptstadt, um der Amtseinführungsrede des neuen Gouverneurs zuzuhören. In voller Anerkennung dieser Tatsache zeigte sich Herr Bagby bei dieser Gelegenheit von seiner besten Seite. Sein Auftritt wurde von Tausenden mit Jubel begrüßt, und seine Antrittsrede, die er mit gut modulierter Stimme und großartiger Haltung hielt, wurde von einer vergötternden Wählerschaft begeistert aufgenommen. Die Männer in schlichter Kleidung und mit rustikalem Auftreten stürmten herbei, um die Hand des beliebten jungen Gouverneurs zu ergreifen, und seine Erwiderung auf eine so großzügige und aufrichtige Demonstration blieb völlig unberührt. Auch seine Popularität wurde während seiner Amtszeit nicht beeinträchtigt. Zwei Jahre später wurde er durch den Beifall der Bevölkerung und ohne Widerstand ins Amt gefegt. Obwohl die Doppelregierung von Gouverneur Bagby stürmische Zeiten erlebte, da die Frage der Annullierung damals vorherrschend war, gelang es ihm, die Angelegenheiten des Staates so zu lenken, dass die öffentliche Wertschätzung eher wuchs als gemindert wurde.

Nichts war logischer, als dass er als Nachfolger des ehrenwerten Clement C. Clay anlässlich dessen Rücktritt im Jahr 1841 in den Nationalsenat gewählt werden sollte. Als er zurücktrat, blieb jedoch ein Rest von Senator Clays Amtszeit übrig, außer Mr. Bagby konnte problemlos wiedergewählt werden, nachdem die Frist abgelaufen war. Bevor die Amtszeit von sechs Jahren, für die er gewählt worden war, abgelaufen war, ernannte Präsident Polk Senator Bagby zum außerordentlichen Gesandten und bevollmächtigten Minister am russischen Gerichtshof in St. Petersburg. Für diese Position war er hervorragend geeignet, übte die Funktion des Ministers jedoch nicht länger als ein Jahr aus und trat aus politischen Gründen zurück, als General Taylor die Präsidentschaft übernahm.

Nach seiner Rückkehr aus Russland ließ sich Herr Bagby wieder in Alabama nieder und zog sich ins Privatleben zurück, aus dem er in den öffentlichen Dienst berufen wurde, indem er mit Richter Ormond und dem ehrenwerten CC Clay bei der Kodifizierung der Gesetze von Alabama zusammenarbeitete. Dies war der letzte öffentliche Dienst, den Herr Bagby leistete.

1858 starb er im Alter von zweiundsechzig Jahren in Mobile an Gelbfieber. Von Natur aus mit den höchsten Begabungen und den unterschiedlichsten Talenten ausgestattet, brachte er diese Substanz in den herausragenden Fähigkeiten zum Ausdruck, die er in den erhabenen Positionen an den Tag legte, die er mehr als fünfunddreißig Jahre lang ununterbrochen innehatte. Arthur Pendleton Bagby schmückte mit herausragendem Geschick jede Position, zu der er berufen wurde, und bewahrte stets mit glücklicher Mischung und ausgeglichener Ausgeglichenheit eine äußerst höfliche Würde und eine charmante Kameradschaft, die den einfachsten Bürger in seiner Gegenwart vollkommen beruhigte. Denjenigen, die ihn am besten kannten, fiel es schwer zu entscheiden, was sie mehr bewundern sollten: seine überlegene angeborene Würde oder seine ungekünstelte Herzlichkeit, so undefinierbar war der Charme, der diesen begabten Herrn ausstrahlte. Weder Ärger noch die Angst vor Stress in der öffentlichen Anspannung beeinträchtigten die Freundlichkeit seines Umgangs mit anderen, und obwohl er von seinen Mitbürgern geehrt wurde, wurden sie für die hervorragenden Dienste, die er dem Staat und der Nation leistete, reichlich belohnt.

WILLIAM R. KING

Der aus North Carolina stammende William Rufus King zog 1818 nach Alabama. Angezogen von einer Region, die bald ihren Platz in der Galaxie der Staaten einnehmen sollte, war Mr. King kein Neuling in öffentlichen Angelegenheiten, als er Alabama erreichte. Tatsächlich wurde er mit einer ungewöhnlichen Auszeichnung für einen so jungen Mann gekrönt, als er in ein Gebiet auswanderte, das gerade dabei war, Staat zu werden. Obwohl er damals erst 32 Jahre alt war, hatte er sich selbst und seinem Heimatstaat ehrenvolle Dienste als Gesetzgeber, Anwalt und Kongressabgeordneter geleistet. Als er erst 24 Jahre alt war, war er aus North Carolina zum Kongress geschickt worden. Sein Eintritt in den Kongress im Jahr 1810 erfolgte zeitgleich mit dem Beginn der Kongresskarrieren von Henry Clay, John C. Calhoun und William Lowndes.

Herr King diente sechs Jahre lang mit Auszeichnung im Kongress, als er unter William Pinkney, dem damaligen Minister am russischen Hof, zum Sekretär der amerikanischen Gesandtschaft in St. Petersburg ernannt wurde. Nachdem er zwei Jahre in dieser ehrenvollen Funktion verbracht hatte, kehrte King nach North Carolina zurück und zog anschließend nach Alabama.

Als er 1819 eine Plantage in der Nähe von Cahaba kaufte, wurde er kaum gefunden, als er zum Vertreter der ersten Verfassungsversammlung des Staates gewählt wurde. Zusammen mit den Ehrenwerten Henry Hitchcock aus Washington County und John M. Taylor aus Madison entwarf Herr King die erste Verfassung dieses Staates. Seine klare Wahrnehmung, sein gesundes Urteilsvermögen und seine Fähigkeit, Angelegenheiten von großer Bedeutung zu regeln, erregten während der Sitzung des ersten Verfassungskonvents die Aufmerksamkeit der Führer des künftigen Staates und er wurde als einer der Männer der Stunde bezeichnet den Grundstein für ein großes Gemeinwesen legen. In Anerkennung seiner Fähigkeiten wurde Herr King zu einem der ersten nationalen Senatoren von Alabama gewählt, als die erste Legislaturperiode 1819 zusammentrat. Von dieser künftigen Auszeichnung muss er sich nicht bewusst gewesen sein, denn zum Zeitpunkt seiner Wahl befand er sich auf einem Besuch in Alabama North Carolina.

Mr. King lebte in einer Atmosphäre, die über der der gewöhnlichen Männer lag. Er war eher ein Mann mit soliden als mit glänzenden Eigenschaften, und sein Leben war geprägt von Reinheit und einem erhabenen Pflichtverständnis. Sein Verhalten zeichnete sich durch eine Feinheit der Gefühle aus, ein freundliches und ruhiges Auftreten, ein völliges Fehlen von Zurschaustellung oder Härte, eine Gelassenheit und Sanftmut, ohne ungebührliche Worte, die seine Lippen beschmutzten, keine Handlung, die selbst den bescheidensten Zivilisten abstoßen könnte. Im Bundessenat sagte der ehrenwerte RMT Hunter aus Virginia anlässlich des Todes von Herrn King: „Er war ein Mann, dessen ganze Seele unter dem Gefühl persönlicher Schande erkrankt wäre." Er war in der Geltendmachung der Ansprüche anderer weitaus offener als der Ansprüche, die er für sich selbst geltend machte.

Kein Mann im öffentlichen Leben Amerikas hat jemals mehr durch intrinsische Verdienste gewonnen als William Rufus King. Sein Verhalten war bei allen Gelegenheiten so groß, dass die Menschen ihn instinktiv ehrten. Für ihn als öffentlichen Mann war das Prinzip der Weg von höchster Zweckmäßigkeit. Er trug seine Ehre auf der Zunge und würde nicht auf niedrigem Niveau um einen Platz kämpfen und nie die Kunst der kleinlichen Politik erlernen. Er beteiligte sich an politischen Wettbewerben, die jedoch auf offenem Feld und vor den Augen der Weltöffentlichkeit stattfanden.

Herr King wurde der erste Bürger des Staates und wurde Vizepräsident der Vereinigten Staaten, aber das war ausschließlich seinem Wert zu verdanken und nicht den Künsten des kämpfenden Politikers. Völlig unvoreingenommen war er bei einer Gelegenheit genauso spektakulär wie bei der anderen. Er hatte eine stille Ritterlichkeit ohne Mut, den Stempel eines edlen Naturmenschen, ohne herrschaftlichen Stolz.

Seine Fähigkeiten waren so unbestritten, sein Urteilsvermögen so untrüglich, seine Qualitäten als idealer Staatsdiener so überaus substantiell, dass die Menschen in Alabama ihn fast fünfunddreißig Jahre lang mit einem offiziellen Amt ehrten. Im Jahr 1837 wurde Herrn King die Position eines Ministers am österreichischen Hof angeboten, er lehnte jedoch ab, weil sein leidenschaftliches Eintreten für die Wahl von Herrn Van Buren als Motiv für eine künftige Besoldung – die Zahlung – ausgelegt werden könnte einer politischen Schuld. Männer dieser Art waren damals nicht so selten wie heute.

Als infolge der geplanten Annexion von Texas als amerikanischer Staat Komplikationen mit bestimmten ausländischen Mächten drohten, bestand die Forderung nach äußerster Diplomatie und Fingerspitzengefühl sowie nach äußerster Staatskunst seitens derjenigen, die zur Vertretung ins Ausland geschickt werden sollten Vereinigte Staaten vor den Gerichten Englands und Frankreichs. Ein einziger Fehltritt an dieser Stelle würde grenzenlosen Ärger bedeuten. Man brauchte jemanden, der sich durch gesellschaftliches Ansehen und weise Staatskunst auszeichnete und an den französischen Hof geschickt werden musste. Es war genau solch ein Notfall wie dieser, der die Ausübung von Befugnissen erforderte, wie sie Herr King besaß, und er wurde dementsprechend in diese Position berufen und übte diese Funktion zwei Jahre lang aus, bevor er zurücktrat und nach Alabama zurückkehrte. Der von Mr. King frei gewordene Sitz im Bundessenat war inzwischen von Dixon H. Lewis besetzt worden, einem beliebten Idol, aber von ganz anderer Art als Mr. King. Beide waren Vorbilder an Ehre, die gleichermaßen öffentliche Wertschätzung verdienten; Aber Lewis, so schwerfällig er auch war, war ein beliebter Redner und gehörte eher zum Bonhommie-Typ als King. Zu dieser Zeit galten sie als die beiden bedeutendsten Männer des Staates.

Bei seiner Rückkehr nach Hause wollten Kings Freunde, dass er seinen Platz im US-Senat wieder einnahm, während die Freunde von Lewis gleichermaßen entschlossen waren, dass er in einer Position bleiben sollte, die er ganze zwei Jahre lang innehatte. Es begannen politische Manöver zwischen den Freunden der beiden angesehenen Staatsmänner, aber die Verhandlungen schienen erfolglos zu sein. Es war unvermeidlich, dass jeder seine Stärke vor dem Volk auf die Probe stellen musste. King und Lewis waren persönliche Freunde, sie stammten aus benachbarten Landkreisen und beide waren Demokraten. Mr. King war mittlerweile als nationale Persönlichkeit so auffällig geworden, dass viele vorhersagten, dass Lewis es nicht wagen würde, sich ihm zu widersetzen, aber er tat es. Dem Wettbewerb wurde beigetreten. Es war eine Schlacht der Giganten. König, geschmeidig, elegant, glatt, schlicht und einfach in der Diktion, aber klar wie der Schein der Sonne, ohne die Gaben eines Redners, aber ein hervorragender Redner, trat vor die Massen. Lewis, der fünfhundert Pfund wog, sein großes, volles Gesicht vor Sonnenschein strahlte und obwohl er groß war, ein äußerst aussagekräftiger Redner war, der eine Anekdote mit wunderbarer Wirkung erzählen konnte, während er gleichzeitig über die unbestrittene Fähigkeit verfügte, Redepassagen häufig zum Ausdruck zu bringen, gewann schnell seinen Weg ins öffentliche Herz. Bekanntlich gewann Lewis, aber die beiden Freunde sollten beide zufrieden sein, denn Gouverneur Chapman konnte bald Mr. King zum Senator der Vereinigten Staaten anstelle von Senator Bagby ernennen. Während der Amtszeit von Präsident Fillmore wurde Herr King zum Vorsitzenden des Senats gewählt, und im Sommer 1852 wurde er für das Amt des Vizepräsidenten nominiert, auf der nationalen Liste mit Franklin Pierce gewählt, starb jedoch im nächsten Jahr sein Zuhause in Cahaba, Ala.

DIXON H. LEWIS

In mancher Hinsicht war der ehrenwerte Dixon Hall Lewis ein sehr bemerkenswerter Mann. Er war frühreif, in seinen frühen Jahren jedoch nicht lernbegierig. Dennoch behauptete er sich in seinen Kursen am South Carolina College, wie die Universität dieses Staates damals hieß, mit entschiedenen Verdiensten. Er war von Anfang an beliebt und in College-Kreisen ein großer Favorit und galt als rundum guter Kerl.

Lewis war Student am South Carolina College, als die Nichtigerklärung ein vorherrschendes Thema war, und nahm bereitwillig die von Herrn Calhoun vertretenen Prinzipien auf, die damals das Ideal der meisten jungen Einwohner South Carolinas waren. Die reiferen und nachdenklicheren Studenten beteiligten sich an den politischen Themen der Zeit, insbesondere wenn sie so aufregend waren wie die Nichtigerklärung damals. In den folgenden Jahren hatte der große Staatsmann aus South Carolina nie einen glühenderen Bewunderer und Unterstützer als Dixon H. Lewis.

Eine der bemerkenswertesten Tatsachen im Zusammenhang mit Herrn Lewis war seine ungewöhnliche Größe. Seine bemerkenswerte Korpulenz und sein enormer Körperbau machten ihn zu einem Spektakel unter Männern normaler Größe. Sein Gewicht war bereits in seiner Kindheit übermäßig groß und nahm im Laufe seines Lebens weiter zu. Sein Tod war zweifellos auf seine übermäßige Fettleibigkeit zurückzuführen, und er wurde in einem Alter abgeholzt, in dem er am nützlichsten hätte sein sollen.

Nach seinem Abschluss am South Carolina College zog er 1822 nach Alabama. Zu diesem Zeitpunkt war Lewis gerade zwanzig Jahre alt. Nach seiner Zulassung als Anwalt begann er in Montgomery als Anwalt zu praktizieren. Seine Fähigkeiten im Gerichtssaal wurden sofort anerkannt, und wenn er weitergemacht hätte, hätte er zweifellos an der Anwaltskammer einen hervorragenden Ruf erlangt; doch seine ausgeprägte Vorliebe für die Politik führte ihn schon früh in die Sphäre, in der er den Rest seines Lebens verbrachte. Seine Karriere als Beamter begann im Parlament von Alabama. In den Jahren 1825-26-27 vertrat er Montgomery County in der Generalversammlung des Staates. Zu diesem Zeitpunkt wog er etwa dreihundertachtzig Pfund.

Aufgrund seiner Fähigkeiten nahm Herr Lewis eine führende Position unter den Gesetzgebern Alabamas ein. Da er aus Altersgründen kaum wählbar war, wurde er aus seinem Distrikt für den Kongress ausgewählt und blieb von 1829 bis 1844 im Unterhaus des Nationalkongresses, als er in den Bundessenat versetzt wurde.

Herr Lewis gehört zu den Politikern, die sich für die Rechte der Bundesstaaten einsetzen, und es gab noch nie einen leidenschaftlicheren Verfechter einer Sache. Im Kongress war sein Einfluss deutlich ausgeprägt, und jahrelang war er der anerkannte Leiter der Alabama-Delegation im unteren Zweig dieses Gremiums. Er lehnte einen Schutzzoll entschieden ab und ließ sich keine Gelegenheit entgehen, gegen dessen Trugschluss und Ungerechtigkeit vorzugehen. Seine Grundsätze fanden ihren Niederschlag in den Plattformbeschlüssen des Nationaldemokratischen Konvents, der 1840 in Baltimore tagte.

Trotz seiner Schwerfälligkeit wurde Herr Lewis weder in seiner Tätigkeit als Landesgesetzgeber noch als Kongressabgeordneter beeinträchtigt. Sein Interesse an allen öffentlichen Angelegenheiten ermöglichte es ihm, das Hindernis zu überwinden, das sein enormes Gewicht mit sich brachte. Es gehörte zu seinen Leitprinzipien, bei wichtigen Ausschusssitzungen niemals fernzubleiben und dabei stets klar und deutlich seine Überzeugungen zum Ausdruck zu bringen. Als er 1844 aus dem Repräsentantenhaus ausschied, um seinen Sitz im Senat einzunehmen, war er Vorsitzender des Ausschusses für Wege und Mittel, und die von ihm im unteren Zweig gezeigten Fähigkeiten führten zu seiner Ernennung zum Vorsitzenden des Ausschusses Finanzen, als er die obere Kammer betrat.

Sein Leben war ein ständiger Kampf gegen die Schwierigkeit, die sein Gewicht mit sich brachte. Er konnte nur wenig laufen und konnte nur in wenige Fahrzeuge einsteigen. Sein Privatwagen musste in puncto Festigkeit besonders konstruiert sein und sein Einstieg war ungewöhnlich breit. In seinem Haus musste ein oder mehrere spezielle Stühle angefertigt werden, die an seine Größe angepasst waren, und sein Bettgestell war weitaus stabiler als gewöhnlich. Er bewegte sich mit äußerster Mühe von Ort zu Ort, aber im ständigen Kampf des Geistes gegen das Fleisch überwog ersteres, denn angetrieben von einem gigantischen Willen weigerte er sich aufgrund seines immensen Gewichts und seiner Größe zu zögern.

Auf seinen Reisen nach Washington und zurück, in den Tagen, bevor die Eisenbahn so praktisch wurde, musste Herr Lewis in einer altmodischen Postkutsche reisen und zahlte immer zwei Sitzplätze. Für ihn wurde ein Stuhl ungewöhnlicher Größe für das Repräsentantenhaus angefertigt, und als er in den Senat einzog, wurde er in diese Kammer verlegt. Dennoch war Lewis, wie bereits erwähnt, ein Redner von ungewöhnlicher Kraft. Seine Redefreiheit, sein angenehmes Auftreten, seine heitere Art und seine Fähigkeit, die besprochenen Themen klar und kraftvoll darzustellen und sich dabei auf wohlgeordnete und gründlich verarbeitete Fakten zu verlassen, machten ihn in Debatten beeindruckend und bei einem promiskuitiven Publikum sehr beliebt.

In diesem denkwürdigen Wettbewerb gegen Mr. King um den Nationalsenat im Jahr 1841 waren die Leistungen von Lewis herkulisch. Da er zu diesem Zeitpunkt etwa fünfhundert Pfund wog, musste man ihm auf die Plattform helfen, und einmal, als das Wetter übermäßig heiß war, erleichterten zwei hingebungsvolle Landwähler, einer auf jeder Seite des schwülen Redners, die Situation durch das Schwanken von zwei große Palmenfächer, die sie energisch bedienten, während er voller Inbrunst sprach. Der Kontrast zwischen Mr. Lewis und Mr. King war am auffälligsten – der eine war schwerfällig und massig, während der andere groß, dünn, geschmeidig und sehnig war.

Mr. Lewis lehnte es ab, sich über seine Größe lustig zu machen, und reagierte empfindlich auf die leiseste Anspielung darauf. Aber seine echte Ritterlichkeit verbot es ihm , irgendjemandem auch nur den geringsten Vorteil zu verschaffen oder jemandem aufgrund seines Zustands auch nur die geringste Unannehmlichkeit zu bereiten. Als er einmal aus Washington zurückkehrte, erlitt der Dampfer, auf dem er sich befand, Schiffbruch. Das kleine Boot wurde zur Ablösung der aufgeregten und verzweifelten Passagiere hinausgeschickt, aber er lehnte es ab, es zu betreten, aus Angst, sein enormes Gewicht könnte die Sicherheit der anderen gefährden. Er blieb allein in größter Gefahr, bis die anderen sicher gerettet werden konnten, und wurde anschließend von dem kleinen Boot erreicht und gerettet.

Herr Lewis wurde 1844 in den Senat gewählt und starb 1848. Im Interesse seiner Gesundheit ging er in der zweiten Hälfte des Jahres 1848 nach New York, wurde wie erwartet erfolgreich behandelt und war von der Aussicht auf eine baldige Wiederaufnahme seines Amtes beseelt Während er in Washington öffentliche Aufgaben wahrnahm, verbrachte er einige Zeit damit, die Sehenswürdigkeiten rund um und innerhalb der Stadt New York zu besichtigen. Doch sein besonderes Leiden kehrte plötzlich zurück und er starb bald. Zum Zeitpunkt seines Todes war Herr Lewis 46 Jahre alt.

Der Ruf dieses bemerkenswerten Mannes war landesweit so groß, dass sein Leichnam einige Zeit im Rathaus von New York aufgebahrt wurde, bevor er auf dem Greenwood-Friedhof beigesetzt wurde. Der Trauerzug war eine Ehre für seine Karriere, denn an seiner Spitze standen der Bürgermeister von New York, der Gouverneur des Staates und jeder Kongressabgeordnete, der die Metropole rechtzeitig erreichen konnte. Er starb, als er gerade dabei war, seine großartigen Kräfte voll auszuüben.

BENJAMIN FITZPATRICK

Die Galaxie der Namen der würdigen Söhne Alabamas wäre unvollständig, wenn der Name von Gouverneur Benjamin Fitzpatrick weggelassen würde. Als ungebildeter und verwaister Junge kam er 1816 aus Greene County, Georgia, nach Alabama, um sich bei den Pflanzarbeiten seiner älteren Brüder zu engagieren, deren Ländereien am Ostufer des Alabama River, etwa sechs Meilen außerhalb von Montgomery, lagen. Er besuchte nie länger als sechs Monate seines Lebens die Schule und war in seinen frühen Tagen an die rauen Begegnungen der Welt gewöhnt. Colonel Brewer gibt in seiner Geschichte von Alabama an, dass Herr Fitzpatrick in den folgenden Jahren die Gewohnheit hatte, auf ein Feld in der Nähe von Montgomery hinzuweisen, wo er für seine Brüder eine Schweineherde hütete, da die Schweine am Mast des Eichenwaldes fraßen.

Der Dienst als stellvertretender Sheriff im Elmore County, der ihn mit den Gerichten in Kontakt brachte, weckte den Ehrgeiz, Anwalt zu werden, und er bereitete sich unter der Anleitung des Hon. auf diesen Beruf vor. NE Benson. Bereits im Alter von gerade einmal 21 Jahren wurde er als Anwalt zugelassen und erlangte aufgrund seines Engagements für die Interessen seiner Mandanten schnell Popularität als Anwalt. Nachdem er eine Zeit lang in Elmore County praktiziert hatte, zog er nach Montgomery, wo er eine Partnerschaft mit Henry Goldthwaite einging.

Die rechtliche Entwicklung von Herrn Fitzpatrick verlief rasant, und er wurde in die Anwaltschaft des Bezirks Montgomery gewählt und nach einer Amtszeit erneut in die gleiche Position gewählt. Durch seine Heirat mit einer Tochter von General John Elmore wurde sein politisches Vermögen erheblich gestärkt. Die Elmores waren eine der angesehensten Familien des Staates. Ein Sohn des Generals war ein nationaler Senator aus South Carolina, ein anderer ein angesehener Anwalt in Montgomery, ein weiterer war Generalstaatsanwalt von Louisiana und ein weiterer war Außenminister von Alabama und späterer Sammler des Hafens von Mobile, während ein anderer Bundesrichter in Kansas war. Durch seine Heirat wurde Herr Fitzpatrick ein Schwager des Hon. Dixon H. Lewis.

Getrieben von der angeschlagenen Gesundheit aus der Abgeschiedenheit seiner Anwaltskanzlei begab er sich 1827 auf seine Plantage in der Nähe von Montgomery, wo er ein fürstliches Landhaus unterhielt, in dem ihm die Gastfreundschaft entgegengebracht wurde, für die der alte Südstaatler sprichwörtlich war. Zu keinem Zeitpunkt in der Geschichte eines Landes war die Gastfreundschaft üppiger als in den Fürstenhäusern des Südens während des Sklavereiregimes, und das Zuhause der Fitzpatricks war ein typisches Beispiel für die Gastfreundschaft jener Tage, die heute vergangen sind. Ganze zwölf Jahre lang lebte er zufrieden und glücklich auf seiner fruchtbaren Plantage, ohne öffentliche Ämter in Anspruch zu nehmen, doch 1840 wurde er vom demokratischen Staatskonvent aus seinem Rückzugsort berufen, um als Van-Buren-Wähler zu dienen, und es gelang ihm, den Staat in die Kolonne zu locken des demokratischen Kandidaten aus New York. Seine Fähigkeiten waren während seines Wahlkampfs so herausragend, dass er am Ende desselben Jahres mit dem Amt des Gouverneurs des Staates geehrt wurde.

Während seiner Zeit im Ruhestand war Herr Fitzpatrick mit den aktuellen Themen der Zeit in engem Kontakt geblieben, und seine Kräfte wurden in seinem ländlichen Rückzug gefestigt, so dass er bei seiner Rückkehr ins öffentliche Leben weitaus besser gerüstet war. Dies wurde sofort in seiner ersten Botschaft an die Legislative deutlich, die ihn durch die Breite ihrer Staatskunst zu einem der führenden Publizisten des Staates machte, und er übernahm problemlos und ohne Widerstand den Vorsitz des Gouverneurs. Seine Doppelverwaltung war so außergewöhnlich gewesen, dass ein gemeinsamer Beschluss der Generalversammlung sowohl seine Amtszeit als Gouverneur als auch ihn persönlich bestätigte. Er schied mit dem Lob seiner Landsleute aus dem Amt des Gouverneurs aus.

Als er sich auf seine Plantage begab, wurde er von Gouverneur Chapman zur Übernahme des Senatorenpostens der Vereinigten Staaten aufgefordert, um die noch nicht abgelaufene Amtszeit von Dixon H. Lewis auszufüllen. Er wurde erneut ernannt, um die noch nicht abgelaufene Amtszeit des Hon auszufüllen. William R. King und wurde 1855 von der gesetzgebenden Körperschaft Alabamas für einen Zeitraum von sechs Jahren in den Bundessenat gewählt. In dieser Phase seiner Karriere wurde Herrn Fitzpatrick die höchste Ehre des Senats zuteil, da er von diesem Gremium zum Präsidenten pro tempore gewählt wurde.

Im Jahr 1860 wurde Senator Fitzpatrick der zweite Platz auf der nationalen Liste neben Stephen A. Douglas zugeteilt, den er jedoch ablehnte, weil er mit Mr. Douglas über dessen Doktrin der „Squatter-Souveränität" nicht einverstanden war. Dies weist darauf hin, dass Senator Fitzpatrick kein Sezessionist war, denn er teilte die Ansichten anderer bedeutender Führer des Südens, dass die Sezession nicht das Mittel sei, um die Missstände zu heilen, über die sich der Süden seiner Meinung nach zu Recht beklagte. Aber wie diejenigen, mit denen er die Abspaltungsstimmung teilte, hinderte ihn dies nicht daran, mit der Sache des Südens zu sympathisieren. Als es einmal zum Konflikt kam, trug er in jeder Hinsicht zur Sache des Südens bei. Er gab seine Überzeugungen auf und blieb ein Patriot des Südens, und als sich die anderen Mitglieder des Südens aus dem Kongress zurückzogen, trennte er sich von der Bundesregierung als Senator und trat leidenschaftlich für die Sache seiner Sektion ein.

Die letzte öffentliche Funktion von Senator Fitzpatrick war die der Präsidentschaft des Verfassungskonvents von Alabama im Jahr 1865. Obwohl er stets ein fröhliches Auftreten bewahrte, besteht kaum ein Zweifel daran, dass die Folgen des Krieges die völlige Zerstörung des Industriesystems des Südens waren hat seinen Geist stark beansprucht. Er starb, als er etwa siebzig Jahre alt war.

Nur wenige Persönlichkeiten des öffentlichen Lebens in Alabama haben eine reinere Bilanz hinterlassen als Gouverneur Fitzpatrick. Sein herausragendes Merkmal war seine Integrität. Er würde niemals Kompromisse in Bezug auf Prinzipien eingehen, da er der Meinung ist, dass diese Prinzipien unteilbar sind. Wenn Strenge erforderlich wäre, um dies zu demonstrieren, dann könnte er streng sein. Für ihn war Gerechtigkeit ein oberstes Prinzip. Er würde niemals auch nur um Haaresbreite schwanken, nicht einmal gegenüber dem liebsten Freund oder Verwandten. Er stellte höchste Ansprüche an die Erfüllung öffentlicher Pflichten durch Beamte, und um die Bedingungen und Bedingungen seines Amtseides strikt einhalten zu können, machte er sich mit allen Einzelheiten der Pflichten seiner Untergebenen vertraut. Er machte kein Versprechen, das er nicht erfüllte, und verpflichtete sich zu keiner Sache, die er nicht buchstabengetreu erfüllte. Für ihn war ein öffentliches Amt eine öffentliche Treuhandschaft, und er passte sich dieser strikt an. Die Kombination der Eigenschaften, die in den Charakter von Mr. Fitzpatrick einflossen, machte ihn zu einem idealen Beamten, dessen Lebenslauf durchaus nachahmenswert ist.

JOSHUA L. MARTIN

Das Jahr 1845 war von einem Bruch in der demokratischen Partei Alabamas geprägt. Die Amtszeit von Gouverneur Fitzpatrick lief bald ab und es musste ein Nachfolger ausgewählt werden. Das Interesse an den politischen Angelegenheiten im Staat hatte nachgelassen, was größtenteils auf die Niederlage der Whig-Partei im Jahr zuvor zurückzuführen war, die bei der Wahl des Präsidenten scheiterte. Das Ergebnis war eine Demoralisierung der Whigs im ganzen Land, denn sie waren von dem Glauben beseelt, dass es ihnen gelingen würde, die Präsidentschaft zu erobern. Sie zeigten jedenfalls keine Neigung, sich in die Listen für das Gouverneursamt in Alabama einzutragen.

Im Mai 1845 wurde in Tuscaloosa, der damaligen Hauptstadt des Staates, ein demokratischer Kongress einberufen, der nur spärlich besucht wurde, was auf die überall vorherrschende politische Gleichgültigkeit zurückzuführen war. Allerdings wäre die Teilnehmerzahl am ersten Tag des Kongresses viel größer gewesen, wenn das Boot von Mobile, das alle Delegierten aus den südlichen Landkreisen bringen sollte, nicht verspätet gewesen wäre.

Die Freunde des Hon. Nathaniel Terry aus Limestone war auf seine Nominierung für die Gouverneurswürde bedacht, und da die Anwesenden größtenteils aus den nördlichen Landkreisen stammten, waren sie bestrebt, mit der Nominierung ihres Kandidaten fortzufahren. Es waren jedoch andere Anwesende anwesend, für die Mr. Terry nicht in Frage kam, und sie beantragten, die Tagung auf den nächsten Tag zu verschieben, um auf die Ankunft des verspäteten Dampfers aus Mobile zu warten. Aber Terrys Freunde, die angesichts der ohnehin geringen Teilnehmerzahl offensichtlich in der Mehrheit waren, bestanden darauf, dass die Nominierung noch an diesem Tag vorgenommen würde. Dies löste bei den anderen einen heftigen Protest aus, der vor der Versammlung verlesen und anschließend zum Schaden der Kandidatur von Herrn Terry gedruckt und verbreitet wurde, aber trotz dieses vehementen Protests wurde die Nominierung vorgenommen.

Dies war ein Signal für einen Sturm. Viele Anwesende waren unzufrieden, und diejenigen, die später kamen, ließen das Brüllen des Sturms anschwellen, der sofort aufkam. Überall war unzufriedenes Gemurmel zu hören, sehr zur Genugtuung der Whigs, die so oft schwere Niederlagen gegen die viel gepriesene vereinte Demokratie erlitten hatten. Die Whigs lachten nicht nur über den innenpolitischen Streit der Demokraten, sondern taten auch, was sie konnten, um die Kluft zwischen den beiden Fraktionen zu vertiefen. Die Unzufriedenheit fand endlich ihren Ausdruck in der Benennung eines weiteren demokratischen Kandidaten für das Gouverneursamt, nämlich des

Kanzlers Joshua Lanier Martin aus Tuscaloosa. Er war ein leidenschaftlicher Demokrat, weithin bekannt und wohlwollend, hatte mit großer Akzeptanz in einer Reihe von Positionen gedient, etwa als Gesetzgeber, Anwalt, Bezirksrichter und Kongressabgeordneter, und da vielen im Kongress eine Stimme verweigert worden war, schlugen sie vor, ihn zu verärgern Dies geschieht, indem versucht wird, einen anderen Demokraten zu wählen als den, der von den wenigen Überstürzten nominiert wurde. Richter Martin strebte die Nominierung nicht an, aber als er unter den gegebenen Bedingungen ausgewählt wurde, akzeptierte er die beliebte Nominierung.

Die Streitfrage zwischen den beiden beeindruckenden Kandidaten war nun völlig vereint, und die Freunde von Mr. Terry plädierten für die banale Berufung auf Parteinominierung und Parteitreue, was jedoch nur dazu beitrug, die Begeisterung der Bevölkerung zu verstärken. Dem wurde mit der Gegeneinrede der Vorteilsnahme entsprochen, so dass die Einrede der Unterstützung wegen der unzulässigen Nominierung gegenstandslos war. Noch nie zuvor kam es zu einem Bruch der Partei im Staat, und dies wurde als Verstärkung des bereits erwähnten Appells genutzt, jedoch ohne großen Erfolg.

So tobte die Schlacht, und aus seiner Apathie geriet der Staat in Aufruhr, und das Land hallte von den Reden der streitenden Parteifraktionen wider. Spaltungen und Meinungsverschiedenheiten nahmen zu. Der Nachbar kämpfte mit dem Nachbarn und die Gemeinschaft kämpfte gegen die Gemeinschaft. Haushalte wurden gespalten, Kirchen wurden durch unterschiedliche Gefühle auseinandergerissen und Männer stritten sich im Zorn, als ginge es um das Schicksal des Kontinents. Gründe und Gegengründe flogen wie Kugeln im Kampf, und die Standardargumente des Wahlkampfs wurden zu denen aller, und er nutzte sie mit der ganzen Leidenschaft und Reibung plötzlicher Originalität. Angesichts der unbestrittenen Demokratie von Richter Martin, seines offiziellen und privaten Rufs, seiner persönlichen Beliebtheit und der überstürzten Nominierung seines Gegners war es klar, dass Mr. Terry von Beginn des Wahlkampfs an allen Widrigkeiten zum Opfer fiel.

Darüber hinaus unterstützten die Whigs, die darauf bedacht waren, dem „regulären Kandidaten" der demokratischen Partei so viel Gewicht wie möglich zu verleihen, Richter Martin. So wurde der Feldzug plötzlich stürmisch. Die Aufregung war groß, die Leidenschaft verdrängte die Vernunft und Lärm erfüllte die Luft. Bis zur Schließung der Wahllokale am Wahltag war die Frage durch die Abstimmung der Bundesstaaten so kompliziert, dass niemand eine Prognose über das Ergebnis wagen konnte. Aber Richter Martin lag mit mindestens fünfhundert Stimmen Vorsprung vor seinem Gegner. Dies war die erste Niederlage, die jemals ein nominierter Demokrat im Bundesstaat für ein Staatsamt erlitten hat, und wie unter ähnlichen Bedingungen üblich, gab es düstere Vorhersagen über den völligen Untergang der demokratischen Partei im Bundesstaat Alabama!

Man muss Richter Martin stets zugute halten, dass er sich während des gesamten anstrengenden Wahlkampfs mit einzigartigem Gleichmut ertrug. Es herrschte eine Atmosphäre, die weit über dem Geschwätz des Demagogen lag, und man war sich darüber im Klaren, dass dieser Ort für ihn unerwünscht war, es sei denn, er sollte lediglich als Anerkennung für seine Verdienste und seine Eignung vergeben werden. Durch die Beachtung dieses Prinzips in der Politik wurde Gouverneur Martin nie für ein öffentliches Amt geschlagen.

Gouverneur Martin war von Geburt an ein Tennesseaner. Da ihm eine weiterführende Ausbildung verwehrt blieb, nutzte er das Beste, was er an den öffentlichen Schulen hatte, und festigte deren begrenzte Ausbildung in seinen jüngeren Jahren durch Unterrichten. Er erreichte Alabama im Jahr 1819, im selben Jahr seiner Aufnahme in die Union, beendete sein in Tennessee begonnenes Jurastudium und ließ sich in Athen nieder, um dort zu praktizieren. Die politischen Ämter, die Gouverneur Martin innehatte, wurden bereits angegeben, und aufgrund dieser brachte er in das Gouverneursamt eine gründliche Kenntnis der öffentlichen Angelegenheiten mit. Während seiner Amtszeit kam es zum Mexiko-Krieg, aus dessen Forderungen er sich mit offizieller Treue ergab. Nach Ablauf seiner Amtszeit nahm er die Anwaltstätigkeit wieder auf und bekleidete, abgesehen von seiner Wahl in die Legislative im Jahr 1853, nie wieder ein offizielles Amt. Fast dreißig Jahre lang war er im öffentlichen Dienst und ein treuerer Beamter, den der Staat nie hatte. Er starb am 2. November 1866 in Tuscaloosa im Alter von 67 Jahren.

ISAAC SMITH

Kein Mann in den frühen Annalen des Staates hatte eine abwechslungsreichere oder romantischere Karriere als Rev. Isaac Smith, ein mutiger Missionar der methodistischen Kirche. Sein Leben und Wirken finden in der weltlichen Geschichte keine Anerkennung, aber der Beitrag, den er für den Staat in seiner frühen Entstehung leistete, verschafft ihm einen verdienstvollen Platz in den Chroniken des Staates. Es ist zweifelhaft, ob sein Name und seine Arbeit der gegenwärtigen Generation der großen Christenschaft, deren frühes Mitglied er war, bekannt sind, aber sie sind es nichtsdestotrotz wert, erwähnt zu werden.

Herr Smith trat schon als Jugendlicher aus Virginia in die Armee von Washington ein. Er war klug und wachsam und wurde von Washington zum Ordonnanzbeamten ernannt. In dieser Funktion diente er sowohl unter Washington als auch unter LaFayette. Als die neue Nation ihre unabhängige Karriere begann und die Region im Westen zu öffnen begann, wanderte Herr Smith in den Süden aus, wurde Pfarrer der Methodistenkirche und bot den Indianerstämmen seine Dienste als Missionar an. Wegen ihrer Wildheit gehasst, war die vorherrschende Idee in den ersten Jahren des 19. Jahrhunderts die der Vernichtung des roten Mannes, aber Mr. Smith fühlte sich gedrängt, ihm das Evangelium der Erlösung zu bringen.

Seine Arbeit war nicht auf eine bestimmte Region beschränkt und er stapfte durch das Land und gefährdete dabei sein Leben bei den wilden Stämmen, die ihn liebten, weil er ein bleiches Gesicht war, das ihnen Gutes tun wollte. Er gründete eine Indianerschule in der Nähe des Chattahoochee und brachte den Indianern die Elemente der englischen Sprache bei. Als Bischof Asbury, der unbezwingbarste aller methodistischen Bischöfe, in den Süden kam, war Herr Smith sein enger Freund und Berater, und am wertvollsten waren seine Dienste für den Bischof bei der Einführung des Methodismus im unteren Süden.

Alle echten Lehrer sind bessere Lernende als Ausbilder, denn in ihrem Eifer zu vermitteln, müssen sie zunächst etwas erwerben. Herr Smith war ein eifriger Schüler und im Laufe seiner Jahre sammelte er sowohl Weisheit als auch Gelehrsamkeit an. Als er den Höhepunkt seines Lebens überschritten hatte, wurde er zu einer Macht in seiner Konfession und sein Rat wurde in den hohen Kreisen seiner Kirche ungehindert eingeholt. Als General LaFayette 1825 auf seiner Reise durch den Süden Alabama besuchte, durchquerte er die Creek Nation in Georgia, wurde von einer Gruppe Georgier zum Chattahoochee River eskortiert und der Obhut von fünfzig bemalten Indianerkriegern übergeben wetteiferten mit den blassen Gesichtern darum, dem angesehenen Besucher Ehre zu erweisen. Als er

LaFayette über den Fluss auf die Seite von Alabama ruderte, wurde er von Rev. Isaac Smith empfangen. Der große Franzose erkannte Mr. Smith sofort als einen seiner jungen Pfleger während der Feldzüge in New Jersey und Pennsylvania. Es gab eine herzliche Demonstration der gegenseitigen Zuneigung zwischen dem alten französischen Veteranen und dem jüngeren Mann, jetzt ein methodistischer Prediger. Die bemalten Indianerkrieger betrachteten den Grußaustausch mit sichtlicher Freude. Zufällig erreichte LaFayette die Alabama-Seite genau an der Stelle, an der das bescheidene Schulgebäude des unerschrockenen Missionars stand.

Nachdem die erste Begrüßung beendet war, verzichtete Mr. Smith auf jegliche Konventionalität und schlug, im Einklang mit seinem methodistischen Eifer und der Freude, die er bei der Begegnung mit seinem alten Kommandanten empfand, vor, dass sich alle im Gebet verbeugen sollten. Als LaFayette und Smith auf die Knie fielen, taten die indianischen Krieger dasselbe, und dort am Ufer des hügeligen Chattahoochee, unter alten Eichen, erklang die Stimme von Mr. Smith in inbrünstigen und lauten Gebetsbekundungen durch die tiefen Wälder . Das so präsentierte Bild war des Bleistifts des Meisters würdig – des leidenschaftlichen, aber frommen Predigers, des großen französischen Patrioten und der fünfhundert Krieger, jeder mit den Händen vor dem Gesicht, betend in den wilden Wäldern von Alabama. Das Gebet war ein unbändiger Ausbruch der Freude über das Treffen des alten Kommandanten und eine andächtige Bitte um die Erhaltung des Lebens des Freundes der amerikanischen Freiheit.

Dem gastfreundlichen Druck des jungen Soldaten aus früheren und stürmischeren Tagen nachgebend, wurde LaFayette in die bescheidene Hütte des Missionars im Wald gebracht, und um teils den angesehenen Gast zu unterhalten, teils um ihm einen Einblick in das Leben der Aborigines zu ermöglichen, wurde Mr . Smith arrangierte, dass die Indianer ein Ballspiel spielten. Der Tag war vorbei und LaFayette wurde in die Hütte gebracht, wo ihm die spärliche Kost des Pioniermissionars serviert wurde, und neben dem primitiven Kamin saßen die beiden, der Missionar und der große Franzose, in dieser Nacht und stritten sich über die Schlachten, an denen beide beteiligt waren die Revolution. Am nächsten Morgen trennten sie sich, LaFayette setzte seinen Kurs in Richtung Cahaba, der Landeshauptstadt, fort und Mr. Smith nahm seinen Laufband-Dienst als zurückgezogener Missionar bei den Indianern wieder auf. Sie trennten sich mit den gleichen Zuneigungsbekundungen, mit denen sie sich kennengelernt hatten, und trafen sich nie wieder leibhaftig.

Mit fröhlichem Eifer setzte Herr Smith seine Arbeit unter den Indianern fort, die er in späteren Jahren ausweitete, als die weiße Bevölkerung weiter zunahm. Er leistete der Regierung große Dienste, indem er die Ansprüche der Indianer befriedigte und sie beruhigte, indem er das unvermeidliche Los akzeptierte, das ihnen schließlich zuteil wurde. Als Vermittler verhinderte Herr Smith in jenen frühen Tagen, als die Ausrottung der Indianer so ernsthaft angestrebt wurde, viele Massaker.

Da der Ruhm unerwünscht und unerwünscht war, setzte Rev. Isaac Smith seine Missions- und Evangelisationsarbeit in Alabama fort, bis ihn die Last der Jahre und die Folgen der Entbehrungen des Pionierlebens dazu zwangen, sich von der Bühne zurückzuziehen. Er erlebte jedoch, wie der Zustand seiner Adoption von einem kindlichen Stadium zu einem Zustand großer Bevölkerungszahl und Wohlstands überging, und wurde Zeuge der Vollendung eines Großteils dessen, dessen ursprünglicher Goldsucher er war. Er zog sich in seinen letzten Lebensjahren nach Monroe County, Georgia, zurück und starb im Alter von sechsundsiebzig Jahren. Auf moralischer und spiritueller Seite war er einer der Grundsteinträger des Bundesstaates Alabama. Seine Arbeit und sein Opfer verdienen Anerkennung neben denen von Männern, deren Stationen im Leben ihnen große Aufmerksamkeit in der Öffentlichkeit verschafften. Er gehörte zu der Klasse von Männern, die vergleichsweise im Dunkeln arbeiteten, starben und mit der Zeit vergessen wurden, aber ihre Werke folgten ihnen in ihren ewigen Ergebnissen.

CLEMENT CLAIBORNE CLAY

Hon. Clement Claiborne Clay erbte alle starken Eigenschaften seines angesehenen Vaters. Sein Geburtsort war Huntsville, wo er 1817 geboren wurde. In seiner Kindheit lernte er viel von den Kämpfen, die die Menschen des Staates beim Übergang von Pionierbedingungen zu denen des wirklichen Lebens durchmachten, und so entfaltete sich gleichzeitig die Männlichkeit die Entwicklung seines Heimatstaates. Seine ersten Kenntnisse über Alabama erlangte er zu einer Zeit, als die Bedingungen rau und grob waren, und im Laufe seiner mehr als sechzig Jahre dauernden Karriere erlebte er, wie sich Alabama in aufeinanderfolgenden Perioden ausdehnte, wobei seine Gefühle mit seiner Entwicklung Schritt hielten.

Herr Clay war in vielerlei Hinsicht von Vermögen und Zustand sehr begünstigt und verstand es, diese zu schätzen und als Sprungbrett zum Erfolg zu nutzen. Sein Vater war sein engster Begleiter, und die Positionen, die er innehatte, wurden so weit wie möglich von seinem Sohn übernommen. Sobald der junge Clay dazu bereit war, wurde er an die staatliche Universität geschickt, die er bereits im Alter von siebzehn Jahren abschloss. Während sein Vater Gouverneur war, fungierte der Jugendliche als sein Privatsekretär, und während sein Vater als Senator in Washington fungierte, absolvierte der Sohn gleichzeitig sein Jurastudium an der University of Virginia, das er 1840 abschloss.

Im frühen Alter von fünfundzwanzig Jahren wurde der Junior Clay in das Unterhaus der Legislative gewählt. Er erregte zunächst Aufmerksamkeit, als er eine Resolution einbrachte, die die Alabama-Delegation im Kongress anwies, einen Gesetzentwurf zu unterstützen, der die Rückerstattung der Geldstrafe von eintausend Dollar an General Andrew Jackson befürwortete, die ihm 1815 vom Richter Hall aus New Orleans für die Ausrufung des Kriegsrechts auferlegt worden war dieser Stadt, in der der Richter von Jackson inhaftiert wurde, weil er ein Mitglied der gesetzgebenden Körperschaft von Louisiana, das bei der heimlichen Kommunikation mit dem Feind auf frischer Tat ertappt worden war und von General Jackson inhaftiert worden war, auf Habeas Corpus entlassen hatte. Die Strafe galt wegen Missachtung und Jackson zahlte sie, und nun, nach Ablauf von mehr als einem Vierteljahrhundert, wurde der Betrag mit Zinsen zurückerstattet, wobei sich der Gesamtbetrag zum Zeitpunkt der Rückerstattung auf etwa 3.000 US-Dollar belief.

Die Rede, die der junge Mann zur Verfechtung seines Vorsatzes hielt, verschaffte ihm erste Anstöße. Es strahlte eine leidenschaftliche Beredsamkeit aus und war durch und durch von der erlesensten Diktion durchdrungen. Aufgrund dieser Rede gab es viele Vorhersagen über seine zukünftige Größe.

Sein Dienst in der Legislative führte dazu, dass er diesem Gremium für drei aufeinanderfolgende Amtszeiten angehörte, wobei er in der letzten Amtszeit von der Legislative zum Richter am Bezirksgericht von Madison gewählt wurde. Nachdem er diese zwei Jahre lang gedient hatte, trat er zurück und nahm die Anwaltstätigkeit wieder auf. Noch fünf Jahre später bot er sich als Kongressabgeordneter an, unterlag jedoch dem Hon. WRW Cobb aus Jackson County. Der Schmerz der Niederlage wurde jedoch erheblich gemildert, als er Ende desselben Jahres vom Gesetzgeber zum Senator der Vereinigten Staaten gewählt wurde. Die Auszeichnung war umso größer, als ihm die stattliche Mehrheit gegenüber seinem angesehenen Gegner, dem Hon., zuteil wurde. RW Walker, Clay erhielt fünfundachtzig Stimmen, während Walker siebenunddreißig erhielt.

Die Begabungen, die Ausbildung und die Kenntnisse von Herrn Clay haben ihn hervorragend für dieses erhabene Forum geeignet. Es war zu einer Zeit, als die Doktrin der Staatsrechte an vorderster Front stand und er als glühender Anhänger von Herrn Calhoun mitten ins Getümmel geriet. Seine Reden im Senatssaal verschafften ihm große Aufmerksamkeit und erlangten nationales Ansehen. Im ganzen Land waren seine Reden Gegenstand von Kommentaren, während in Alabama sein Name in aller Munde war.

Nachdem Herr Clay sechs Jahre lang im Nationalsenat gedient hatte, wurde er 1859 erneut gewählt und gehörte dem Senat an, als sich Alabama 1861 abspaltete und zusammen mit allen anderen Senatoren des Südens zurücktrat, was einen Anlass bot, der mit der damaligen Stimmung übereinstimmte eine Abstimmung über den Ausschluss der südlichen Senatoren zu provozieren. Bei seiner Rückkehr nach Alabama wurde Herr Clay sofort zum Senator des Staates in den Konföderiertenkongress gewählt. In Richmond stand er in engem Kontakt mit der konföderierten Regierung, deren Vertrauen er in ungewöhnlichem Maße genoss. Nach einer zweijährigen Amtszeit als Senator in Richmond stellte sich Herr Clay vor der Legislative von Alabama zur Wiederwahl und wurde von Oberst Seibels aus Montgomery und dem Hon. abgelehnt. JLM Curry aus Talladega. Nach mehreren erfolglosen Abstimmungen zog sich Herr Clay zugunsten von RW Walker zurück, den er zuvor für den Senat der Vereinigten Staaten besiegt hatte, und Herr Walker wurde gewählt.

Im Jahr 1864 wurde Herr Clay von der Regierung der Konföderierten Staaten mit einem vertraulichen Auftrag in die Provinzen Kanadas geschickt. Seine Mission war eine Aufgabe der diplomatischen Geheimhaltung, die jedoch unter den gegebenen Umständen zu nichts Praktischem führte. Obwohl die Art seiner Mission nicht bekannt war, sollte sie darin bestehen, das Interesse

Kanadas an den Angelegenheiten der Konföderation zu wecken und ein solches Interesse zu wecken, das dazu führen würde, eine Invasionsarmee mit ausreichender Stärke zu beschaffen, um den Norden erfolgreich zu überfallen Grenze der Union. Die Nordpresse beschuldigte damals Herrn Clay, die Abenteurer unterstützt zu haben, die versuchten, New York City durch einen Brand zu zerstören.

Während seines Aufenthalts in Kanada war Herr Clay maßgeblich daran beteiligt, die Mitglieder der Friedenspartei im Norden dazu zu bewegen, Präsident Lincoln dazu zu bewegen, Verhandlungen mit ihm aufzunehmen, um die Feindseligkeiten zwischen dem Norden und dem Süden beizulegen. Eine inoffizielle Mission wurde gestartet, jedoch ohne Erfolg. Als er von der Kapitulation der konföderierten Armeen erfuhr, machte sich Herr Clay von Kanada aus zu Pferd auf den Weg nach Texas, doch als er in der Presse des Nordens sah, dass er offen der Mittäterschaft bei der Ermordung von Präsident Lincoln beschuldigt wurde, änderte er seinen Kurs und machte seinen eigenen Weg nach Macon, Georgia, wo er sich im Hinblick auf eine gründliche Untersuchung ergeben könnte. Als Belohnung für diese Ehrenbekundung seitens Herrn Clay wurde er festgenommen, zur Festung Monroe geschickt, in Ketten gelegt, wo er zwölf Monate lang als Mitgefangener von Jefferson Davis lag, ohne wegen der falschen Anschuldigungen vor Gericht gestellt zu werden des Verrats und der Ermordung. Sein Gesundheitszustand war unter diesen grausamen und schändlichen Bedingungen traurigerweise angeschlagen, und seine Freilassung wurde schließlich durch seine hingebungsvolle und begabte Frau erwirkt, deren Bitten bei den Regierungsbehörden sich schließlich durchsetzten, und man glaubte nicht ohne Grund, dass die Regierung, wie es sei Dann war er froh, Großmut zu zeigen angesichts des abscheulichen Verfahrens, das gegenüber jemandem verfolgt wurde, dem auf diese Weise nur eine unbegründete Anmaßung zugestellt wurde, und der auch über seinen Weg hinausgegangen war, um vor der Öffentlichkeit einen Prozess zu beantragen Gebühren. Herr Clay starb am 3. Januar 1882 in Huntsville.

HOSEA HOLCOMBE

Insgesamt verdienen die spirituellen Helden, die so viel zum moralischen Leben der Gemeinschaft beigetragen haben, einen Platz in den historischen Archiven von Alabama, indem sie Unordnung in Ordnung verwandelten und Ruhe aus Verwirrung und Chaos brachten. Unter diesen ist Pfarrer Hosea Holcombe zu nennen, der aus North Carolina stammt und eine Zeit lang Pastor im oberen Teil von South Carolina war. Herr Holcombe kam in den frühen Stadien seiner Staatlichkeit nach Alabama und ließ sich in Jonesboro im Jefferson County nieder, von wo aus er seine frühen Missionsarbeiten fortsetzte und dabei alle Entbehrungen und Schwierigkeiten dieser Tage auf sich nahm.

Ohne schulische Vorteile nutzte Herr Holcombe die knappen Ressourcen, die ihm zur Verfügung standen, zu praktischem Vorteil und erlangte durch eifrige Anwendung mehr als eine gewöhnliche Ausbildung für einen damals lebenden Menschen. Er war Alabamas erster Kirchenhistoriker und leistete dem Staat durch seine erhaltenen Aufzeichnungen über die frühen Kirchen Alabamas einen bleibenden Dienst.

Während Staatsmänner und Publizisten den Grundstein für ein großes politisches Gemeinwesen legten, war der Pioniermissionar, insbesondere der baptistischen und methodistischen Konfessionen, mit seinem wohltuenden Einfluss im Ausland, um Lastern Einhalt zu gebieten, Tugend zu erziehen und zu versuchen, das Leben der Menschen in die Praxis umzusetzen Konformität mit jenen Grundsätzen, die für die Gegenwart und das zukünftige Leben das Gleiche bedeuten.

Diese alten Helden, die oft erschöpft und mit schmerzenden Füßen über Bergpfade stapfen oder sich auf den Indianerpfaden durch die Wälder schlängeln, die primitiven Siedlungen Alabamas besuchen und die Wahrheiten verbreiten, die die Menschen besser machen, werden allzu oft vernachlässigt, wenn es darum geht, die Elemente zu erzählen, die dazu führen trat in die Bildung eines großen Staates ein. Zu seinen Lebzeiten war er nur begrenzt bekannt und nach seinem Tod bald vergessen. Der wesentliche und grundlegende Dienst, den er erbracht hat, ist nicht in den öffentlichen Aufzeichnungen verankert, und doch könnte ein Staat ohne solche Agenten in einem rauen und rohen Zustand der Gesellschaft niemals groß werden. Der Dienst dieser Pionierprediger war weitaus wertvoller, als allgemein angenommen wird. Da es in jenen Pioniertagen keine Gerichte gab, wurden strittige Angelegenheiten oft zur Entscheidung zurückgestellt, bis „der Prediger" kam, und seine unvoreingenommene Entscheidung wurde normalerweise als endgültig akzeptiert.

Mr. Holcombe war einer der Anführer jener bescheidenen, aber heldenhaften Männer, die den Schrecken der Wildnis trotzten, während Alabama noch das Jagdrevier der Wilden war, und obwohl die meisten von ihnen nicht in den Schulen unterrichtet wurden, kämpften sie mit den schwerwiegendsten Problemen, denen man in der Wildnis begegnete Sie haben die Grenze der Zivilisation überwunden, indem sie die chaotischen Elemente der Gesellschaft dem Evangelium unterworfen haben, und in kühler Missachtung der Gefahren, die von allen Seiten aufgrund der Anwesenheit der feindlichen Indianer drohten, haben sie die weit verstreuten Siedlungen evangelisiert, gepredigt und besucht , jubelten, inspirierten und errichteten Gotteshäuser zur künftigen Förderung des Christentums.

Sie lebten und arbeiteten mit einem Eifer, der weder durch Schwierigkeiten noch durch Gefahren gestillt wurde, und verließen den Schauplatz des Geschehens, aber ihr Einfluss blieb bestehen und wurde als stille Kraft an nachfolgende Generationen weitergegeben. Die meisten dieser alten spirituellen Helden liegen in anonymen Gräbern. Diese primitiven Hügel wurden bald an die Oberfläche gebracht und ließen die Ruhestätten der echten Helden unbemerkt zurück, und die verworrenen Weinreben und das wilde Unkraut usurpierten die heiligen, wenn auch engen Orte, wo ihre Asche ruht, aber sie, da sie tot sind, sprechen dennoch in den Charakteren und das Leben derer, die danach kamen.

Zu dieser Art spiritueller Grenzgänger gehörte Rev. Hosea Holcombe. Sein Leben war geprägt von ernsthafter Hingabe an die Sache der Menschheit und Gottes. Ohne finanzielle Belohnung arbeitete er unaufhörlich und verdiente seinen Lebensunterhalt mit der Arbeit seiner eigenen Hände, damit er das Privileg hatte, für das Wohlergehen seiner Mitmenschen zu arbeiten. Er gründete alle frühen Baptistenkirchen im Jefferson County und unternahm häufig Reisen in verschiedene Teile des Staates. Man suchte seinen weisen Rat, und sein Charakter war so stark, dass seine Entscheidungen in allen strittigen Fragen geradezu als Orakel angesehen wurden.

In jenen frühen Tagen und über Generationen hinweg kam es häufig zu kontroversen Auseinandersetzungen, insbesondere zwischen Baptisten und Methodisten. Wenn dies auch seine unangenehmen Seiten hatte, wie es immer der Fall ist, war das nicht ganz unentschädigt, denn es regte das Studium der Heiligen Schrift an und verankerte die Massen in den Wahrheiten und Grundsätzen des Evangeliums.

Wie alle anderen Mitglieder des Ministeriums dieser fernen Zeit teilte Herr Holcombe den vorherrschenden kontroversen Zeitgeist. Um seine Ansichten aufrechtzuerhalten, schrieb er eine Reihe von Broschüren, sein wichtigstes literarisches Werk war jedoch eine Geschichte der Baptisten von Alabama. Obwohl es dem Werk an Einheitlichkeit in der Anordnung mangelt und es ihm an literarischem Abschluss mangelt, spiegelt es den Zeitgeist wider und ist ein Denkmal für die Entbehrungen und die Standhaftigkeit sowie die Energie und Kämpfe dieser inzwischen verblassten Zeit.

Als die Bevölkerung des Staates wuchs und die Notwendigkeit von Schulen immer dringlicher wurde, wurde dieser ungebildete Mann zu einem der ersten Vertreter der Bildung und aller Institutionen, die der Förderung des Wohls der Gesellschaft förderlich waren.

Die von Männern wie Hosea Holcombe erbrachten Leistungen entgehen der Feder des Historikers, weil sie abseits des Spektakulären und des Lärms des politischen und kommerziellen Kampfes liegen, fernab des allgemeinen Flusses; Aber sie sind die wichtigsten unter den unsichtbaren Kräften, deren Ergebnisse in den veränderten Leben und Charakteren von Männern und Frauen und in den sichtbaren Institutionen, deren Hauptgründer sie waren, Gestalt annehmen. Ihre Aufzeichnungen werden normalerweise der Abteilung der ungeschriebenen Geschichte zugeordnet, aber ihr Leben und Wirken sind die grundlegenden Quellen der Institutionen, deren wohltuender Einfluss auch heute noch auf uns zutrifft.

Wer einer Generation seinen Eindruck hinterlässt, lebt für alle Zeiten, denn in irgendeiner Form wirkt sein Einfluss, wenn auch im Stillen, und trägt zur Symmetrie des Charakters in den folgenden Generationen bei. Wohltätige Taten sind edel, aber ein guter Mann ist aufgrund seines Lebens eine Wohltat, und sein täglicher Wandel ist ein ständiger Vermögenswert für das Wohl der Zukunft. Dies lässt sich auf das Leben dieses Pionierpredigers übertragen, dessen Leben sich bis etwa zur Mitte des 19. Jahrhunderts erstreckte.

Rev. Hosea Holcombe starb 1841 und sein bescheidenes Grab befindet sich auf seiner ursprünglichen Farm in der Nähe von Jonesboro, Jefferson County. Ein Schacht markiert heute die letzte Ruhestätte des alten Helden. Bis zu seiner kürzlichen Errichtung zeigte nur eine große Schüssel an, wo der Pionierprediger schläft. Seine natürliche Rauheit und Solidität repräsentierten sowohl die Zeit als auch den Charakter von Rev. Hosea Holcombe.

HW COLLIER

Im Leben und in der Karriere von Gouverneur Henry Watkins Collier gab es nichts, was geeignet war, die Aufmerksamkeit der Bevölkerung auf sich zu ziehen und den Beifall der Bevölkerung hervorzurufen, denn er war weder mit dem Glanz der Redekunst begabt, noch suchte er nach dem lauten Beifall, der mit dem Tag vergeht . Gouverneur Collier gehörte zu den praktisch veranlagten Männern, die einfach nur Dinge taten, die geduldig und in sorgfältiger Stille arbeiteten, weit weg von der hektischen Menge und der Heerschar leeren Geschwätzes. Er erlangte Auszeichnungen, aber er tat dies aufgrund seiner herausragenden Verdienste, während er den Beifall verschmähte, der als eitler Hauch der Stunde kommt.

Gouverneur Collier war gebürtiger Virginianer und genoss das Prestige, das einer angesehenen Abstammung zu verdanken ist. In der genealogischen Linie standen die Namen von Männern wie Sir Francis Wyatt, einem der ursprünglichen englischen Gouverneure von Virginia, und Admiral Sir George Collier von der britischen Marine. Auf eine solche Auszeichnung verließ er sich jedoch nicht, und seine gesamte Laufbahn zeigte, dass er das Leben jedes Einzelnen als eine eigenständige Einheit ansah, die ausschließlich vom individuellen Wert abhängig war.

Gouverneur Collier kam in der Blüte seiner Jugend nach Alabama und war bestens geeignet, auf die Anforderungen zu reagieren, die sich aus den kolonialen Bedingungen eines neuen Staates ergaben. Er war auf dem festen Boden des akademischen Drills verankert, zu einer Zeit, als der Prüfstein für die Schülerschaft in den Gedanken des Schülers lag und nicht in der bloßen Beherrschung dessen, was andere bereits gekneted hatten, und diente dem Geschmack. Denn um ein Schüler dieser frühen Zeiten einigermaßen erträglicher Toleranz zu sein, musste man eher graben als ernten, wie andere gesät hatten. Von den wenigen wirklich geschickten Lehrern jener Urzeit wurde der Schüler ermutigt, aus den bereitgestellten einfachen Prinzipien sein eigenes Material zu erstellen und zu entwickeln. Dadurch wurden Männer zu kräftigen Proportionen geformt, die Selbstbehauptung gefördert, das Selbstvertrauen gestärkt, das Vertrauen gestärkt und die Charaktereigenschaften durch Anstrengung gestärkt.

Der Unterricht dieser Art wurde in der berühmten Pionierschule von Moses Waddell in Willington, SC, erteilt, wo sie für das harte Leben im Umgang mit düsteren, ursprünglichen Bedingungen wie Männern wie George McDuffie, James L. Pettigru und Augustus B. Longstreet ausgebildet wurden viele andere, deren Ruhm und nicht weniger ihr Vorbild eine ständige Inspiration für aufstrebende Jugendliche bleiben, denn schließlich ist jeder Mensch, der geschaffen wird, selbst geschaffen. Auch wenn die eigenen Vorteile nie so groß oder so dürftig sind, sind letztendlich das Selbst und der Selbstwert der entscheidende Faktor.

Ausgestattet mit Ausrüstung wie dieser, die er von der Waddell-Schule mitgebracht hatte, erreichte der junge Collier Alabama, als das Land gerade dabei war, Staat zu werden. Sein erster Wohnsitz war Huntsville, wo er als jugendlicher Anwalt sein kleines Büro eröffnete, aber bald als Partner von Hon. nach Tuscaloosa zog. Simon L. Perry.

Der Bedarf an kompetenten Gesetzgebern und Männern für die Besetzung anderer Bereiche in einer Zeit, in der die Bevölkerung des Staates dünn war, öffnete aufstrebenden jungen Männern, zu denen Collier gehörte, die Tür zu Möglichkeiten. Als er erst sechsundzwanzig war, reiste er als Vertreter des Tuscaloosa County ab, und der Eindruck, den dieser solide junge Mann hinterließ, war so tiefgreifend, dass die Legislative ihn in der nächsten Sitzung für einen Platz auf der obersten Bank wählte, eine Auszeichnung, die umso ausgeprägter war denn sein Konkurrent um den Platz war Richter Eli Shortridge.

Vier Jahre später, anlässlich der Neuorganisation der Staatsgerichte, wurde Richter Collier von der Obersten Bank verdrängt, blieb aber vier Jahre lang als Kreisrichter im Amt, woraufhin Richter Saffold von seinem Sitz auf der Obersten Bank zurücktrat Gouverneur Clay ernannte Richter Collier an seiner Stelle, bis die Legislative zusammentreten und seinen Nachfolger wählen sollte. Bei der Einberufung der Generalversammlung wurde Richter Collier von einem Kandidaten für die Ehre in der Person von Hon. empfangen. A. Crenshaw von Butler, aber die Wahl fiel zugunsten von Richter Collier aus, der mehr als doppelt so viele Stimmen erhielt wie sein Gegner.

Zwölf Jahre lang sprach er vor diesem hohen Gerichtshof weiterhin Recht, und der Wert der von ihm für den Staat geleisteten Dienste wird durch die leuchtenden und umfangreichen Entscheidungen bestätigt, die sich durch fünfunddreißig Bände der Alabama-Berichte ziehen, ein ewiges Denkmal wertvoller Arbeit .

Zu diesem Zeitpunkt erfüllte kein Mann die Aufmerksamkeit der Bevölkerung des Staates so vollständig wie Richter Henry Watkins Collier. Sein ausgeprägter Gerechtigkeitssinn, seine unparteiische Schärfe und seine solide und stets gleichbleibende Ruhe machten ihn, ohne sich selbst anzustrengen, zur dominierenden Persönlichkeit des öffentlichen Lebens in Alabama. Praktisch ohne Anstrengung wurde er fast einstimmig vom Volk zum Gouverneur gewählt.

Das war im Jahr 1849. Richter Samuel F. Rice, einer der klügsten und fähigsten Einwohner Alabams, trat gegen ihn auf, und die endgültige

Abstimmung ergab 36.350 für Collier und 364 für Rice, mit einigen vereinzelten Stimmen. Am Ende seiner ersten Amtszeit als Gouverneur traten drei Konkurrenten für die gleiche Auszeichnung an – BG Shields, Nathaniel Terry und William L. Yancey, und von insgesamt 43.679 Stimmen wurde Gouverneur Collier von 37.460 unterstützt.

Dies war auch nicht auf eine aktive Werbung seitens Gouverneur Collier zurückzuführen. Obwohl es ihm keineswegs gleichgültig war, dass er den Gouverneursvorsitz behalten wollte, zog er es vor, seinen Anspruch auf echte Verdienste zu stützen, die sich in der offiziellen Funktion widerspiegelten, als auf den Ruf nach Anerkennung vor der versammelten Menge. Er hatte gewissenhaft versucht, seine Arbeit als Richter und Gouverneur würdig zu machen, und war durchaus bereit, dass sie in ihrem eigenen Licht erstrahlen sollte. Er konnte nicht glaubwürdig um Unterstützung oder Unterstützung bitten, verfügte nicht über die Künste und Tricks des Wählers und verließ sich daher auf tatsächliche Dienste und Würde, um seinen Wert als offizieller Diener auszunutzen. Seine Vorstellung vom Amt war hoch und er hatte das Gefühl, dass er nicht in die Arena des persönlichen Gerangels vordringen konnte, wenn die Leute so umfassend über seine Kompetenz informiert waren, wie sie es gewesen wären, wenn er eine hitzige Werbung gemacht hätte.

Vom Anfang bis zum Ende seines Lebens stand Gouverneur Collier unter Druck. Die ihm auferlegten Lasten bereiteten ihm weder Sorgen, noch schmerzten ihn die Lasten, aber seine Kräfte ließen unter der hartnäckigen Belastung der ewigen Arbeit nach. Nichts konnte ihn von seinen öffentlichen Pflichten abbringen. Für ihn war ihr Anspruch oberstes Gebot. Er starb 1865 im Alter von nur 54 Jahren in Bailey Springs, als sein Mann noch reif war. Sein früher Tod war zweifellos größtenteils auf die Überforderung seiner Lebenskraft zurückzuführen.

JOSEPH G. BALDWIN

Man kann einem Buch kein größeres Kompliment machen, als wenn der Name des Autors so mit ihm verbunden wird, dass bei der Erwähnung des Werkes sofort der Name des Autors erwähnt wird. Dies trifft auf das einst bekannte Werk „Flush Times in Alabama and Mississippi" zu. Das Buch wurde jahrelang so weithin gelesen und war aufgrund seiner Darstellung einer Periode der Geschichte des Südwestens so beliebt, dass die Erwähnung des Werks bedeutet, in unmittelbarem Zusammenhang damit den Namen des Autors zu nennen – JG Baldwin.

Bei seinem Erscheinen wurde das Werk mit allgemeinem Applaus begrüßt und für seinen echten Wert hochgeschätzt. Während die Produktion eines solchen Werks mit seinem einzigartigen und funkelnden Witz jedermanns Feder würdig ist, beruht der Ruhm von Richter Baldwin nicht allein darauf, denn er war sowohl Staatsmann als auch Jurist und leistete wertvolle Dienste für Alabama.

Richter Baldwin begann sein Leben unter Benachteiligungen aufgrund der dürftigen Bildung, bereitete sich jedoch durch individuelle Anstrengung und privates Studium auf das Leben vor und wurde einer der bedeutendsten Bürger des Staates und später ein angesehener Richter an der obersten Richterbank Kaliforniens. Seine Charaktereigenschaften waren ausgezeichnet, seine Beziehungen zu anderen durchweg höflich und sein Gemüt von ewigem Sonnenschein geprägt.

In der Politik war er ein Whig und stets bereit, sich für die Sache dieser Partei einzusetzen. Er war ein geschickter Taktiker und als einer der Whig-Führer in Alabama löste er in den Reihen seiner Gegner oft Besorgnis aus. Auf dem Boden des Parlamentssaals war er ein beeindruckender Disputant, und obwohl er oft herkulische Schläge austeilte, hielt er sich höflich bereit, sie im Gegenzug entgegenzunehmen. Er war mit den parlamentarischen Grundsätzen vertraut und hielt sich gewissenhaft an die Grenzen, verlangte aber energisch, dass diese von seinem Gegner zurückgegeben würden. Er wurde für seine Männlichkeit und seine einheitliche Höflichkeit sehr bewundert, war aber als Gegner gefürchtet. Er konnte zu Höhen der Größe aufsteigen, aber niemals zu Ebenen des Kleinen herabsinken. Diesen Ruf etablierte und pflegte Richter Baldwin gleichermaßen im Parlament, im Gerichtssaal und im gesellschaftlichen Umfeld.

Er verfügte über ein fruchtbares Gehirn und seine Beherrschung einer keuschen und abwechslungsreichen Ausdrucksweise war ungewöhnlich. Er besaß ein ausgeprägtes Unterscheidungsvermögen und eine Vorliebe für das Lächerliche und war einer der fröhlichsten Kameraden. Er lebte in einer außergewöhnlichen Zeit und unter Bedingungen, die ihn oft in Heiterkeit versetzten, und ließ sich dazu bewegen, seine Eindrücke von den Szenen um ihn herum in seinem berühmten Werk „Flush Times in Alabama and Mississippi" zum Ausdruck zu bringen. Es war eine Zeit, in der Kredite praktisch unbegrenzt waren und die Spekulation auf einer dürftigen finanziellen Grundlage und nicht selten sogar auf überhaupt keiner Grundlage stattfand.

Es war eine Zeit wilder Finanzexperimente und es gab zahlreiche Unternehmungen unterschiedlichster Art. Das Zurückhalten eines Kredits über einen beliebigen Betrag war ein tödliches Vergehen, und die Vorlage einer Rechnung war ein Akt der Unhöflichkeit, da ein solcher Akt die Ehrlichkeit des Schuldners in Frage stellte. Kredite wurden von den Staatsbanken frei an Schuldner vergeben. Private Bankinstitute schossen wie Pilze aus dem Boden und waren ungefähr ebenso solide. Der Bestand dieser Institute bestand aus hypothekarisch verpfändeten Immobilien, auf deren Treuhand Banknoten für den Umlauf ausgegeben wurden, die innerhalb von zwölf Monaten in Gold oder Silber zahlbar waren. An die mögliche Verwirklichung des Letzteren schien weder gedacht worden zu sein, noch wurde von den Massen daran gedacht, solange Geld im Überfluss vorhanden war. Die Reaktion auf einen Zustand wie diesen, der endlose Rechtsstreitigkeiten und einen Unfall nach dem anderen mit sich bringt, ist leicht zu erkennen.

Mit geschäftlichem und juristischem Scharfsinn – denn Richter Baldwin verfügte über beides – beobachtete er mit scharfem Interesse den Trend der Zeit, und sein Werk „Flush Times in Alabama and Mississippi" ist ein kluger Hit und beschreibt die Szenen, die diese Zeit begleiteten Geld war im Überfluss. Mit offensichtlicher Freude am Spaß präsentiert er den Trubel in den Gerichtshöfen, in den Geschäftsräumen und anderswo, wenn die Rechnungen fällig waren. Die verschiedenen mit meisterhaftem Können dargestellten Charaktere, die Fragen und Antworten, die Empörung und Bestürzung, die Entscheidungen der Landesrichter, die Bitten der Anwälte und viele andere Elemente werden von Richter Baldwin anschaulich und stets mit einem solchen Hauch von echtem Humor dargestellt, dass die Die Zinsen sind von Anfang bis Ende nicht ausgesetzt.

Obwohl in dem Werk viel Kreativität steckt, um den vielen Szenen Frische und Humor zu verleihen, ist das Buch dennoch eine praktische Geschichte einer äußerst bemerkenswerten Zeit, die von 1833 bis 1840 reichte. Das Werk ist einzigartig in der Originalität seiner Darstellung Bedingungen, die Rassität der Porträtmalerei und in der Beschreibung der verschiedenen Transaktionen. Obwohl das Werk im Grunde eine wahre Geschichte ist, ist es durchweg von unvergleichlichem Humor gehüllt, der jederzeit mit Freude gelesen werden kann.

Im gleichen halb ernsten Stil, in dem Irving seine „Knickerbocker History of New York" schrieb, aber mit einer viel reicheren Prise Humor, zeichnet Baldwin die Ereignisse jener rosigen Tage auf, die bald in Trübsinn übergingen, und es ist schwer zu entscheiden, in welcher In jeder Phase der Situation macht es mehr Spaß. Er lässt sich nicht auf eine Diskussion ein, gibt keine eigene Meinung wieder, moralisiert nie, sondern begnügt sich damit, sich standhaft an eine Beschreibung der Szene und des Charakters zu halten, die für den Leser äußerst unterhaltsam ist. Einem Werk wie diesem mangelte es nicht an einer Mission, und Tausende lachten, während sie den Bericht über ihre eigene Dummheit und Torheit lasen.

Ein würdigeres Werk aus der Feder von Richter Baldwin waren seine „Parteiführer", die die Aufzeichnungen, Richtlinien und Verhaltensweisen von Männern wie Jefferson, Hamilton, Adams, Randolph, Clay und anderen umfassen. Der Stempel der Originalität ist in diesem Werk ebenso deutlich zu erkennen wie in dem bereits kommentierten, während letzteres den Besitz eines riesigen Fundus an Informationen über das Privatleben der genannten herausragenden Charaktere offenbart. Darüber hinaus zeigt es die Fähigkeit, den Charakter gut zu unterscheiden. Die Schärfe der Analyse und die gelungene Parallelität der Charaktere werden mit dem letzten Schliff des verbalen Künstlers in klarem, elegantem Englisch und mit einer Würde ohne Stelzengefühl oder Steifheit hervorgebracht. Auch dieses Werk erwies sich als beliebtes Werk und wurde im ganzen Land eifrig gesucht und gelesen. Es trägt das Etikett des selbst gemachten Gelehrten, das Ende des Autors, der aus erster Hand arbeitet, und ist die Verkörperung vollendeter Diktion und umfassender Forschung.

Es gab etwas in der Gegenwart, im Verhalten und im Umgang von Richter Baldwin, das einen von seiner Überlegenheit beeindruckte, dennoch war er frei, oft sogar hingebungsvoll, umgänglich und immer gesellig. Er machte sich bereitwillige Freunde von Fremden und zwang ihn, den höchsten Respekt seiner Gegner zu erweisen.

Er lebte viele Jahre im Sumter County und folgte den verlockenden Berichten, die sich 1849 über das neu entdeckte Eldorado am Pazifikhang im Land verbreiteten, und zog nach Kalifornien. Ohne Schwierigkeiten geriet er in die rauen und turbulenten Verhältnisse, die zu dieser Zeit in San Francisco herrschten, begann eine lukrative Praxis und wurde später durch Volksabstimmung zum Richteramt an der obersten Richterbank dieses Staates gewählt. Er starb 1866 in Kalifornien.

JOHNSON J. HOOPER

Die drei bekanntesten Humoristen des Südens waren Richter AB Longstreet, Richter JG Baldwin und Johnson J. Hooper. „Georgia Scenes", das Hauptprodukt von Longstreets Humor, wird seit Generationen gelesen und wird es auch weiterhin sein. „Flush Times in Alabama and Mississippi" von Baldwin ist zwar kein Werk mit so populärer Besetzung wie das Vorgängerwerk, verfügt aber über einen Humor von seltener Würze, und „Simon Suggs", das unnachahmliche Werk von Johnson J. Hooper – diese repräsentieren die genannten Humoristen und ihre besten Arbeiten. Jeder von ihnen nimmt einen eigenen Sinn für Humor ein, und der Wert jedes einzelnen ist schon vor langer Zeit nachgewiesen.

Als Hooper erkannte, dass er vor allem durch seinen „Simon Suggs" in Erinnerung bleiben sollte, bedauerte er die Veröffentlichung, denn sie enthielt keinen Hinweis auf einen Ehrgeiz, den er hegte, sondern wurde in seltenen Momenten als bloßer Zeitvertreib abgetan. Der Autor wollte durch etwas Würdigeres in Erinnerung bleiben als durch ein lächerliches kleines Buch, in dem Vorfälle grotesken Charakters und der Schwätzer und Klatsch in der Ausdrucksweise der Hinterwäldler detailliert beschrieben werden. Aber wenn das Produkt selten ist und sich durch Einzigartigkeit und Originalität auszeichnet, ist es großartig und würdig, und der Autor verdient es, auf ein beliebtes Podest gehoben zu werden, um als Genie studiert zu werden.

Hätte Hooper nicht „Simon Suggs" geschrieben, wäre sein Name bis ins Vergessen unbekannt und sein Genie der Welt unbekannt gewesen. Das, was er tat, war etwas Besonderes und übertraf die Fähigkeiten anderer. Es geht nicht um die Quelle, an die gedacht werden muss, sondern um die Produktion selbst. Auf jeden Fall ist es das Werk, durch das der Name Hooper als Alabamas wichtigster Humorist und als einer der prominenten Spaßmacher des Südens weiterleben wird.

Johnson Jones Hooper war ein Großneffe von William Hooper, einem der Unterzeichner der Unabhängigkeitserklärung. Das Thema der gegenwärtigen Diskussion kam von North Carolina nach Alabama, und sein erster politischer Erfolg war seine Wahl zum Anwalt des neunten Gerichtsbezirks, nach einem hartnäckigen Kampf mit Männern wie Bowie, Latham, Spyker und Pressley. Aber weder das Gesetz noch die Politik passten zu Hoopers Geist und Temperament. Sein Wesen sprudelte vor Humor, und das Lächerliche wurde für ihn, wie für alle Humoristen, immer zuerst erkannt. In der stillen Abgeschiedenheit seines bescheidenen Heiligtums, ungestört von der Hektik der Menschenmenge oder den krächzenden Stimmen, herrschte die natürliche Atmosphäre eines Genies wie Hooper. In „The Banner" in

Dadeville, damals ein unbekanntes Dorf auf dem Land, erregte Hooper erstmals Aufmerksamkeit als Humorist. Die drolligen Szenen aus den Erlebnissen eines damaligen Volkszählers, der seine offizielle Funktion im Hinterland ausübte und zahlreiche Höhen und Tiefen erlebte, wurden in der bereits genannten Landzeitung mit unnachahmlichem Geschick detailliert beschrieben.

In der Zurückgezogenheit der ländlichen Regionen, wo die erste Lektion, die Angehörige beiderlei Geschlechts gleichermaßen lernen, die der Unabhängigkeit und Eigenständigkeit ist und wo jeder Eingriff in Freiheit, Privatangelegenheiten und „Eigentum" sofort abgelehnt wird, ist die Grundlage von a In seiner kleinen Zeitschrift veröffentlichte er eine Reihe von Produktionen, die Hooper berühmt gemacht hätten. Das Eindringen eines höflichen Volkszählers in die Hüttenhäuser der Hinterwäldler, wo statistische Informationen über Geflügel, Schweine, Seife, Kühe und „Gartenwagen" gesucht wurden und wo die ländlichen Damen ein solches Eindringen mit Besenstielen und Schürhaken verübelten, trug dazu bei Er bot einem genialen Mann die Gelegenheit, einen seltenen Humor zu zeigen, und als Reaktion auf seine Natur tat er dies auch. Die Szene, die Schauspieler, die die höflichen Erklärungsbemühungen des Beamten mit einbeziehen, und die geschwätzigen Antworten der tapferen Damen, die sich durch den Dialog und den Dialekt ziehen, werden mit der Hand des Meisters und dem Können des Künstlers dargestellt.

Mit seinen so seltenen Kolumnen, die jede Woche voller Heiterkeit waren, wurde das einst obskure „Banner" zur beliebtesten Zeitschrift im Staat und weit darüber hinaus, denn es war im ganzen Süden gefragt und die komischen Geschichten wurden weit und breit kopiert. Ermutigt durch die öffentliche Resonanz, die diese Schwärmereien hervorriefen, wagte sich Hooper mit der Vorbereitung seines „Simon Suggs" an ein anspruchsvolleres Unterfangen. Die zu beschreibende Figur beruhte auf einem gewissen unhöflichen Bauern mit frechen Neigungen, der sich im Dorf Dadeville aufhielt und in ganz Tallapoosa und den angrenzenden Grafschaften bekannt war. Mit ihm als Kern konstruierte Hooper in Ausübung seines Genies seinen „Simon Suggs".

Das, was der Produktion Lebendigkeit verleiht, ist ihre unbestrittene Treue zu einer Lebensphase, die in jenen frühen Tagen vorherrschte, während ihr Prinzipien zugrunde liegen, die tatsächliche Bedingungen offenbaren. Das Porträt ist das eines ungebildeten, aber gerissenen Hinterwäldlers, der darauf aus ist, das Beste aus seinem Leben herauszuholen, egal wie, scharfsinnig, schlau, doppelzüngig und doppelzüngig, der seiner Berufung in der Begehung von Betrügereien durch Geschwätz und Heuchelei nachgeht. vorgetäuschte Frömmigkeit und Kirchenmitgliedschaft.

Dynamischer Humor, ausgelöst durch ein lächerliches Dilemma, einen unerwarteten Zustand, eine lächerliche Episode und eine groteske Situation, folgen einander in schneller Folge, und die Wirkung auf den Leser sind explosionsartige Gelächter. „Simon" taucht unter unterschiedlichen Bedingungen auf und wird bei seinen kunstvollen Manövern manchmal stark eingeschränkt, doch aufgrund seiner langjährigen Erfahrung und Übung bietet er immer eine Fluchtmöglichkeit. Seine verschiedenen Annahmen über unterschiedliche Charaktere unter wechselnden Bedingungen, wobei er unter allen immer noch der wahre „Simon" bleibt und immer seine obskure Umgangssprache verwendet, verleiht den verschiedenen Situationen eine kaleidoskopische Veränderung und rettet die Geschichten vor der Monotonie. Die geschickte Manipulation, mit der das Ganze geschaffen wurde, ist das Werk eines bemerkenswerten Genies. Es gibt weder einen Bruch noch eine Unterbrechung, weder einen Ausrutscher noch eine Polsterung, aber die Szenen bewegen und verschieben sich immer wieder mit neuer Darstellung, und die krampfhafte Wirkung ist unwiderstehlich. „Simon Suggs" wurde von den Appletons of New York veröffentlicht und verbreitete sich jahrelang mit wunderbarer Wirkung im ganzen Land, was zu einem Verkauf von vielen tausend Exemplaren führte. Vor der Berühmtheit, die Mr. Hooper hervorrief, schreckte er mit mädchenhafter Sensibilität zurück.

Im Dezember 1856 war Hooper als Delegierter aus Alabama bei einem Treffen der Southern Commercial Convention in Savannah anwesend. Die Tagespresse der Stadt verkündete seine Ankunft als eines der bedeutendsten Mitglieder des Gremiums und als bekannter Autor von „Simon Suggs" mit nicht geringem Aufsehen. Zweifellos trug dies dazu bei, dass die Menge zunahm, als sich der Kongress nachts im Atheneum traf. Auf der Versammlung der Delegierten und nach der üblichen Formalität der Empfangsreden und Antworten und während ein Komitee unterwegs war, um die ständige Organisation zu organisieren, sagte Richter John A. Jones, selbst ein humorvoller Schriftsteller und Autor von „Major Jones' Courtship", stand auf und beantragte, dass „Simon Suggs" aufgefordert werde, über sich selbst in den letzten zwei Jahren zu berichten. Der Vorsitzende, der offensichtlich noch nie zuvor von „Simon Suggs" gehört hatte, erhob sich mit großer Würde und sagte: „Wenn Herr Suggs anwesend ist, würden wir uns freuen, wenn er dem ausdrücklichen Wunsch des Konvents nachkommen würde, indem er auf die Bühne kommt." ." Dabei reckten sich die Hälse und blickten neugierig in alle Richtungen, aber „Mr. Suggs" erschien nicht. Hooper saß in der Grube neben General Albert Pike aus Arkansas, trug einen grünen Mantel und war überwältigt von der Verlegenheit über die unerwartete Demonstration. Er hatte den gesunden Menschenverstand, still zu bleiben, denn sein Humor konnte freier aus der Spitze seiner Feder strömen als aus der Spitze seiner Zunge. Während dies für die meisten anderen eine Schmeichelei gewesen wäre, war es für Hooper ein schmerzlicher Anlass. Er missbilligte eine Berühmtheit, die er zu einem so niedrigen Preis und mit einer seiner Meinung nach so unwürdigen Methode wie der eines Werkes wie „Simon Suggs" erlangt hatte. Er hatte aufrichtig das Gefühl, dass ihm als Autor eines solchen Werkes eher Herabwürdigung als Erhabenheit zukam, doch darin unterschätzte er die Kraft seines unbestrittenen Genies.

Hooper beherrschte die englische Sprache wie kein anderer Schriftsteller aus dem Süden. Hon. Alexander Stephens bezeichnete seinen Bericht über den Kongress in Charleston als die beste Illustration der englischen Sprache, die ihm je unter die Augen gekommen sei. Herr Hooper wurde zum Sekretär des Provisorischen Kongresses der Konföderation ernannt und galt jahrelang als einer der führenden amerikanischen politischen Schriftsteller. Er starb kurz nach Beginn des Bürgerkriegs in Richmond, Virginia.

WILLIAM M. MURPHY

Für Solidität und Charakterstärke, Eindringlichkeit und beeindruckende Präsenz, insbesondere vor einer Jury oder einem Publikum, hat der Hon. William M. Murphy war kaum zu übertreffen. Er zeichnete sich durch antipodische Charakterelemente aus. Das heißt, die aktiven und passiven Tugenden wurden einander so gegenübergestellt, dass sie eine einzigartige Kombination von Elementen ergaben. Obwohl er moralisch und körperlich mutig war, war er sanft wie eine zärtliche Frau, und obwohl er in Debatten ein beeindruckender Konkurrent war, war er ebenso bemerkenswert in seiner Großzügigkeit und lehnte jeden Vorschlag und jede Gelegenheit ab, sich unangemessene Vorteile zu verschaffen. Obwohl er in kontroversen Kämpfen gefürchtet war, wurde er für seine einheitliche Fairness respektiert. Anderen zufolge zögerte er nicht, dasselbe als Gegenleistung zu verlangen.

Herr Murphy war gebürtiger Nordkaroliner und wurde von seinem Vater als fünfzehnjähriger Junge zwei Jahre nach der Aufnahme des Staates in die Gewerkschaft nach Alabama gebracht. Seine Bildungsvorteile waren unerschöpflich, und sein Vater war in der Lage, ihn mit der besten Ausrüstung fürs Leben auszustatten. Zunächst Student an der Universität von Alabama, schloss er anschließend sein Studium an der University of Virginia ab, die damals die berühmteste literarische Institution des Kontinents war. Die Begabungen und Qualifikationen von Herrn Murphy machten ihn schnell auf sich aufmerksam, als er den Beruf des Anwalts erlernte.

Er widmete sich mehrere Jahre lang der Ausübung seines Berufs, bevor er ins öffentliche Leben eintrat. Im Alter von vierunddreißig Jahren vertrat er Greene County im Landtag. Er brachte in das Amt eines Gesetzgebers eine Erfahrung ein, die durch jahrelanges Studium und Gerichtspraxis geprägt war, mit angeborenem Mut und Kühle, gepaart mit einer mutigen Sichtweise, die ihm einen der ersten Plätze in dem fähigen Gremium verschaffte, das die Legislative bildete von 1840. Er zeichnete sich durch drei ausgeprägte Stärkeelemente aus: große Fähigkeit in der Debatte, bemerkenswerte rednerische Stärke und das Taktgefühl der Führung. Diese erlangten sofort die Position des Oberhauptes seiner Partei.

Zu dieser besonderen Zeit brauchte die Whig-Partei im Haus einen starken Vorkämpfer. Der Hon. James E. Saunders aus Lawrence County war der Anführer der demokratischen Kräfte, und es gab nie einen Fähigen. Er war selbst ein bemerkenswerter Mann und wurde von seinen Whig-Gegnern mit nicht geringem Maß an Angst betrachtet, aber er fand in William M. Murphy einen Ritter, der seiner Stärke würdig war. Mr. Murphy begegnete dem Riesen der Berge in einer Debatte, konnte seine gezielten Schläge gut abwehren und war als Anwalt völlig ebenbürtig. Seine rednerischen Elemente wurden hervorgehoben, während er seine schwersten Schläge austeilte. Es war ein königlicher Kampf zwischen den Champions, dem einen aus den Bergbezirken und dem anderen aus dem schwarzen Gürtel. Der Kampf dieser mächtigen Männer erregte großes Interesse und blieb viele Jahre lang unvergesslich. Sie waren gleichwertig , doch in mancher Hinsicht sehr unterschiedlich. Später wurde Mr. Murphy von seiner Partei für den Kongress ausgewählt, wurde jedoch nach einem bemerkenswerten Wahlkampf von seinem Verwandten, Hon., besiegt. Samuel W. Inge.

Im Jahr 1849 vertrat Herr Murphy seinen Distrikt im Senat des Staates und zog drei Jahre später nach Texas um, aber sein Aufenthalt im Staat Lone Star war kurz, denn er kehrte nach Alabama zurück und ließ sich als Anwalt in Selma nieder . Obwohl er nie als profunder Jurist anerkannt wurde, war er als Anwalt unübertroffen. Seine rednerischen Elemente waren einzigartig. Seine anfängliche Herangehensweise an eine Sache vor Gericht ging normalerweise mit einer rauen und etwas inkohärenten Methode einher, und es schien, als hätte er einige Schwierigkeiten gehabt, richtig durchzukommen, aber als er schließlich den Punkt erreichte, an dem seine Worte anfingen, sich zu erwärmen Trotz der Reibung seiner eigenen Gedanken war seine Redenskraft so überwältigend, wie man sie noch nie vor einem Gericht in Alabama gehört hatte. Auf ein Niveau gebracht, in dem die Ursache den Mann in Besitz nahm, war es wie ein Sturm, der durch einen Wald tobte. Sein Aussehen war völlig verändert, sein Verhalten, seine Stimme, seine Logik schienen in Flammen zu stehen, und alle Elemente des großen Redners würden mit elektrischer Leichtigkeit auf seine Gebote reagieren. Eine Reihe von Blitzschlägen hätte nicht schrecklicher und die Überzeugungskraft der Logik nicht überwältigender sein können als damals, als dieser bemerkenswerte Mann in Bestform war. Es schmeckte nicht im Geringsten nach Schimpftirade, aber die Kombination aus Schrecklichem und Überwältigendem mit größter Selbstbeherrschung machte ihn unnachahmlich. Beschimpfungen, Sarkasmus, Ironie, Spott, Überredung – sie alle gaben ihr Bestes für den Strom, der wie ein Niagara dahinströmte. Es konnte auch nicht widerstanden werden. Es war so unwiderstehlich wie die Strömung eines mächtigen Flusses. Die Menschen hörten ihm fasziniert zu, manchmal voller Angst, manchmal sogar erfreut bis entzückt und immer mit Interesse. Seine Art der Redekunst war eigentümlich. Er ahmte niemanden nach, und es war auch nicht möglich, ihn nachzuahmen.

Mr. Murphy erlitt einen Schlaganfall in einem Lebensabschnitt, als er gerade dabei war, große Nützlichkeit und Macht zu erlangen. Er war erst neunundvierzig Jahre alt, als der tödliche Schlaganfall kam. Er starb 1855 in seinem Haus in Selma. Nur wenige Männer, die in diesem Staat gelebt haben, haben in mancher Hinsicht einen tieferen Eindruck hinterlassen als William

M. Murphy. Sein überragender Mut wurde nur von seiner durch und durch großzügigen Geisteshaltung übertroffen. Es gab keine geringe Eigenschaft, die in seinen Charakter eindrang. Offen, offenherzig, edel, mutig, mutig, sanft, höflich und zärtlich, das alles war er. Seine Sympathie, die er einmal gewonnen hatte, machte ihn zu einem der treuesten und ergebensten Freunde und Unterstützer. Andererseits war sein Widerstand, wenn er sich einmal erregte, die Einladung eines Sturms. Aber er vergaß nie, selbst den schlimmsten Feinden gegenüber großzügig zu sein.

Diese Fülle von Tugenden, die seinen Charakter auszeichneten, weckte allgemeines Vertrauen und verschaffte ihm nicht selten Popularität bei seinen Gegnern. Jeder strengen oder starken Eigenschaft war eine Kontrolle oder Ausgewogenheit gegenübergestellt, die seinen Charakter gut im Gleichgewicht hielt. Dies verschaffte ihm einen großen Einfluss unter denen, die ihn kannten, da er um jeden Preis als gerecht angesehen wurde, auch wenn er sich einen Vorteil daraus machte.

JAMES E. SAUNDERS

Der ehrenwerte James E. Saunders zeichnete sich durch die Ruhe der Macht und die Zurückhaltung der Macht aus. Mit einem Weitblick, der weit über das Übliche hinausging, einer bemerkenswerten Einsicht und absoluter Ruhe in seiner Haltung, die sich nie durch den Zusammenstoß oder den Lärm des Wettstreits aus der Ruhe bringen ließ, verteilte er seine Kraft stets im Verhältnis zu den Anforderungen des Anlasses, der sie hervorrief hinterließ den Eindruck, dass ein Machtfonds für jeden Notfall bereitgehalten wurde. Er genoss den Vorteil aller selbst gesammelten Männer. Da er sich nie der Wärme des Gefühls hingab, war er oft besser in der Lage, die Opposition zu entwaffnen, als es ihm unter der Herrschaft der Leidenschaft möglich gewesen wäre. Es herrschte ein Sog von inhärenter Kraft, deren scheinbares Bewusstsein, sie zu besitzen, Herrn Saunders stets gelassen machte.

Seine Qualitäten machten ihn bald zu einer herausragenden Führungspersönlichkeit in der Legislative, zu der er nicht aus Eigennutz, sondern dank seiner anerkannten Macht gelangte. Er hatte bereits vor 1840 als Abgeordneter gedient, doch zu diesem Zeitpunkt stieg er an die erste Stelle in den Reihen seiner Partei auf.

Es war zwangsläufig untrennbar mit seiner Haltung verbunden, dass er sich dessen bewusst war, was jeden Menschen berührt hätte, nämlich die Macht einer starken politischen Organisation, deren anerkannter Führer er war. Selbstbehauptung wird leicht, wenn von der Opposition wenig zu befürchten ist. Die vorherrschende Demokratie im Unterhaus der gesetzgebenden Körperschaft von Alabama hätte möglicherweise zu Ruhe beim Führer geführt, auch wenn dies nicht natürlich gewesen wäre. Mr. Saunders hielt die Whigs nicht nur in Schach, sondern war auch voller Ehrfurcht. Dies war auch nicht das Ergebnis eines überheblichen Geistes, von dem niemand freier war, sondern seiner stillen Fähigkeit geschuldet, die Hindernisse, die ihm im Weg standen, aus dem Weg zu räumen.

Dieser Zustand hielt an, bis William M. Murphy aus Greene auf der Bildfläche erschien. Ein ausgebildeter Anwalt, der an die Unruhe im Gerichtssaal gewöhnt war und von Natur aus über viele Stärken verfügte, die in einem Notfall wie dem, mit dem seine Partei in der Legislative konfrontiert war, benötigt wurden. Er war sich seiner Macht genauso bewusst wie der Oppositionsführer und war eher dazu bereit Da er sich eher nach einem Gladiatorenkampf sehnte, als ihn zu verschmähen, war Mr. Murphy als Anführer der Whig-Partei voll ausgestattet.

Über seine Qualifikationen wusste man zunächst nichts, auch nicht über die seiner eigenen Parteizugehörigkeit, doch nachdem ihm die erste Ausgabe beigetreten war, wurde er mit Freude begrüßt. Die beiden Anführer waren sich bis auf eines völlig unähnlich: in Höflichkeit und Fairness. In diesen lagen sie gleichauf. Doch als man ihn im Kampf traf, verhielt sich Mr. Saunders entschlossen, schlicht, sachlich, klar und kühl, entledigte einen Vorschlag aller scheinbaren Einwände und verlieh ihm eine Atmosphäre der Transparenz, die ihn über jeden Zweifel erhaben schien.

Ganz anders war es, als Mr. Murphy aufstand, um dagegen anzukämpfen. Mit rauer Art von Reden schien er mit sich selbst zu ringen, um einen festen Stand zu erlangen, der, sobald er erreicht war, von einer Lawine losgelassen wurde, und unter dem Donner ihres Abstiegs gewann er immer mehr an Schwung, während er sich fortsetzte, wie der alte Saal ziemlich zum Beben. Währenddessen saß sein Gegner so gelassen da wie ein Stoiker. Durch Unterbrechungen wurden in der Ruhe seiner Macht Schläge ausgeführt, die jedoch mit dem Brüllen eines Stentors abgewehrt wurden. Auf diese Weise entwickelte sich der Kampf entlang parteipolitischer Linien, wobei die Demokraten sich in einem selbstgefälligen Bewusstsein ihrer Stärke befanden, während die Whigs sich unter der Demonstration einer so großartigen Führung inspirieren ließen.

Bei alledem ließ sich Herr Saunders nie im Geringsten einschüchtern, noch wurde seine maskierte Macht im Geringsten zur Schau gestellt. Seine Kühle wurde nur von der Energie seines Gegners übertroffen. Nichts Passives, sondern immer energisch und mutig, er verlieh ihm Macht durch eine Gelassenheit, die die Bewunderung des stärksten Gegners herausforderte. In der Härte und Anspannung des Konflikts flossen seine Gedanken ohne den geringsten Bruch in ihrem Zusammenhang und ohne die geringste Beunruhigung. Sein ausgeglichenes Temperament ließ ihn nie im Stich. Bei jedem Wettkampf brachte er die gleiche ruhige Haltung mit, und diese blieb die ganze Zeit über erhalten. Ohne zu zögern würde er sich den schweren Prüfungen stellen, denen er in den stürmischen Tagen der Legislaturperiode ausgesetzt war, als er einen Giganten unter den Giganten von Alabama bewegte. Damals bedeutete es viel, ein Gesetzgeber zu sein, denn die Menschen füllten die Sitze der Gesetzgebung mit ihren erlesensten Geistern.

Mr. Saunders hatte keine scherzhafte Miene, aber er verließ sich auf die Stärke seiner Logik, in die er in aller Stille eine persönliche Überzeugung einbrachte, die so überwältigend war, dass es schien, als könne keine Position uneinnehmbarer sein, und so würde es auch aussehen, bis es soweit war fällt unter die ikonoklastische Manipulation seines beeindruckenden Gegners. Diese Tage des Partisanensturms in Schriftform wiedergeben zu können, würde in dieser späten Zeit Tausende begeistern.

Als Vorsitzender des Justizausschusses im Repräsentantenhaus waren die von Herrn Saunders geleisteten Dienste von grundlegender Bedeutung für die Interessen des Staates. Auch interessierte sich niemand tiefergehend für die Bildungsangelegenheiten des Staates, wie sein Anteil an der Gründung der staatlichen Universität auf soliderer Basis und deren prominentes Mitglied im Kuratorium zeigte. Mr. Saunders hätte in den Angelegenheiten der Staatskunst eine höhere Stellung innegehabt als die, die er innehatte, und in einem weiteren Umfeld hätte er seine Stärke leichter zum Einsatz bringen können. Nachdem er sich für kurze Zeit aus der Politik zurückgezogen hatte, wurde er Kommissionskaufmann in Mobile, doch 1845 wurde er von Präsident Polk auf den Posten des Hafens von Mobile berufen, und nach Ablauf seiner Amtszeit war er Wahlmann Ticket im Wahlkampf, der zur Wahl von Pierce und King führte. Sein wohlhabendes und gastfreundliches Haus war einst ein typisches Südstaatenhaus.

Der ehrenwerte James E. Saunders war ein gläubiger christlicher Philosoph und ein ruhiger Staatsmann, zu dem noch die Qualitäten eines überlegenen Geschäftsmannes hinzukamen, und er war von unschätzbarem Nutzen.

WP CHILTON

Aus zahlreichen Gründen verdient der Name des Richters William P. Chilton einen herausragenden Platz in den Annalen der großen Männer, die Alabama geprägt haben. Er war ein gelehrter und unbestechlicher Beamter, ein Patriot der höchsten Klasse, ein geduldiger und männlicher Gentleman in allen seinen Beziehungen und ein typischer Christ. Er bewegte sich unter seinen Kollegen mit allgemeiner Wertschätzung und wahrte trotz der Versuchungen des öffentlichen Lebens einen Ruf, der nicht einmal durch einen Anflug von Misstrauen getrübt wurde.

Er hatte ein angenehmes Temperament, war ein scherzhafter Gesellschafter, immer angenehm im Verkehr, mischte sich in wahrhaft demokratischer Manier unter alle Klassen und doch erniedrigte er nie auch nur ein Jota einen hohen Standard an Männlichkeit. In seiner strengen Pflichttreue verkörperte er den besten Typus des Publizisten und verkörperte sowohl im Privaten als auch in der Öffentlichkeit echte Männlichkeit. Selbst unter den laxsten Bedingungen und im Verzicht auf freien Verkehr mit anderen beschmutzte er seine Lippen nie mit unziemlichen Reden oder fragwürdigen Witzen. Ihm entging nichts, was eine Dame nicht hören könnte – nichts, was er nicht in einer öffentlichen Rede aussprechen könnte.

Er war ein Mann von enormem und gebieterischem Einfluss, der vom höchsten Gipfel ausging – dem eines reinen und erhabenen Lebens. Er war an den bewegenden Szenen beteiligt, die die Zeit, in der er lebte, prägten; Er scheute nie vor einer auferlegten Pflicht zurück und erfüllte seine Pflichten immer auf eine Art und Weise, die ihm das höchste öffentliche Lob einbrachte. Die Menschen lernten ihn so gründlich kennen, dass nie Druck auf eine fragwürdige Angelegenheit ausgeübt wurde, denn seine Integrität war sprichwörtlich. Aufgrund seines bekannten Lebensstandard wussten die Menschen, wo sie ihn in allen Fragen einordnen sollten, die die moralischen Aspekte von richtig und falsch betrafen. So war das Leben und die Karriere von William Parish Chilton.

Die Zeit mag Männer hervorgebracht haben, die in den bereits genannten Qualitäten ihresgleichen hatten, aber sie brachte niemanden hervor, der Richter Chilton überlegen war. Es handelte sich bei ihm nicht um eine protzige Zurschaustellung von Tugend, um Aufmerksamkeit zu erregen, denn keiner war sanftmütiger, gelassener und gelassener, sondern es handelte sich um einen stillen Einfluss, der überall beeindruckte, wo er sich berührte. Seine Verurteilung von Unrecht war nicht demonstrativ, aber seine Missbilligung war ein stiller Ausdruck, der immer kraftvoll war. Wie einer der antiken Philosophen über einen seiner Philosophenbrüder sagte: „Er sagt immer dasselbe über dieselbe Sache", so lag es an der einheitlichen Haltung und dem Verhalten von Richter Chilton.

In einer solchen Umlaufbahn bewegte er sich, in einer solchen Umlaufbahn starb er und hinterließ in den Erinnerungen derer, die ihn kannten, und in den Aufzeichnungen des Staates ein Leben von bemerkenswerter Reinheit. Er war in keiner Weise ein Einsiedler und auch nicht im Geringsten unkonventionell; andererseits war er überaus herzlich und sein pikanter Humor wurde als Anlass für angenehme Gespräche geschätzt; aber er würde niemals einen unziemlichen Witz oder Gesichtsausdruck auch nur mit einem Lächeln gutheißen.

Er führte ein aktives Leben. Tatsächlich war seine zunehmende Arbeit Gegenstand häufiger Kommentare. Dies brachte ihn zwangsläufig mit allen Klassen von Menschen in Kontakt, aber er bewegte sich in allen Szenen, ohne dass sein Charakter verdorben war. Seine Lebensgewohnheiten waren so regelmäßig wie die Bewegung des Zeigers auf dem Zifferblatt. Dadurch wurde er mit einer körperlichen Männlichkeit ausgestattet, die schweren Belastungen standhalten konnte.

Herr Chilton begann sein Leben als junger Anwalt in Talladega County in Zusammenarbeit mit George R. Brown und war anschließend in der Anwaltspraxis mit seinem Schwager, dem verstorbenen Senator John H. Morgan, verbunden starkes Unternehmen mit zwei weiteren angesehenen Herren, George W. Stone und Frank W. Bowdon. Herr Chilton wurde einmal ausgewählt, um Talladega County in der Legislative zu vertreten, und wurde anschließend als Nachfolger von Richter Ormond in einen Sitz auf der obersten Bank des Staates gewählt. Noch später, im Jahr 1852, wurde Richter Chilton Vorsitzender des Obersten Gerichtshofs von Alabama, eine Position, die er vier Jahre lang mit großer Auszeichnung innehatte. Er zog sich von dieser richterlichen Position zurück und wurde 1860 mit William L. Yancey in der Anwaltspraxis in Montgomery verbunden.

Als die Konföderation gegründet wurde, wurde Richter Chilton zum Mitglied des provisorischen Kongresses der jungen Regierung gewählt und behielt während ihrer kurzen und schicksalhaften Geschichte seinen Sitz in diesem Gremium. Über sein Interesse und seine Aktivität sagte der ehrenwerte JLM Curry, der sein Kongresskollege war: „Es war eine allgemeine Bemerkung, dass er das fleißigste Mitglied des Gremiums sei." Er liebte die Arbeit gleichermaßen aus instinktiver Energie und aus Pflichtgefühl. Im Plenum des Konföderiertenkongresses wurde die Meinung keines Mitglieds höher geschätzt als die von Richter Chilton.

In den turbulenten Debatten, die er genoss, sei es auf der Wahlkampfveranstaltung oder im Kongress, zeigte er seltenen Humor und schwelgte auf Kosten seines Gegners in originellen Epigrammen und ausgelassenen Anekdoten. Er war fließend und eloquent und fühlte sich vor einer promiskuitiven Versammlung zu Hause. Sein unschuldiger, funkelnder Witz verlieh ihm enorme Macht in Diskussionen. Unter den lächerlichen Ausfällen, die in einer Rede gegen einen anderen verwendet wurden, und einer, die schon lange zitiert wurde und sich auf die bemerkenswerte Beharrlichkeit seines Gegners bezog, warf er ihm vor, „ein extremes Medium erreicht zu haben". Vor einer Volksversammlung war er unwiderstehlich in seiner Fröhlichkeit und seiner Fähigkeit, Heiterkeit hervorzurufen. Dies geschah jedoch immer so, dass es nie zu Anstoß kam. Er ließ sich auch nie von Possenreißern leiten. Sein ansteckendes Augenzwinkern, sein sonnenbeschienenes Gesicht und die bereitwillige Beherrschung der dem Anlass entsprechenden Redewendungen waren so bemerkenswert, dass er das Publikum mitreißen konnte wie eine Brise ein Getreidefeld. Doch seine Stöße waren von der Gutmütigkeit so gedämpft, dass sie beim Sprecher weder einen Stich noch einen Anflug von Bedauern hinterließen.

Gestützt auf einen Charakter, wie er ihn besaß, verschaffte diese Vielfalt an Begabungen Richter Chilton einen enormen Vorteil. Es war bekannt, dass es ihm unmöglich war, wissentlich falsche Darstellungen zu machen oder sich auch nur den geringsten Vorteil zu verschaffen, und daher war der Zauber seines Einflusses überwältigend.

Zu seinen zahlreichen Merkmalen zählt sein intensives Interesse an jungen Männern. Aufgrund seiner transparenten Offenheit, Bereitschaft und Reaktionsfähigkeit wurde sein Rat häufig von einem kämpfenden Jugendlichen in Anspruch genommen. Er zeigte großes Interesse an seinem jungen Schwager John T. Morgan, der Richter Chilton vielleicht mehr als jedem anderen die solide Grundlage zu verdanken hatte, mit der er seine brillante und ereignisreiche Karriere begann. Es war nicht ungewöhnlich, dass er ein Gespräch mit einem jungen Mann suchte, bei dem er Talente entdeckte und ihm dabei half, eine solide Basis zu finden.

Als Richter Chilton 61 Jahre alt war, war er immer noch aktiv und wachsam, seine natürliche Kraft war noch unvermindert und sein Geist nicht durch jahrelange Aktivität getrübt, und als es schien, dass ihm noch viele nützliche Jahre bevorstanden, erlitt er einen schweren Sturz , von dem er sich nie mehr erholte. Sein Tod in Montgomery im Januar 1871 löste landesweite Trauer aus. Zu diesem Zeitpunkt tagte die Legislative, und Gouverneur Lindsay gab die traurige Tatsache seines Todes in der folgenden Mitteilung an die Generalversammlung bekannt:

„Bundesstaat Alabama,
„Executive Department", Montgomery, 21. Januar 1871.

„Meine Herren des Senats und des Repräsentantenhauses:

„Mit Trauer und Bedauern informiere ich Sie über den Tod des ehrenwerten WP Chilton aus der Stadt Montgomery. Dieses Ereignis ereignete sich gestern Abend etwa um 11 Uhr. Richter Chilton war einer unserer beliebtesten Bürger, ein hervorragender Jurist, und die Menschen in Alabama hatten ihn oft mit ihrer öffentlichen Wertschätzung und ihrem Vertrauen geehrt. Als Mitglied der Legislative, als Mitglied des Kongresses und als Oberster Richter unseres Obersten Gerichtshofs erfüllte er seine Pflichten mit Hingabe und Eifer. In den Gerichtssälen war er ein Staatsmann und glänzte mit seiner Integrität und Gelehrsamkeit. Der Verlust eines solchen Mannes ist ein öffentliches Unglück, und es ist angemessen, dass die Regierungsstellen eines Staates, den er so sehr liebte, seinem Andenken Tribut zollen."

Der Anlass seiner Beerdigung war eine traurige Ovation der öffentlichen Wertschätzung. Die Legislative, die Anwaltskammer, die Bruderschaft der Freimaurer, deren Ehrenmitglied er war, und eine Vielzahl von Freunden versuchten anlässlich seiner Beerdigung, Richter Chilton die Verdienste zuzuerkennen, die er verdiente.

JOHN FORSYTH

Seit Generationen wird der Name Forsyth in den Aufzeichnungen der Geschichte des Südens mit Auszeichnung in Verbindung gebracht. Das ursprüngliche Familienmitglied, Robert Forsyth, kam vor der Revolution aus England nach Amerika und war Mitglied der Militärfamilie von Washington. Sein Sohn, John Forsyth, war zu verschiedenen Zeiten Generalstaatsanwalt und Gouverneur von Georgia, für einen Zeitraum von fünfzehn Jahren Mitglied des Kongresses dieses Staates, Minister in Spanien und war maßgeblich an der Erlangung der Abtretung Floridas beteiligt. Während der Amtszeit von Jackson und Van Buren war er sechseinhalb Jahre lang Außenminister. Robert Forsyth war der Großvater von John Forsyth, verstorben aus Mobile, während John Forsyth Sr. sein Vater war.

Da sie sich in sozialer und schulischer Hinsicht ungewöhnlicher Vorteile erfreuten, brachte ihnen das Thema der vorliegenden Skizze großen praktischen Nutzen. Zu den Vorteilen, die er genoss, gehörte ein zweijähriger Aufenthalt am spanischen Hof während der Amtszeit seines angesehenen Vaters als spanischer Minister. Er war Absolvent der Princeton University, wo er die ersten Auszeichnungen seines Jahrgangs erhielt und die Abschiedsrede hielt.

Er begann seine Anwaltstätigkeit in Columbus, Georgia, und blieb dort nur ein Jahr, als er sich im Jahr 1835 in Mobile niederließ. Bald erhielt er die Ernennung zum Anwalt der Vereinigten Staaten für den südlichen Bezirk von Alabama, doch der Tod von Da sein Vater in Georgia lebte, musste er in diesen Staat zurückkehren, wo er zwölf Jahre lang blieb, nachdem er die Nachlassverwaltung seines Vaters übernommen und seine Zeit der Bepflanzung, der Anwaltspraxis und der redaktionellen Leitung der Columbus Times gewidmet hatte. In dieser Zeit meldete er sich als Adjutant des Ersten Georgia-Regiments im mexikanischen Krieg.

Er kehrte 1853 nach Mobile zurück, stieg in das Holzgeschäft ein, wurde ausgebrannt und stieg durch den Kauf des Mobile Register erneut in den Bereich des Journalismus ein. Im Jahr 1856 wurde er von Präsident Pierce zum Minister in Mexiko ernannt, in dieser Funktion diente er zwei Jahre lang.

Die Mission von Oberst Forsyth nach Mexiko war mit viel Arbeit und Verwirrung verbunden, da ihm die Pflicht auferlegt wurde, vielfältige und zahlreiche Ansprüche gegen die mexikanische Regierung auszugleichen, die auf die Natur des von den Mexikanern geführten Krieges zurückzuführen waren. Es gab Klagen wegen Inhaftierung, Mord, Beschlagnahmung und anderem, und während Oberst Forsyth unermüdlich arbeitete, erhielt er von der Buchanan-Regierung nur zaghafte Unterstützung.

Tatsächlich war Präsident Buchanan zutiefst in die Hektik der Ereignisse vertieft, die auf den bevorstehenden Bürgerkrieg hindeuteten, der 1861 wie ein Sturm über das Land hereinbrach, und seine Außenpolitik war von Versöhnung geprägt. Der Grund für diese Politik des Präsidenten gegenüber Mexiko ist nun offensichtlich. Angesichts des bevorstehenden Konflikts in den amerikanischen Bundesstaaten wäre die Feindseligkeit Mexikos, aus welchen Gründen auch immer, schwerwiegend.

Als ernsthafter Verfechter der Rechte der Bürger der amerikanischen Bundesstaaten in der mexikanischen Hauptstadt war Oberst Forsyth über die schwache Unterstützung seiner Regierung zutiefst beschämt, was zum Abbruch seiner Beziehungen zum diplomatischen Dienst führte. Nach seinem Rücktritt kehrte er zu Mobile zurück und nahm seine redaktionelle Arbeit wieder auf.

Aufgrund seiner unterschiedlichen Qualifikationen wurde er häufig vom Volk in den aktiven Dienst berufen. Während er seiner Feder aktiv nachging, wurde er zu so wichtigen Ämtern wie dem des Bürgermeisters von Mobile, dem des Gesetzgebers, dem Stadtrat in seiner Wahlheimat und anderen Ämtern von öffentlichem Interesse berufen.

Im März 1861 wurde Colonel Forsyth zusammen mit den Herren Crawford aus Georgia und Roman aus Louisiana im Rahmen einer Friedenskommission nach Washington geschickt. Es bestand nur eine geringe Hoffnung, etwas zu erreichen, und es ist zweifelhaft, ob mit der Mission eine ernsthaftere Absicht verbunden war, als Zeit für eine wirksamere Ausrüstung des Südens für den bevorstehenden Kampf zu gewinnen. Es war eine Zeit der Taktik und des Spielens um den Vorteil. Die Mission war sinnlos, und mit der Zeit brach der Krieg über das Land aus.

Während des Bürgerkriegs diente Colonel Forsyth eine Zeit lang im Stab von General Braxton Bragg und blieb seiner Zeitung weiterhin verbunden, denn schließlich war die Feder das mächtigste Instrument in der Hand von Colonel Forsyth. Nach Kriegsende erwies er sich als einer der meisterlichsten Geister, der den Staat durch den Sturm des Wiederaufbaus steuerte. Die Feder von niemandem im Süden war in dieser chaotischen Zeit mächtiger. Als Staatsmann, Jurist und Journalist war er auf die Führung in einer Notlage wie dieser vorbereitet und reagierte mit dem Eifer eines Patrioten auf jede sich bietende Gelegenheit. Seine übermäßige Wehentätigkeit hatte traurige Auswirkungen auf seine Konstitution, sein Gesundheitszustand war angeschlagen, aber trotzdem setzte er seine Wehen hartnäckig fort. Er gehörte zu der Art von Beamten, die den Applaus nicht um seiner selbst willen suchten, sondern von einem unbestrittenen Patriotismus getrieben waren, der Forderungen aller Art, ob hoch oder niedrig, nachgab, um der Öffentlichkeit zu dienen.

So wie Colonel Forsyth es auch tat, als er seine überlegene Vielseitigkeit ausübte, so war alles andere eine Nebensache für den Umgang mit seiner produktiven Feder. Er wurde zum brillantesten Journalisten des Südens. Der Kompass seiner Vision war der eines Staatsmannes, und in den unruhigen Zeiten, die auf den Bürgerkrieg folgten, war der Rat eines Menschen wie ihm nötig, und dieser Rat fand seinen nützlichsten Ausdruck in der Spitze seiner kraftvollen Feder.

Tag für Tag, viele Jahre lang, glänzten die Spalten des Mobile Registers mit Gedanken, die sich auf höchstem Niveau bewegten und ihren Ausdruck in einer geschliffenen und prägnanten Diktion fanden. Es wurde durch den erhabensten Ton der Rhetorik aufgehellt, durchweg durch die beste Form der Gelehrsamkeit getragen und verfiel weder im Ton noch im Ausdruck ins Alltägliche. Sein Stil hatte einen anspruchsvollen Touch, eine klassische Form seines Denkens, die zwar den gelehrtesten Lesern gefiel, aber auch das einfache Volk bezauberte.

Unter der Herrschaft seiner kraftvollen und scharfsinnigen Feder wurde das Mobile Register zu einem der dominierenden Faktoren im südlichen Denken. Diese Zeitschrift fand Leser in allen Bundesstaaten und erregte zu dieser Zeit mehr als jede andere im Süden die Aufmerksamkeit der Großstadtpresse. In keinem redaktionellen Heiligtum wurde er an Seltenheit der Diktion oder an Ausdruckskraft übertroffen.

GEORGE GOLDTHWAITE

Es gab einmal die Möglichkeit, dass Richter George Goldthwaite Militär werden würde. Nachdem er seine jüngeren Jahre in Boston verbracht hatte, wo er Männer wie Charles Sumner und RC Winthrop als Schulkameraden hatte, wurde Goldthwaite Kadett an der Militärakademie in West Point. Zu seinen Klassenkameraden an der Akademie gehörte General (Bishop) Polk, während in den fortgeschritteneren Klassen RE Lee, Joseph E. Johnston und Jefferson Davis waren. Goldthwaite war noch nicht einmal ein Jahr nach Abschluss seines Kurses in die Schikane verwickelt und verließ stillschweigend die Anstalt, da er wusste, welche Konsequenzen dies haben würde. Zu dieser Zeit, im Jahr 1826, steckte Alabama noch in den Kinderschuhen der Staatlichkeit, und er war ein Jugendlicher von siebzehn Jahren. Sein Bruder war zu dieser Zeit ein aufstrebender junger Anwalt in Montgomery und der jüngere Bruder begann bei seinem älteren Bruder ein Jurastudium.

Die gründliche mentale Ausbildung, die er in den Bostoner Schulen und an der Militärakademie durchlaufen hatte, erleichterte ihm vergleichsweise den Aufstieg in die Rechtswissenschaften, und am Ende des Jahres, als er erst achtzehn Jahre alt war, wurde er zum Jurastudium zugelassen Praxis und eröffnete ein unabhängiges Büro in Monticello, Pike County. Dem jungen Anwalt mangelte es nicht an Mandanten und er blieb mehrere Jahre in diesem ländlichen Dorf, bevor er nach Montgomery zurückkehrte, wo seine Fähigkeiten weithin anerkannt wurden.

Im Jahr 1843 bewarb er sich um die Richterstelle am Kreisgericht gegen den Amtsinhaber, Richter Abraham Martin, und wurde gewählt. Im Jahr 1850 wurde er von Jefferson Jackson, einem prominenten Herrn an der Anwaltskammer, abgelehnt und erneut gewählt. Im Jahr 1852 wurde Richter Goldthwaite zum Richter am obersten Richterstuhl gewählt, und vier Jahre später, als Richter Chilton zurücktrat, wurde Richter Goldthwaite Oberrichter, doch nach nur dreizehn Tagen in dieser Funktion trat er plötzlich zurück und nahm seine Tätigkeit als Anwalt wieder auf.

Nach Beginn des Bürgerkriegs fungierte Richter Goldthwaite drei Jahre lang als Generaladjutant des Staates unter der Ernennung von Gouverneur Moore. Kurz nach Kriegsende wurde er erneut zum Bezirksrichter gewählt, aber 1866 wurde er aufgrund der Rekonstruktionsakte des Kongresses abgesetzt.

1870 wurde er aus Alabama in den Senat der Vereinigten Staaten gewählt. Dieser kurze und oberflächliche Überblick über ein ereignisreiches Leben bietet nur einen schwachen Hinweis auf die wunderbare Aktivität und Nützlichkeit, mit der die Karriere von Richter Goldthwaite gekrönt wurde.

Wie bei den meisten Männern mit äußerst fleißigen Gewohnheiten fehlte es in der Haltung von Richter Goldthwaite an einem Geist der Herzlichkeit. Sein besonderer Wirkungsbereich war der Gerichtssaal oder die Anwaltskanzlei. Er hatte eine Vorliebe für die Diskussion der tiefgreifenden Rechtsprinzipien und genoss das Studium dieser. Als unermüdlicher Jurastudent war er einer der fähigsten Anwälte und Juristen, die der Staat jemals hatte. Die Darlegung eines Vorschlags durch ihn war so klar wie eine syrische Atmosphäre und in seiner Erläuterung vor einer Jury war seine Diktion knapp, klar und einfach, so dass auch der kleinste Landgast sie verstehen konnte. Ruhig in seiner Art und mit schlichtem Englisch entwirrte er einen verwickelten Vorschlag, sodass jeder Faden geglättet war und jeder, der die Bedeutung der einfachsten Diktion kannte, ihre Bedeutung leicht verstehen konnte. Er war ein Meister der einfachen Diktion.

Auf der Richterbank war Richter Goldthwaite tiefgründig, aber immer klar und einfach. Jedes Wort schien an die richtige Stelle zu passen, und in der Darstellung einer Tatsache oder eines Grundsatzes blieb kein Fehler zurück. Im geselligen Kreis zeichnete sich bei seinen Gesprächen die gleiche klare Ausdrucksweise ab, die einen außergewöhnlichen Informationsreichtum und eine außergewöhnliche Vielseitigkeit des Lernens offenbarte.

Obwohl er von untersetzter Statur war, wirkte er nicht gerade beeindruckend, aber als er zu sprechen begann, strahlte seine Ausdrucksweise von der Hitze stiller Ernsthaftigkeit, und alles andere außer dem Charme seiner unvergleichlichen Rede war vergessen.

Richter Goldthwaite erlangte als nationaler Senator nur geringe Auszeichnungen, da es eine Zeit war, in der die Stimme eines Senators aus dem Süden kaum Beachtung fand. Die Wunden des Bürgerkriegs waren noch frisch und schmerzten, und die Ruhe seines Temperaments und die Abneigung gegen feindselige Aufregung verhinderten, dass er in leeren Reden ausbrach, wie es bei vielen anderen der Fall gewesen wäre. Tatsächlich war sein Wirkungskreis nicht das Forum, und er hatte keine Lust auf die langweilige Routine der Kongressabläufe.

Richter Goldthwaites Denkweise war ausgesprochen richterlich. Er diente im Senat aus patriotischer Pflicht und nicht aus freien Stücken. Es gab einen besonderen Zustand, der seine weitere Anwesenheit dort erforderte, und auf diese Forderung reagierte er. Es war eine Zeit, die Ruhe und Konservatismus erforderte, und niemand war besser darauf vorbereitet, diese Tugenden zu veranschaulichen als Richter Goldthwaite.

Sein Auftreten im Nationalsenat erregte die Bewunderung aller. Als ehemaliger Klassenkamerad von Charles Sumner war er, wie bereits gesagt wurde, der Pole, der sich in den von Mr. Sumner vertretenen und von ihm im Senat oft hitzig zum Ausdruck gebrachten Ansichten vom Staatsmann Neuenglands trennte.

Richter Goldthwaite übte eine lange und ehrenvolle Karriere in Alabama aus und hinterließ eine Reihe von Ruhm. Er stand weit über den Kleinigkeiten des Lebens und lebte und dachte auf einer erhöhten Ebene, hoch über den meisten Menschen. Er war Student, Staatsmann, Jurist und Philosoph – alles. Er war eine Zierde des Staates und zweifellos einer seiner wichtigsten Bürger in allem, was sein Wohl betraf. Weder im Verhalten noch im Charakter war er ohne jegliches Gegenstück. Sein Beispiel war anregend und sein Einfluss erhebend und inspirierend. Jeder Staat wäre durch den Besitz eines so bedeutenden Bürgers geehrt worden.

ALEXANDER TRAVIS

Der Name Travis ist unsterblich mit der Tragödie von Alamo verbunden, wo der tapfere Colonel William Travis mit seiner ergebenen Truppe in der historischen Festung von San Antonio massakriert wurde. Der Rev. Alexander Travis war ein Onkel des Helden von Alamo. Colonel William Travis lebte vor seinem Umzug nach Texas in Alabama und praktizierte als Anwalt im Clarke County. Von dort zog er nach Texas, wo er zu einem der prominentesten Teilnehmer am Unabhängigkeitskampf wurde.

Eines der vorherrschenden Merkmale der Travis-Familie war kühler Mut. Dies wurde im Leben des heldenhaften Missionars in den Wäldern im Süden Alabamas ebenso deutlich wie bei seinem Neffen in der unglückseligen Festung Alamo. Alexander Travis zog 1817 nach Conecuh County und war einer der Pioniersiedler dieser Region. Er war ein Mann des Friedens, aber das trübte nicht die heroischen Impulse seines Wesens, denn um sich mit den harten Bedingungen des Pionierlebens auseinanderzusetzen und sie in die gebührende Unterordnung unter die organisierten sozialen Bedingungen zu bringen, war nicht nur ungewöhnlicher Mut erforderlich , aber auch Weisheit und Klugheit.

Während Herr Travis die Nöte der frühen Kolonialherren im Süden Alabamas voll und ganz teilte, leitete er als Prediger des Evangeliums alle Bewegungen beim Aufstieg dieser Region von chaotischen Zuständen auf die höhere Ebene der fortgeschrittenen Gesellschaft. Er selbst leugnete die Vorteile einer Ausbildung, er war der Vorreiter aller Bewegungen, die für allgemeine Bildung sorgten. Er war der Gründer der Stadt Evergreen, heute ein geschäftiges kleines Zentrum an der Louisville and Nashville Railway zwischen Montgomery und Mobile. Zu diesem Zeitpunkt gründete er die Akademie, deren Platz in späteren Jahren einer der staatlichen Landwirtschaftsschulen wich.

Es gab etwas Erbärmliches im Leben eines Mannes, der auf seiner kleinen Farm, die er selbst gerodet hatte, in der Wildnis von Südalabama arbeitete und sich nachts, wenn die Arbeit des Tages vorüber war, niederlegte Er sitzt in seinem kleinen Garten vor seinem lodernden Kaminfeuer und studiert seine einfache englische Bibel – das einzige Buch in seiner Bibliothek. Jede Woche verließ er seine Hütte im Wald, um am Sonntag in entfernten Siedlungen zu predigen, warf sich sein kleines Portemonnaie aus Baumwollstoff über die Schultern und machte sich zu Fuß auf den Weg, um die Strecke zurückzulegen, die manchmal vierzig Meilen betrug das Privileg, einer entfernten Gemeinschaft zu predigen. Er lernte jeden Fuß der breiten Indianerpfade kennen, die sich über ein riesiges Gebiet durch die Wälder schlängelten, und kannte jeden Baumstamm, auf dem er in jenen brückenlosen Zeiten vor langer Zeit die großen Bäche überqueren konnte. Nichts hinderte ihn an seinen guten Ausflügen, denn wenn der Regen die Bäche anschwellen ließ, zog er sich aus, stopfte seine Kleidung in seine Brieftasche und hielt, da er ein erfahrener Schwimmer war, seine Tasche mit einer Hand über dem Kopf Mit dem anderen schwamm er zur gegenüberliegenden Seite, richtete sich wieder ein und stapfte weiter.

Unter den Elementen der reichhaltigen Romantik in unserer Geschichte gibt es nichts Interessanteres als die Unerschrockenheit dieses Pionierhelden, der zur moralischen und spirituellen Seite der frühen Tage unserer Geschichte beitrug. Seine Pünktlichkeit bei der Einhaltung seiner Termine und seine Hingabe an das Evangelium und die Menschen verschafften ihm höchstes Vertrauen. In jenen Tagen, als es keine Gerichte gab, es aber dennoch Konfliktparteien gab, wurden Fälle zur endgültigen Entscheidung in der Schwebe gehalten, „bis der Prediger kommt". Es wurden Gründe vorgebracht, aber er würde einer Prüfung dieser Gründe niemals zustimmen, bis die Streitparteien sich einvernehmlich mit seiner Entscheidung einverstanden erklärt hätten. Die Klarheit und Vernunft seines Urteils, die Gerechtigkeit seines Geistes und sein tiefes Rechtsgefühl waren so groß, dass jeder Prozessbeteiligte diese Bedingung sofort akzeptierte. Er war Geschworener, Anwalt und Richter in einem, und viele Jahre lang war er in dieser Pionierregion im Inneren in dieser dreifachen Funktion tätig, während er als Missionar unerwiderte Dienste leistete. Er führte ein seltsames, starkes und romantisches Leben, das er zum Wohle anderer verbrachte und dabei sein persönliches Wohlbefinden vernachlässigte. Diese Klasse ist auf eine so kleine und seltene Liste zusammengeschrumpft, dass die Welt heute, wenn eine ähnliche Hingabe gezeigt wird, keine höhere Bezeichnung für einen solchen Mann kennt als die „Kurbel", und doch ist es die Kurbel, die die Dinge dreht.

In späteren Jahren und unter besseren Bedingungen ritt Mr. Travis mit seinen ledernen Satteltaschen zu Pferd durch die weiten Regionen. Unter den hohen Kiefern, die damals in jenen südlichen Gegenden wuchsen, streckte er sich nachts oft müde und schläfrig im grünen Gras aus, den Kopf auf seine Satteltaschen gelegt, und unter den Sternen wurde er zum Schlafen umworben bei den stöhnenden Kiefern über ihm. Sein treues Pferd war in der Nähe angebunden, um das Drahtgras und die einheimischen Pfirsiche abzugrasen, während der Missionar schlief und auf die Morgendämmerung wartete. Ohne einen Cent Entschädigung hat Alexander Travis viele ereignisreiche Jahre damit verbracht, mit seinen eigenen Händen die Mittel zu schaffen, mit denen er seine Arbeit aufrechterhalten konnte, und nicht durch irgendetwas anderes als das Bewusstsein der Pflicht gegenüber der Menschheit und gegenüber Gott beflügelt.

Mit der Bevölkerungszunahme und dem Wachstum des Wohlstands gelangte Herr Travis in der zweiten Hälfte seines Lebens zu einem messbaren Wohlstand, doch von seinem festen Vorsatz, Gutes zu tun, ließ er nie nach. Er war ein Mann von imposanter Erscheinung, von natürlicher Würde und Haltung und besaß die natürliche Durchsetzungskraft, die diese verleihen; dennoch war er bescheiden und erregte Ansehen durch seine unbestrittenen Führungsqualitäten. Es gab kein Element von Schlaffheit in seinem Charakter, kein Geschwätz und Gefasel in seinen Äußerungen, aber in allem, was ihn betraf, war er von Natur aus ein Edelmann. Sein Urteilsvermögen war scharfsinnig und scharfsinnig, seine Haltung gefasst, und obwohl er nicht die geringste Zurschaustellung von Gewalt zeigte, war er mutig in der Darstellung seiner Ansichten und deutlich in deren Ausdrucksweise. In nichts zeigte sich sein Mut so sehr wie in seiner Standhaftigkeit angesichts von Schwierigkeiten. Nichts, was er für möglich hielt, brachte ihn aus der Fassung, und obwohl er nie streng war, blieb er doch unerschütterlich von dem, was er für richtig hielt, ob nun durch andere bestärkt oder nicht. Als er lebte, war er ein Segen für den Staat, und obwohl er tot ist, spricht er immer noch.

JOHN A. WINSTON

John A. Winston genoss die Ehre, der erste gebürtige Gouverneur des Staates zu sein. Er stammte aus Madison County, wo er 1812 geboren wurde, und erhielt seine College-Ausbildung am LaGrange College und der University of Nashville. Sein Großvater war Offizier der Revolutionsarmee aus Virginia. Der Familienname Antonius blieb in diesem dem Gouverneur gegebenen Namen erhalten.

Gouverneur John Anthony Winston widmete seine Aufmerksamkeit zunächst dem Pflanzen. Er zog 1834 aus der Bergregion nach West-Alabama und kaufte eine schöne Plantage im Sumter County, einem der Countys des berühmten schwarzen Gürtels. Sechs Jahre nach seiner Ansiedlung im Sumter County wurde er zu dessen Vertreter im Parlament gewählt. In dieses Amt wurde er wiedergewählt und dann in den Staatssenat gewählt. Diese Position behielt er zehn Jahre lang in Folge und wurde 1847 Vorsitzender dieses Gremiums.

Die Fähigkeiten von Gouverneur Winston wurden 1848 allgemeiner anerkannt, als er als Delegierter des Nationalkonvents nach Baltimore reiste, der General Cass für die Präsidentschaft nominierte. Herr Winston hielt vor diesem Gremium eine Rede zur Verteidigung der nationalen Demokratie, die große Aufmerksamkeit erregte und ihn vor dem ganzen Land bekannt machte.

Während seiner Karriere als Senator stieg er in das Baumwollkommissionsgeschäft in Mobile ein und pflegte diese Geschäftsbeziehung bis zu seinem Lebensende. Während er nicht im offiziellen Dienst tätig war, war seine Aufmerksamkeit zwischen seinem Pflanzinteresse und seinem Geschäft in Mobile aufgeteilt, wo er einen Großteil seiner Zeit verbrachte. Der hervorragende Wert von Mr. Winston, sein klares Urteilsvermögen, sein umfassendes Verständnis, seine Charakterstärke und seine genaue Praktikabilität, zusammen mit seiner unbestrittenen Menschenführung und Staatskunst, trugen dazu bei, dass er ein größeres öffentliches Vertrauen erlangte, und im Jahr 1853 wurde er zum Kandidat für das Amt des Gouverneurs des Staates und wurde ohne Opposition gewählt. Zwei Jahre später, nach Ablauf seiner ersten Gouverneursperiode, wurde er von dem ehrenwerten George D. Shortridge abgelehnt. Der Wahlkampf war von ungewöhnlicher Energie und sogar Bitterkeit geprägt. Der Staat war die ganze Zeit über aufgeregt, beide Kandidaten traten überall vor einem großen und begeisterten Publikum auf. Gouverneur Winston war der demokratische Kandidat, während Herr Shortridge sich für die Sache der Know-Nothing- oder amerikanischen Partei einsetzte. Herr Winston besiegte seinen Gegner mit einer Mehrheit von etwa zwölftausend.

Die Umstände hatten sich nun verschworen, um den Farmer-Gouverneur zum großen Anführer der demokratischen Heere im Staat zu machen. Kein Mann, der in Alabama gelebt hat, hatte jemals ein umfassenderes Verständnis einer Parteiorganisation als Gouverneur Winston zu dieser Zeit. Zum Glück für den Staat war es eine Macht, die mit uneigennützigem Patriotismus klug eingesetzt wurde. Die Führung der Angelegenheiten war so frei von der Beimischung persönlicher Überheblichkeit, wie nur möglich, und dies wurde von der Öffentlichkeit gebührend anerkannt. Gouverneur Winston reiste 1860 als Sonderdelegierter zum Charleston-Kongress und führte nach der Nominierung von Herrn Douglas die Wahlliste im Staat an. Bei Ausbruch des Krieges wurde er Oberst des achten Alabama-Regiments und diente als solcher zwölf Monate lang, als er aufgrund eines Rheumaanfalls, der ihn körperlich behinderte, aus dem Dienst ausscheiden musste. Seine Karriere als Soldat in der Armee von Virginia stand im Einklang mit seinem allgemeinen Ruf als Zivilist. Sein Regiment war bei Seven Pines heftig im Kampf, weil es an der Front in scharfen Kontakt mit dem Feind geriet. Der Kampf war Hand in Hand, mit zahlenmäßigen Chancen gegen den tapferen Eighth Alabama. Colonel Winston stand an der Spitze seines Regiments und führte seine Truppe mit einer großen Pistole in jeder Hand, die Zügel zwischen die Zähne steckend. Als ihm befohlen wurde, sich zu ergeben, antwortete er, dass er sich nicht der Armee angeschlossen habe, um sich zu ergeben, und das sei nicht seine Sache. Nach seiner Rückkehr nach Hause widmete er seine Aufmerksamkeit dem Pflanzenanbau und unterstützte mit unvermindertem Patriotismus auf jede erdenkliche Weise das Schicksal der Konföderation.

Im Jahr 1865 wurde Gouverneur Winston als Delegierter aus Sumter County zum Verfassungskonvent von Alabama entsandt und anschließend für einen Sitz im Nationalen Senat ausgewählt, doch sein Sitz wurde ihm verweigert und er wurde anschließend von den damals herrschenden radikalen Kräften entrechtet der Regierung. Damit endete seine Karriere im öffentlichen Dienst. Er erholte sich nie von dem Rheuma, das er sich während seines Dienstes in Virginia zugezogen hatte, und starb am 21. Dezember 1871 im Alter von neunundfünfzig Jahren in Mobile.

Die Kombination von Eigenschaften, die in den Charakter von Gouverneur Winston einflossen, war mehr als gewöhnlich, und alle diese Eigenschaften basierten auf einer klaren, soliden Grundlage von bemerkenswert gesundem Menschenverstand in allem, was er privat und offiziell tat und sagte. Er war völlig frei von Vortäuschung oder Annahme. Er bewegte sich auf einem geraden Weg der Unparteilichkeit und des unvoreingenommenen Denkens. Er dachte nach und gelangte zu seinen eigenen Schlussfolgerungen. Als eine

Schlussfolgerung gezogen wurde, war es offensichtlich, dass er den ganzen Boden durchgegangen war, alle möglichen Überlegungen abgewogen und abgemessen hatte, und nachdem dies geschehen war, war es vergeblich, zu versuchen, ihn zu vertreiben. Seine gewissenhafte Festigkeit hatte manchmal den Anschein von Strenge, und wenn es keine Diplomatie gab, um sie zu mildern, würde eine Entscheidung manchmal den Sensiblen beleidigen; aber angesichts seiner Pflicht rührte ihn nichts davon. Ihm fehlten nicht die Elemente der Sanftmut und des tiefen Mitgefühls, aber darüber erhob sich sein Gewissen, dessen Gebote er nicht missachten würde.

Als Gouverneur war er mit vielen erlassenen Gesetzen nicht einverstanden, insbesondere im Hinblick auf die Verwendung öffentlicher Gelder, und hin und wieder kam es zu Spannungen zwischen der Exekutive und der Legislative, aber er zögerte nicht, sich auf die Macht von zu berufen das Veto, wenn er es für notwendig hielt. Aus diesem Grund erhielt er den Beinamen „Veto-Gouverneur“, doch für ihn übertrafen Prinzipien die Popularität, und der Schutz des gemeinsamen Interesses war ihm wichtiger als der gute Wille der Generalversammlung. Auch wenn er weder auf dem Parteivorsitz noch in der Legislative über rednerische Kraft verfügte, eine schrille, krächzende Stimme hatte und eher die Manieren eines Geschäftsmannes als die eines ausgebildeten Redners hatte, gewann er dennoch die Bevölkerung durch seine Direktheit und Aufrichtigkeit. Er zog sich aus dem öffentlichen Leben zurück, ohne dass sein Verhalten oder seine Karriere im geringsten beeinträchtigt wurde. Ein Hinweis auf seine große Popularität ist die Tatsache, dass der Name der Grafschaft Hancock zu Ehren von Gouverneur Winston in seinen eigenen Namen geändert wurde.

DANIEL P. BESTOR

In seinen Phasen war Dr. Bestors Charakter vielseitig. Er war Pflanzer, Staatsmann, Philosoph, Pädagoge und Prediger des Evangeliums zugleich. Von der Natur sehr begünstigt, besaßen seine Gaben den Glanz des klassischen Steinschneiders und die Erweiterung, die sich aus Forschung, Denken und Erfahrung ergibt. Er überragte den gewöhnlichen Menschen und das Geschwätz der Menge gewaltig. Wie Goldsmiths idealer Prediger erhob sich Dr. Bestor –

> „Wie eine hohe Klippe, die ihre schreckliche Form erhebt,
> aus dem Tal ansteigt und auf halbem Weg den Sturm verlässt, obwohl sich um ihre Brust rollende Wolken ausbreiten, legt sich ewiger Sonnenschein auf ihr Haupt."

In seinem Charakter war nichts Rührseliges oder Mittelmäßiges zu finden. Jede Bewegung und Äußerung, sein Gesicht und seine Haltung verrieten den Mann, der er war. Dr. Bestor stammte aus Connecticut, wo er 1797 geboren wurde. Als er im Alter von 24 Jahren über Kentucky nach Alabama zog, begann er sofort eine Karriere als Unternehmer, die sich fast über ein halbes Jahrhundert erstreckte, eine Zeit, die ihn umfasste all die großen Revolutionen, die der Staat durchgemacht hat. In keinem dieser Fälle war er ein untätiger Zuschauer oder uninteressierter Agent.

Seine Bildungsvorteile waren die besten, die sich die damalige Zeit leisten konnte, und diese verschafften ihm die Stütze eines sich immer weiter ausdehnenden Wissensbereichs. Er verfügte über einen sowohl empfänglichen als auch zurückhaltenden Intellekt und war ein fleißiger Student in einer Reihe von Forschungsgebieten. Von oberflächlichen Tatsachen ausgehend ging er den Prinzipien auf den Grund und gelangte aus erster Hand zu Schlussfolgerungen. Wenn sich Anlass zu einer Meinungsänderung in irgendeiner Angelegenheit ergab, gab er neuen Beweisen nach, obwohl diese ihn zu einer Position führten, die der ursprünglich vertretenen völlig entgegengesetzt war. Es ist der kleine Mann, der nie seinen Standpunkt ändert. Die beiden Klassen repräsentieren Eigensinn bzw. Beständigkeit. Hartnäckigkeit ist die Unbeugsamkeit des Stolzes; Konsistenz, die Unflexibilität des Prinzips.

Bei seiner Ankunft in Alabama war Dr. Bestor mehr vom Mangel an Bildungseinrichtungen als von allem anderen beeindruckt. Im Tal des Tennessees gab es eine Vielzahl junger Leute, die sich schnell dem Mann- und Frauenalter näherten und kaum über die Möglichkeit einer Ausbildung verfügten. Er wurde sofort zum Pionier der allgemeinen und öffentlichen Bildung im Staat und war der Erste, der sich umfassend mit dieser Frage auseinandersetzte. Er versuchte, den Mangel im nördlichen Teil des Staates zu beheben, indem er dort die einst berühmte Schule gründete, die als LaFayette Female Academy bekannt war. Die Schule wurde von den wohlhabenden Pflanzern dieser Region gefördert und war die erste Möglichkeit, zur weiblichen Kultur beizutragen, die in dieser Abteilung bemerkenswert war. Dr. Bestor war der Direktor der Schule und widmete sich der Förderung der Kultur seines jungen Mannes. Dr. Bestor wurde etwa zur Zeit des letzten Besuchs von General LaFayette in Amerika gegründet und leitete seinen Namen von dem des berühmten Franzosen ab, während das kultivierte Dorf, das auf dem Plateau entstand, auf dem sich die Schule befand, den Namen LaGrange erhielt, zu Ehren des Schlosses von LaFayette in Frankreich.

Dies war die erste in Alabama eingetragene Schule. Der Gesetzgeber von Alabama übertrug der Schule 1824 ein halbes Stück Land. Obwohl die Schule als Akademie bezeichnet wurde, war die Note hoch und es wurden fortgeschrittene Arbeiten durchgeführt. Zu dieser Zeit wurde Dr. Bestor überall als der große Pädagoge bezeichnet, und sein Ruhm verbreitete sich im ganzen Staat. Später, im Jahr 1830, gründete die Methodistenkonferenz von Nord-Alabama, Mittel-Tennessee und Nord-Mississippi im Dorf LaGrange eine Schule für junge Männer, die ebenfalls zu einer berühmten Einrichtung wurde. Drei Jahre später zog Dr. Bestor nach Greensboro und nahm so weit wie möglich alles mit, was zur LaFayette Academy gehörte, und gründete in dieser Hauptstadt des Canebrake eine weitere Schule und blieb mehrere Jahre an deren Spitze. Noch später zog er nach Sumter County, wo er zehn Jahre lang seine Zeit zwischen Predigen und Pflanzen aufteilte.

Während seiner Tätigkeit als Gesetzgeber im Greene County im Jahr 1837 enthüllte Dr. Bestor die erste Vision eines umfassenden öffentlichen Schulsystems für den Staat. Sein Studium und seine Untersuchung des Themas führten ihn zu der Erkenntnis, dass Alabama bei unveränderten vorherrschenden Bedingungen niemals aus der Düsternis des Analphabetismus herauskommen könnte. Die geringen Möglichkeiten, die lokale oder konfessionelle Interessen boten, reichten den bestehenden Anforderungen überhaupt nicht aus. An beliebten Orten im Staat gab es Schulen, aber die Unwissenheit in weiten Teilen des Staates war geradezu düster.

Dr. Bestor war von solchen Umständen erschüttert und versuchte, sich an die Legislative zu wenden, um die Volksvertreter mit den Ergebnissen seiner unvoreingenommenen Untersuchung vertraut zu machen. Sein Plan war der,

der viele Jahre später, aber nach seinem Tod, tatsächlich in die Tat umgesetzt wurde.

In der Legislaturperiode widmete er sein gebildetes Wesen der einzigen Sache der Bildung und richtete dafür einen Sonderausschuss ein, dessen Vorsitzender er wurde. Mit großer Mühe und Mühe erstellte er einen ausführlichen Bericht und eine Rechnung, die er anbieten sollte, und legte sie fristgerecht vor. Die Maßnahme stieß auf heftigen Widerstand, insbesondere bei BG Shields und Marengo, dem Vorsitzenden des allgemeinen Ausschusses für Bildung, der die Politik eines Sonderausschusses als Widerspiegelung seiner selbst und seines Ausschusses ablehnte. In der Opposition wurde Herr Shields von Richter Smith aus Madison unterstützt. Aber allgemeine Ausschüsse hatten nie etwas getan, und aus diesem Grund forderte Dr. Bestor die Einrichtung eines Sonderausschusses.

Der Anlass wurde durch den Wettbewerb, den er auslöste, im ganzen Haus zu einem unvergesslichen Erlebnis. Dr. Bestor nutzte bei der Durchführung des Wettbewerbs all seine Ressourcen und sein Können und erwies sich in der Debatte als Gigant, und obwohl ihm viel Leidenschaft entgegengebracht wurde, bewahrte er während der gesamten Debatte seine Kühle und Würde. Seine Bemühungen scheiterten damals, obwohl seine Arbeit nicht umsonst war, denn die Reihe der präsentierten Fakten über den Analphabetismus des Staates erregte großes Interesse, das dem Bildungsgeist des Staates einen Impuls gab, der bis heute nicht nachgelassen hat .

Mit all seiner immensen Arbeit ging ein aktiver Kanzeldienst einher. Er war ein großer Anführer der baptistischen Konfession und leistete herausragende Dienste bei der gründlichen Organisation der baptistischen Streitkräfte. Mit Ausnahme einiger Jahre, die er in Mississippi verbrachte, beschränkte sich Dr. Bestors Karriere auf Alabama. Er starb 1869 in Mobile.

FW BOWDON

In der ungeschriebenen Geschichte gibt es viel mehr Einfluss auf das Schicksal der Rasse als in den Aufzeichnungen. Grays „Juwel" in seiner Elegie und seine „Blume", die „geboren wurde, um ungesehen zu erröten", veranschaulichen die Grundlagen der Geschichte der Rasse, in der der Großteil des Wertes häufig unerwähnt bleibt, und wenn ja, oft kaum. Während Franklin Welsh Bowdon keineswegs unbekannt war und sein Wert nicht völlig unerkannt blieb, wer kennt ihn heute im Nachhinein als einen der unvergleichlichsten Redner der Geschichte des Südens? Wer kennt seine Klarheit, mit der er die verworrensten und abstrusesten Probleme darlegt? Wer kennt heute nicht nur die bereits erwähnte Macht, sondern wer weiß auch, dass seine Fähigkeiten vor einer Jury im Staat nie übertroffen wurden oder dass er als beliebter Redner vor einem promiskuitiven Publikum unübertroffen war? Wer hat jemals von seiner subtilen Kraft erfahren, mit der er schwierige Probleme oder knifflige Fragen beleuchtet, in einer Sprache, die in ihrer eigenen keuschen Zartheit und Schönheit der Phraseologie glänzte, nachdem sie den Schmelztiegel seines Gehirns durchlaufen hatte?

Die Geschichte anderer ist vielleicht schillernder, weil die Strömungen, in die sie glücklicherweise gerieten, sie in eine umfassendere und beifallbringendere Sicht vor der Öffentlichkeit brachten, wobei es in diesem Fall um den Zustand geht und nicht um den Mann, der ihn gerade darstellt repräsentativ, das verdient Beachtung. Die Kraft, die Frank Bowdon innewohnt, und seine überlegene Fähigkeit, die bereits genannten Elemente zu beherrschen, machen ihn wirklich zu einem Wunderkind unter den Männern, die die Geschichte des Staates berühmt gemacht haben. Er hatte nicht den Ehrgeiz, auffällig zu sein, und suchte auch nicht nach besonderen Anlässen, um seine mächtigen Gaben zur Schau zu stellen, aber wenn sich der Anlass logisch und legitimerweise ergab, war er erstaunlich.

Viele Männer verfehlen nur knapp die ihnen zuerkannte Größe, weil sie den nötigen Schritt über die Grenze machen, über die andere sprangen, den lauten Beifall der Menge auf sich zogen und auf den Gipfel der Erhabenheit getragen wurden. Mancher andere erhält ungerechtfertigten Applaus, weil er mutig die Aufmerksamkeit der Öffentlichkeit auf sich zieht und Anerkennung erzwingt, während andere, die vielleicht weit überlegen sind, in männlicher Verachtung für die schamlose Gehässigkeit und die Unverschämtheit der Ignoranz dastehen, deren unschuldige Opfer bestimmte Konkurrenten sind. Begabte Männer sind in der Regel, wenn auch nicht immer, Männer mit feinem Geschmack, was an sich schon ein Element wahrer Größe ist. Es ist die reifste und schwerste Ähre, die am tiefsten hängt.

Mr. Bowdon, der sich seiner eigenen Macht bewusst war, die jeder starke Mann besitzt, vermied das billige Geschwätz des Schmeichlers und erschien in der Öffentlichkeit immer vorteilhaft, weil er dorthin gerufen wurde. Dies liefert zumindest teilweise eine Erklärung für das Fehlen des Ruhms, der ihm aufgrund des Besitzes der bereits erwähnten gewaltigen Kräfte zu Recht zustand.

Frank W. Bowdon stammte aus dem Distrikt Chester in South Carolina und wurde von seinem Vater nach Shelby County in Alabama gebracht, als sein begabter Sohn noch ein Kind von nur drei Jahren war. Auf der Farm eines sparsamen Pflanzers und in einem Haus der Frömmigkeit und Gastfreundschaft wuchs die Jugend auf. Es war eines dieser südlichen Häuser aus alter Zeit, in denen Leichtigkeit und Eleganz, Kultur und Vornehmheit herrschten und in denen Kinder frei von Überforderung und mit gerade genügend Freiheit aufwuchsen, um echte Männlichkeit zu entwickeln.

Herr Bowdon wurde pädagogisch auf die Aufnahme an der State University vorbereitet, die er zu gegebener Zeit besuchte und an der er seinen Abschluss machte, und begann sofort den Beruf des Anwalts. Er wurde zum Praktizieren zugelassen und ließ sich in Talledega nieder. Seine Fähigkeiten als Redner eigneten sich gleichermaßen für den Gerichtssaal und das Forum. In den Jahren 1844 bis 1845 war er als Vertreter in der Legislative des Talledega County tätig. Seine Fähigkeit zu debattieren und seine rednerische Kraft brachten ihn schnell an die Spitze. Er war auch nicht unbegabt darin, die Bedingungen durch geschicktes Management bei der Ausführung seiner gewählten Ziele zu manipulieren. Er war mit Leichtigkeit der Peer der Spitze einer gesetzgebenden Körperschaft, die von so erlesenen Geistern wie Thomas H. Watts, John Gill Shorter, Thomas A. Walker, James A. Stallworth, WO Winston, Joseph W. Taylor, William S. Mudd, Thomas J. Judge und andere. Sein vorherrschendes Merkmal war die Entschlossenheit der Überzeugung, der es, wenn sie einmal besessen war, nicht an dem Mut des Ausdrucks mangelte, der ihn untermauerte, und diesem Ausdruck mangelte es wiederum nicht an der strahlendsten Demonstration und Überzeugung. Kein hochmütiger Geist oder arrogante Arroganz wirkten sich auf seine Forensik aus, aber auf der anderen Seite herrschte eine erfrischende Ruhe, die das Ganze mit einer Zuversicht erhellte, die heiter und beruhigend war.

Zwei Legislaturperioden beendeten seine Karriere in der Generalversammlung von Alabama, und anlässlich des frühen Todes von General McConnell als Vertreter des siebten Bezirks im Kongress wurde eine Sonderwahl angeordnet, bei der Thomas A. Walker und Franklin W. Bowdon als Kandidaten für die Stelle. Das Ergebnis war die Wahl von Herrn Bowdon. Es folgte seine Wiederwahl über den ehrenwerten Samuel F. Rice für die nächste Amtszeit und über General Bradford für die darauffolgende Amtszeit.

Fünf Jahre lang hatte er seinen Sitz im Kongress inne, ein Gigant unter Giganten. In einem größeren Bereich gab es größeren Spielraum für seine Macht, und sie wurde ordnungsgemäß ausgeübt. Brewer gibt an, dass bei einer der Gelegenheiten, als Bowdon sprach, ein englischer Peer anwesend war, und der Engländer bezeichnete die Leistung als die geschickteste, der er je zugehört hatte, und er hatte die größten englischen und amerikanischen Redner gehört.

Auch Mr. Bowdons Macht beschränkte sich nicht auf seine Redekunst. Dies wurde in seiner Anwaltspraxis und bei der Erstellung seiner Schriftsätze reichlich veranschaulicht. Hier traf man wie anderswo auf die gleiche logische Schärfe und Klarheit, die seine Äußerungen auf den Beinen auszeichnete.

In seiner Person war er der gebieterischste. Er war knapp 1,80 Meter groß, hatte einen symmetrischen Körperbau und seine hübschen Gesichtszüge, vor allem im Schwung rednerischer Leidenschaft und Inbrunst, waren eine Studie für den Künstler. Er hatte ein eifriges Temperament und war sich seines Standes im Vorfeld einer Befreiung sicher. Er scheute davor zurück, im mentalen Kampf auf jemanden zu stoßen, der seine Ansichten dulden wollte. Er zog sich 1851 freiwillig aus dem Kongress zurück und zog nach einigen Jahren nach Tyler, Texas, wo er bald darauf starb. Das Bowdon College in Georgia hat seinen Namen von diesem angesehenen Einwohner aus Alabam abgeleitet.

ALEXANDER B. MEEK

In Bezug auf Vielseitigkeit, Brillanz und allgemeine Nützlichkeit haben nur wenige Alabamianer Richter Alexander B. Meek übertroffen. Es handelte sich um eine ungewöhnliche Kombination von Kräften. Er war Dichter, Autor, Redner, Herausgeber und Jurist und war in keiner Weise unauffällig. Als einer der ersten Absolventen der University of Alabama, wo er den Master-Abschluss erhielt, konnte er während seiner zweiunddreißigjährigen Karriere seine vielfältigen Begabungen voll ausleben.

Richter Meek entschied sich für den Anwaltsberuf und begann 1835 mit der Ausübung des Anwaltsberufs. Im folgenden Jahr, 1836, meldete er sich zusammen mit anderen zum Dienst gegen die Creek-Indianer in Florida an, wobei Herr Meek die Funktion eines Non-Professionals übernahm -Offizier.

Nach seiner Rückkehr vom Wahlkampf in Florida wurde Herr Meek von Gouverneur Clay zum Generalstaatsanwalt des Staates ernannt. Nach Ablauf seiner Amtszeit als Generalstaatsanwalt versuchte Herr Meek, seinen literarischen Geschmack zu befriedigen, indem er in Tuscaloosa eine neue lokale Zeitschrift gründete, die er „Die Flagge der Union" nannte. Später gab er in derselben Stadt eine Literaturzeitschrift mit dem Titel „The Southron" heraus.

Die begrenzten Ressourcen, die ihm zur Verfügung standen, zwangen ihn, seinen Kurs auf andere als rein literarische Kanäle auszurichten, und 1842 wurde er zum Bezirksrichter von Tuscaloosa ernannt und veröffentlichte im selben Jahr eine Beilage zum Digest of Alabama.

Als er zum Rechtsreferendar des Finanzministeriums in Washington ernannt wurde, erhielt er einen Einblick in das Leben der Landeshauptstadt, und vielleicht hatte sein Aufenthalt dort einen Zusammenhang mit seiner Ernennung zum Anwalt der Vereinigten Staaten für den südlichen Bezirk von Alabama, in der er tätig war vier Jahre lang festgehalten, lebt inzwischen in Mobile. Von dieser Position aus wechselte er zur Mitherausgeberschaft des Mobile Daily Register.

Im Jahr 1853 vertrat Richter Meek Mobile County in der Legislative, wo er als Vorsitzender des Bildungsausschusses den Gesetzentwurf zur „Einrichtung und Aufrechterhaltung eines Systems kostenloser öffentlicher Schulen im Bundesstaat Alabama" vorlegte. Der Gesetzentwurf, der das Programm vorsah, erregte zusammen mit einem umfangreichen und ausführlichen Bericht über Bildung großes Interesse bei der Legislative, und die Dokumente wurden so geschätzt, dass der Druck von fünftausend Exemplaren des Gesetzentwurfs und zehntausend Exemplaren des Berichts angeordnet wurde.

Dies war der Beginn einer neuen Ära in der Bildung in diesem Staat. Zuvor waren bereits verschiedene Versuche unternommen worden, die Aufmerksamkeit der Legislative und des Volkes des Staates auf diese transzendente Angelegenheit zu lenken, aber diese hatten bis zur Arbeit von Richter Meek nur geringen Erfolg gezeigt. Die in seinem Bericht aufgezeigte erstaunliche Verbreitung des Analphabetismus im Staat hat mehr als nur Interesse geweckt; es löste Erstaunen aus, ohne dass dabei ein gewisses Maß an Besorgnis zu spüren war. Die von Richter Meek in diesem Zusammenhang geleistete Arbeit gab der Bildungsarbeit im Staat einen starken Antrieb, und das Interesse vertiefte sich und nahm an Intensität zu, bis es durch den Bürgerkrieg gebremst wurde.

Als er zum Richter am Stadtgericht von Mobile gewählt wurde, fand Richter Meek inmitten der Anforderungen seiner Amtspflicht genügend Zeit, um seine Vorliebe für literarische Beschäftigungen bis zu einem gewissen Grad zu befriedigen. In dieser Zeit fand er Zeit, die drei seltenen Werke zu schreiben, die seinen literarischen Ruhm begründeten. Dies sind „The Red Eagle“, „Romantic Passages in Southwestern History“ und „Songs and Poems of the South“. Bei einigen davon handelte es sich um eine Sammlung flüchtiger Beiträge, die er zuvor für Zeitschriften und Zeitungen gemacht hatte, und einige davon waren damals speziell für die physische Veröffentlichung vorbereitet worden.

An der literarischen Qualität seiner Werke besteht kein Zweifel. Sie haben einen intensiv südländischen Geschmack und repräsentieren den Geist, der das belebte, was man heute den „Alten Süden“ nennt. Als landwirtschaftlich geprägtes Volk schenkten wir im Süden vor dem Bürgerkrieg literarischen Beschäftigungen nur wenig Aufmerksamkeit. Es gab Leute wie Richter Meek, die gut schrieben und schrieben, und Tausende andere hätten das auch tun können, aber es gab nur wenig Ermutigung, so dass die literarische Kultur des Südens weitgehend unbekannt war und von anderen nicht anerkannt wurde. Der echte Geist des Volkes und der Zeit ist in den seltenen literarischen Produkten, wie wir sie aus der Feder dieses Alabamianers haben, einbalsamiert.

Das bereits Gesagte gibt einen kleinen Einblick in die bewegenden Szenen, die Richter Meek den größten Teil seines Lebens erlebte. Da er über unterschiedliche Begabungen verfügte, versuchte er, jeder davon ein gewisses Maß an Ausdruck zu verleihen, aber sein wahrer Ruhm liegt in seinen literarischen Produktionen. Dass die Literatur seine Leidenschaft war, zeigt die Tatsache, dass er, was auch immer er sonst tat, die Feder nicht aufgeben konnte. Der Markt für seine literarischen Waren war jedoch so begrenzt, dass er ohne ausreichende Mittel nicht in der Lage war, diesen Markt allein zu erschließen. Die beiden unverzichtbaren Voraussetzungen für literarischen Erfolg – Zeit und Muße – standen ihm nicht zur Verfügung, und er war gezwungen, so gut er konnte, um den Ausdruck seiner bezaubernden Gedanken zu ringen.

Die literarischen Werke von Richter AB Meek wurden von den späteren Generationen stärker nachgefragt als von seinen Zeitgenossen. Die Auflage war jeweils begrenzt, seine Bücher sind daher selten geworden, bei allen Literaturliebhabern hochgeschätzt, aber schwer zu finden. Sicherlich hat Richter Meek wie jeder andere Südstaatenautor den Geist und die Genialität des Südens einer früheren Zeit verewigt, die heute nur noch eine erfreuliche Erinnerung ist. Vielleicht mehr als jeder andere hat er die besonderen Elemente, die in unser Leben im Süden Einzug hielten, in bleibender Form verkörpert. Die Spottdrossel, die Magnolie, das lange Moos unserer südlichen Sümpfe, das Geißblatt, die Merkmale und Überreste der verschwundenen Stämme der Roten Männer und andere besonders südländische Elemente sind in der Prosa und Poesie von AB Meek verkörpert und einbalsamiert.

Ohne die Verrücktheit von Poe übertraf Meek ihn an Geschicklichkeit der Berührung und Feinheit des Ausdrucks. In vielen von Meeks Passagen herrscht eine undefinierbare Feinheit und eine Subtilität der Kraft und Suggestivität, die nie übertroffen wurde. Nichts kann die Schönheit und Farbe einiger seiner Verse übertreffen. In einem Fall sagt er bei der Beschreibung einer indischen Jungfrau:

> „Und ihre Augen blitzen wild, wenn sie voller Freude leuchten,
> Lassen Sie den dunklen, flüssigen Fluss der reifen Muscadine strömen."

Sein empfänglicher Geist nahm die sanfte, milde Atmosphäre seiner eigenen sonnigen Region auf.

BASIL MANLY, SR.

Dr. Basil Manly war gleichermaßen Patriot, Pädagoge und Prediger. Er verfügte über die Weitsicht und den Scharfsinn eines Staatsmannes und widmete sich intensiv allen Angelegenheiten, die den Staat oder die Nation betrafen, und wenn es die Gelegenheit erforderte, zögerte er nicht, seine Ansichten zu äußern. Bei ihm handelte es sich aufgrund seiner Position als Pädagoge und Pfarrer um eine Grundsatzfrage und nicht um eine Frage des zurückhaltenden Schweigens. Obwohl er äußerst zurückhaltend und bescheiden war, lagen in seiner Natur zurückhaltende Kräfte der Aggressivität, die ihm aufgrund prinzipieller Forderungen vorenthalten wurden. Er gehörte nicht zu dem rührseligen Typ, der Zuflucht in seinem Ministerium suchte, um seiner Pflicht als Bürger und Patriot zu entkommen. Seine Ansichten wurden immer mit solcher Ruhe, Weisheit und Mäßigung dargelegt, dass sie Wirkung hatten.

Es gab die Ausgewogenheit und Ausgeglichenheit der Elemente in seiner Verfassung, die ihn zu dem erfolgreichen College-Präsidenten machten, der er war. Sein Urteilsvermögen wurde nie durch den Nebel plötzlicher Leidenschaft getrübt, noch ließ er sich in einer Gefühlswärme verleiten, die späteres Bedauern hervorrief. Als Mann mit ähnlichen Leidenschaften wie andere wurden seine strengeren Gesichtsausdrücke durch die Beherrschung eines eisernen Willens zurückgehalten und nur dann in die Tat umgesetzt, wenn es die Gelegenheit erforderte. Fest wie ein Berg auf seinem Fuß ließ er sich weder von plötzlichen Impulsen noch vom Sturm der Leidenschaft rühren. Sein ausgeglichener Charakter machte ihn allen zugänglich, aber in seinem Verhalten ließ er sich allein von Prinzipien beeinflussen. Dadurch wurde sein Unterscheidungsvermögen deutlich und sein Urteilsvermögen wurde getrübt, das er nie voreilig walten ließ, und auch nicht, bis er von einer Sache überzeugt war.

Diese überlegenen Eigenschaften verliehen Dr. Manly eine Macht bei Männern, ob jung oder alt, und sein Einfluss war so groß, wie man ihn kannte. Die Kenntnis dieser Tatsachen führte dazu, dass er 1837 zum Präsidenten der University of Alabama berufen wurde. Zum Zeitpunkt seiner Wahl war er Pfarrer einer wichtigen Kirche in Charleston, South Carolina

Dr. Manly stammte aus einer angesehenen Familie in North Carolina. Zwei seiner Brüder waren angesehene Männer, einer von ihnen war Richter Mathias E. Manly aus dem alten Nordstaat, während der andere, Gouverneur Charles Manly, der Regierungschef von North Carolina war. Die Familie ist seit mehreren Generationen in den Annalen des Südens hervorzuheben.

Ohne Demonstration übernahm Dr. Manly die Leitung der University of Alabama und mit dem Beginn seiner offiziellen Amtszeit begann eine neue Ära des Wohlstands in der Geschichte der Institution. Achtzehn Jahre lang leitete er die Institution, die in ihrer Geschichte noch nie so gute Jahre erlebt hatte. Er identifizierte sich stillschweigend mit allen Interessen des Staates und wurde bald als einer seiner bedeutendsten Bürger bekannt und geschätzt.

Als Dr. Manly die Leitung übernahm, war die Einrichtung noch jung und benötigte dringend mehr Ausrüstung, doch unter seiner klugen Leitung wurden die benötigten Einrichtungen geschaffen, und innerhalb weniger Jahre brachte er sie zu einem Bekanntheitsgrad, der ihr großen Ruf verschaffte im ganzen Land. Tatsächlich hatte von 1837 bis zum Ausbruch des Bürgerkriegs keine staatliche Institution im Süden einen größeren Ruf als die University of Alabama. Junge Männer aus anderen Bundesstaaten, die vom hohen wissenschaftlichen Standard angezogen wurden, suchten die klassischen Säle für erstklassigen Unterricht auf. Während der Präsidentschaft von Dr. Manly wurden Tausende junger Männer im ganzen Staat für die rauen Begegnungen des Lebens gerüstet.

Dr. Manly besaß nicht nur die bereits genannten hohen Qualitäten, sondern hatte auch die Fähigkeit, sie der aufstrebenden Jugend zu vermitteln, die unter seiner Leitung und Disziplin stand. Seine unbestrittene Aufrichtigkeit, so transparent sie auch schien, seine echte Männlichkeit, die ruhige Ausgewogenheit echter Werteigenschaften, die alle durch eine Frömmigkeit nüchtern und gemildert waren, die niemand in Frage stellte und die alle bewunderten, gaben ihm die Gelegenheit, diese auszuüben ein Einfluss, der zum größten Vorteil genutzt wurde.

Während die Überlegenheit seiner Intellektualität Bewunderung hervorrief, erzeugte die Sanftheit seines religiösen Geistes die größte respektvolle Ehrfurcht. Als hervorragender Prediger war er in diesem und anderen Staaten ständig gefragt, um bei außergewöhnlichen Anlässen die Kanzeln zu besetzen, die alle dazu dienten, die angesehene Institution, deren Oberhaupt er war, widerzuspiegeln.

Eine bemerkenswerte Tatsache an Dr. Manly war seine umfangreiche und vielfältige wissenschaftliche Arbeit. Sein Lernen war eher vielfältig als tiefgründig. Nicht, dass er nur ein Kleiner war, denn niemand verachtete das Pedantische und Oberflächliche mehr als er, aber seine Forschungen in verschiedenen und entfernten Gedankenbereichen waren bemerkenswert. Er hatte allen Fächern, die damals an den fortschrittlichsten Bildungsschulen gelehrt wurden, außerordentliche Aufmerksamkeit gewidmet und war dadurch nicht nur in der Lage, Studenten in den verschiedenen Abteilungen durch rechtzeitige Ratschläge zu unterstützen, sondern war auch in der Lage, die Leitung der verschiedenen Abteilungen in der Schule intelligent zu unterstützen große Institution, der er vorstand. Sein Ruhm als College-Präsident weitete sich bis in die äußersten Grenzen der Südstaaten und sogar darüber hinaus aus.

Wo immer junge Männer Dr. Manly berührten, egal auf welche Weise, sei es im Klassenzimmer, durch soziale Kontakte, durch Disziplin oder indem sie ihm Predigten oder Vorträge zuhörten, gab es daraus einen Nutzen. Sein umfangreiches Informationsspektrum wurde in Einfachheit und doch immer mit Würde vermittelt; Seine ungewöhnliche Methode, junge Männer zu erreichen, nicht nach einem festen Standard, sondern mit Mitteln, die zu der jeweiligen Zeit vorgeschlagen wurden, und seine Fähigkeit, mühelos den nötigen Einfluss zu vermitteln, der zur Führung und Führung erforderlich ist, beeindruckten immer wieder die Menschen unter seiner Obhut.

Die Einheitlichkeit seines Auftretens gehörte zu den ersten Eindrücken, die der Jugendliche unter seiner Führung machte. Seine Art war immer die gleiche. Das galt sogar für seine Anrede. Er war keusch, ohne protzig zu sein; klar ohne die geringste Anstrengung; ernst und eifrig ohne Überschwänglichkeit und erbärmlich und mitfühlend ohne Geschwätz. Dadurch hatte er junge Männer im Griff.

Niemand hat ihn überrascht. Es gab immer eine Selbstbeherrschung, die in seiner Gegenwart Leichtigkeit erzeugte und einen bleibenden Eindruck hinterließ.

Der Einfluss eines solchen Geistes an der Spitze einer Bildungseinrichtung in einem großen Staat ist unkalkulierbar. Das dauerhafte Wohl, das ein Mann wie dieser über Generationen hinweg bewirkt, ist unberechenbar.

ALEXANDER BOWIE

Die Familie Bowie ist schottischen Ursprungs. In einem großen, der Familiengeschichte gewidmeten Band haben die Genealogen des Namens die Abstammungslinie bis in die Zeit der alten Wikinger zurückverfolgt. Bestimmte Merkmale von Wert und Auszeichnung haben den Bestand im Laufe der Jahrhunderte geprägt. Charakterstärke, Festigkeit, starke Überzeugung, Mut und Zieltreue gehören zu den auffälligsten Merkmalen.

Ein bemerkenswertes Beispiel dieser Merkmale wird hier gegeben, da die Öffentlichkeit mit dem genannten Thema vertraut ist. Der Heldenmut von Oberst James Bowie anlässlich des Sturzes von Alamo ist jedem Jungen und Mädchen bekannt, der mit der amerikanischen Geschichte vertraut ist. Nachdem er in der unglückseligen Festung von San Antonio an Typhus erkrankt war, gehörte er zu den ergebenen 185 Soldaten, die der Belagerung von Santa Anna an der Spitze einer Armee standhielten, deren Stärke nach verschiedenen Schätzungen zwischen 2.000 und 4.000 Mann lag. Als der Kommandeur, Colonel Travis, das unausweichliche Schicksal der tapferen kleinen Garnison sah, rief er seine Männer zu sich, stellte deutlich das kommende Schicksal dar, und nachdem er erklärt hatte, dass er entschlossen sei, auf seinem Posten zu sterben, zog er eine Linie über den Boden und … bat darum, dass alle, die bei ihm bleiben würden, innerhalb der so markierten Grenze bleiben sollten. Wenn andere den Wunsch hatten, sich durchzuschlagen oder auf andere Weise zu fliehen, stand es ihnen frei, dies zu tun.

Mit abgemagertem Körperbau befahl Colonel Bowie seinen Männern, sein Krankenlager innerhalb der vom Kommandanten gezogenen Markierung zu tragen. Dies ist ein Zeichen für den robusten schottischen Mut und die Festigkeit des Charakters derjenigen, die diesen Namen tragen.

Aus der vorliegenden Skizze geht hervor, dass Kanzler Alexander Bowie diese auffälligen Eigenschaften in besonderem Maße besaß. Er war einunddreißig Jahre lang ein angesehener Bürger Alabamas. Sein Geburtsort war Abbeville, SC, wo er am 14. Dezember 1789 geboren wurde. Sein Vater war Major in der Armee von Washington und seine Mutter, eine Miss Reid, aus deren Familie mütterlicherseits der Honourable Whitelaw Reid aus New stammte York.

Herr Bowie entschied sich für den Anwaltsberuf und war mehrere Jahre lang ein erfolgreicher Rechtsanwalt in Abbeville, South Carolina. Seine Beziehungen zu John C. Calhoun waren die innigsten, und Briefe, die Mr. Bowie von Mr. Calhoun erhielt, sind noch heute in den Erbstücken der

Familie erhalten. Sie veranschaulichen die Herzlichkeit und Freiheit der Beziehungen zwischen diesen beiden bedeutenden Männern.

Während des Krieges von 1812 war Herr Bowie Oberst des achten Regiments der Miliz von South Carolina und später Kommandeur der Abbeville-Nullifier. Er war mehrere Amtszeiten lang als Gesetzgeber in seinem Heimatstaat tätig und zog 1835 nach Talladega, Alabama. Vier Jahre später wurde er von der gesetzgebenden Körperschaft Alabamas zum Kanzler der nördlichen Division gewählt und behielt dieses Amt inne große Auszeichnung für einen Zeitraum von sechs Jahren.

Als Reaktion auf das Interesse, das er an den allgemeinen Angelegenheiten des Staates seiner Adoption zeigte, und in Anerkennung seiner Fähigkeiten wurde er zu einer Reihe wichtiger Stationen berufen, darunter die Wahl seiner selbst als erster Präsident der Staatlichen Historischen Gesellschaft. Als weitere Anerkennung seiner Gelehrsamkeit und seines ausgeprägten Interesses an Bildung wurde er zu einem der Treuhänder der staatlichen Universität gewählt und war einer der bedeutendsten Freunde dieser Institution in der Zeit, als sie zu den führenden Colleges des Südens zählte.

Politisch gesehen war Kanzler Bowie ein Demokrat der Demokraten, ein überzeugter Anhänger der Calhoun-Schule und daher ein überzeugter Verfechter des Grundsatzes der Rechte der Staaten. Seine Stimme, seine Feder und sein Einfluss dienten dieser Sache in allen Kämpfen, die Alabama von seiner Versetzung in den Staat bis zu seinem Tod durchmachte. Er äußerte sich nie vehement oder leidenschaftlich, sondern schrieb und sprach stets mit einer Ruhe und Besonnenheit, die Überzeugungskraft ausstrahlte. Bei seinen öffentlichen Auftritten zeichnete er sich durch die gleiche Solidität an einflussreicher Kraft und Selbstbeherrschung aus, die ihm in den gewöhnlichen Lebensbereichen einen ruhigen Ruf einbrachte. Der Eindruck, den er machte, sei es als Nachbar, Privatchrist, politischer Anwalt oder Vertreter der Justiz, war stets der Eindruck einer festen Überzeugung, einer ruhigen Entschlossenheit und dabei einer Sanftheit des Geistes, die instinktiv davor zurückschreckte, auch nur den geringsten Schmerz zu verursachen zu irgendjemandem. Sein stilles Leben bestärkte seine öffentlichen Taten und Erklärungen und verlieh ihm eine ungewöhnliche Macht bei Männern aller Grade und Grade. Was er tat und sagte, berührte eher die tiefere Überzeugung der Menschen als oberflächliche Gefühle. Als kraftvoller und energischer Redner trat er häufig vor der Öffentlichkeit auf, und seine Äußerungen gewannen zusätzliches Gewicht durch die Tatsache, dass die Menschen wussten, dass jedes Wort, das über seine Lippen kam, einer Quelle tiefer Aufrichtigkeit und einer Überzeugung entsprang, die so tief wie seine Seele war. Seine Gewissensbisse waren sprichwörtlich, und die Menschen hörten Kanzler Bowie nicht nur zur Unterhaltung zu, denn er war ein attraktiver Redner, sondern sie hörten gläubig zu. Hinter seinen Äußerungen verbarg sich ein Leben von unveränderlicher Integrität, das von einem Geist der Frömmigkeit getragen war, den niemand zu bestreiten wagte, und die Züge seines klassischen Gesichts zeigten eine Überzeugung, die selbst überzeugend war. Wenn das Leben eines Mannes so aus den Fugen geraten ist, dass der hartnäckigste Gegner seine Ansichten respektieren muss, ist ein solcher Mann ein Machtmotor im öffentlichen Leben. Dies stellt Kanzler Bowie in seinen vielfältigen privaten und öffentlichen Beziehungen gut dar, und er war für die jungen Männer seiner Zeit ein Vorbild an Männlichkeit. Diesen Ruf wahrte er in Alabama mehr als drei Jahrzehnte lang unerschütterlich, für ein Gut, das nicht nur bei seinen Zeitgenossen über die Wertschätzung hinausgeht , sondern das sich in die Jahre der Zukunft hineinprojiziert.

Bei all seinem Verhalten herrschte bei ihm einzig und allein ein Prinzip, und das war die Regelung jeder Frage oder Sache auf der Grundlage des Rechts. Dies zeigte sich im Laufe seines Lebens und seiner Karriere so deutlich, dass jede Entscheidung und Meinung des Richteramts unbestritten war, und er beeindruckte die Öffentlichkeit damit so tief, dass er schließlich „der große Kanzler" genannt wurde. Sein gesamter Wissensschatz, seine gesammelte Weisheit und seine reiche Erfahrung wurden auf den Altar des Rechts gelegt. So lebte Kanzler Bowie und so starb er und hinterließ denjenigen, die nach ihm kommen sollten, ein Erbe ruhmreicher Integrität. Die Karriere eines so angesehenen Bürgers ist ein bleibender Segen für jeden Staat. Kanzler Bowie starb am 30. Dezember 1866 im fortgeschrittenen Alter von 77 Jahren.

JOHN J. ORMOND

Der Name des Richters John J. Ormond ist untrennbar mit der Justizgeschichte Alabamas verbunden. Er wurde überall als Jurist mit herausragenden Fähigkeiten anerkannt. Seine Denkweise war einzigartig juristisch, und seine Karriere als Beamter spiegelt sich in seinem juristischen Dienst wider.

Der gebürtige Engländer Richter Ormond wurde von seinem Vater schon als Kleinkind nach Amerika gebracht. Seine Eltern ließen sich zunächst in Charlottesville, Virginia, nieder. Richter Ormond wurde in seiner frühen Jugend als Waise zurückgelassen und sein zukünftiger Weg hing von der Freundlichkeit anderer ab Er wurde großzügig versorgt und es wurden Mittel gefunden, um der Jugend eine über die gewöhnliche Bildung hinausgehende Bildung zu ermöglichen.

Nach seinem Umzug nach Alabama finden wir ihn zunächst als Staatssenator, für diese Position wurde er zu Beginn seiner beruflichen Laufbahn ausgewählt. 1837 wurde er zu einem der Richter der obersten Richterbank gewählt. Hier fand er eine äußerst angenehme Umgebung, denn sein Geschmack war den Unruhen politischer Auseinandersetzungen abgeneigt. In der Abgeschiedenheit einer juristischen Bibliothek inmitten der muffigen Bücher juristischer Überlieferungen oder auf einem Platz auf der Richterbank fand dieser riesige Jurist seine Befriedigung.

Seine fleißigen Gewohnheiten dienten dazu, ein zurückhaltendes Gemüt zu vermitteln, obwohl er frei von Kälte war und es ihm nicht an den Elementen der Kameradschaft mangelte. Er zeichnete sich durch die Nachdenklichkeit des Studenten und die Ruhe des Gelehrten aus. Als unersättlicher Leser schwelgte er in den Meisterwerken der Literatur. Die Ergebnisse seines intensiven Studiums zeigten sich in der Schönheit und dem Charme seines Stils, die beide ihren Ausdruck in seinen Entscheidungen und Meinungen fanden. Ohne erkennbare Anstrengung haben seine Sätze einen klaren Fluss in wohlausgewogener Form, während die Reinheit und Eleganz seiner Diktion fasziniert. Die Würde seiner Diktion ist eine Inspiration, während sein Gedanke wie die Sonne in seinem eigenen Licht scheint.

Zwölf Jahre lang hatte Richter Ormond einen Sitz auf der höchsten Richterbank inne, eine Ehre und eine Zier. Seine Entscheidungen waren die tiefgreifendsten, obwohl sie in die auffallende Einfachheit unserer Sprache gehüllt waren. Sein langer Verbleib auf der Bank ist ein Beweis für das allgemeine Vertrauen in seine charakterliche Integrität. Diese Tatsache wird noch deutlicher, wenn man bedenkt, dass Richter Ormond ein politischer Whig war, sein Wert sowohl als Mann als auch als Jurist jedoch so sehr geschätzt wurde, dass es ihm nicht gelang, sich die Wertschätzung und Stimmen der dominierenden demokratischen Partei zu sichern . Allein durch seine Verdienste erzwang er nicht nur seine Anerkennung, sondern auch seine Wertschätzung. Niemand hat Richter Ormond jemals verdächtigt, sich als Justizbeamter oder als Mann einen unfairen Vorteil zu verschaffen. Die Aufrichtigkeit seiner politischen Überzeugungen wurde eingeräumt, und alle, die ihn kannten, hielten ihn nie für einen Partisanen. Für ihn war politisches Glaubensbekenntnis eine Sache, juristische Skrupulosität eine andere.

Ein Zeitgenosse schreibt über den Tod von Richter Ormond: „Er nimmt eine Seite in den Rechtsberichten von Alabama ein, die bis in die Zukunft überliefert wird und als Autorität bei der Beurteilung der Menschenrechte angeführt wird, solange das Gewohnheitsrecht unter der Zivilbevölkerung Bestand hat." Nationen." Obwohl er klein und dünn war und ein etwas eingefallenes Gesicht hatte, zeichnete er sich durch eine stets würdevolle Haltung aus, die bei allen Hochachtung hervorrief.

In seinem Umgang mit anderen herrschte eine demokratische Einfachheit, die stets erfrischend war. Seine Haltung war von einem völligen Fehlen von Selbstbewusstsein geprägt, obwohl er allgemein als unübertroffen in seinem Urteil über das Gesetz sowie als reifer und vollendeter Gelehrter anerkannt wurde. Richter Ormond war keineswegs protzig, sondern eher zu Schüchternheit und Schweigsamkeit geneigt. Sein Gespräch war geprägt von der vollendeten Diktion, die er vollkommen beherrschte. Darüber hinaus war er zurückhaltend und gefasst und ließ sich nie zu einer unangemessen warmen Ausdrucksweise verleiten, ganz gleich, was die Provokation war. Er kam der Vorstellung des Sprichworts gleich: „Eine sanfte Antwort wendet den Zorn ab." Die Kombination so seltener Eigenschaften war Anlass für zahlreiche Kommentare unter den damaligen Anwälten. Seine Meinung blieb nicht unumstritten, und seine Position blieb auch nicht immer ohne Kritik.

Der Charakter des Mannes sowie die Klarheit seines gerichtlichen Urteils lassen sich aus einem einzigen Auszug aus einer von ihm selbst verfassten Entscheidung in einem berühmten Fall ersehen, der während seiner Amtszeit als Oberster Richter vor Gericht verhandelt wurde. In dieser gelehrten Entscheidung sagt er: „Der Kläger hat uns irrtümlicherweise darauf hingewiesen, dass ungeachtet des Staates als Beklagter die wahren Interessen des Volkes durch die Erklärung des Vertrags für nichtig gefördert werden." Es bedurfte keiner Ermahnung, um uns mit der Überzeugung zu überzeugen, dass das hohe Vertrauen, das uns das Volk entgegenbrachte, gebieterisch von uns verlangte, die Quellen der Gerechtigkeit rein zu bewahren. Auch werden wir uns nicht zu einer Gefühllosigkeit bekennen, die wir nicht gegenüber der Anerkennung der Erleuchteten und Tugendhaften empfinden; obwohl alle Erfahrung zeigt, dass dies nicht immer die Voraussetzung für aufrichtiges Verhalten ist. Unsere Stellung erlegt uns die Notwendigkeit auf, die uns vorgelegten Fälle nach unserer Rechtsauffassung zu entscheiden; Es ist eine Pflicht, der wir uns nicht entziehen können. Wenn wir es unserer Wahl überlassen hätten, wäre es unwahrscheinlich, dass wir diese Frage zur Entscheidung ausgewählt hätten; und da nach unserem Urteil das Gesetz für den Staat gilt, muss dies unsere Entscheidung sein, welche Konsequenzen sie auch für uns haben mag, und obwohl das Urteil uns der Voreingenommenheit unterwerfen kann, die die Argumentation des Anwalts voraussetzt. "

Dieser Auszug gibt einen guten Überblick über den Charakter des Mannes und liefert gleichzeitig ein Beispiel für die Klarheit seines Ausdrucks. Seinem Gesichtsausdruck fehlte nie die Würde, egal zu welchem Anlass. Er war nicht ohne Empfindlichkeit, aber es war nicht die Empfindlichkeit einer Entzündung. Wenn es nötig war, konnte er einer übermächtigen Diktion nachgeben, aber immer unter Wahrung einer Würde, die an Erfolg nicht scheitern konnte. Der letzte Dienst, den Richter Ormond leistete, war seine Zusammenarbeit mit den Herren Clay und Bagby bei der Kodifizierung der Statuten des Bundesstaates Alabama.

ALBERT J. PICKETT

Der Historiker Alabamas, Albert J. Pickett, stammte aus North Carolina und zog etwa ein Jahr vor der Gründung des Bundesstaates nach Alabama. In seinen frühen Jahren verkehrte er viel unter den Indianern, lernte ihren Charakter und ihre Gesinnung kennen und entwickelte ein tiefes Interesse an ihrem Schicksal.

Der erste Lebenszweck von Mr. Pickett bestand darin, sich für den Anwaltsberuf zu qualifizieren, und er trat in die Kanzlei eines älteren Bruders, William D. Pickett, ein, um sich für diesen Beruf zu qualifizieren, stellte jedoch fest, dass er keine Begabung für das Recht besaß Er gab es auf und widmete sich dem Pflanzenbau, dem er sein Leben widmete.

Sein Interesse an den Indianern führte ihn zu einer Untersuchung ihrer Geschichte und diese wiederum zu den Ereignissen, die im Zusammenhang mit der Invasion ihrer ursprünglichen Gebiete durch die Weißen stattgefunden hatten. Die Untersuchung erwies sich als faszinierend und führte dazu, dass er die „Geschichte von Alabama und übrigens auch von Georgia und Mississippi seit der frühesten Zeit" verfasste.

Angesichts des Mangels an Material und der Schwierigkeit, es zu beschaffen, war das Unternehmen ein kolossales Unterfangen, aber Mr. Pickett widmete sich ihm mit einem Eifer, der dieses Unterfangens würdig war, reiste viel, schrieb viele Briefe und gab eine große Geldsumme dafür aus Interesse an der Aufbereitung der Geschichte. Über Jahre hinweg war er geduldig und eifrig damit beschäftigt, Daten zu sammeln, Fakten zu sichten und die beiden Bände vorzubereiten. Es wurde größte Sorgfalt auf die Genauigkeit der Angaben verwendet, was das Unterfangen zu einem äußerst mühsamen Unterfangen machte. Doch 1851 gelang es dem Autor, die beiden Bände in ordentlicher und ansprechender Form herauszugeben.

Das Werk war so umfassend, so detailliert im Detail und so sorgfältig mit den Zitaten versehen, dass es bei seinem Erscheinen nicht nur in Alabama, sondern auch anderswo mit großem Beifall aufgenommen wurde. Wären die Bedingungen für die Autorenschaft so günstig gewesen wie jetzt, wäre das Werk zweifellos besser arrangiert worden, aber so wie es ist, ist es ein Denkmal der Arbeit, des Könnens, des Fleißes und der Treue. Es war ein ungewöhnlicher Vorfall, dass Gouverneur Collier die Geschichte in einer Botschaft an die Legislative wohlwollend erwähnte, und zwar mit solcher Wohlwollen.

Der Stil des Buches ist einfach und leicht, die Sachverhaltsdarstellung klar und frei von Verzierungen oder Spekulationen, und es ist durchweg völlig frei von Voreingenommenheit. Die offensichtliche Absicht des Autors bestand darin, Tatsachen so darzulegen, wie er sie sah, und es wurde auch keine Aussage von ihm gemacht, die nicht durch unbestrittene Tatsachen gestützt wurde. Kein Buch wurde jemals sorgfältiger geschrieben, wie die Sorgfalt zeigt, mit der jede Aussage gemacht wird.

Auch wenn die Einheit des Werkes angesichts der späteren Ereignisse etwas beeinträchtigt und unzusammenhängend ist, so ist es doch in seiner Gesamtheit und den Bedingungen, die seine Entstehung begleiten, eine wunderbare Leistung. Pickett lieferte eine Fundgrube an Fakten, in der alle zukünftigen Historiker Alabamas graben können, insbesondere im Hinblick auf die Geschichte vor der Besetzung Alabamas durch die Weißen.

Die Geschichte erstreckt sich nicht weiter als bis zur Zeit der Erlangung der Staatlichkeit Alabamas, und dennoch gelang es dem Autor, sie bis zum Ende der Mitte des 19. Jahrhunderts vorzutragen. Es ist bedauerlich, dass dies nicht geschehen ist, aber er war abgeneigt, sich mit den politischen Aspekten der verschiedenen Epochen der Staatsgeschichte auseinanderzusetzen. Aber mit dem, was er erreicht hat, hat er eine Grundlage für alle zukünftigen Historiker geschaffen. Dass Herr Pickett so viel getan hat und es so gut gemacht hat, macht ihn der ewigen Dankbarkeit der Menschen in Alabama würdig.

Als Gentleman mit umfangreichen und vielfältigen Informationen war sein Geist ein Kompendium wertvoller Wissensbestände. Er unterhielt sich lebhaft, fließend und unterhaltsam und war ein äußerst vorbildlicher Bürger. Seine Popularität, die durch seine wertvolle Geschichte, seine allgemein anerkannte charakterliche Integrität und seine unbestrittenen Fähigkeiten erheblich gesteigert wurde, führte 1853 zur Erwähnung seines Namens für das Amt des Gouverneurs von Alabama.

Als ihm jedoch die Angelegenheit mit einiger Ernsthaftigkeit zur Kenntnis gebracht wurde, lehnte er es offen ab, für diesen hohen Posten in Betracht gezogen zu werden, mit der Begründung, dass er mit der Vorbereitung eines anderen Werks von größerem Umfang als dem der Geschichte Alabamas beschäftigt sei, das er verfasst hatte als Geschichte des Südwestens bezeichnet. Leider verstarb er vor der Fertigstellung des geplanten Werks und es wurde nie veröffentlicht. Alabama erlitt einen großen Verlust, als Colonel Pickett im frühen Alter von achtundvierzig Jahren starb. Neben seiner Geschichte schrieb er viel für die Presse, immer mit Unterhaltung und Gewinn.

Im Jahr 1859 verfasste General CM Jackson eine biografische Skizze von Colonel Albert J. Pickett, die in Broschürenform umgesetzt wurde. An einer Stelle sagt General Jackson über ihn: „Er überlebte seine gesamte Familie – Vater, Mutter, Bruder und Schwester – und seine Nachkommen bilden nun eine neue Generation, ohne eine einzige lebende Verbindung, die sie mit einer früheren verbindet. Er hinterließ eine hingebungsvolle Frau, mehrere liebevolle Kinder und viele Freunde, die seinen frühen Tod bedauerten; Abgesehen davon, dass die Öffentlichkeit das, was man als großes Unglück bezeichnen könnte, gebührend würdigen muss – den Verlust eines Menschen, der einen so großen Beitrag zum allgemeinen Wohlergehen geleistet hat. Seine sterblichen Überreste wurden von einer großen Schar von Verwandten und Freunden verfolgt und in der Grabstätte des alten Familiensitzes im Autauga County beigesetzt, den Colonel Pickett geerbt hatte – wo sich auch die Gräber von Vater, Mutter und anderen Mitgliedern dieser Familie befinden."

Selbstlos lebte und arbeitete er und starb friedlich – einer der nützlichsten und angesehensten Bürger des Staates.

HENRY TUTWILER

Henry Tutwiler, LL.D., Alabamas erster großer und angesehener Pädagoge, war von ganz anderer Art als alle bereits in diesen Skizzen erwähnten. Der in Virginia aufgewachsene Dr. Tutwiler gehörte zu den ersten großen Absolventen der berühmten Universität dieses Staates und erlangte den höchsten Abschluss, den diese bedeutende Institution verleihen konnte: den Master of Arts. Dr. Tutwiler besaß einen aufgeschlossenen und weitsichtigen Geist und war nach seinem Abschluss an der Universität von Virginia der wissenschaftliche Spitzenreiter aller Männer im Süden. Er war der erste, der an dieser renommierten Schule den Grad eines Master of Arts erhielt.

Seine wissenschaftliche Ausstattung hätte ihn für jeden Lehrstuhl an einer amerikanischen Bildungsschule geeignet gemacht, aber er kam auf die Idee, eine eigene Modellschule zu gründen, in der er seine Vorstellungen von Bildung in die Tat umsetzen könnte. Dies geschah nicht sofort nach dem Abschluss, sondern er näherte sich diesem Ziel mit der Verwirklichung seiner Pläne.

Dr. Tutwiler wurde für Alabama das, was Dr. Arnold von der berühmten Rugby-Schule für England war. Er war nicht nur ein typischer Gentleman der alten Schule des Südens, sondern auch ein reifer Gelehrter, ein Lehrer mit seltenen Fähigkeiten und ein Vorbild an Männlichkeit für die Jugend. Er war schlicht und unprätentiös im Verhalten und im Leben und war ein Vorbild für die jungen Männer, die unter seine Anleitung kamen. Seine Kultur war unübertroffen, seine Gelehrsamkeit tiefgreifend und umfassend und sein Charakter während seines gesamten Lebens über jeden Zweifel erhaben. Nur wenige Männer haben bei seinen Schülern einen tieferen Eindruck hinterlassen als Dr. Henry Tutwiler. In seiner Haltung fehlte das Bewusstsein seiner Größe völlig, während der Gentleman stets die Demonstration einer reinen Demokratie verspürte. Er hatte ein einfaches und lockeres Auftreten, war umgänglich, sanft und kommunikativ, er passte sich problemlos allen Kreisen an, ohne den geringsten Anflug von Zwang, und durch eine ansteckende Berührung, undefinierbar, aber wirksam, sorgte er dafür, dass sich alle anderen in seiner Gegenwart wohl fühlten.

Nach seinem Abschluss an der University of Virginia blieb er zwei Jahre lang an der Einrichtung, um Spezialstudien zu absolvieren. Anschließend gründete er eine High School in der Nähe von Charlottesville, wo er eine Zeit lang unterrichtete. Er wurde dazu bewegt, nach Alabama zu ziehen, weil ihm bei der Gründung dieser Einrichtung im Jahr 1831 der Lehrstuhl für alte Sprachen an der Universität des Staates angeboten wurde. Diese Position hatte er sechs Jahre lang inne. Von dieser Position aus wurde er dazu bewegt, den Lehrstuhl für Mathematik und Philosophie am Marion College in Perry

County anzunehmen, und zwei Jahre später wechselte er auf den Lehrstuhl für Mathematik und Chemie am LaGrange College, wo er weitere acht Jahre lang lehrte.

Aber eine untergeordnete Position passte nicht zu seinen so vielfältigen Fähigkeiten, und so verließ er 1847 LaGrange und gründete eine Privatschule in Green Springs in diesem Bundesstaat, wo er seinen lang gehegten Wunsch in die Tat umsetzen konnte, junge Männer für die rauen Begegnungen fit zu machen der Welt, nicht nur durch Schulung des Geistes, sondern auch durch Formung und Lenkung des Charakters.

Niemand war für eine solche Position besser geeignet als Dr. Tutwiler. Er selbst war ein reifer Gelehrter und ein Gentleman von höchster Bildung, der von einer natürlichen Beeindruckung gestützt wurde. Sein Einfluss war sowohl heilsam als auch erhebend. In einem ruhigen Rückzugsort, weit weg von der Hektik der Menschenmenge und dem Lärm und Tumult einer geschäftigen Welt, mit nichts, was ihn ablenkte und allem, was er konzentrieren und anregen konnte, war er sowohl ein Charakterbildner als auch ein Entwickler des Gehirns.

Die Erfahrungen früherer Jahre als Lehrer, die Dr. Tutwiler in seine Arbeit auf diesem unabhängigen Maßstab einbrachte, kamen ihm in bewundernswerter Weise zugute. Er hatte die Mängel eines Systems kennengelernt, in dem der ungebildete Jugendliche in völliger Unvorbereitetheit oft über viel Grundlegendes hinwegging und Lücken hinterließ, die nie geschlossen werden konnten, möglicherweise in seinem eifrigen Streben nach einem Diplom, das, wenn man es bekam, nicht gelesen werden konnte durch den Besitzer. Jeder aufmerksame Pädagoge ist beeindruckt von den vielfältigen Unregelmäßigkeiten, mit denen die meisten jungen Männer das College betreten. Es mangelt an Symmetrie und Einheitlichkeit, und oft sind die Mängel in der grundlegenden Arbeit zu weit fortgeschritten, als dass sie in den höheren Bereichen, auf die der Jugendliche fälschlicherweise vorbereitet sei, überwunden und korrigiert werden könnten. Glücklicherweise wurde dies in späteren Zeiten durch ein bewundernswertes öffentliches Schulsystem mit ausgebildeten Lehrern korrigiert. Dies galt jedoch nicht in den frühen Tagen, als Dr. Tutwiler seine Schule in Green Springs eröffnete.

Eine Schule der logischen Abstufung mit jeder Abteilung unter seiner direkten Aufsicht einzurichten, in der der Schüler von der Grundschule an gründlich geerdet wird, um eine solidere Grundlage für den Bau zu haben und eine Vorstellung von Korrektheit und Symmetrie in allen Angelegenheiten zu haben , war das Ziel des erfahrenen Pädagogen. Schulen dieser besonderen Art gab es seit den Jahren der Erholung nach der Revolution überall im Süden, und zum Glück für das Land war das so.

Im Jahr 1850 gab es in elf Südstaaten mindestens 2.000 Akademien verschiedener Klassen mit mehr als 3.200 Lehrern und mehr als 70.000 Schülern. Auf der höchsten Ebene dieser wertvollen Bildungsschulen befanden sich die Concord Academy und die Hanover Academy in Virginia; Caldwells und Binghams Schulen in North Carolina; Mount Zion und Waddells Schule in South Carolina; die Akademie von Richmond County und die Sunbury Academy in Georgia; Green Springs School in Alabama und Elizabeth Academy in Mississippi. All dies war Mitte des 19. Jahrhunderts im Bildungssystem des Südens bekannt geworden. Unter ihnen war keiner berühmter als der von Dr. Tutwiler geleitete.

Ein Zertifikat von einer Schule wie dieser und von einem so erfahrenen Experten bedeutete für einen Jugendlichen viel, als er eine Schule für fortgeschrittenere Bildung betrat, um sein Abschlussstudium fortzusetzen. Die Gewissheit, einen festen Stand zu haben und mit den Themen vertraut zu sein, was logischerweise zu fortgeschritteneren Studien führte, gab einem Studenten die Gründlichkeit der Ausrüstung, die ihn vor dem Zufall bewahren würde, dem er sonst ausgesetzt wäre.

Aus den Mauern der Green Springs-Schule gingen zu Hunderten junge Männer mit einer Grundausstattung hervor, die nicht nur die Bewältigung eines College-Kurses einfacher und angenehmer machte, sondern ihnen auch zu künftiger Bedeutung verhalf. Aus der Obhut von Dr. Tutwiler zu kommen und eine Urkunde mit seinem Namen zu tragen, war für jeden jungen Mann eine lohnenswerte Garantie. Von diesem ländlichen Rückzugsort aus schickte dieser begabte Literat Hunderte junger Männer in die wachsenden Reihen der Nützlichen in diesem und den angrenzenden Staaten, die dazu beigetragen haben, ihre Gemeinwesen zu erstrahlen. Es handelte sich nicht um ein demonstratives Werk im Sinne von Auffälligkeit, aber es war demonstrativ, da es seinen Ausdruck in einer Fülle von Ergebnissen und einer erhabenen Staatsbürgerschaft fand. So arbeitete dieser weise Lehrer und sanftmütige Gelehrte viele Jahre lang, und Alabama hat Henry Tutwiler weit mehr zu verdanken, als man berechnen kann.

DANIEL PRATT

Echter Wert wird häufig übersehen, weil er im Glanz und der Hektik der Demonstration nicht zum Vorschein kommt und weil er vielleicht bescheiden vor dem Spektakulären zurückschreckt. Die solide Auszeichnung, die viele erreicht haben, ist auf Bedingungen zurückzuführen, die außerhalb der Sichtweite liegen und ohne die viele, die prominente Positionen erreichen, über ihren Heimathorizont hinaus nicht bekannt geworden wären.

Von Ehrgeiz getrieben, sehen und nutzen viele den günstigen Moment, der sich ihnen bietet, fallen in den Strom, den andere geschaffen haben, und werden zur Eminenz getragen. Hinter dem, was die Welt als Größe schätzt, verbergen sich Ursachen, die viele nutzen, um zu populärer Spektakularität zu gelangen, und doch sind dies möglicherweise nur oberflächliche und oberflächliche Auswirkungen.

In den eher bescheidenen Bereichen des Lebens gibt es oft Giganten, die die Wellen des Einflusses in Gang setzen, die große Gemeinschaften und sogar Staaten hervorbringen, und deren würdige Ansprüche der Welt dennoch nie so bekannt gemacht werden wie die Taten derer, die das Volk erreichen Höhen, auf die sich der Blick des Publikums zu richten pflegt.

Zu dieser würdigen Klasse in den ruhigeren Gesellschaftsschichten gehören zahlreiche der besten Männer jeder Generation, deren Berufe derart sind, dass sie vor dem Blick der Öffentlichkeit verborgen bleiben, und ohne die es die Größe und den Wohlstand eines Gemeinwesens nicht geben könnte.

Zu dieser Klasse gehörte Daniel Pratt, ein gebürtiger New Hampshireer, von Beruf Zimmermann und ein Mann, in dessen großem Gehirn große Unternehmungen steckten. Völlig unprätentiös war er zunächst ein einfacher Arbeiter, der zu Beginn des Jahrhunderts etwa fünfzehn Jahre lang in verschiedenen Städten Georgiens seinem Beruf nachging.

Zu dieser Zeit hatte die Frage der Baumwolle als Grundnahrungsmittel angesichts der Erfindung der Baumwollentkörnung durch Eli Whitney etwa fünfzig Jahre zuvor und angesichts der Fähigkeit der Böden des Südens, das Grundnahrungsmittel zu produzieren, neue Ausmaße angenommen. Die Kämpfe von Whitney, seine Rechte als Erfinder des Gins aufrechtzuerhalten, hatten sich über einen längeren Zeitraum hingezogen, so dass ihm nur die Ehre fehlte, aber sein Vorschlag hatte seinen Weg zum erfinderischen Genie und der mechanischen Begabung anderer gefunden, darunter auch Daniel Pratt. Er zog 1833 nach Montgomery, um dort eine Ginfabrik zu errichten. Zu dieser Zeit war die Herstellung von Baumwoll-Entkörnungsmaschinen recht begrenzt, aber der kluge Zimmermann sah in der Zukunft die

Möglichkeit eines umfassenden Handels in der Herstellung von Maschinen, die das unverzichtbare Grundnahrungsmittel auf marktfähige Bedingungen reduzieren würden, und zwar solange die Bedingungen in Alabama noch herrschten Damals noch jung, erkannte Pratt eine Chance sowohl für die Entkörnung als auch für die Baumwollproduktion.

Die Ländereien waren von sagenhafter Fruchtbarkeit; die Bevölkerung strömte nach Süden; Die Befürwortung der Sklaverei war durch die voraussichtliche Produktivität der südlichen Länder zum Schweigen gebracht worden, und Alabama sollte zum Zentrum einer ausgedehnten Region für den Baumwollanbau werden.

Zu dieser Zeit war das Kapital noch nicht so reichlich vorhanden, Baumwolle war kein so bedeutender Handelsfaktor und die Herstellung von Gin war eher ein Novum in der Industrie. Aber dieser robuste, ruhige Geschäftsmann wurde von den damaligen Verhältnissen ebenso beherrscht wie von den Möglichkeiten der Zukunft. Ein Pionier in einem wichtigen Industriezweig zu sein bedeutete viel, und er hatte den Mut und den Glauben, es zu wagen. Pratt glaubte an sich selbst und niemand hat Erfolg, der es nicht tut; Er glaubte an die Zukunft des Landes und war entschlossen, mit der Herstellung von Gin zu beginnen. Er wurde nicht ermutigt, sich in Montgomery niederzulassen, was er gerne getan hätte, und es wäre für diese Stadt ein Glück gewesen, wenn er es getan hätte. Herr Pratt ging nach Autauga County und stellte auf der Plantage von General Elmore einige Gins her. Dies war nur ein vorläufiges Unterfangen und eine Vorbereitung für größere Dinge, denen er sich allmählich näherte.

Am Autauga Creek, in der Nähe von McNeils Mühle, gab es reichlich Wasserkraft, mit der er seine primitiven Maschinen betreiben konnte, und durch die Pacht der Nutzung dieser Energie für eine geringe Summe war es ihm schließlich möglich, mit der Herstellung von Gin zu beginnen. Man brauchte sowohl Glauben als auch Mut, um den Anforderungen des Anlasses gerecht zu werden, aber diese hatte Mr. Pratt. Geleitet von der gleichen Klugheit, die ihn bisher geführt hatte, war er schließlich in der Lage, Land weiter oben am Autauga Creek zu erwerben, wo er seine erste Fabrik errichtete und eine Stadt gründete, die er Prattville nannte.

Die Gin-Herstellung im Süden und die Baumwollproduktion wirkten und reagierten wunderbar aufeinander. Herr Pratt war gezwungen, seine Anlagen zur Herstellung von Gin zu erweitern, sodass er 1860 jedes Jahr nicht weniger als 1.500 baute. Der Pratt-Gin wurde im ganzen Süden berühmt und bis zum Beginn des Bürgerkriegs stiegen die Verkäufe weiter an. Von diesem kleinen Industriezentrum in den Wäldern von Autauga gingen die Energie- und Anreizmittel aus, die nach und nach die landwirtschaftlichen Bedingungen des gesamten Südens veränderten.

Im Laufe der Jahre betrieb dieses stille, aber unternehmungslustige Genie seine Arbeit lange Zeit ungesehen und weitgehend unbekannt, außer mit Hilfe seines Gins, und dennoch war sein stiller Rückzugsort ein Zentrum, von dem eine treibende Kraft zur Förderung des Wohlstands ausging.

Herr Pratt war Alabamas erster großer Industriekapitän. Er war kein Träumer, sondern ein Seher. Er projizierte seine Pläne in die Zukunft, schätzte ihren Umfang klug ab und ging sorgfältig zu ihrer Umsetzung über. Er hatte eine Mission und erfüllte sie mit Bedacht. Er erkundete die Zukunft mit dem Auge eines industriellen Propheten, und seine Interessen erweiterten sich mit der steigenden Nachfrage, er selbst wurde gemacht, während er machte. Aktion reagiert immer. Während der Mann das Vermögen macht, macht das Vermögen den Mann. Während andere über mehr als eine Generation hinweg durch den Aufschwung der Öffentlichkeit den Beifall der Menge und der Presse genossen, verfolgte Daniel Pratt den gleichmäßigen Tenor seines Weges und baute substanziell und nachhaltig auf. Während andere in der Strömung waren, war er am äußeren Rand und erzeugte eine eigene Strömung.

Am Autauga Creek hat er sein eigenes Denkmal in einer mächtigen Industrie und in einer kleinen Stadt errichtet, die heute von der Welthandelsströmung begehrt wird.

MICHAEL TUOMEY

Alabamas ursprünglicher Staatsgeologe war Professor Michael Tuomey, dessen Verdienste von unschätzbarem Wert waren und daher dauerhafte Anerkennung verdienen. Professor Tuomey stammte aus Cork, Irland, wo er am St. Michaelstag 1805 geboren wurde.

Seine schulische Ausbildung in der Jugend scheint größtenteils privat gewesen zu sein, obwohl es sicher ist, dass er eine Schule außerhalb seines Zuhauses besuchte. Seiner Großmutter verdankte dieser angesehene Mann die Vermittlung des ersten wissenschaftlichen Geschmacks, denn diese bemerkenswerte Frau führte den vielversprechenden Enkel dazu, mit Fleiß und Genauigkeit die Wissenschaft der Botanik zu studieren, mit der dieses Studium offenbar seit jeher verbunden war Herr Tuomey, ein dankbares Andenken eines Enkels für die rechtzeitige Inspiration, die er ihm in seiner Kindheit auf der Grünen Insel gegeben hat. Damit einher ging die heilige Erinnerung an eine liebevolle Mutter für die sorgfältige Pflege des Schönen, wie es in den verträumten Regionen seiner Heimatinsel und in den herrlichen Landschaften, die es dort gibt, zum Ausdruck kommt. Professor Tuomey war sein ganzes Leben lang von der Kultur jener frühen Tage geprägt, und die Ernsthaftigkeit der von seinen Lieben erteilten Unterweisungen war eine ständige treibende Kraft in all seinen nachfolgenden Studien und Untersuchungen.

Seine Frühreife wurde offensichtlich von diesen liebevollen Lehrern ausgenutzt, denn im frühen Alter von siebzehn Jahren trafen wir ihn mit einem Freund zusammen, der in Yorkshire, England, unterrichtete. Das junge Genie, denn das war er, ausgestattet mit einer heiligen Verbindung und einer gründlichen geistigen Ausbildung, plante für sich selbst einen Kurs wissenschaftlicher Studien, in den ihn seine natürliche Neigung und auch seine frühe Ausbildung einführten.

Über den Zeitpunkt seiner Auswanderung nach Amerika können wir weitgehend nur Vermutungen anstellen, es muss aber in den frühen Zwanzigern gewesen sein. Als jugendlicher Einwanderer taucht er in Philadelphia auf, ein Fremder unter Fremden, der kaum weiß, wohin er sich wenden soll, bis er ein Stück Land kauft, um es zu bestellen, sich dann zusammen mit einem Partner an den Kauf eines Anwesens wagt und feststellt, dass die Landwirtschaft dafür ungeeignet ist Sein Geschmack und seine unproduktiven Ergebnisse entledigen sich seines Interesses und machen sich auf den Weg nach Süden, oft tagelang müde und mit schmerzenden Füßen. Er erreicht die Ostküste von Virginia, und mit einem Gespür für das Knüpfen von Freundschaften und einer charmanten, kultivierten Art besorgt er eine ländliche Schule, schart eine Schar von

Freunden um sich und wird später Privatlehrer im Haus von John H. Dennis
, aus Maryland, studierte, während er lehrte, gewann aber immer die Herzen
anderer und vor allem die von Miss Sarah E. Handy, einer Verwandten seines
privaten Gönners, aus deren begabter junger Frau Mrs. Tuomey wurde.

Sein angeborener Drang nach wissenschaftlichen Erkenntnissen und seine
Liebe zur Natur fanden zu einer Zeit, als es in Amerika kaum
wissenschaftliche Einrichtungen gab, kaum eine Chance, sich zu kultivieren,
aber er suchte das Beste in seiner Reichweite durch einen Kurs am
Rennselaer Institute in Troy, NY, wo er herkam schloss sein Studium ab und
wurde Bauingenieur beim Bau einer der ersten Eisenbahnstrecken in North
Carolina. Der Finanzkrach von 1937 zwang zum Stillstand des
Eisenbahnprojekts, und mit großem Einfallsreichtum widmete sich Herr
Tuomey wieder dem Unterrichten, indem er einen Lehrstuhl für Mathematik
und Naturwissenschaften an einer von Miss Mercer geleiteten Schule im
Loudoun County übernahm. Virginia.

Als sich ihm in Petersburg (Virginia) die Gelegenheit bot, ein eigenes
Seminar zu gründen, starteten er und seine begabte Frau dort ein
Unternehmen. Dies eröffnete einen weiten Einblick in den aufgestauten
Eifer von Professor Tuomey für die Pflege und Erweiterung seiner
wissenschaftlichen Begabungen. In Petersburg wurde in der Person dieses
unbeugsamen jungen Hibernianers der Grundsatz voll und ganz bestätigt,
dass der Erfolg letztendlich den Geduldigen, Mutigen und Einfallsreichen
belohnt. Es war ihm eine Ehre, in Petersburg den bedeutenden englischen
Geologen Sir Charles Lyell bei seinen beiden Besuchen in Amerika zu
bewirten, und durch Korrespondenz und auf andere Weise kam er mit den
gelehrten Wissenschaftlern des amerikanischen Kontinents in mehr oder
weniger vertrauten Kontakt. sowie mit denen im Ausland. Zu denen, mit
denen er aufgrund wissenschaftlicher Sympathie in Kontakt kam, gehörten
Agassiz, James Hall, Staatsgeologe von New York, Professor Bache,
Professor Dana, Dr. Gibbs, Edmund Ruffin und Professor Holmes. Es war
eine glorreiche Gesellschaft von Gelehrten in jenen frühen Tagen der
wissenschaftlichen Militanz, als herausragende Männer mit der Trägheit
erbitterten Widerstands der Bevölkerung konfrontiert waren.

Angetrieben von einem verzehrenden Eifer für wissenschaftliche Forschung
und geleitet von seinem eigenen scharfen Urteilsvermögen, während er sich
aller möglichen maßgeblichen Informationsquellen bediente, war Professor
Tuomey inzwischen eifrig im Studium und fleißig bei der Sammlung seltener
Exemplare der Geologie, Mineralogie und Paläontologie. Seine Arbeiten
nahmen bald dauerhafte und wertvolle Gestalt in wissenschaftlichen
Veröffentlichungen an, und nach Jahren der Arbeit in anderen Staaten, die
hier nicht im Detail erwähnt werden können, wurde er in der Blütezeit seiner
Karriere, im Jahr 1847, auf die Professur für Geologie, Mineralogie usw.

berufen Agrarchemie an der Universität Alabama. Damit seine Freizeit in einem umfangreichen Bereich wie diesem, der groß genug für mehrere Männer ist, nicht vergeudet werden könnte, hatte er sich 1848 zusätzlich die beschwerliche Aufgabe eines Staatsgeologen von Alabama auferlegt, und damit seine Extravaganz bei der Verwendung eines knappen Stipendiums dies verhindern könnte Wenn er ihn unangemessen verriet, erhielt er für diese zusätzliche Arbeit keine Entschädigung. Sechs Jahre lang arbeitete er unter solchen Bedingungen für den Staat, als ihm der Gesetzgeber zu Hilfe kam und 10.000 US-Dollar für eine geologische Untersuchung bereitstellte. Dies führte dazu, dass er seinen Lehrstuhl an der Universität vorübergehend aufgab, um seine Energie dem Bereich der Vermessung zu widmen, was er bis zur Erschöpfung des Fonds fortsetzte und dann auf seinen Lehrstuhl an der Universität zurückkehrte.

Es war Professor Tuomey, der als Erster das Interesse an der Geologie in Alabama weckte, und er war es, der als Erster den Mineralreichtum des Staates offenlegte. In seiner Pionierarbeit legte er die Grenzen der verschiedenen Formationen in Alabama fest und verkörperte seine Diagramme, Karten und Berichte in dauerhafter Form, so dass nach Ablauf von mehr als einem halben Jahrhundert und im Glanz der wissenschaftlichen Untersuchungen späterer Jahre, seine Arbeit bleibt ein Maßstab der Autorität.

Es wäre eine große Freude, ausführlich über den Mann Professor Tuomey zu sprechen, aber in diesem Zusammenhang muss die Einschränkung der Kürze respektiert werden. Seine Würde, seine Bescheidenheit als Ergänzung zu seiner überlegenen Kultur, sein Informationsreichtum, seine charmante Gesprächsfähigkeit, seine Belehrungsfähigkeit, erleuchtet durch die Brillanz seines angeborenen Witzes, seine Höflichkeit gegenüber den Bescheidensten – all das und noch mehr hat er war bis zu einem gewissen Grad das faszinierendste. Das Leben und die Arbeit eines Giganten wie diesem wären der würdigsten Feder würdig, und in einer Skizze wie dieser erfährt man nur eine Ahnung von dem Mann, der Professor Michael Tuomey war. Für Alabama war es eine Ehre, dass sein Name in die Chroniken ihrer würdigsten Söhne aufgenommen wurde. Der Beitrag, den er für den Staat geleistet hat, ist unschätzbar. Professor Tuomey starb am 30. März 1857.

In der Reife des Mannesalters und zu einer Zeit, in der Männer normalerweise den Punkt ihrer größten Nützlichkeit erreichen, wurde Professor Tuomey im Alter von zweiundfünfzig Jahren von der Hand des Todes niedergestreckt.

> „Niemand ist Herr über irgendetwas,
> obwohl in ihm und von ihm viel besteht, bis er seinen
> Teil anderen mitteilt; noch kennt er sie selbst

überhaupt nicht, bis er sie im Applaus geformt sieht,
wo sie ausgebreitet werden, der wie ein Bogen hallt
die Stimme wieder nach; oder, wie ein Tor aus Stahl,
das vor der Sonne steht, seine Gestalt und seine
Wärme empfängt und zurückgibt."

Die Karriere eines so Großen aus dem vergleichsweise Vergessen gerettet zu haben – eine Karriere, die vom Rauch des Krieges verdunkelt wurde, der dazwischenkam, um die Ergebnisse der so wertvollen und hervorragend geleisteten Arbeit zu überprüfen –, ist eine Aufgabe, für die jeder zutiefst dankbar sein könnte.

CHARLES C. LANGDON

Herr Langdon kam im jungen Mannesalter von Neuengland nach Alabama und stieg nach und nach von einem Angestelltenjob in einem Landladen zu einem angesehenen Rang in seinem Wahlstaat auf. Die Bedingungen seines frühen Lebens verhinderten den Erwerb einer gründlichen Ausbildung, da er auf der Farm seines Vaters in Connecticut die Pflichten eines einfachen Arbeiters erfüllen und die Vorteile einer Winterschule in seiner Heimat Neuengland nutzen musste. Diese Bedingungen hinderten ihn jedoch nicht daran, schon früh den Ehrgeiz zu entwickeln, etwas Wertvolles im Leben zu erreichen, und obwohl er in Alabama zweimal für die Legislaturperiode geschlagen wurde, ließ er sich nicht einschüchtern, sondern ermutigte ihn vielmehr, denn in jedem Fall wurde er durch einen Kratzer besiegt. Bei seiner ersten Niederlage verlor er sein Ziel nur mit elf Stimmen, im zweiten Rennen unterlag er mit vierzehn Stimmen.

Mr. Langdons frühes Leben war von einer Reihe von Unglücken geprägt, aber die Entschlossenheit, mit der er der Zukunft jedes Mal aufs Neue entgegensah, zeigte die Beschaffenheit seines Charakters. Durch strenge Sparmaßnahmen gelang es ihm, etwas Kapital anzuhäufen, mit dem er in Zusammenarbeit mit dem ehrenwerten Martin A. Lee aus Perry County in das Baumwollkommissionsgeschäft in Mobile einstieg, doch sein Unternehmen geriet in die finanzielle Katastrophe von 1836-7.

Auf dem ersten Whig-Kongress, der jemals in Alabama abgehalten wurde, wurde er von dieser Partei zum Kandidaten für die Legislaturperiode ernannt, und obwohl er erneut eine Niederlage hinnehmen musste, führte er den Wahlkampf so geschickt, dass seine Partei „The Mobile Advertiser" als ihr Organ kaufte und die Kontrolle darüber übernahm Es ist Herr Langdon. Seine einfache Feder brachte ihm neue Auszeichnungen ein, und in zwei aufeinanderfolgenden Amtszeiten wurde er für die Legislative des Mobile County ausgewählt, zunächst im Jahr 1839 und erneut im Jahr 1846.

Acht Jahre lang widmete er sich der redaktionellen Arbeit und wurde 1848 zum Bürgermeister von Mobile gewählt. In dieses Amt wurde er jedes Jahr für einen Zeitraum von sieben Jahren (mit Ausnahme eines Jahres) gewählt. In der Zwischenzeit war er weiterhin der Hauptvertreter der Whig-Partei für den Staat, und der von dieser Partei erzielte Erfolg war Herrn Langdon zu verdanken.

Er war der Pionier des wissenschaftlichen Gartenbaus und der Landwirtschaft im Staat. Nach seiner Niederlage im Kongress im Jahr 1851 verkaufte Herr Langdon bald darauf sein Tagebuch und zog sich auf eine Farm im westlichen Teil von Mobile County zurück, um seine Methode der wissenschaftlichen Landwirtschaft zu demonstrieren, die zu dieser Zeit lächerlich gemacht wurde. Die aufwühlenden politischen Szenen des Jahres 1860 riefen ihn aus seiner Abgeschiedenheit hervor und traten bei den Wahlkämpfen als glühender Verfechter von Bell und Everett auf. Obwohl er ein entschiedener Gegner der Sezession war, trat er, als sie kam und ihre Konsequenzen mit sich brachte, genauso leidenschaftlich für die Sache des Südens ein wie alle anderen. Sowohl durch seine Schrift als auch durch Mundpropaganda unterstützte er die Sache stets und wurde einer der beliebtesten Bürger von Mobile und einer der auffälligsten Persönlichkeiten des Staates.

Er wurde 1861 zum Vertreter der Grafschaft Mobile in der Legislative gewählt und leistete in einer schwierigen Zeit äußerst wertvolle Dienste. Im Jahr 1865 wurde er zum Vertreter des Distrikts Mobile im Kongress gewählt, doch die regierende Partei verweigerte ihm seinen Sitz und kurz darauf wurde ihm das Wahlrecht entzogen. Unter diesen Bedingungen zog er sich auf seinen Landsitz in der Nähe von Citronelle zurück, wo er weiterhin die Ergebnisse des Gartenbaus und der Landwirtschaft wissenschaftlich demonstrierte. In einer Zeit der Rehabilitation im Süden stellte Herr Langdon häufig die Ergebnisse seiner Bemühungen zur Schau und flößte der Öffentlichkeit mit patriotischem Eifer Vertrauen in die Leistungsfähigkeit und Produktivität der Böden in einem so milden Klima ein, und bestand darauf, dass dies bei ordnungsgemäßer Bearbeitung der Fall sei , die Felder des Südens würden sie unabhängiger machen als je zuvor. Im Jahr 1877 kandidierte Colonel Langdon für das Amt des Gouverneurs gegen den ehrenwerten Rufus W. Cobb, der schließlich ausgewählt wurde. Es war bemerkenswert, wie unterschiedlich die Auftritte der beiden Kandidaten vor dem Landesnominierungskonvent waren. Mr. Cobb trug einen billigen farbigen Anzug zur Veranschaulichung seiner glühenden Demokratie, während Colonel Langdon einen wunderschönen Anzug aus schwarzem Stoff und einen Prinz-Albert-Mantel trug, alles frisch und kostbar aus der Hand des Schneiders. Die unmittelbar auf die anderen folgenden Reden vor dem Gremium stellten einen Kontrast der Erscheinung dar, der zugleich auffallend und bemerkenswert war. Die so präsentierte Szene wurde zum Gegenstand allgemeiner Kommentare unter den Mitgliedern des Konvents.

Die häufigen Beiträge von Colonel Langdon in der Presse über gartenbauliche und landwirtschaftliche Prozesse und Ergebnisse hatten nach Kriegsende viel mit dem Wiedererwachen des Geistes zu tun, der in der Aufgabe alter und abgenutzter Anbaumethoden mündete bei der Einführung neuer, die dem Staat unermesslichen Reichtum beschert haben.

Der Zusammenbruch unseres Industriesystems und die Notwendigkeit der Sparsamkeit durch die Umwandlung der alten Plantage in eine moderne Farm unter intensiven Prozessen führten dazu, dass Colonel Langdon als einer der ersten die Situation erkannte, auf die wir zusteuerten, und er befürwortete eine Umstellung der Anpassungen, um dieser entgegenzukommen Das Unvermeidliche. Obwohl er anfangs als bloßer Träumer belächelt wurde, sind die Staaten des Südens nach und nach zu den von ihm befürworteten Methoden gelangt und haben sie durch die Gründung von Landwirtschaftsschulen unterstrichen, um genau das zu tun, was früher lächerlich gemacht wurde.

fundierteren Grundlage in landwirtschaftlichen Angelegenheiten suchten, war Colonel Langdon einer der beliebtesten vor allem, um Zuversicht und Hoffnung für die Zukunft zu wecken. Mit der scharfsinnigen Scharfsinnigkeit eines Sehers prophezeite er die Rückkehr eines großen Wohlstands, wenn es zu einer Neuanpassung der vorherrschenden Verhältnisse kommen würde. Er vertrat die Vision eines echten Optimisten, und der damals geleistete Dienst war zwar nicht im Großen und Ganzen demonstrativ, aber dem Wohl des Staates förderlich.

Der stille Mut von Colonel Langdon, sich Schwierigkeiten zu stellen, wurde weder durch eine vorübergehende Niederlage beeinträchtigt, noch wurde seine Begeisterung durch ein vorübergehendes Scheitern gemindert. Er vertrat seine Überzeugungen mit männlichem Mut und bewahrte stets ein ruhiges Auftreten und eine unverändert respektvolle Haltung gegenüber seinen Gegnern. Seine Karriere war durchweg von Nüchternheit und Nützlichkeit geprägt. Die Menschen mögen mit Colonel Langdon anderer Meinung sein, aber er erzwang durch seine Aufrichtigkeit seiner Absichten und sein aufrichtiges Leben, privat und öffentlich, selbst bei seinen vehementesten Gegnern Respekt. Er war ein praktischer Patriot, eine Tatsache, die durch ein langes Leben voller Nützlichkeit unter Beweis gestellt wurde.

CHARLES T. POLLARD

Einer der ersten, der von der neuen industriellen Energie der Eisenbahnen in Alabama berührt wurde, war Colonel Charles T. Pollard. Er kam um 1840 nach Alabama und ließ sich in Montgomery nieder, wo er hohe Qualitäten als kaufmännisches Genie unter Beweis stellte und durch seine einheitliche Höflichkeit nicht nur die Menschen in der Hauptstadt, sondern auch führende Männer anderswo in der großen Geschäftswelt beeindruckte. Er baute ein breites Spektrum an Geschäftsbeziehungen auf und die Integrität seines Charakters war so groß, dass er in den höchsten Kreisen finanzielles Vertrauen genoss. Der Eisenbahnbau war eine neue Entwicklung, und die Führung von Unternehmen war zwangsläufig enorm, sowohl im Hinblick auf die Führungsqualitäten als auch auf die finanzielle Ausstattung, und erforderte daher höchste Fähigkeiten und Scharfsinn. In jenen frühen Tagen gab es nur wenige Männer dieser Art, und so große Unternehmen hatten von Natur aus die Aufgabe, sie zu entwickeln. Männer entwickeln sich häufig unter anspruchsvollen Bedingungen, und wenn sie mit latenten Begabungen qualifiziert sind, steigen sie unter dem ständigen Druck der Nachfrage bis an die äußerste Grenze ihrer Leistungsfähigkeit auf.

Es besteht kaum ein Zweifel daran, dass der Niedergang der Staatskunst des Südens größtenteils auf die Abwanderung von Männern mit großen Fähigkeiten zurückzuführen ist, die Positionen in der expandierenden Welt des Handels besetzen müssen. Früher fanden breithirnige, weitblickende und vielseitige Männer ihren Weg in die Politik und beherrschten die höchsten staatsmännischen Gipfel, heute sind sie jedoch in den Ämtern von Präsidenten und Managern mit immensen Interessen gefragt und unter den gegebenen Bedingungen gefragt. Mit der Erweiterung der industriellen Welt hat der Erfindergeist eine größere Entfaltung gefunden, und gewaltige Unternehmen verlangen mittlerweile eine außergewöhnliche Führung. Diese Männer mussten durch die Bedingungen weiterentwickelt werden, während Unternehmen wuchsen und umfangreiche Pläne reiften.

Aus teilweise bereits bekannten Gründen wurden die Eisenbahnen in ihrer Anfangsphase im Vergleich zu dem gigantischen Aufwand, mit dem sie jetzt manipuliert werden, stümperhaft verwaltet. Nur gelegentlich fand sich in jenen frühen Tagen jemand, der in der Lage war, auf die Anforderungen gewaltiger Unternehmen zu reagieren. Colonel Pollard war einer der wenigen. Als Manager großer Interessen und erfolgreicher Leiter von Unternehmen trotz finanzieller Stürme, während andere unter schrecklichen Belastungen litten, wurde er logischerweise in den Anfangsjahren des Eisenbahnunternehmens zur Requirierung gerufen. Er war mit finanziellen Wirbelstürmen konfrontiert, als Kaufleute und Geschäftsleute im

Allgemeinen, Bankiers und Manager von großen Interessen, wie man sie damals nannte, in den Strudel des Ruins hineingezogen wurden und Colonel Pollard seine Geschäfte sicher durchgemeistert hatte.

Als die West Point and Montgomery Railway von einer Katastrophe bedroht war, wurde er natürlich von seinen Privatangelegenheiten zu Hilfe gerufen. Er war es, der dieses wichtige öffentliche Versorgungsunternehmen wiederbelebte, ihm neues Leben einhauchte und es auf eine sichere, gesunde und solide Grundlage stellte. Die hier gezeigten hervorragenden Fähigkeiten führten dazu, dass er mit Alabamas wichtigster Handelsader, der Louisville- und Nashville-Eisenbahn, in Verbindung gebracht wurde, und durch seine Fähigkeit, amerikanisches und europäisches Kapital zu befehligen, wurde er in die Lage versetzt, diese dauerhaft zu pflanzen.

Diesen gigantischen Finanzkönig zu kennen bedeutete, sich ihm anzuvertrauen. Sein Urteilsvermögen war so klar wie Bernstein, seine Anpassungsfähigkeit bei der Bewältigung großer Anliegen phänomenal, seine Geschicklichkeit in der Ausführung selten, seine Haltung die eines Machtbewussten; Seine Höflichkeit gegenüber seinen Kollegen und Untergebenen war stets respektvoll und seine Integrität unbestritten.

Er stand vor einem großen Unterfangen und wurde diesem gewachsen. Mit dieser seltenen Ausstattung war er ein öffentlicher Wohltäter zu einer Zeit, als solche Männer kaum zu finden waren. Mit einem durchdringenden Scharfsinn konnte er die Vor- und Nachteile eines bestimmten Vorschlags oder Vorhabens sofort klar erkennen, und bis zur äußersten Grenze konnte er es beurteilen und mit Genauigkeit über die Möglichkeit seines Erfolgs oder Misserfolgs sprechen. Beladen mit großer Verantwortung, die mit der Ausweitung der Eisenbahninteressen, mit denen er verbunden war, wuchs, ist es außergewöhnlich, dass er eine so bemerkenswerte Haltung bewahren konnte. Ein Mann mit geringeren Fähigkeiten wäre unter solchen Bedingungen wund und abgenutzt gewesen, aber mit erhobenem Kopf über den Wolken der Unruhe und Aufregung war er stets gelassen. Mit Freude loben seine ehemaligen Untergebenen heute seine freundliche Höflichkeit und sein stets höfliches Verhalten, selbst gegenüber dem bescheidensten Mann. Unter der schwersten Depression war keine Wolke auf seiner Stirn, kein Hauch von Herbheit in seiner Rede. Mit unermüdlicher Energie und einer Aktivität, die die meisten Menschen überwältigt hätte, bewegte sich Colonel Pollard auf seinem gleichmäßigen Weg und forderte den Respekt aller gleichermaßen, vom höchsten bis zum bescheidensten.

Ohne Vorbilder, denn die Eisenbahnen waren neu, und Colonel Pollard musste sich bei der Manipulation mächtiger Interessen auf seine eigenen Fähigkeiten verlassen. Um die Bedingungen der Weite zu meistern, waren die substanziellsten Qualitäten erforderlich, und es war ein kreatives Genie erforderlich, um Methoden zu finden, um dies zu erreichen. Bei Colonel Pollard waren diese Dinge inhärent und brauchten nur den Anlass für ihre Entwicklung.

Nur wenige sind in der Lage, den Druck der Last, die man unter solchen Bedingungen trägt, einzuschätzen. Da die Agenturen in verschiedene und entfernte Richtungen agierten und dennoch auf ein gemeinsames Ziel und einen gemeinsamen Zweck zusteuerten, musste jemand in Colonel Pollards Position Geschäfte mit elektrischer Hilfe abwickeln. Ein plötzlicher Wendepunkt musste umgehend bewältigt werden. Das geschäftige Gehirn eines Menschen musste unter solchen Umständen allgegenwärtig sein und Stunde für Stunde über ein weites Gebiet unterschiedlicher Interessen leiten, verwalten, Vorschläge machen und diktieren. Unter solchen Bedingungen die Fassung zu verlieren, bedeutete für die angestrebten Unternehmungen Erschütterungen und Gedränge, aber sich mit den täglich auftauchenden Problemen auseinandersetzen zu können , bedeutete Generalität auf höchstem Niveau. Diese Kräfte wurden in Colonel Pollard glücklich vereint. Er konnte mit Leichtigkeit und Leichtigkeit von einem Interesse zum anderen wechseln, und sein konstruktives Genie meisterte bereitwillig eine ernste Situation, begleitet von einem Anflug von Suggestivkraft, der phänomenal war. Für ihn fielen die offiziellen Arbeiten leicht, denn er war für eine Station wie diese gebaut.

Viele Jahre lang lebte Colonel Pollard als geehrter Bürger in Montgomery, und zum Glück für die jungen Angestellten, die in seinen Einflussbereich kamen, bewies er, dass jemand, der mit ernsten Angelegenheiten beladen war, dennoch höflich und höflich sein und sich so den allgemeinen Respekt bewahren konnte ungünstige Umgebung.

SAMUEL F. REIS

In der Liste der prominenten Männer, die zur Größe Alabamas beigetragen haben, muss der Name Richter Samuel Farrow Rice würdig erscheinen. Er spielte viele Jahre lang eine herausragende Rolle in den öffentlichen Angelegenheiten des Staates und war in mancher Hinsicht ein bemerkenswerter Mann. Herr Rice stammt aus South Carolina und erhielt seine Anwaltsausbildung in der Anwaltskanzlei des angesehenen William C. Preston. Er kam 1838 nach Alabama und war von da an bis zu seinem Tod mit der Geschichte des Staates verbunden. Sein erster Dienst war der eines Zeitungsredakteurs in Talladega, von wo aus er zweimal in das Unterhaus der Legislative entsandt wurde. Danach gab er eine Zeit lang die Politik auf und widmete sich der Anwaltstätigkeit, wobei er einst Partner von John T. Morgan war.

Herr Rice war nicht ohne den Ehrgeiz des Kongresses, den er mehrmals zu befriedigen versuchte, wurde aber jedes Mal besiegt. Viermal erlitt er bei Kongresswahlen eine Niederlage. General McConnell besiegte ihn 1845, Mr. Bowdon 1847, Alexander White 1851 und Hilary A. Herbert 1878. Aber er war nie verärgert über die Niederlage und nahm sie immer auf scherzhafte Weise hin. Niemand hatte mehr Spaß daran, einen Witz auf eigene Kosten zu machen als Richter Rice. Dies wurde durch die Gutmütigkeit verdeutlicht, mit der er erfuhr, dass ein alter Bauer im Kuhland im Südosten Alabamas sich einst weigerte, ihn zu unterstützen, weil, wie er sagte, „Reis keine Stoppeln hat."

Als Herr Rice 1852 nach Montgomery zog, wurde er Partner der Anwaltskanzlei Belser & Rice, wurde jedoch zwei Jahre später zu einem der Richter am Obersten Gerichtshof des Staates gewählt. Er saß vier Jahre lang auf der Bank dieses hochrangigen Tribunals, in den letzten drei Jahren war er Oberster Richter. Anfang 1859 trat er von der obersten Bank zurück und wurde zum Vertreter von Montgomery County in der Legislative gewählt. In den folgenden vier Jahren war er Senator der Landkreise Montgomery und Autauga. Nach Kriegsende blieb Richter Rice nie mehr im Amt, obwohl er, wie gesagt, gegen Herrn Herbert für den Kongress kandidierte.

Er verfügte über einen ungewöhnlich brillanten Intellekt und einen scharfsinnigen Verstand wie ein Rapier sowie über eine Diktion von bemerkenswerter Geschmeidigkeit und einen Ausdruck von gelassener Würde. Er war ein beeindruckender Kandidat auf dem Richterstuhl und im rauen Getümmel des Gerichtssaals . Groß und gerade wie ein Fahnenmast, mit einem Gesicht von klassischer Statur, über dem immer ein Ausdruck spielerischen Humors lag, hörte man ihm immer mit Freude zu, zumal aus seiner begabten Zunge häufig Heiterkeitsblitze kamen. Bis zu seinen letzten Lebensjahren war er Demokrat und wurde dann Republikaner.

Es wird von ihm erzählt, dass er während der Zeit des Wiederaufbauregimes einmal mit großem Ernst einen Vorschlag vor einem der inkompetenten Richter dieser Zeit vertrat, für den er die Verachtung teilte, die die fähigen Mitglieder des Regimes empfanden Als er plötzlich vom Gericht unterbrochen wurde und ihm mitgeteilt wurde, dass das Gericht zu diesem Punkt erst am Tag zuvor entschieden habe. Er tat so, als würde er das Gericht nicht anhören, fuhr aber fort, bis das Gericht ihn erneut auf die gleiche Weise unterbrach. Rice ignorierte es, ihn zu bemerken und fuhr fort. Daraufhin wurde ihm vom Gericht befohlen, seinen Platz einzunehmen, doch er tat so, als hätte er ihn nicht gehört. Das Gericht wandte sich an den zuständigen Beamten und ordnete die Verhängung einer Geldstrafe von fünfzig Dollar an, woraufhin sich Richterin Rice stillschweigend setzte. Am nächsten Tag wurde ein Fall vor Gericht verhandelt, dessen Art derart war, dass der vorsitzende Richter nicht dienstfähig war. Aufgrund der herausragenden Stellung von Richter Rice berief ihn das Gericht dazu, während der Verhandlung den Vorsitz zu übernehmen. Mit typischer Würde nahm Richterin Rice den Richterstuhl ein, blickte ruhig auf die Akte, richtete sich auf, rief dem Beamten zu, der der Anordnung des Richters am Vortag Folge geleistet hatte, und fragte:

„Wurde hier gestern nicht eine Geldstrafe von fünfzig Dollar gegen einen SF Rice verhängt?" Als ihm gesagt wurde, dass dies der Fall sei, bemerkte er lediglich:

„Nun, das Gericht wird die Geldstrafe heute erlassen."

Dies geschah auf die unerschütterlichste Art und Weise, und dann fuhr er mit dem vorliegenden Fall fort. Der Vorfall löste ein plötzliches Gelächter aus, das kaum unterdrückt werden konnte, als er mit strenger Würde befahl: „Der Sheriff wird vor Gericht für Ordnung sorgen!"

Nachdem er Republikaner geworden war, machten sich diejenigen, die ihn in den Tagen seiner glühendsten Demokratie gekannt hatten, häufig über ihn lustig, aber er parierte nie ohne eine fröhliche Parade bei jedem Stoß, und das immer auf die glücklichste Art und Weise. Im Gespräch mit jemandem, der ihn schon lange kannte, wurde er einmal gefragt, was seine damaligen politischen Prinzipien seien. Mit spielerischem Geplänkel sagte er: „Ich bin ein Republikaner mit demokratischen Variationen." Als Grund, Republikaner zu werden, nannte er selbst die Überzeugung, dass ein Staat zwei Parteien haben sollte, und er war bereit, seine Großmut zu zeigen, indem er sich den Republikanern anschloss. Mit der Politik hatte er jedoch nur wenig zu tun, bis er als Gegner von Oberst Herbert nominiert wurde. Sie durchstreiften gemeinsam den Bezirk, und tatsächlich wurde Colonel

Herbert von größeren Menschenmengen bevorzugt, weil er von Richter Rice begleitet wurde. Colonel Herbert war seriös und seriös, besaß jedoch nichts von den markanten Elementen eines populären Redners. Andererseits hatte Rice sie alle und es bereitete ihm Freude, ihnen vollen Ausdruck zu verleihen, oft auf Kosten seines praktischen Gegners.

Intellektuell war Richter Rice ein Prinz unter den Männern. Er zählte zu Recht zu den fähigsten Anwälten des Staates, und als Redner wurde er selten übertroffen. In seiner leichteren Stimmung war seine Unterhaltung fast jungenhaft in ihrer Lebhaftigkeit. Auch schien nichts seine Frische und Pikantheit zu dämpfen. Er schien über alles etwas und über manche Dinge alles zu wissen. Wie sehr sich auch die Menschen von ihm unterschieden, er war so strahlend und fröhlich, dass er in jedem Kreis, in dem er auftrat, zum Mittelpunkt einer Gruppe bereitwilliger Zuhörer wurde.

In der Debatte war er einer der größten Strategen. Mit schnellem und scharfsinnigem Urteilsvermögen konnte er die Schwachstellen seines Gegners erkennen und seine Kräfte auf diese bündeln, so dass man andere Stärkepunkte vergessen ließ. Wenn er unterbrochen wurde, war seine Schlagfertigkeit normalerweise so niederschmetternd, dass er jegliche Absicht, sich einzumischen, stumm hielt, ganz gleich, wie ungerecht sein Gegner ihn damals auch eingeschätzt hatte. Diese Schlagfertigkeit war selten beleidigend, war aber andererseits so in ironischer Höflichkeit und unterstellter Höflichkeit formuliert, dass sie sie um das Zehnfache verstärkte. Während seine Karriere nicht ohne viel Zickzack verlief, war sein Leben dennoch von langem Nutzen für das Gemeinwesen.

GEORGE W. STEIN

Richter George W. Stone war viele Jahre lang eine bekannte Persönlichkeit in den öffentlichen Kreisen Alabamas. Er gehörte zu den angesehenen Selfmade-Männern des Staates. Seine frühen schulischen Erfolge waren begrenzt und reichten nicht über die Grenzen einer Dorfschule hinaus, doch erlangte er einen hohen Rang als Jurist und galt auf dem Höhepunkt seiner Macht als einer der wirklich großen Juristen des Staates. Es war ihm ein Vorteil, seine Studien privat durchführen zu können, und das Urteilsvermögen, das er in seinem selbst gewählten Lesestil an den Tag legte, zeugte von der Solidität seines Charakters und der Scharfsinnigkeit seiner Unterscheidungskraft, die ihn während seiner gesamten beruflichen und öffentlichen Laufbahn auszeichneten.

Bevor er aus seinem Heimatstaat Tennessee nach Alabama zog, wurde er als Rechtsanwalt zugelassen. Er ließ sich zunächst im Coosa County nieder und zog später nach Syllacauga und später noch in die Stadt Talladega, wo er eine Co-Partnerschaft mit dem Ehrenwerten WP Chilton einging. Im Büro dieser Kanzlei wurde Senator John T. Morgan für seine Anwaltstätigkeit ausgebildet. Das Bild dieses bedeutenden Juristen, der in den frühen Stadien seiner Tätigkeit auf einem dürren Pony mit seinen riesigen, mit Rechtsbüchern gefüllten Satteltaschen aus Leder über holprige Straßen reitet, um ländliche Gerichte zu besuchen, ist immer noch Anlass zu lobenswertem Stolz Anspielung unter den älteren Bürgern der Bezirke Zentral- und Ostalabama. Die erste offizielle Position, die Herr Stone innehatte, war die eines Bezirksrichters, zu der er von Gouverneur Fitzpatrick anstelle von Richter Shortridge anlässlich des Todes des letzteren ernannt wurde. Der Dienst von Richter Stone auf der Richterbank war so zufriedenstellend, dass er anschließend für einen Zeitraum von sechs Jahren gegenüber herausragenden Kandidaten für die gleiche Position gewählt wurde. Nach Ablauf seiner Amtszeit lehnte er es ab, sich zur Wiederwahl zu stellen, und zog nach Hayneville, Lowndes County, wo er mehrere Jahre lang als Anwalt tätig war. Im Jahr 1849 wurde sein Name im Zusammenhang mit der Gouverneurstätigkeit des Staates prominent erwähnt. Im Jahr 1856 wurde Richter Stone erneut aus seiner Privatpraxis berufen, indem er in die oberste Richterbank des Staates gewählt wurde und diese Position während der gesamten Zeit des Bürgerkriegs innehatte. Im Jahr 1865 beauftragte der Gesetzgeber seine Dienste gemeinsam mit denen von John W. Sheppard, Esq., mit der Ausarbeitung eines überarbeiteten Strafgesetzbuchs von Alabama, das an die durch den Krieg verursachten Bedingungen angepasst wurde.

Die Studiengewohnheiten, die sich Richter Stone in seiner Jugend angeeignet hatte, um den Anforderungen gerecht zu werden, die sich aus seiner mangelnden Bildung ergaben, wurden nie aufgegeben. Er war beharrlich dabei, jedes Detail eines Themas zu beherrschen, und scheint eine Leidenschaft für routinemäßige Teilarbeit entwickelt zu haben. Er hielt nichts für selbstverständlich und ging nie davon aus, dass es wahr sei, bis er sich von den Behörden überzeugt hatte. Dies verlieh seinem Geist eine kritische Note, die sich wiederum in äußerster Genauigkeit in Bezug auf jede noch so kleine Einzelheit zu jedem Thema niederschlug, das seine Aufmerksamkeit fesseln würde. Mit akribischer Genauigkeit pflegte er stundenlang einen winzigen Punkt zu kontrollieren, um ihn in die genaue Ausrichtung zu bringen. Seine Argumente waren vollkommen begründet, egal wie viel Zeit nötig war, um dieses Ziel zu erreichen. Seine Arbeit in seinem Büro war gewissenhaft, und der ihm anvertraute Fall erlitt niemals die geringste Nachlässigkeit oder Unaufmerksamkeit. Andere mögen vielleicht Zeit für die Verfolgungsjagd oder für den Stream finden, aber Richter Stone war normalerweise in seinem Büro an seinem Schreibtisch anzutreffen, wo er seine Fälle ausarbeitete. Sein Studium war abwechslungsreich, da er sich hin und wieder von seinen Jurabüchern abwandte, um sich in ausgewählte Literatur zu vertiefen, die er sehr liebte. Sein literarischer Geschmack war der höchste, und gelegentlich ließ er seinem Pegasus freien Lauf und ließ ein bisschen flüchtige Poesie los. Dies geschah als Ablenkung, da er nie eine Veröffentlichung für solche Produktionen anstrebte. Seine Konzentration war bemerkenswert und er konnte seine Ressourcen mit großer Bereitschaft, Leichtigkeit und Geschick verwalten.

Die Hingabe von Richter Stone an seine Bibliothek hinderte ihn daran, sich auf den gesellschaftlichen Verkehr zu konzentrieren, und wie die meisten Studenten war er in seiner Haltung etwas streng. Das Glitzern und Getöse des geselligen Kreises hatte keinen Reiz für den Mann, dessen Gedanken ernsthafte und feste Linien verfolgten. Sein Begleiter waren vor allem seine Bücher, aus denen er eine Auswahl hatte.

Im Leben wurde er als Anwalt für seine strenge Aufmerksamkeit für die ihm anvertrauten Fälle geschätzt; als Richter für die Genauigkeit und Genauigkeit seiner Meinungen sowie für seine unbestrittene Fairness und als Privatmann für seinen soliden und substanziellen Wert. Keine Bedingung konnte ihn von einem gewissenhaften Urteil abbringen, und keine Versuchung reichte aus, um ihn zu einem Kurs zu verleiten, der auch nur am wenigsten zweifelhaft war. Hinter all dem stand der männliche Mut und die Überzeugung, die Gelassenheit seines Urteils aufrechtzuerhalten.

So lebte und starb dieser angesehene Alabamianer, der sowohl für seine privaten Tugenden als auch für seinen offiziellen Dienst bewundert wurde.

In vielerlei Hinsicht ein vorbildlicher Mann und Bürger, war er ein typischer Beamter der anderen Tage, als die Menschen Ehre mehr liebten als Gewinn und Integrität höher schätzten als der Preis von Rubinen.

Zu all dem kam Richter Stones Hingabe an die Sache der Religion hinzu. Er war ein gläubiger Presbyterianer der alten Schule und ließ es nie zu, dass seine religiösen Überzeugungen durch die plausiblen Vorwände weltlicher Maximen untergraben wurden. Dabei war er ebenso standhaft und streng wie in allen anderen Beziehungen des Lebens. Kein politisches Jonglieren zum Zweck eines vorübergehenden Vorteils, kein Vorschlag von der hohen Ebene der Rechten konnte ihn von seinem Kurs starrer Skrupel abbringen. Sein Maßstab war Ehre, nicht Applaus; Integrität, nicht Gewinn; Aufrichtigkeit in allen Dingen, kein vorübergehender Erfolg.

Dies war das Leben dieses bedeutenden Juristen, und dies war das Vermächtnis, das denen, die nach ihm kommen sollten, als Beispiel gegeben wurde. Der Tod eines solchen Mannes löste im ganzen Staat, dem er so lange mit Auszeichnung gedient hatte, tiefe Trauer aus.

JOEL FRÜH MATTHEW

Der Zweck dieser Skizze besteht darin, die berechtigten Ansprüche eines typischen südlichen Pflanzers der alten Zeit darzustellen. Als diese fürstlichen Pflanzer des alten Südens im goldenen Zeitalter der Baumwolle gab es nie eine ehrenhaftere, kultiviertere, würdigere und gastfreundlichere Klasse. Niemand ist würdiger, die große Pflanzerklasse des Südens und insbesondere Alabamas zu repräsentieren als Joel Early Matthews, der am 11. Mai 1874 in Selma starb.

Mr. Matthews stammte von revolutionären Vererbern ab. Sein Großvater, General George Matthews, war ein angesehener Soldat in der Armee Washingtons. Nach dem Ende der Revolution zog General Matthews von Virginia nach Georgia und wurde einer der drei vom Staat Georgia in den Kongress entsandten Vertreter. Zusätzlich zu dieser Ehre wurde er für zwei Amtszeiten zum Gouverneur von Georgia ernannt. Der Vater des Themas der vorliegenden Skizze war Colonel CL Matthews, der großen Stolz auf die Ausbildung seines Sohnes an den führenden Colleges des Südens legte, da er einen Kurs an der University of Georgia belegt hatte, ergänzt durch einen weiteren an der University of Georgia Virginia. Sein erstes Ziel war die Bar, aber schließlich gab er das auf und wandte sich dem Pflanzenbau zu. In jenen frühen Tagen galten der Pflanzenbau und die Bar als die beiden bedeutendsten Berufe im Süden.

Herr Matthews kaufte eine Plantage im Herzen des Schwarzen Gürtels, in der Nähe von Cahaba am Alabama River, und verbrachte dort sein Leben. Sein weitläufiges Land voller sagenhafter Fruchtbarkeit war sein ständiger Stolz und seine Fürsorge, und sein palastartiges Zuhause war eines der prächtigsten im Süden. Nichts war jemals zuvor mit der üppigen Gastfreundschaft der Südstaaten-Pflanzer zu vergleichen, und die Bedingungen, die in diesen herrlichen Unterkünften voller Eleganz, Bequemlichkeit und Höflichkeit vorherrschten, werden nie wieder vergleichbar sein. Das überaus wohlhabende elegante Herrenhaus von Mr. Matthews konkurrierte in all seinen Ausstattungen mit dem Palast eines englischen Lords. Es fehlte an nichts, was zu Leichtigkeit, Komfort, Vergnügen und Kultur beitrug.

Wie andere seiner großen Klasse im Süden begnügte sich Herr Matthews nicht mit dem bloßen Genuss dessen, was der Reichtum seines riesigen Anwesens bot.

Er war ein äußerst beschäftigter Mann, nicht nur in der erfolgreichen Verfolgung seiner eigenen Interessen und in der Bereitstellung seltener Gastfreundschaft, sondern er richtete seine Energie auch auf die Förderung des Wohlergehens der Gesellschaft und die Verbesserung und Entwicklung der Ressourcen dieser Gesellschaft der Staat. Für ihn war die Förderung von Bildung und Religion ein ebenso ernstes Anliegen wie seine eigenen Privatangelegenheiten. Sein üppiger Geldbeutel stand immer zur Verfügung, um den Bedarf zu decken, und nichts war für diesen großzügigen Patrioten und Pflanzer von geringer Wertschätzung.

Die Freizeit, die sein Reichtum ermöglichte, widmete er dem Lesen und Lernen. Seine Bibliothek war mit den erlesensten Standardwerken der antiken und modernen Wissenschaft bestückt, und auf seinem Bibliothekstisch lagen stets die führenden Zeitschriften seiner Zeit. In diesen ländlichen Villen des alten Südens traf man oft einige der tiefsinnigsten und nachdenklichsten Männer an, zu denen auch Mr. Matthews gehörte. Er hatte eine Leidenschaft für das Studium der Regierungswissenschaft, seine Studien beschränkten sich jedoch nicht auf diesen bestimmten Gedankenzweig. Sein Informationsbestand war umfassend und sein Wissen vielseitig. Er fand besondere Freude am Studium von Shakespeare, den Geschichten von Gibbon und Hume, den Werken von Bacon, Addison, Macaulay und anderen. Mit dem Studium dieser Schriften entwickelte sich eine Leidenschaft für das Studium der Heiligen Schrift und der Wissenschaft der Regierung, wie sie von Jefferson und Calhoun dargelegt wurde, deren Interpretationen der Beschränkungen und Befugnisse der Bundesverfassung er akzeptierte.

Herr Matthews hatte die Grenze eines halben Jahrhunderts seines Lebens überschritten, als die Feindseligkeiten zwischen dem Norden und dem Süden begannen. Obwohl er sich zutiefst für das Prinzip der Sezession interessierte und von dem Patriotismus begeistert war, der das Land in den aufregenden Tagen der frühen Sechzigerjahre beherrschte, fühlte er sich zu alt, um sich an dem eigentlichen Kampf zu beteiligen, und verpfändete seine Treue und sein Vermögen Alabama bevorstehende Krise. Als Zeichen dafür schickte er seinen Scheck über fünfzehntausend Dollar in Gold an Gouverneur Moore, der ihn nach eigenem Ermessen für die Verteidigung des Staates verwenden sollte, was im folgenden Brief bestätigt wurde:

„Exekutivabteilung,
„Montgomery, Alabama“, 28. Januar 1861.

"Herr. Joel E. Matthews, Cahaba, Ala.

„Sehr geehrter Herr, Ihre Großzügigkeit zum Schutz des Staates wird angenommen und der Beweis dafür wird in diesem Büro aktenkundig gemacht. Das Lob eines einzelnen Mannes, auch wenn er als jemand mit Autorität spricht, ist nur ein kleiner Teil der Belohnung, die Ihr Patriotismus verdient und erhalten wird. Wenn die Gegenwart historisch geworden ist, wird diese Spende ein Erbstück für Ihre Nachkommen sein und das Beispiel, das Sie gegeben haben, wird eine Machtquelle für Ihren Staat sein, im Vergleich zu beidem wird die großzügige Geldsumme, die Sie gegeben haben, sein als nichts. Als Regierungschef des Staates und in einem tiefen Verantwortungsbewusstsein handelnd, war ich gezwungen, alles in meiner Macht Stehende zu tun, um das Widerstandsgefühl im Süden zu stärken und die Strömung zur Unabhängigkeit des Staates in der Verteidigung zu vertiefen ihrer verfassungsmäßigen Rechte. Was ich aus Pflichtgefühl tun musste, haben Sie freiwillig getan und verdienen insofern umso mehr die Dankbarkeit Ihrer Mitbürger. Im Vertrauen darauf, dass ein anerkennendes Gewissen und die Dankbarkeit Ihres Staates Ihre reichliche Belohnung sein werden, und ich empfehle Sie und den Staat der schützenden Güte der Vorsehung und bleibe mit großem Respekt Ihr gehorsamer Diener,

„AB   MOORE,
„Gouverneur von Alabama.“

Die patriotischen Gefühle von Herrn Matthews hörten mit dieser Spende nicht auf, denn er uniformierte und rüstete auf eigene Kosten mehrere Militärkompanien aus und war großzügig bei der Unterstützung der Witwen und Waisen der im Kampf Gefallenen. Er teilte die düstere Stimmung, die der Ausgang des Krieges verursachte, und fühlte sich versucht, nach Brasilien zu ziehen, um in diesem Reich Baumwolle zu produzieren. Als er das Land besuchte, wurde er vom Kaiser herzlich begrüßt und aufgefordert, Untertan zu werden, doch er gab die Idee auf. Als Kaiser Dom Pedro 1876 Amerika besuchte, erkundigte er sich eingehend bei Herrn Matthews, von dem er sehr beeindruckt war.

Das Leben und die Karriere von Joel Early Matthews waren ein deutlicher Beitrag zum Wohl von Alabama. Obwohl er wohlhabend war, war er bescheiden und frei von Arroganz; Obwohl er ungewöhnlich gut informiert war, hatte er Respekt vor den Geringsten. Er war ein Schmuckstück der Staatsbürgerschaft, und als er verstarb, wurde sein Verlust allgemein betrauert.

ES DARGAN

Unter den Persönlichkeiten des öffentlichen Lebens in Alabama trat nie jemand mit ausgeprägterer Individualität auf als Richter Edmund S. Dargan. Er hatte besondere Eigenschaften, die er offenbar nicht verbarg, sondern zu schätzen schien. Diese Eigentümlichkeiten waren ganz außergewöhnlich und erregten nicht selten große Heiterkeit. Dennoch war Richter Dargan ein Mann mit herausragenden Fähigkeiten.

Er stammte aus irischen Vorfahren in North Carolina, wo Richter Dargan 1805 geboren wurde, und war mit jenen sehnigen körperlichen Eigenschaften ausgestattet, die seine Vorfahren über die Meere aus den Mooren und Mooren der Grünen Insel mitgebracht hatten. Durch den Tod seines Vaters, der Baptistenprediger war, wurde er als Waisenjunge zurückgelassen. Als der Sohn noch ein Junge war, zeigte er echten Mut, indem er sich an den rauen Begegnungen der Welt beteiligte, um sich eine Ausbildung zu verschaffen. In seinen jüngeren Jahren schien ihn kein Ehrgeiz besessen zu haben, der über den eines mühsamen Landbauern hinausging, denn bis zu seinem 23. Lebensjahr war er ein einfacher Arbeiter, obwohl seine geistige Aktivität ihn zu einem fleißigen Studium der Klassiker führte, zu dem er auch gehörte Er widmete jede freie Stunde.

Er schien plötzlich von einer seltenen Vision des Lebens inspiriert worden zu sein, denn er gab plötzlich seine Arbeit auf dem Bauernhof auf und begann im Nachbardorf Wadesboro, North Carolina, Jura zu studieren. Ein Jahr später zog er in den jungen Bundesstaat Alabama. Das war im Jahr 1829, nur zehn Jahre nachdem der Staat in die Union aufgenommen worden war. Er wohnte im Autauga County und unterrichtete drei Monate lang eine Privatschule.

Als er seinen Antrag auf Zulassung als Anwalt stellte, stellte sich heraus, dass Herr Dargan aufgrund seines früheren Studiums über die entsprechende Qualifikation verfügte, und er trat sofort in die Gerichtspraxis ein, nachdem er sich in Washington im Autauga County niedergelassen hatte. Seine Ansiedlung in diesem ländlichen Dorf war von kurzer Dauer, denn bald zog er nach Montgomery. Seine ruhigen und fleißigen Gewohnheiten und seine Gewöhnung an harte Arbeit kamen ihm in seiner neuen Umgebung gut zugute, denn natürlich würde ein so junger Mann Aufmerksamkeit erregen und Vertrauen gewinnen. Seine Praxis wuchs stetig und sein Ruf für seine enge und strenge Aufmerksamkeit für Geschäfte und seine Fähigkeit, diese abzuwickeln, erhob ihn schnell über den Mann der mühsamen Mittelmäßigkeit und verschaffte ihm einen Platz öffentlicher Wertschätzung. Er gab den Bitten seiner Freunde nach und bot für die Legislaturperiode von Montgomery County an, wurde jedoch abgelehnt. Ein Jahr später jedoch, als er sechsunddreißig Jahre alt war, wurde er von der Legislative in den Bezirk Montgomery gewählt. Er behielt das Amt nur ein Jahr lang, dann trat er zurück, zog nach Mobile und begann dort als Anwalt zu praktizieren.

Im Jahr 1844 wurde Richter Dargan von Mobile in den Staatssenat gewählt. Diese Position hatte er nur ein Jahr lang inne, als er zurücktrat, um an einer Kongresswahl gegen den ehrenwerten William D. Dunn teilzunehmen, einen der beliebtesten und angesehensten Männer des Bezirks. Bei ihren Kämpfen auf dem Baumstumpf war der Unterschied zwischen den beiden Kandidaten höchst neuartig. Dunn war ordentlich gekleidet, hatte ein gepflegtes Benehmen und eine elegante Ausdrucksweise, während Dargan all dies gleichgültig war und eher stolz darauf war, dass sie in seinem Wesen nicht vorhanden waren. Der Vorteil lag auf der Seite Dargans, da er trotz seines rauen und unhöflichen Äußeren ein kraftvoller Redner war und die Aufmerksamkeit und das Vertrauen der Nachdenklichsten auf sich zog, während seine Missachtung der Kleidung und die offensichtliche Verachtung für Politur Lob einbrachten der ländlichen Bevölkerung. In der Debatte war er Dunn ebenbürtig, wenn nicht sogar überlegen, während der Unterschied zwischen ihnen ihn ansonsten zum erfolgreichen Konkurrenten machte.

Eine Sitzung im Nationalkongress schien seinen Ehrgeiz zu befriedigen, denn nach Ablauf dieser Sitzung lehnte er eine erneute Nominierung ab. Kurz nach seinem Ausscheiden aus dem Kongress wurde er vom Gesetzgeber in die oberste Bank des Staates gewählt, und zwei Jahre später, als Richter Collier aus dem Amt des Obersten Richters ausschied, wurde Richter Dargan zu seinem Nachfolger gewählt. Nach drei Jahren in dieser Funktion trat er zurück und nahm seine private Anwaltstätigkeit in Mobile wieder auf.

Hier war Richter Dargan zu Beginn des Krieges gewinnbringend in der Rechtspraxis tätig und wurde 1861 ausgewählt, Mobile im Verfassungskonvent zu vertreten. Kein Bereich hätte besser zu seinem Geschmack und seinen Qualifikationen passen können, und er wurde zu einem der führenden Mitglieder dieses Gremiums gezählt.

Richter Dargans Karriere im öffentlichen Dienst endete mit seiner Mitgliedschaft im Konföderiertenkongress, wo er nur zwei Jahre lang tätig war und eine weitere Tätigkeit in dieser Funktion ablehnte. Als er Mitglied des Kongresses der Konföderation war, nutzte Gouverneur Foote von Tennessee, ein Mitglied desselben Gremiums, die Gelegenheit, im Rahmen einiger Bemerkungen im Plenum ernsthaft über Richter Dargan nachzudenken, als Dargan prompt zu ihm sprang Füße, packte Foote am Kragen, mit erhobener rechter Hand, als wollte er ihn schlagen. Doch bevor es zu Gewaltdemonstrationen kam, wurde die Angelegenheit eingestellt und der Vorfall abgeschlossen. Dies führte dazu, dass EA Pollard in einem seiner

Werke über den Bürgerkrieg eine animierte Bemerkung über Richter Dargan machte, den Pollard beschuldigte, ein Bowiemesser erhoben zu haben, um Gouverneur Foote zu erstechen. Dieser rücksichtslose Schriftsteller debattierte ausführlich über die minderwertige Männlichkeit im Konföderiertenkongress und gab die eben gegebene Erklärung zur Untermauerung seines Vorwurfs ab. Die Wahrheit ist, dass Richter Dargan an seinem Schreibtisch saß und schrieb, als Gouverneur Foote ihn in seiner Rede attackierte, und als er aufstand, hielt er immer noch den Stift in seinen Fingern.

Über Richter Dargan sind noch immer zahlreiche Anekdoten überliefert, vor allem im Hinblick auf seine Kleidung. Seine Schuhe waren manchmal vom billigsten Typ und er zog Lederriemen allen anderen vor. Mitglieder der Anwaltskammer pflegten zu erzählen, wie sorgfältig er manchmal darauf achtete, sein Aussehen zu beeinträchtigen, bevor er in einem wichtigen Fall vor einer Jury erschien, wie sorgfältig er darauf achtete, seine Schuhe aufzubinden, bevor er sein Büro verließ, damit sie noch weiter klafften, und wie oft sein Haar war ungekämmt und sein Hemdkragen war offen.

Wenn Richter Dargan nicht beschäftigt war, war er schläfrig. Unter dieser Bedingung zeigte er einen Ausdruck der Gleichgültigkeit und Unbekümmertheit. Aber als er aufstand, um zu sprechen, war er plötzlich verwandelt. Seine Augen würden sich weiten und glitzern, seine Nasenlöcher würden unter der Intensität der Lebendigkeit dünner werden und die Stumpfheit seines Gesichts würde einem Glanz weichen, der inspirieren würde. Im Umfang und der Strömung der Diskussion war er ein Riese, und in der Klarheit und Eindringlichkeit der Präsentation hatte er nur wenige Vorgesetzte.

PETER BRYCE

Im Jahr 1849 besuchte eine Philanthropin, Miss DL Dix aus New York, eine Schwester von General John A. Dix aus dieser Stadt, Alabama mit der Absicht, ein Krankenhaus für die Geisteskranken dieses Staates zu errichten. Ein einzigartiges Erlebnis in ihrem Leben trieb sie dazu, die Aufgabe zu übernehmen, alle Staaten zu besuchen, in denen es solche Institutionen nicht gab. Eine geschätzte Freundin von ihr war verrückt geworden, und es war ihr zugefallen, diese Freundin bis zum Tod zu pflegen. Es war keine gewöhnliche Aufgabe, die sie übernahm, insbesondere zu dieser Zeit, als das Land von der hitzigen politischen Debatte über die Abschaffung der Sklaverei erschüttert wurde und in den Staaten des Südens eine besondere Abneigung gegen die Menschen im Norden herrschte. Aber sie beeindruckte alle so sehr mit der Intensität ihres Geistes und ihrer Loyalität gegenüber den Notleidenden, dass man an nichts anderes dachte, als an den Engel der Barmherzigkeit, der sie war, der still über das Land schwebte und für die an Idiotie, Epilepsie und Wahnsinn Leidenden fleht und sie erlöst auf eigene Kosten, denn dazu war sie durchaus in der Lage, und stillschweigend ihr Leben für andere und diejenigen hinzugeben, die an der Krankheit des Wahnsinns litten. Ihre Arbeit beschränkte sich nicht ausschließlich auf diese Klasse, sondern inspizierte die Gefängnisse des Landes, die Gefängnisse und Zuchthäuser, und versuchte, die Leiden der Gefangenen zu lindern. Bevor Miss Dix formelle Maßnahmen bei den Behörden des Staates ergriff, reiste sie durch den Staat und machte sich mit den Bedingungen insbesondere für Geisteskranke vertraut. Sie fand mindestens siebenhundert Menschen, die an Idiotie, Epilepsie und Wahnsinn litten. Mit diesen Fakten ausgestattet, war sie bereit, Berufung einzulegen.

Alabama war dreißig Jahre lang ein Staat gewesen, aber sein Volk war so sehr mit den persönlichen und öffentlichen Angelegenheiten beschäftigt und kämpfte mit den enormen Schwierigkeiten, die ein neuer Staat mit sich bringt, dass die Institutionen der Barmherzigkeit weitgehend, wenn nicht sogar völlig vernachlässigt wurden. Für die unglücklichen Verrückten war nie eine Vorsorge getroffen worden. Miss Dix fand sie als Kriminelle im Gefängnis eingesperrt, mit Umgebungen, die eher ablenkten und unheilbar machten als sonst, oder sie wurden in freundlichen Häusern eingesperrt und streng bewacht, während ein Bruchteil der Zahl in Irrenkrankenhäuser in anderen Bundesstaaten geschickt wurde.

Als diese begabte Frau schließlich in Montgomery ankam, legte sie dem Gouverneur und den einflussreichsten Mitgliedern der Legislative die Ansprüche ihrer Mission vor und löste durch ein an die Legislative gerichtetes Denkmal Maßnahmen aus, die in der Aneignung von zweihundertfünfzigtausend Dollar gipfelten Dollar für den Bau und die Ausstattung eines Krankenhauses für Geisteskranke des Staates. Das Gesetz wurde jedoch erst 1852 erlassen, und die Anstalt wurde erst im Juli 1861 gebaut und war für die Insassen bereit. Bei der Gründung eines Unternehmens dieser Art war es von größter Bedeutung, dass ein gut ausgerüsteter und für diese Spezialisierung qualifizierter Arzt vorhanden war Arbeit, beschafft werden. Es wurde viel Zeit in Anspruch genommen , um diesen Mann zu finden, und als man ihn fand, stellte sich heraus, dass es sich bei ihm um Dr. Peter Bryce aus South Carolina handelte.

Zum Zeitpunkt seiner Wahl auf diesen wichtigen Posten war Dr. Bryce erst 26 Jahre alt, aber seine frühere Ausbildung und Erfahrung hatten ihm die besten Voraussetzungen für eine so verantwortungsvolle Position verschafft, und die Zeit zeigte, dass eine glücklichere Auswahl nicht hätte erfolgen können gemacht worden. Nachdem er in der medizinischen Abteilung von New York ausgebildet worden war und nach seinem Ausscheiden Assistenzarzt im South Carolina Hospital for the Insane geworden war, hätte niemand besser für die Leitung des neuen Irrenkrankenhauses von Alabama qualifiziert sein können.

Dr. Bryce beeindruckte sofort alle mit seiner Fitness bei seiner Ankunft und bei der Übernahme seiner wichtigen Station. Seine natürlichen Begabungen waren ruhig und unaufdringlich, sanft und überzeugend und gleichzeitig mitfühlend und zärtlich. Ergänzt wurde er durch gründliche Kenntnisse der fortschrittlichsten wissenschaftlichen Behandlung von Geisteskranken. Er trat seine wichtige Mission an und erfüllte sie bis zum Ende seines Lebens.

Seine Aufgabe war von Anfang an eine Herkulesaufgabe. Neben hervorragenden Qualifikationen für die Station, zu der er berufen wurde, musste er auch über Verwaltungsgewalt verfügen. Bevor mit den eigentlichen Arbeiten begonnen werden konnte, war eine gründliche Organisation erforderlich. Die Abstimmung der Mittel auf den Zweck in allen kleinsten Bereichen des Krankenhauses muss sichergestellt werden. Die Einrichtung muss nicht nur in Gang gesetzt werden, sondern, wenn sie einmal begonnen hat, darf sie weder nachlassen noch aufhören. Darüber hinaus muss für eine zunehmende und zunehmende Abhängigkeit der Unglücklichen gesorgt werden, denn die Bevölkerung des Staates wuchs schnell, und natürlich würde es auch in Zukunft einen steigenden Bedarf an Bewohnern geben. Die Verantwortung war belastend, die Pflicht anspruchsvoll, die Überwachung minutiös und eine geschickte Behandlung in jedem Fall unbedingt erforderlich.

Sein Dienst war allgemein eine Genugtuung. Das Lob des jungen Superintendenten hallte im ganzen Staat und sogar darüber hinaus wider. Hunderte, die kamen und gesund wiederhergestellt wurden, gingen mit dem

Segen auf dem Kopf des jungen und liebenswerten Superintendenten zurück. In seinem Rückzug des Wohlwollens arbeitete er Jahr für Jahr weiter, trat selten vor die Öffentlichkeit und sein gewaltiges Werk war nur wenigen bekannt. Das Vertrauen in ihn wuchs und sein Ruhm verbreitete sich in anderen Bundesstaaten, und das Krankenhaus für Geisteskranke in Alabama war neben ähnlichen Einrichtungen im ganzen Land bekannt.

Dr. Bryce nahm eine Position in der fortschrittlichsten medizinischen Gemeinschaft von Alabama ein. Die wissenschaftlichen Arbeiten, die er von Zeit zu Zeit vor dem medizinischen Kongress in Alabama vorlegte, mit besonderem Bezug auf die Störungen des Geistes, wurden als diejenigen von höchstem Wert angesehen. Er war seinem Beruf treu ergeben und sein Ruhm wuchs mit der Erweiterung der ihm anvertrauten Einrichtung.

Darüber hinaus war Dr. Bryce ein großer Favorit in den sozialen Kreisen des kultivierten Tuskaloosa. Seine Würde, sein angenehmes Auftreten sowie seine Gelehrsamkeit und Kultur verschafften ihm einen Platz im höchsten Kreis, während sein ewiger Sonnenschein des Herzens ihn zu einem Idol für die unglücklichen Insassen des Krankenhauses machte. Er wurde einer der ersten Staatsbürger und behielt diese Position aufgrund seiner Verdienste bis zum Ende seines Lebens.

JOHN GILL KÜRZER

Kein Mann mit größerem persönlichen Charakter trat jemals in das öffentliche Leben Alabamas ein als Gouverneur John Gill Shorter. Er besaß alle Tugenden eines christlichen Staatsmannes. Sanft, kultiviert, hochkultiviert, bescheiden, war er dennoch ein standhafter und treuer Beamter. Seine Anwesenheit erzeugte eine Atmosphäre der Reinheit und erweckte tiefsten Respekt.

Als Absolvent der University of Georgia im Jahr 1937, denn Georgia war sein Heimatstaat, zog er mit seinem Vater, General Reuben C. Shorter, nach Eufaula, das damals Irwinton hieß, und trat nach einem Studiengang in die Praxis ein des Gesetzes. Sechs Jahre später wurde er von Gouverneur Fitzpatrick zum Anwalt des Gerichtsbezirks ernannt, in dem er wohnte. Im Jahr 1845 wurde Herr Shorter zum Senator des Barbour County gewählt, dem ersten aus diesem County, nachdem es aus dem Russell County gebildet worden war. Sein Verhalten und seine Verdienste erregten sofort Aufmerksamkeit, seine Fähigkeiten wurden sofort anerkannt, und als der ehrenwerte George Goldthwaite zum obersten Richterstuhl befördert wurde, folgte ihm Herr Shorter als Richter des Justizkreises nach, in dem er neun Jahre lang tätig war von Zeit zu Zeit ohne Widerspruch gewählt.

Als die Frage des Austritts aus der Union vor der Sezessionskonvention Georgias stand, wurde Richter Shorter als einer der Kommissare aus Alabama entsandt. Später wurde er Mitglied des provisorischen Kongresses der Konföderation und kandidierte bald als Reaktion auf eine öffentliche Forderung für das Amt des Gouverneurs des Staates. 1861 wurde er zum Gouverneur gewählt.

Als der Kriegssturm über das Land hereinbrach, wurde dem Gouverneur eine beispiellose Last auferlegt, die mit einer einzigartigen Peinlichkeit von entsetzlicher Art verbunden war. Infolge der Eile, die nötig war, um der nach Süden ziehenden Flut von Feindseligkeiten zu begegnen, entstanden Fragen komplizierter Natur, und in der Aufregung der Stunde und des Endes der Zeit war das Volk in zahlreichen wichtigen Fragen gespalten, und von Anfang an war das Die Regierung von Gouverneur Shorter war hinten und vorne mit äußerst verwirrenden Verwicklungen behaftet. Die Strapazen der Zeit legten ihm Lasten auf, die noch nie zuvor ein Gouverneur getragen hatte. Die Schwierigkeit wurde dadurch noch verstärkt, dass dem Gouverneur die Regelung aller Fragen oblag, über die die öffentliche Meinung geteilt war. Die widersprüchlichsten Forderungen ergaben sich aus den Turbulenzen der Zeit und der Leidenschaft dieser Zeit, aber der gelassene Mann in der Hauptstadt versuchte ruhig, seine Pflicht zu erfüllen, unbeeindruckt von nichts anderem als einem höchsten Sinn für öffentliche

Verantwortung. Aufgrund seiner patriotischen und philanthropischen Gesinnung bemühte er sich, für die Familien der Soldaten auf dem Feld zu sorgen, doch dies löste bei vielen eine negative Stimmung aus. Mit Eifer und Interesse versuchte er, die exponierten Grenzen des Staates mit allen Mitteln vor einer feindlichen Armee zu schützen, und widmete der Befestigung von Mobile besondere Aufmerksamkeit, indem er die Außenposten dieser Stadt so stark wie möglich besetzte.

Mit fortschreitendem Krieg und steigendem Bedarf an zusätzlichen Truppen wurde es notwendig, viele Wehrpflichtige einzuziehen, die sich nicht freiwillig gemeldet hatten, und dies führte, wie immer, zu neuen Schwierigkeiten. Bei der Umsetzung des vom Konföderiertenkongress erlassenen Gesetzes über die Sachsteuer zur Unterstützung der Armee musste Gouverneur Shorter eine Strömung der Opposition in der Bevölkerung eindämmen und wurde von den Massen für das, was er tat, zur Verantwortung gezogen die Gesetze des Kongresses. Hinzu kam die Notwendigkeit, höhere Steuern zur Unterstützung der Landesregierung und zur Rückzahlung ihrer Anleihen zu erheben. Bei der Verfolgung notwendiger Aufgaben wie dieser wurde er Opfer vieler öffentlicher Wut und ungerechtfertigter Beschimpfungen. Aber seine Pflicht war klar, und ohne auch nur ein Haar zu schwanken oder ohne sich unter den Bedingungen aufzureiben, kam Gouverneur Shorter seinen Verpflichtungen mit Standhaftigkeit und Entschlossenheit nach. Hätte er weniger getan, als er tat, wäre er seiner Verpflichtung nicht mehr nachgekommen, und jeder, der zu dieser Zeit und unter solch stressigen Bedingungen seine Pflicht erfüllte, wurde derselben unvernünftigen öffentlichen Verurteilung ausgesetzt. Ein Mann mit weniger Mut und weniger Granit in seiner Seele wäre bei einer öffentlichen Prüfung wie dieser umgehauen worden.

Bei Ablauf seiner Amtszeit im Jahr 1863 kandidierte er für eine Wiederwahl, gegen ihn stand Thomas H. Watts, damals Generalstaatsanwalt der Konföderation, und ein Gegner von Gouverneur Shorter bei der vorherigen Wahl.

Die öffentliche Stimmung war während der turbulenten Zeiten der früheren Regierung so trübe geworden, dass Gouverneur Shorter bei der Wiederwahl scheiterte. Es kam zu einem Ausbruch undankbarer Stimmungen in der Bevölkerung, aber das Ergebnis war nicht unerwartet. Gouverneur Shorter hatte trotz des Aufschreis der Bevölkerung immense Lasten getragen, und natürlich und logischerweise bevorzugte er die Unterstützung eines Volkes, für das er so viel getan hatte, während es andererseits eine Erleichterung war, am Ende von dieser Last befreit zu sein 2 Jahre.

Nachdem er sich in den ersten beiden Jahren des Kampfes den gewaltigen und imposanten Widrigkeiten gestellt hatte und der Trägheit der

Unzufriedenheit der Bevölkerung auf Schritt und Tritt widerstanden hatte, schied er mit einem makellosen Ruf aus dem Amt aus, und aus dieser Entfernung betrachtet war sein Verlauf während des Kampfes sehr hoch Die schwierige Zeit seiner Amtszeit ist vollkommen gerechtfertigt, und in der Galaxis der Gouverneure Alabamas war niemand patriotischer, keiner war entschlossener in der Verfolgung öffentlicher Pflichten, keiner war im Sturm ruhiger als John Gill Shorter. Mit der gleichen Gelassenheit, mit der er sich im Amt benommen hatte, zog er sich ins Privatleben zurück und nahm die Anwaltstätigkeit in der Stadt Eufaula wieder auf.

Bei diesem angesehenen Staatsmann standen die Ansprüche auf religiöse Verpflichtung an oberster Stelle. Sein Leben war eine lebendige Predigt. Seine Ehre wurde nie in Frage gestellt, noch wurde sein religiöser Charakter angeklagt, noch wurde seine persönliche Frömmigkeit jemals in Frage gestellt. Sein Charakter war die glücklichste Mischung aus kindlicher Sanftmut und robuster Männlichkeit. In einer Zeit des Zweifels und des Sturms beharrte er öffentlich darauf, dass „in der Religion eine Wahrheit steckt; es ist alles wahr; und im Sühnopfer Christi liegt eine Kraft. Es ist eine herrliche Realität. Das Sühnopfer Christi wird fest sein wie die ewigen Hügel."

Gouverneur Shorter starb in der Blüte seines Mannesalters und war erst vierundfünfzig, als er starb. Zum Zeitpunkt seines Todes gab es im Staat keinen populäreren Mann. Ein Bericht über seinen triumphalen Tod wurde im ganzen Land veröffentlicht und hinterließ einen tiefen Eindruck.

Mit einem durch die Gegenwart des Todes erschütterten Glauben beendete er seine irdische Laufbahn mit den Worten, die er aus einem alten und vertrauten Lied zitierte:

> „In das schöne und glückliche Land Kanaans,
> wo mein Besitz liegt."

Nachdem er diesen Vers zitiert hatte, sagte er: „Ich möchte weg" – und starb.

NH COBBS

Bischof NH Cobbs, ein sanftmütiger und unprätentiöser Typus, beeindruckte die Öffentlichkeit immer wieder mit seiner tiefen Frömmigkeit und seinem erhabenen Charakter. Als er aus einer bescheidenen Stellung im Leben aufstieg und aufgrund seiner Verdienste an die höchste Stelle innerhalb der Gabe seiner Kirche aufstieg, gab es in seiner Haltung nichts, was darauf hindeutete, dass er sich der Ehre bewusst war, die mit seiner Position verbunden war. In seinem Auftreten fehlte völlig die Selbstbehauptung und das Gefühl der Selbstgefälligkeit, die man so oft mit so hochgeehrten Menschen wie Bischof Cobbs verbindet.

Damit verbunden war eine Herzlichkeit, die alle Zwänge lockerte und jedem, dem er begegnete, das Gefühl gab, einen Freund getroffen zu haben. Ein sanftes Lächeln, so natürlich wie die Sonne, umhüllte sein Gesicht und verlieh seiner Persönlichkeit zusätzlichen Charme.

Die individuellen Verdienste von Bischof Cobbs zeigten sich darin, dass er trotz der geringsten Bildungsvorteile in jungen Jahren seinen Wissensvorrat zum größten Nutzen nutzte, indem er Schulen in den ländlichen Bezirken von Virginia unterrichtete. Für ihn bedeutete Lehren Lernen, denn um wirksam zu unterrichten, musste er den Weg im Voraus durch eifriges nächtliches Lernen vorbereiten. Schließlich ist dies der effektivste Weg, eine solide Ausbildung zu erlangen, vorausgesetzt, man weiß, wie und was man studieren soll. Herr Cobbs brachte in seinen ländlichen Unterricht immer die Begeisterung mit, die sich aus neu gewonnenem Wissen ergab, und die Begeisterung war ansteckend, wie es unter Bedingungen wie diesen immer der Fall ist.

Durch solche Methoden erweiterte und vertiefte der junge Mann seine Fähigkeiten und wurde so qualifiziert, sich mit den tiefergehenden Studien auseinanderzusetzen, die noch vor ihm lagen. Er war weder oberflächlich noch künstlich, sondern stets durch und durch praktisch veranlagt, da er aufgrund der Bedingungen, die seine frühen Kämpfe mit sich brachten, bereits gelernt hatte, sich seines Standes sicher zu sein. Von Natur aus bescheiden, gewann er Selbstvertrauen durch Nähe zum Einsatz, und aus dieser glücklichen Mischung entstand jene Rundheit des Charakters, die ihn zu dem Mann machte, der er war.

Sein Herz war bereits auf den Dienst fixiert, und bis zu seinem 28. Lebensjahr, während seiner Karriere als Landschullehrer, setzte er sein theologisches Studium fort. Zu dem bereits erwähnten Zeitpunkt, als er im Alter von achtundzwanzig Jahren ankam, wurde er in der Trinity Church in Staunton, Virginia, zum Diakon geweiht und ein Jahr später in Richmond zum Priester ernannt. Er wurde Pfarrer im Bedford County, Virginia, und im Rahmen seiner pastoralen Arbeit amtierte er als Kaplan an der University of Virginia und war damit der erste Pfarrer, der innerhalb der Mauern dieser berühmten Institution diente. Von 1826 bis 1841 war er einer der geistlichen Abgeordneten der Diözese Virginia im Generalkongress seiner Kirche.

Im Jahr 1841 wurde Rev. Cobbs vom Haus der Bischöfe zum Bischof von Texas ernannt, aber die geistlichen und weltlichen Abgeordneten lehnten es aus politischen Gründen ab, die Aktion zu genehmigen. Der Ehrentitel eines Doktors der Theologie wurde ihm 1843 vom Hobart College verliehen und im selben Jahr wurde er Rektor der St. Paul's Church in Cincinnati. Der Klerus von Indiana unternahm einen weiteren Schritt, um ihn zum Bistum zu erheben, doch die Laien ratifizierten den Antrag nicht, da sie aus irgendeinem Grund davon ausgingen, dass er im Falle seiner Wahl nicht annehmen würde. Im Jahr 1844 wurde er jedoch vom Klerus und den Laien von Alabama zum Bischofsamt eingeladen, und Ende des Jahres trat er seine neue Funktion an und diente siebzehn Jahre lang, die reifste Zeit seines Lebens, in Alabama.

Unter der Leitung seiner Diözese fand er in Alabama nur wenige Episkopalisten, ihre Zahl erreichte kaum fünfhundert. Er machte sich unverzüglich an die Arbeit, um eine gründliche Organisation der wenigen Zerstreuten herbeizuführen, und noch vor seinem Lebensende hatte er deren Zahl um ein Vielfaches vervielfacht. Bei der Bewältigung der Schwierigkeiten eines neuen Fachgebiets half ihm der in seinem frühen Leben erworbene Einfallsreichtum gut. Für seine schwierige Aufgabe brachte er nicht nur eine durch harte Erfahrung erworbene Verwaltungsausrüstung mit, sondern auch wirtschaftliche Fähigkeiten, die er sich in seinen früheren Jahren angeeignet hatte. Er war vom Temperament her und auch sonst der richtige Mann für eine Pionierarbeit, wie er sie in Alabama unternahm.

Jemand, der die Gaben besaß, die Bischof Cobbs besaß, hätte vielleicht strahlender gestrahlt, aber er war immer bescheidener und blieb dadurch der öffentlichen Anerkennung weitgehend verborgen. Er war ein unermüdlicher Arbeiter und führte seine Pläne ebenso ruhig wie effektiv aus. Ohne Mühe erlangte er Popularität, und seine Kirche in Alabama ist vor allem seinem ruhigen Auftreten und seiner Demut zu verdanken. Unter seiner Schirmherrschaft wurde eine Diözesanschule gegründet, ein Waisenhaus eingerichtet und ein Missionssystem aufrechterhalten, und durch diese Agenturen wurde enormes Wohl bewirkt.

Bischof Cobbs verfügte nicht über die markanten Elemente des beliebten Kanzelredners. Seine Aussagen waren knapp und prägnant, aber dennoch kraftvoll. Hinter seinen Äußerungen steckte eine dynamische Überzeugung, die vermittelt und eingeprägt wurde. Seine Predigten berührten mehr das Herz als den Verstand. Er glaubte, deshalb sprach er.

Er teilte zutiefst die Stimmung, die durch die Probleme geweckt wurde, die das Land in den frühen sechziger Jahren erschütterten, und sagte einen blutigen Bruderkrieg voraus, doch die Teilnahme an dessen Schrecken blieb ihm erspart. Am 11. Januar 1861, als der Sezessionskonvent in Montgomery zusammenkam und der Puls der Aufregung stark schlug, und kurz vor der Verabschiedung der Sezessionsverordnung, verabschiedete sich Bischof Nicholas Hamner Cobbs zu seinem Lohn.

LEROY P. WALKER

Als eine der ersten Familien, die in den Staat übersiedelten, und eine der angesehensten, gehörte der ehrenwerte Leroy P. Walker zu den bedeutendsten ihrer Bürger. Sein Vater, der ehrenwerte John Williams Walker, war ein angesehener Bürger und einer der primitiven Staatsmänner Alabamas, weshalb einer der Landkreise Alabamas nach ihm benannt wurde. Aber der Sohn, der ehrenwerte Leroy P. Walker, erlangte nationale Bedeutung. Als profunder Gelehrter, großer Jurist und angesehener Staatsmann wird er zu Recht zu den ersten Alabamianern gezählt.

Als junger Mann wurde er zum Brigadegeneral der Miliz ernannt, doch sein erster Auftritt als Beamter erfolgte 1843, als er Lawrence County im Landtag vertrat. Während seiner ersten Amtszeit war er bescheiden und zurückhaltend, hatte ein ruhiges und fleißiges Gemüt, doch 1844 zog es ihn in ein aktiveres Leben und er interessierte sich intensiv für gesetzgeberische Angelegenheiten.

Anschließend zog er von Lawrence nach Lauderdale County und trat 1847 als Vertreter dieses Countys auf. Im Jahr 1849 wurde ihm die Ehre zuteil, Sprecher des Hauses zu sein, und in der bevorstehenden Sitzung wurde ihm diese Auszeichnung erneut verliehen. Diese wiederholte Wahl war von großer Bedeutung, da die Legislative zu dieser Zeit mit einer Reihe der angesehensten Bürger des Staates besetzt war. Durch seine Würde, Unparteilichkeit und sein Können erlangte er bei den Mitgliedern des Hauses große Wertschätzung.

Die so erlangte Auszeichnung, gepaart mit seinen anerkannten Fähigkeiten als Jurist, führte 1850 zu seiner Wahl zum Richter des vierten Gerichtsbezirks. Drei Jahre später legte er sein Amt nieder und wurde veranlasst, in die Legislative zurückzukehren. Gereift durch jahrelange Erfahrung im öffentlichen Leben wurde er sofort als einer der führenden Männer der Körperschaft anerkannt und zeichnete sich durch die spannende Frage aus, die das Land damals beschäftigte: die der inneren Entwicklung. Im Lichte der Gegenwart kann der Scharfsinn von Richter Walker in der folgenden Resolution gesehen werden, die er dem Gesetzgeber von Alabama vorgelegt hat:

„Beschlossen, dass der Ausschuss für interne Verbesserungen beauftragt wird, die Zweckmäßigkeit der Gewährung staatlicher Beihilfen an eine Eisenbahngesellschaft, die die schiffbaren Gewässer der Mobile Bay und des Tennessee River verbindet, zu untersuchen und, falls dies als zweckmäßig erachtet wird, einen Plan vorzulegen." Rechnung oder auf andere Weise, mit diesem Ziel im Auge; aber in keinem Fall ist die Gemeinde dazu verpflichtet, die Endpunkte der Straße festzulegen."

Diese erste Maßnahme zu diesem frühen Zeitpunkt, gepaart mit der bemerkenswerten Rede, die er zur Unterstützung der Resolution hielt, zeugt von einer Scharfsinnigkeit, die Richter Walker zu einem Pionier bei der Entwicklung der wunderbaren Ressourcen des Staates macht . Zu den Teilnehmern an der Diskussion dieser Ausgangsfrage gehörten Männer wie Percy Walker, Thomas J. Judge, John Cochran, JLM Curry, Joshua L. Martin und AB Meek.

Nach dieser bemerkenswerten Sitzung der gesetzgebenden Körperschaft zog sich Richter Walker ins Privatleben zurück, nahm seine Anwaltstätigkeit wieder auf und erschien erst wieder, als er durch die aufrüttelnden Szenen des Jahres 1860 dazu aufgerufen wurde. Richter Walker war ein überzeugter Anhänger der sogenannten Südstaatenbewegung und unterstützte sie Breckinridge und Lane. Er war ein leidenschaftlicher Sezessionist und einer der Kommissare in Tennessee, die mit den staatlichen Behörden über die beste Politik der Sklavenhalterstaaten beraten sollten.

Anlässlich der Bildung der konföderierten Regierung wurde Richter Walker für das Amt des Kriegsministers im Davis-Kabinett ernannt. Während Fort Sumter bombardiert wurde, standen Richter Walker und General Beauregard in ständiger drahtgebundener Kommunikation über den Fortgang des Angriffs. Als Montgomery die Nachricht über den Fall von Fort Sumter erreichte, wurde Montgomery, die neue Hauptstadt der Konföderation, zu einem Schauplatz berauschter Freude. Die Stadt war voller aufgeregter Menschenmengen, Fackelumzüge und es gab jede Menge Reden. Unter anderem wurde Richter Walker als Redner aufgefordert und erklärte voller Freude, dass die Flagge der Konföderierten vor unseren Augen über der Kuppel des Kapitols in Washington, über der Independence Hall und sogar über der Faneuil Hall in Boston wehen würde Armeen würden sich vom Feld zurückziehen.

Dieser enthusiastische Ausbruch wurde als unzeitgemäß und unklug angesehen, da seine logische Folge darin bestehen würde, die Stimmung im Norden gegen die neu gegründete Konföderation zu schweißen, während diese Stimmung im Norden bis zu diesem Zeitpunkt gespalten war. Da es aus einer so hohen Quelle stammte, wurde es so ausgelegt, dass es die Gefühle der Menschen im Süden widerspiegelte, und dann begann der feste Süden gegen den festen Norden. Edward Everett und Stephen A. Douglas, die beide die Volksleidenschaften des Nordens in der Hoffnung auf eine gütliche Einigung unter Kontrolle gehalten hatten, rieten den Menschen nun, aus Selbsterhaltungsgründen zu den Waffen zu greifen, da ihre Häuser von einer entschlossenen Invasion bedroht seien . Für eine Äußerung, die zur

Unzeit abgegeben wurde, wurde Richter Walker von Unionsmännern sowohl aus dem Norden als auch aus dem Süden beschuldigt und ihm wurde die Verantwortung für die Auslösung des Krieges und die Verdichtung der Sektionen gegeneinander vorgeworfen.

Aber es war müßig, dies mit Worten zu beschwören. Richter Walker brachte die herrschende Stimmung des Südens zum Ausdruck. Der Krieg war unvermeidlich und ehrlich, ebenso wie die Gefühle und Bemühungen einiger, ihn abzuwenden, das Volk dürstete nach Blut, und nichts anderes als der Krieg würde sie befriedigen. Das vom Süden geschätzte Gefühl wurde vom Norden erwidert, und der Ausdruck von Richter Walker war zwar nicht besonders diplomatisch, aber schlichte Ehrlichkeit. Einen einzigen Gesichtsausdruck eines Mannes als Anlass für die Konzentration nordischer Gefühle zu nutzen, war ein praktischer Vorwand. Zu gegebener Zeit wäre das Ergebnis das gewesen, was gekommen war, unabhängig davon, ob Richter Walker diesen Ausdruck jemals verwendet hatte oder nicht. Männer spielen oft mit Worten und nutzen sie, wie Talleyrand vorschlägt, um Ideen zu verbergen.

Richter Walker blieb mehr als ein Jahr im Kabinett der Konföderierten, ging dann in den Ruhestand und wurde als Brigadegeneral in den aktiven Dienst berufen. Er hatte die Armeen der Konföderation organisiert und ausgerüstet und die ursprünglichen Bewegungen auf dem Feld überwacht. Er wurde einem inaktiven Kommando bei Mobile zugeteilt und beantragte einen aktiveren Dienst auf dem Feld. Aus irgendeinem Grund wurde ihm dies verweigert, als er aus der Armee ausschied, zum Militärrichter ernannt wurde und diese Position während des gesamten Krieges innehatte.

Während der dunklen Zeit des Wiederaufbaus leistete Richter Walker wie kein anderer eine herausragende Rolle dabei, den Staat durch diese gefährliche Zeit zu führen, und beendete sein Leben als einer der angesehensten Bürger Alabamas.

WILLIAM L. YANCEY

Mit dem Namen William L. Yancey werden im Allgemeinen zwei Haupttatsachen in Verbindung gebracht, nämlich die Sezession und die seiner brillanten Redekunst. Der Beginn von Mr. Yanceys Leben wurde durch einen unglücklichen Umstand getrübt, nämlich die Ermordung von Dr. Earle aus Greenville, SC, wofür er zu einem Jahr Gefängnis und einer Geldstrafe verurteilt wurde, aber nach etwa drei Monaten von Gouverneur Noble begnadigt wurde . Angesichts der späteren Ereignisse und nachdem alle Leidenschaft nachgelassen hatte, wurde dieser unglückliche Vorfall im Volksmund als Tat der Selbstverteidigung gewertet.

Es war etwas Bemerkenswertes in der Karriere von Herrn Yancey, dass seine Freunde ihn weder in der Anfangszeit seines Lebens noch einige Jahre danach jemals der Führungs- oder Rednerqualitäten verdächtigten, die er entwickelte, und zwar bis sich die Umstände durchsetzten Durch die Art und Weise, wie diese Elemente in die Tat umgesetzt wurden, kam Herr Yancey selbst zu seiner Selbstfindung.

Zuerst war er Pflanzer in der Nähe von Greenville, South Carolina, und später im Dallas County, Alabama. Es folgte die Redaktion des Cahaba Democrat und später des Argus, einer demokratischen Zeitung, die bei Wetumpka veröffentlicht wurde. Zuvor hatte er in Sparta (Georgia) und Greenville (South Carolina) Rechtswissenschaften studiert, jedoch nie eine Zulassung als Rechtsanwalt beantragt.

Seinen Einstieg ins öffentliche Leben erlebte er, als er Coosa County in der Legislative vertrat, was sich in der Anfangsphase seiner beruflichen Laufbahn befand. Später wurde er Staatssenator des Bezirks, der aus den beiden Landkreisen Coosa und Autauga bestand.

Herr Yancey trat 1844 in die nationale Politik ein, als er als Nachfolger von Dickson H. Lewis in den Kongress gewählt wurde, der zu einem Sitz im nationalen Senat befördert worden war. In seiner ersten Rede vor dem Kongress wurde Herr Yancey mit einer großen Auszeichnung ausgezeichnet. Obwohl er das jüngste Mitglied der Partei war, wurde er ausgewählt, um die Süddemokraten gegen einen wütenden Angriff von Mr. Clingman, einem Whig-Mitglied aus North Carolina, auf sie zu verteidigen. John C. Calhoun, der damalige Außenminister, ließ Herrn Yancey am Abend vor seiner Rede kommen und riet ihm, bei seiner ersten Begegnung nicht sein Bestes zu geben.

Dieser erste Versuch im Kongress verschaffte Yancey landesweiten Ruhm. Es löste im ganzen Land Kommentare aus. Die Baltimore Sun sagte über den Einsatz unter anderem: „Er ist mit keinem Vorgänger vergleichbar, weil

noch nie jemand so viele Qualitäten des Redners vereint hat." Die Rede von
Herrn Clingham wurde in jedem Punkt zu gut beantwortet, als dass die
Antwort von Herrn Yancey für ihn zufriedenstellend gewesen wäre. Obwohl
er selbst streng war, war er über die Strenge von Mr. Yanceys Anklage
beleidigt und forderte, wie es damals Brauch war, den Alabamianer zu einem
Duell heraus. Sowohl Clingman als auch Yancey begaben sich nach
Baltimore, um das Problem auf dem Gebiet zu klären, das damals als „Feld
der Ehre" galt, wobei Clingham die ganze Zeit über der Angreifer war, aber
sie wurden durch ein Zivilverfahren unterbrochen, und beide kehrten
zufrieden mit dem Ergebnis nach Washington zurück.

Im Jahr 1846 legte Herr Yancey, nachdem er zwei Jahre im Kongress gedient
hatte, sein Mandat nieder, da er sein Vermögen wieder aufbessern musste,
und begann erfolgreich als Anwalt in Montgomery zu praktizieren. Ohne das
Interesse an öffentlichen Angelegenheiten zu verlieren, widmete er sich etwa
zehn Jahre lang strikt seinem Beruf.

Im Jahr 1848 wurden die Beziehungen von Herrn Yancey zur
Demokratischen Partei durch seinen Rückzug aus dem Nationalkongress in
Baltimore beeinträchtigt, der General Cass für die Präsidentschaft
nominierte. Seine Klage beruhte auf der Weigerung des Baltimore-Konvents,
bestimmte vom Alabama-Konvent angenommene Resolutionen in die
nationale Plattform aufzunehmen. Im Falle einer Ablehnung durch den
Nationalkonvent wurde die Alabama-Delegation angewiesen, sich
zurückzuziehen. Nur einer von ihnen und er selbst zogen sich vom Kongress
in Baltimore zurück, und während des folgenden Wahlkampfs blieb er ruhig.
Für all dies wurde er viel getadelt.

Nach einer Zeit von Höhen und Tiefen, die eine politische Partei hin und
wieder erlebte, hatten sich die Elemente bis 1858 beruhigt, als Herr Yancey
an der Spitze der Wahlliste von Alabama den Staat für Buchanan übernahm.
Da Herr Yancey entschiedene und ausgeprägte Ansichten vertrat und nicht
glaubte, dass dieses Prinzip teilbar sei, erlangte Herr Yancey die wenig
beneidenswerte Auszeichnung, ein „Feuerschlucker" zu sein, aber er folgte
der Pflicht, wie er sie sah, und musste die Strafe hinnehmen, die einem immer
zuteil wurde der strengen und festen Einhaltung von Prinzipien.

Unterdessen tendierte das Land in Richtung Konflikt. Herr Yancey, ein
Demokrat für die Rechte der Staaten, bestand darauf, dass die Beibehaltung
dieses Prinzips die einzige Hoffnung auf den Schutz der Verfassung sei.
Dementsprechend sorgte Herr Yancey auf dem 1859 in Alabama
abgehaltenen Kongress zur Auswahl der Delegierten für den in Charleston
stattfindenden Nationalkongress dafür, dass eine Plattform angenommen
wurde, die seinen Ansichten entsprach. An der Spitze der Alabama-
Delegation nahm er am Parteitag von Charleston teil, der es ablehnte, die in

der Plattform des Alabama-Kongresses dargelegten Ansichten zu übernehmen, was bekanntlich zu einer Zerrüttung der Partei führte. Die weiteren Ergebnisse dieses Ereignisses sind zu bekannt, als dass sie hier wiederholt werden könnten.

Die Wahl von Herrn Lincoln im viereckigen Präsidentschaftswahlkampf löste die Krise aus. Es folgte die Sezession mit William L. Yancey als Hauptapostel. Seine enormen Machtbefugnisse, die jetzt ihren Höhepunkt erreicht hatten, wurden in vollem Umfang genutzt, und das ganze Land hallte von seiner furchtlosen Erklärung der Rechte der Staaten wider. Bei der Gründung der neuen Konföderation spielte Herr Yancey eine herausragende Rolle, und Präsident Davis überließ es seiner Wahl, welche Position er annehmen wollte, und er entschied sich für die Mission nach Großbritannien.

In England setzte er alle ehrenwerten Mittel ein, um die Anerkennung der Südkonföderation als unabhängige Macht zu erreichen, aber seine Bemühungen blieben erfolglos. Am Ende eines Jahres kehrte er nach Amerika zurück und verkündete, dass die Erlangung der Unabhängigkeit des Südens das Ergebnis eigener Bemühungen sei. Während seiner Abwesenheit im Ausland wurde Herr Yancey zum Senator des Konföderiertenkongresses gewählt, doch seine Führung in diesem Gremium wurde durch die Ablenkung der öffentlichen Gedanken auf die Armeen vor Ort getrübt.

Herr Yancey starb im Juli 1863 in der Nähe von Montgomery. Wäre die Südkonföderation erfolgreich gewesen und hätte Yancey überlebt, wäre seine Popularität grenzenlos gewesen, aber mit der „verlorenen Sache“ war in den Köpfen vieler ein Rückgang des Ruhmes verbunden der großartige und brillante Anführer der Sache der Sezession in den Staaten des Südens.

HENRY W. HILLIARD

Zu den anderen, die zur Größe des Commonwealth von Alabama beigetragen haben, gehört General Henry W. Hilliard, dessen Karriere sowohl ereignisreich als auch bemerkenswert war. Sein frühes Leben zeichnete sich durch eine Frühreife aus, die sich in seinem Abschluss mit Auszeichnung am South Carolina College in seiner besten Zeit im frühen Alter von achtzehn Jahren zeigte.

Mit 23 Jahren wurde Herr Hilliard zum Professor an der University of Alabama ernannt. In dieser Position behielt er nicht nur seinen früheren Ruf als Gelehrter bei, sondern war aufgrund seiner seltenen sozialen Qualitäten auch in den besten Kreisen der Tuscaloosa-Gesellschaft ein großer Favorit. Mit vierundzwanzig Jahren wurde er vom Parlament Alabamas ausgewählt, eine Ansprache anlässlich des Todes von Charles Carroll, dem letzten Unterzeichner der Unabhängigkeitserklärung, zu halten. Obwohl Hilliard erst wenige Tage vor der Rede über seine Wahl für diese Funktion informiert wurde, sprach er sich mit Verdiensten aus und begründete sofort seinen Ruhm für Gelehrsamkeit und Redekunst in Alabama. Die Ansprache wurde vom Gesetzgeber des Staates veröffentlicht und allgemein gelesen.

Nach seiner Zulassung als Anwalt in Athens, Georgia, wo er zwei Jahre lang praktizierte, bevor er nach Alabama zog, gab er nach drei Jahren seine Professur auf, zog nach Montgomery und nahm seine Anwaltstätigkeit wieder auf. Als lizenzierter Pfarrer der Methodist Episcopal Church predigte er ab und zu. Bald nahm er eine gute Praxis in Montgomery auf und wurde ein Favorit in den intelligentesten gesellschaftlichen Kreisen der Hauptstadt, wo seine Anmut viel bewundert wurde.

Im Jahr 1838 trat Herr Hilliard als Vertreter der Legislative des Montgomery County in das öffentliche Leben ein, war 1840 Delegierter des Whig-Konvents, da er dem rechten Flügel dieser Partei im Staat angehörte, und half bei der Nominierung von Harrison und Tyler Er ist für die Nominierung von Herrn Tyler für das Amt des Vizepräsidenten verantwortlich. Er wurde in Alabama auf die Wahlliste gesetzt und wirbt für den Staat im Interesse von Harrison und Tyler. Im Jahr 1841 wurde er in den Kongress gewählt, lehnte in diesem Jahr eine Auslandsmission ab, nahm aber später die Mission nach Belgien an, die ihm von Herrn Tyler angeboten wurde, der nach seiner Ernennung zum Präsidenten die von Herrn Hilliard in seinem Namen geleistete Verdienste bei der Beschaffung anerkannte ernannte ihn zum Vizepräsidenten.

Hilliard trat nach zwei Dienstjahren in Brüssel zurück, kehrte nach Alabama zurück und wurde nacheinander für mehrere Jahre in den Kongress gewählt, wobei er zu unterschiedlichen Zeiten Männer wie John Cochran und James L. Pugh, beide von Barbour, besiegte. Die erste Rede von Herrn Hilliard im Kongress war so glaubwürdig, dass der ehemalige Präsident John Quincy Adams, damals Mitglied des Repräsentantenhauses, durch den Saal ging, um ihm zu gratulieren.

Im Kongress beeindruckte Herr Hilliard wie immer anderswo alle, nicht nur durch seine Fähigkeiten als Redner, sondern auch durch seine Fähigkeit als Gelehrter und Einfallsreichtum. Die Anerkennung dieser letztgenannten Tatsache führte zu seiner Ernennung zu einem der ursprünglichen Regenten der Smithsonian Institution. Seine vielfältigen Fähigkeiten stellten ungewöhnliche Anforderungen an ihn, denn er war fleißig, aktiv und einfallsreich und jeder auferlegten Verpflichtung gewachsen.

Herr Hilliard stand 1856 auf den Wahllisten von Fillmore und 1860 von Bell und Everett. Bei der Gründung der Südkonföderation war er einer der Kommissare, die von Präsident Davis ernannt wurden, um bei der Anpassung der Tennessee-Angelegenheiten im Vorfeld der Aufnahme zu helfen dieses Staates in die neue Konföderation. Während des Bürgerkriegs stellte er eine Truppe auf, die als Hillards Legion bekannt war, und erhielt einen Auftrag als Brigadegeneral. Nach dem Ende der Feindseligkeiten ließ sich General Hilliard nach Augusta, Georgia, nieder, wo er eine Zeit lang als Anwalt tätig war, und zog später nach Atlanta.

Er wurde von Präsident Hayes zum Gesandten in Brasilien ernannt, dessen Position er in den Jahren 1877-81 innehatte, und ihm wurde die Mission in Deutschland übertragen, als die brasilianische Mission enden sollte. Zu den brillanten Ereignissen in seinem Leben gehörte die Teilnahme an der Befreiung der Sklaven in Brasilien während seiner Amtszeit als diplomatischer Minister in diesem Land. Zu dieser Zeit wurde die Frage in diesem Land zu einer vorrangigen Frage, und man fragte nach seinen Ansichten zu den Ergebnissen in den nordamerikanischen Staaten. Als Antwort auf die Bitten schrieb er einen langen Brief, der einen Wendepunkt in der kolossalen Bewegung darstellte und stellte den Erfolg der vorgeschlagenen Reform sicher. Als Anerkennung für diesen Dienst wurde zu seinen Ehren in Rio Janeiro ein großes Bankett abgehalten, bei dem er eine Ansprache hielt, die ebenso bemerkenswert war wie der Brief, den er zuvor geschrieben hatte. Sowohl der Brief als auch die Adresse wurden von Lord Granville, Außenminister im Gladstone-Ministerium, in das offizielle Blaubuch Großbritanniens eingetragen.

In einer kurzen Skizze wie dieser, die so unvollkommen gezeichnet ist, gewinnt man nur eine unvollkommene Vorstellung von der Vielseitigkeit des Charakters und der Nützlichkeit von General Hilliard. Als Redner, Staatsmann, Diplomat, Autor und Soldat führte General Hilliard eine lange öffentliche Karriere von ungewöhnlicher Bedeutung, geprägt von Nützlichkeit und gekrönt von intellektuellem Glanz.

Er verfügte nicht über die vollendeten Fähigkeiten und Redebegabungen seines gigantischen Rivalen Yancey, dem er zu verschiedenen Zeiten in Debatten begegnete. Hilliard war eher ein Redner als ein Redner und brachte die ganze Kultur und Feinheiten dieser Kunst auf den Baumstumpf und das Forum. Für Yancey war er das, was Edward Everett für Webster war. Webster und Yancey waren wie Gebirgsbäche, die alles mit unwiderstehlicher Kraft vor sich her trieben. Everett und Hilliard waren wie der Sommerbach, der sich in anmutigen Kurven durch grüne Wiesen schlängelte, in seiner Pracht glitzerte, aber in seinem weiteren Lauf Früchte trug. Die Fähigkeit, effektiv zu sprechen, leitete Hilliard eher aus der Kultur ab; das von Yancey mehr aus der Natur. Hilliard konnte bei fast jeder Gelegenheit wirkungsvoll sprechen; Yancey brauchte die Begeisterung der Stunde, die von einem Meer nach oben gerichteter Gesichter, einer erwartungsvollen Menschenmenge, einem Thema von überwältigendem Interesse herrührte. Hilliard war mit einer musikalischen Stimme ausgestattet und sprach klassisch, leicht und leidenschaftlich.

Wie einige andere unserer Persönlichkeiten des öffentlichen Lebens fand Hilliard Abwechslung in der Beschäftigung mit seiner fruchtbaren Feder, aus der Produktionen wie „Roman Nights" und „De Vane" hervorgingen. Zeit seines Lebens verdeutlichte er den Charakter des christlichen Staatsmannes.

JEREMIA CLEMENS

Jeremiah Clemens war ein beliebter Sohn des Glücks. Seine Karriere fiel in die erfolgreichste Periode der Geschichte des Südens. Da er über vielfältige Begabungen verfügte, war auch sein Leben entsprechend abwechslungsreich. Er hatte Macht, und wenn er sie ausübte, war das Ergebnis enorm. Seine intellektuelle Stärke war von hoher Qualität, sein literarischer Geschmack fein, seine Fähigkeit, unbestritten zu befehlen, und seine Redekunst war brillant und kraftvoll. Seine vielfältigen Begabungen führten ihn in die vier Fachbereiche Recht, Politik, Krieg und Literatur. In keinem davon mangelte es ihm, denn er war ein fähiger Anwalt, ein Staatsmann von unbestreitbaren Fähigkeiten, ein Kommandant ohne geringe Qualitäten und ein Schriftsteller, dessen Geschick und Fingerfertigkeit ihn beliebt machten.

Die schulischen Vorteile von Oberst Clemens waren überlegen. Zunächst war er Student am LaGrange College, damals eine hochklassige Schule, und schloss sein Studium an der University of Alabama ab. Anschließend belegte er ein Jurastudium an der Transylvania University in Kentucky und begann 1834 als Anwalt zu praktizieren. Seinen ersten öffentlichen Dienst absolvierte er als Bezirksstaatsanwalt der Vereinigten Staaten, und mehrere Jahre lang war er Mitglied der gesetzgebenden Körperschaft von Alabama.

Der Geist des Kriegers und Patrioten wurde durch den Unabhängigkeitskampf der Texaner in ihm geweckt, und er stellte eine freiwillige Truppe auf, um sich diesem Kampf anzuschließen. Von diesem so freiwillig aufgestellten Regiment wurde er Oberstleutnant. Das Kommando marschierte nach Westen, beteiligte sich an den Schlachten in diesem Flachland und kehrte zurück, als der Kampf beendet war. Er trat erneut in die Politik ein und vertrat seinen Landkreis in der Legislative von Alabama, wo er sich als Debattierer und Staatsmann einen Namen machte, und wurde später demokratischer Wähler in einem Präsidentschaftswahlkampf. Auf all diesen Stationen zeigte Oberst Clemens überdurchschnittliche Fähigkeiten und erlangte eine gewisse Auszeichnung.

Nachdem er im Kampf in Texas einen Eindruck vom Krieg bekommen hatte, ließ er sich erneut dazu bewegen, sein Schwert im Mexiko-Krieg einzusetzen. Als Oberstleutnant der Neunten Infanterie nahm sein Kommando an mehreren Schlachten in Mexiko teil. 1849 wurde er zum Gouverneur des zivilen und militärischen Einkaufsministeriums in Mexiko ernannt. In diesem Zusammenhang diente er bis zum Ende des Krieges mit Mexiko. Danach wurde die Armee reduziert und Oberst Clemens kehrte nach Alabama zurück und nahm die Anwaltstätigkeit wieder auf.

Damit hatte dieser begabte Mann eine enorme Gelegenheit zur Erweiterung seiner Sicht auf die Dinge erhalten, und sie war nicht ungenutzt geblieben. Seine militärische Laufbahn hatte dazu beigetragen, ihn immer bekannter zu machen und seine Popularität zu steigern. Als Hon. Dixon H. Lewis starb in New York, Colonel Clemens wurde gewählt, um seine noch nicht abgelaufene Amtszeit auszufüllen.

All dies hatte Oberst Clemens im Alter von fünfunddreißig Jahren erreicht, einer Zeit, in der die meisten Männer mit den Errungenschaften des Lebens beginnen. In einem weiten und gebieterischen Amt, wie es dem US-Senat zukam, wurde Colonel Clemens zu einem seiner beliebtesten Mitglieder. Er war ein Redner vom Ciceron-Typ, und seine Äußerungen strahlten von der Strahlkraft, die durch die Reibung intensiver Gedanken hervorgerufen wurde. Seine kombinierten Qualitäten und vielfältigen Erfahrungen in verschiedenen Lebensbereichen leisteten ihm im Senatssaal hervorragende Dienste. Er konnte seine Ressourcen geschickt und mit bemerkenswerter Bereitschaft verwalten, und seine Sätze kamen von seinen Lippen wie eine geprägte Münze, frisch von der Briefmarke – hell, schön und warm. Unabhängigkeit und Selbstbehauptung besaß er in Hülle und Fülle, und an echtem Mut mangelte es ihm auch nicht, aber seine temperamentvolle Veranlagung verlieh diesen Eigenschaften ein Maß an Kühnheit, das ihn manchmal in Unbesonnenheit verriet, was oft dazu führte, dass Männer zögerten, seiner Führung zu folgen. Der Geist des Kriegers im Kampf war in den rauen und turbulenten Debatten oft sein Geist, aber er stellte fest, dass sich der Eifer des Feldes in der Führung der Menschen in der kühlen, biederen Nachdenklichkeit des Forums nicht durchsetzen konnte. Er war eher die Strömung des Gebirgsbaches als der Auftrieb und die Ausdauer des tiefen Sees. Er war ein schneller Denker und ein Mann mit brillantem Handeln, der eher Impulsgeber als Ruhe und richterliche Haltung war. Allein dieses neutralisierende Element verhinderte, dass Oberst Clemens ein großer Führer wurde. Dass er über Führungsqualitäten verfügte, wurde nicht bestritten, aber ihm fehlte die Haltung, die seine Position stabil machte. Dies hinderte ihn jedoch nicht daran, als Senator der Vereinigten Staaten eine nationale Auszeichnung zu erlangen.

Im Zuge seines literarischen Geschmacks veröffentlichte Colonel Clemens 1856 sein erstes Buch „Bernard Lile", einen Roman, der gleichermaßen durch seine rosige Diktion, seine schnellen Bewegungen und seine wechselnden Episoden fasziniert. Zum Zeitpunkt seines Erscheinens erregte das Werk großes Aufsehen. Zwei Jahre später folgte sein zweites Werk „Mustang Gray", das aus seinen Beobachtungen und Erfahrungen im Mexiko-Krieg entstand. Das erste Werk bereitete den Weg für eine größere Verbreitung des zweiten, dessen Popularität zum Teil auf seine äußerliche Nähe zu den Schauplätzen und Ereignissen des jüngsten Krieges mit Mexiko zurückzuführen war. Eine Saison lang war „Mustang Grey" der amtierende Roman. Wenig mehr als ein Jahr nach dem Erscheinen von „Mustang Gray" entstand aus der produktiven Feder von Colonel Clemens „The Rivals", basierend auf den mitreißenden Szenen rund um die Zeit von Aaron Burr und Alexander Hamilton. Die Besetzung des Romans als Kunstwerk hat sich seit dem Erscheinen dieser Geschichten geändert, aber sie repräsentieren treffend die Romantik dieser Zeit und mangelt es nicht an echtem Wert.

Politisch war Oberst Clemens Unionist. Er gehörte der politischen Schule an, deren prominenter Vertreter Benjamin H. Hill war. Aus seinen Vorgeschichten und seinem unbekümmerten Auftreten würde man logischerweise schließen, dass Jeremiah Clemens ein leidenschaftlicher Sezessionist wäre, aber er war gegen eine sofortige Sezession und bevorzugte die Annahme einer kooperativen Politik nach einer gründlichen Konsultation der Staaten, die war über die Wahl von Herrn Lincoln betrübt. Obwohl Oberst Clemens gegen die Sezessionsverordnung war, stimmte er dafür, indem er seine Überzeugung aufgab, da die damaligen Bedingungen so waren, dass eine Nichtunterstützung ihn in Opposition zu seinem Heimatstaat gebracht hätte. In einer Notlage wie dieser gab Oberst Clemens seiner Überzeugung nach und ging auf die Seite des Staates. Er wurde zum Generalmajor ernannt und befehligte die Staatstruppen von Alabama, eine Vorsichtsmaßnahme des Staates, sofern er durch seinen freiwilligen Austritt aus der Union auf sich selbst zurückgeworfen werden sollte. Die gewerkschaftlichen Neigungen von Colonel Clemens ließen ihn nie im Stich, und während des letzten Teils des Bürgerkriegs ging er nach Philadelphia, wo er eine unglückliche Broschüre schrieb, die zum ungünstigen Zeitpunkt und unklug war und große Anstoß erregte. Er starb kurz vor Kriegsende.

THOMAS H. WATTS

Der Name Thomas Hill Watts in den Aufzeichnungen des Staates ist untrennbar mit einem hohen Maß an beruflicher, öffentlicher und moralischer Größe verbunden. Er war von Natur aus gigantisch, aber auch in allen anderen Dingen war er es. Er stand lange Zeit im Fokus der Öffentlichkeit und zeigte eine so herausragende Größe, dass man ihn als eine der auffälligsten Persönlichkeiten des öffentlichen Lebens in Erinnerung behält, die jemals in den Annalen von Alabama zu sehen waren. Sein Vater, der in der Nähe von Butler Springs im Butler County wohnte und sich bereits in seiner Kindheit durch ungewöhnliche Eigenschaften auszeichnete, verschaffte dem vielversprechenden Sohn die besten Vorteile, die ihm die schulische Ausbildung damals bot, indem er ihn an die University of Virginia schickte. Zu dieser Zeit war diese Institution zweifellos die größte in der Union. Dem damaligen Trend folgend, den fast jeder vielversprechende junge Mann verfolgte, wählte Herr Watts den Beruf des Anwalts und begann in Greenville zu praktizieren. Schon bald zeichnete er sich als Anwalt aus, und als er noch ein junger Mann war, wurde er ausgewählt, Butler County in der Legislative zu vertreten. In drei aufeinanderfolgenden Sitzungen wurde er von seinem Landkreis für dieses Amt ausgewählt und behauptete sich mit verdienstvollen Verdiensten, wie die Wiederholung seiner Wahl für die gesamte Dauer seines Amtes zeigt.

Als er sich in Montgomery niederließ, begann er, seinen Beruf erfolgreich auszuüben, und bewahrte über einen langen Zeitraum hinweg den Ruf, einer der führenden Mitglieder der Montgomery-Anwalt zu sein. Im Jahr 1855 wurde er erneut aus dem Privatleben gerufen, um seine Partei, die Whigs, in einem Kongresswettbewerb gegen Oberst James F. Dowdell zu vertreten. Herr Watts wurde nach einem spannenden Wahlkampf besiegt, aber der Wahlkampf führte dazu, dass er die Führung seiner Partei im Staat anerkannte. Im denkwürdigen Präsidentschaftswahlkampf von 1860 war Herr Watts der Anführer der Wahlkampagne in Alabama für Bell und Everett. Als Gewerkschafter und Gegner der Sezession war sein Patriotismus wichtiger als seine Parteitreue, und nach der Wahl von Herrn Lincoln war Herr Watts ebenso ausgeprägter Sezessionist wie jeder andere. Unter den gegebenen Bedingungen erkannte er die Tatsache, dass es Verrat war, nicht mit seinem Staat mitzumachen, da seine Position und seine Gefühle genau denen von General Robert E. Lee entsprachen. Männer dieser Denkrichtung beklagten die Notwendigkeit eines Krieges und hätten ihn, wenn möglich, gerne abgewendet, aber als er unvermeidlich wurde, blieb nur ein Weg offen. Infolgedessen vertrat Herr Watts im Verfassungskonvent von 1861 die Rechte des Südens ebenso leidenschaftlich wie Herr Yancey selbst. Im Land herrschte Aufruhr und Feindseligkeit. Dem Süden drohte eine Invasion, und alle Patrioten waren aufgewühlt. Thomas H. Watts war einer der ersten, der ein Regiment aufstellte und der Konföderation seine Dienste anbot. Als er Oberst des 17. Alabama-Regiments wurde, absolvierte sein Kommando seinen ersten Dienst in Pensacola, das zu dieser Zeit eine der strategischen Positionen des bevorstehenden Konflikts zu sein schien, aber das Regiment wurde bald angewiesen, sich der Armee von General Albert anzuschließen Sidney Johnson, in Tennessee. In der Schlacht von Shiloh zeigte Oberst Watts die Qualitäten eines Soldaten, die denen, die er in anderen von ihm besetzten Sphären gezeigt hatte, nicht nachstanden. Unter Beschuss war er kühl, mutig und wagemutig, und zwar in einem solchen Ausmaß, dass er die Aufmerksamkeit seiner Vorgesetzten auf sich zog und sein Verhalten in dieser Schlacht im ganzen Land Gegenstand öffentlicher Kommentare wurde.

Zu seiner großen Überraschung wurde er während seines Lageraufenthalts in Corinth, Miss., von Präsident Davis nach Richmond gerufen, der ihm den Posten des Generalstaatsanwalts in seinem Kabinett anbot, eine Stelle, die durch die Ernennung von Hon. frei geworden war. Judah P. Benjamin als Kriegsminister. Als Reaktion auf den Anruf gab Colonel Watts das Kommando über sein Regiment auf und begab sich sofort zum Sitz der konföderierten Regierung. Hier blieb er im Kabinett von Herrn Davis bis Oktober 1863, als dieser zurücktrat, um sich für das Gouverneursamt von Alabama zu bewerben.

Die kämpfende Konföderation hatte nun ihre Krise erreicht. Die Position, in die Colonel Watts als Gouverneur von Alabama gewählt wurde, war eine der schwierigsten überhaupt. Die Amtszeit seines Vorgängers war von Sturm und Tumult begleitet worden. Die neue und kämpfende Republik stand vor einer schlimmen Lage, da sie in ihren Bemühungen versuchte, eine solide Basis zu gewinnen. Eine Katastrophe folgte der nächsten und wurde nur durch die brillanten Leistungen der Soldaten des Südens trotz aller Widrigkeiten abgemildert. Von da an war es ein Kampf ums Leben.

Von Anfang an war seine Position als Kriegsgouverneur von Alabama mit gewaltigen Schwierigkeiten behaftet, aber indem er seine Ressourcen und sein Können einsetzte, war er in der Lage, unter den vorherrschenden Bedingungen so viel zu bewirken, wie irgendjemand sonst konnte. Er nutzte die begrenzten verfügbaren Mittel zu praktischem Vorteil und erlangte Auszeichnung durch die Beherrschung einer schwierigen Situation. Aufgrund der geografischen Lage von Alabama als Zentrum der Konföderation, mit einem der stürmischsten Kriegsschauplätze im angrenzenden Staat im Norden und einer exponierten Küste im Süden war es unvermeidlich, dass sich der Staat an den Invasionen beteiligte die den angrenzenden Staaten unterworfen waren.

Im April 1865 fiel Montgomery in die Hände des Feindes. Neben vielen patriotischen Opfern als Beamter litt Gouverneur Watts als eine der Folgen der Invasion auch enorm an seinem Privatvermögen. Dem Feind schien es besondere Freude zu bereiten, sich an einem Mann zu rächen, der seit Beginn des Kampfes so auffällig gewesen war. Die Bundestruppen verbrannten auf seiner Plantage zweihundertfünfzig Ballen Baumwolle sowie dreitausend Scheffel Mais, von denen ein Großteil zur Verteilung an die leidende Bevölkerung seines Heimatbezirks Butler eingesackt wurde. Auch seine Fleischvorräte wurden zerstört und die Bestände seiner Plantage, darunter vierzig wertvolle Maultiere, wurden dezimiert. Aufgrund seiner Loyalität gegenüber seinem Heimatstaat und seiner Sektion wurde er an einem einzigen Tag vom Reichtum in die Armut gestürzt.

Aber getragen von einem ungewöhnlich fröhlichen Temperament und einem von Hoffnung erfüllten Optimismus, eröffnete er nach dem Ende der Feindseligkeiten sofort seine Anwaltskanzlei und widmete sich wieder der Anwaltspraxis in der Stadt Montgomery, der er sich widmete den Rest seines Lebens. Seine letzten Jahre waren geprägt von einer Fähigkeit, die einem herausragenden einheimischen Intellekt entspringt und durch langjährige Erfahrung und jahrelang gesammelte Weisheit gestärkt wird. Ihn vor Gericht gehört zu haben, würde einen manchmal an einen Titan erinnern, der einen Gedankenkontinent fegt. Außerdem war er ein guter Mann. Es ist ihm als Staatsdiener zu verdanken, dass er in den bewegtesten Zeiten, die der Staat durchlief, nicht nur auf alle Rauschmittel verzichtete, sondern auch die Ehre genoss, niemandem etwas zu trinken anzubieten. Als hingebungsvoller christlicher Gentleman lebte und starb er.

JLM CURRY

Jabez LM Curry war einer der bekanntesten und brillantesten Söhne Alabamas. Er hatte ein langes, bewegendes und nützliches Leben. Er besetzte verschiedene Vertrauensstationen und erwies sich als ebenbürtig. Staatsmann, Soldat, Prediger des Evangeliums, Pädagoge, Publizist, Reformer, Diplomat – alle diese Bereiche übte er mit Auszeichnung aus. Seine Vielseitigkeit an Begabungen war wunderbar, seine Leistungen beeindruckend. Er war geschliffen, gelehrt, weise, eloquent, freundlich, konnte sich leicht an alle Stationen und Beziehungen anpassen und blieb sein ganzes Leben lang ohne die geringste Herabwürdigung seines Charakters oder seiner Karriere.

Er stammte aus Georgia und war Absolvent der dortigen Universität. 1845 belegte er ein Jurastudium in Harvard. 1837 wurde er in Alabama ansässig und begann nach Abschluss seiner Schul- und Berufsausbildung mit der Anwaltstätigkeit . Seine Talente konzentrierten sich mehr auf öffentliche Angelegenheiten als auf die Anwaltskanzlei oder den Gerichtssaal, und 1847 war er als Vertreter des Talladega County in der Legislative. In dieser Funktion war er bis 1856 tätig, als er Kurfürst von Buchanan wurde.

Die dadurch erlangte Popularität ermöglichte es Herrn Curry, zwei aufeinanderfolgende Amtszeiten im Kongress anzutreten, und 1861 trat er dem Konföderiertenkongress bei, wo er zwei Amtszeiten lang im Amt war. Bei seinem Eintritt in die Armee war er Oberstleutnant des Fünften Alabama-Kavallerieregiments, in dem er bis Kriegsende diente. Er beteiligte sich aktiv an den Kämpfen, die mit der Zeit des Wiederaufbaus einhergingen, und trat in den siebziger Jahren in den baptistischen Dienst ein und predigte mit der gleichen Akzeptanz, mit der er in anderen Stationen gedient hatte. Er war nie Pfarrer und gab schließlich das Predigen auf, behielt aber ein tadelloses Leben bei, das dafür sorgte, dass sein Andenken von allen, die ihn kannten, verehrt wurde.

Von 1866 bis 1868 war er Präsident des Howard College, dann des Marion College.

Mehrere Jahre lang war Dr. Curry Mitglied der Fakultät des Richmond College in Virginia, wo er Gelegenheit fand, seinen literarischen Vorlieben nachzugehen, die denen der meisten Persönlichkeiten des öffentlichen Lebens überlegen waren. Während er sich zu Beginn seiner Karriere in den beratenden und gesetzgebenden Gremien, denen er so oft angehörte, größtenteils zurückhaltend und schweigsam verhielt, entwickelte er sich in der Mitte seiner großartigen Macht zu einem der attraktivsten Redner der Welt das Land. Seine Stärken als Redner waren Eindringlichkeit,

Eindringlichkeit und Projektilität der Kraft, die Ernsthaftigkeit und Eleganz in der Diktion trugen. Aus tiefster Überzeugung und tiefer Gewissenhaftigkeit hervorgegangen, sahen und spürten die Menschen, dass er absolut aufrichtig war, dass er an das glaubte, was er befürwortete, und dies verlieh ihm vor einer öffentlichen Versammlung enorme Kraft.

Als er 1881 Generalvertreter des Peabody Educational Fund und später des Peabody and Slater Funds wurde, tat er viel für die Förderung der Bildung beider Rassen im Süden. In dieser Funktion wurde Dr. Curry häufig vor die Parlamente der verschiedenen Bundesstaaten des Südens gebracht, um dringend Mittel für Bildungszwecke bereitzustellen, und leistete über einen langen Zeitraum hinweg einen tatkräftigen Beitrag für die Sache der Allgemeinbildung.

1885 wurde er als Minister der Vereinigten Staaten an den spanischen Hof geschickt und war ein herzlicher persönlicher Freund von König Alfons XII., der vor der Geburt seines Sohnes, des heutigen Monarchen dieses Landes, starb. Anlässlich der Krönung von Alfonso Dienst als Minister für dieses Land.

Dr. Curry war sein Leben lang reich beschenkt und fand Zeit und Muße, seine Vorliebe für literarische Beschäftigungen zu befriedigen, was es ihm ermöglichte, in das Feld der Autorschaft einzusteigen und eine Reihe wertvoller Werke zu produzieren. Neben vielen kleinen Werken, meist religiöser Natur, schrieb Dr. Curry „Constitutional Government in Spain", ein „Life of Gladstone", „The Southern States of the American Union" und „The Civil History of the Confederate Government".

Anlässlich seines Todes vor einigen Jahren in Richmond, Virginia, war die Erinnerung an sein langes und abwechslungsreiches Leben und seine Dienste Gegenstand zahlreicher positiver Kommentare in der Presse im ganzen Land. Fast sechzig Jahre lang war er ununterbrochen in den unterschiedlichsten Funktionen vor der Öffentlichkeit gestanden, deren Zahl kaum jemand übertroffen hatte. Die Fähigkeit, sich den Anforderungen dieser unterschiedlichen Stationen anzupassen, löste großes Erstaunen und positive Kommentare aus.

In den ruhigeren Gesellschaftsschichten verhielt sich Dr. Curry ebenso wie im öffentlichen Blickfeld. Als geschliffener und versierter Gentleman mit einer beeindruckenden Persönlichkeit war er für Gelehrte und Bescheidene gleichermaßen zugänglich. Sein Verhalten war völlig frei von Strenge oder dem Anschein von Arroganz und bewahrte stets eine sanfte Würde. Sein Verhalten war allen gleich. Es ist daher kein Wunder, dass er überall beliebt war.

Typisch südländisch in Gedanken und Gefühlen und das Höchste im Leben des sozialen Südens repräsentierend, übertraf niemand aus beiden Schichten jemals Dr. Curry in dem Interesse, das er für die Negerrasse hegte. Einige der auffälligsten und beredtesten Passagen in seinen Ansprachen vor den Parlamenten der Staaten des Südens waren ernsthafte Plädoyers für die Bildung der Neger. Sowohl im Norden als auch im Süden vertrat er die schwarze Rasse in angemessener Weise und betrachtete die Weißen des Südens als von der Vorsehung anvertraut mit der Treuhandschaft über dieses Volk, eine Verpflichtung, die sie weder verleugnen noch vermeiden sollten. Er stand in völliger Übereinstimmung mit den Bischöfen Haygood und Galloway der Methodist Episcopal Church, South, in seinem Eintreten für die Ansprüche der Neger auf Gerechtigkeit und Schutz sowie auf Ausrüstung für den größtmöglichen Nutzen.

Bei Dr. JLM Curry herrschte eine Rundheit und Symmetrie im Charakter und in der Karriere, die ihn zu einem sehr bemerkenswerten Mann machte. Seine freundschaftlichen Beziehungen reichten von Männern in den höchsten Positionen des amerikanischen Lebens bis zu denen in den unteren sozialen Schichten.

Bei einem langen Leben voller herausragender Fähigkeiten in so vielen Richtungen, das sich über einen Zeitraum von drei Jahrzehnten erstreckte, ist es nicht verwunderlich, dass die Aufmerksamkeit der Bevölkerung auf die Repräsentation des typischsten Amerikaners in der Statuary Hall in Washington gerichtet war einmal an Dr. Jabez LaFayette Monroe Curry.

ROBERT E. RODES

Von den vielen Häuptlingen, die während des Bürgerkriegs aus den Alabama-Soldaten hervorgingen, übertraf keiner General Robert Emmet Rodes an Schlagkraft, Effizienz und brillanter Führung. Der aus Virginia stammende und der Sohn von General David Rodes, der Gegenstand dieser Skizze, wurde durch einen gründlichen Militärkurs am Virginia Military Institute in Lexington für den Krieg ausgebildet, wo er am 4. Juli 1848 seinen Abschluss machte. So ausgezeichnet Seine Karriere als Student war so verlaufen, dass er zwei Jahre lang als Assistenzprofessor eingestellt wurde, und als ein Kommandant gewählt werden sollte, wurde der Name Rodes in engem Zusammenhang mit dem von Thomas J. Jackson erwähnt, später „Stonewall". für diese Position.

Rodes begann die Karriere eines Bauingenieurs und war in dieser Funktion zunächst in seinem Heimatstaat beim Bau einer Eisenbahnstrecke beschäftigt. Später wurde er jedoch dazu bewegt, als Ingenieur nach Texas zu gehen. Im Jahr 1855 wurde er stellvertretender Ingenieur der Alabama and Chattanooga Railroad, wo er nach zwei Dienstjahren zum Chefingenieur ernannt wurde. Während dieser Zeit war er in Tuscaloosa stationiert, wo er heiratete.

Als der Krieg begann, lebte er in Tuscaloosa. Noch bevor die Feindseligkeiten erklärt wurden, stellte er eine Kadettenkompanie auf und ging nach Fort Morgan. Im Frühjahr 1861 wurde er Oberst des Fünften Alabama-Regiments, dessen Kommando seinen ersten Dienst in Pensacola erlebte. Hier stellte er erstmals seine überlegenen Soldatenqualitäten auf dem Exerzierplatz und im Lager unter Beweis. Hervorragend und anspruchsvoll als Exerzieroffizier und ein Meister in Disziplin, beeindruckte er zunächst keine Bürgersoldaten, und bei der stolzen Jugend des Südens, die es nicht gewohnt war, Kontrolle zu haben, war der junge Oberst zunächst nicht beliebt. Ohne all dies zu beachten, legte er seinen Disziplinarkodex auf ein hohes Niveau und setzte mit strenger Hand die strengsten Armeevorschriften durch.

Während die rohen Freiwilligentruppen in Pensacola untätig herumlagen und die Behörden die Entwicklung der ersten Kriegsereignisse beobachteten, trainierte Colonel Rodes seine Truppen täglich und vermittelte ihnen sogar in den Lagern einen ziemlich gründlichen Eindruck vom Krieg. Als sein Kommando später im Frühjahr 1861 nach Virginia beordert wurde, glaubten viele kompetente Offiziere, dass Colonel Rodes das am besten ausgebildete Regiment der Armee hatte. Das Regiment erfreute sich in Armeekreisen so großer Berühmtheit, dass Offiziere anderer Kommandos der Übung des Fünften Alabama-Regiments beiwohnten, um die Genauigkeit seiner

Entwicklungen zu bezeugen und die Perfektion des Zustands der Ausrüstung jedes Soldaten festzustellen. Als sich die jungen Truppen an das eigentliche Heeresleben gewöhnt hatten und sich die Gewohnheiten des Soldaten durch die Zeit gefestigt hatten, verwandelte sich der strenge und anspruchsvolle Befehlshaber in einen Gegenstand der Bewunderung, und das, was zunächst Widerstand erregte, verwandelte sich in Popularität .

Das Regiment, dessen Oberst er war, verpasste nur knapp die Teilnahme an der ersten Schlacht von Manassas. Das Regiment unter dem Kommando von General Joseph E. Johnson traf am Tatort ein, kurz nachdem McDowells Linien gebrochen waren und der Flug nach Washington begann.

Im Oktober 1861 wurde Rodes zum Brigadegeneral ernannt. Er stand bei Williamsburg unter Beschuss, aber die Schlacht von Seven Pines war die erste, an der das Kommando tatsächlich beteiligt war. Hier wurde die Wertschätzung der Truppen ihres brillanten jungen Kommandanten erheblich gesteigert, da sie von ihm in dieser Reihe blutiger Kämpfe angeführt wurden. In dieser Schlacht erlitt Rodes eine Verwundung am Arm, konnte seine Truppen jedoch in die Schlachten von Boonsboro und Sharpsburg führen. Bei Chancellorsville, einem der blutigsten des Krieges, wurde Rodes zum ersten Mal mit dem Kommando über eine Division, eines der drei Korps von Jackson, betraut.

Die Division, die er befehligte, führte die Armee im Angriff auf den Feind an und begeisterte seine Truppen mit dem Ruf: „Vorwärts, Männer, über Freund und Feind!" Sie kämpften mit ungewohnter Tapferkeit. Mit einer Heftigkeit, die selten zu beobachten ist, fegte die von Rodes kommandierte Division zum völligen Entsetzen des Feindes wie eine Welle auf stürmischer See.

Bekanntlich wurden sowohl die Generäle Jackson als auch AP Hill während der Nacht verwundet, und dem jungen Kommandeur wurde die so glückverheißend begonnene Bewegung auferlegt, die nur durch die Dunkelheit der Nacht aufgehalten wurde. General Rodes bereitete sich darauf vor, die gewagte Bewegung bei Tagesanbruch wieder aufzunehmen, und hätte dies getan, wenn nicht General JEB Stuart als Reaktion auf eine Nachricht von Colonel Pendleton von der Artillerie eingetroffen wäre, um das Kommando zu übernehmen.

Als Stuart eintraf, gab Rodes stillschweigend das Kommando ab, in der Annahme, dass der Vorgesetzte den Truppen mehr Vertrauen einflößen könnte. Dass General Rodes die ursprünglichen Pläne erfolgreicher umgesetzt hätte, wenn er das Kommando behalten hätte, war die Überzeugung nicht weniger Armeeoffiziere. Angesichts seiner brillanten Bewegungen am Vortag war das Vertrauen in ihn nahezu überwältigend. Aufgrund seiner Fähigkeiten und seines Mutes auf dem Feld in

Chancellorsville wurde Rodes zum Generalmajor ernannt. Als er vor seinem alten Regiment erschien, machte er die Tatsache bekannt und sagte: „Das Fünfte Alabama hat es geschafft." Es erwies sich für ihn als ebenso einfach, eine Division zu befehligen wie zuvor die eines Regiments, wie die Schlachten von Gettysburg, Wilderness, Spottsylvania und die zweite Schlacht von Cold Harbor zeigten.

Zu diesem Zeitpunkt war Rodes zum Idol seiner Truppen geworden, und seine Fähigkeiten und Kampfqualitäten waren in der gesamten Armee Gegenstand allgemeiner Kritik. General Lee war von seinem großartigen Angriff in Gettysburg so beeindruckt, dass er einen Offizier zu General Rodes schickte, um ihm und seinem tapferen Kommando für ihr Verhalten in dieser blutigsten Schlacht des Bürgerkriegs zu danken.

Als sich Earlys Korps aus Maryland zurückzog, war Rodes in der Lage, dem Feind bei Castleman's Ferry und Kernstown schwere Schläge zu versetzen. In Winchester kämpfte er seine letzte Schlacht. Sein Tod war ein Unglück für die Armee. Wie General Early in seiner Geschichte bezeugt: „Genau im Moment des Triumphs und während er den Angriff mit großer Tapferkeit und Geschicklichkeit führte", wurde General Rodes durch einen Granatensplitter getötet, der in der Nähe seines Ohrs einschlug. Er überlebte die Wunde nur wenige Stunden.

In der Nacht nach dem Tag, an dem er fiel, waren viele der Verwundeten seines Kommandos in einem großen Lagerhaus in der Nähe des Schauplatzes des Konflikts zusammengepfercht. Das Stöhnen der leidenden Männer erfüllte die Luft, von denen keiner vom Schicksal ihres geliebten Kommandanten gehört hatte. Im Lagerraum herrschte tiefe Dunkelheit, die durch das durchdringende Stöhnen der Leidenden noch zusätzlich erschreckt wurde. Während der Schreckensherrschaft brachte ein weiterer Krankenwagenzug frische Verwundete vom Feld. Jemand hörte die Bemerkung, dass General Rodes auf dem Schlachtfeld durch einen Kopfschuss getötet worden sei und tot sei. Für einen Moment verstummten alle Stimmen, und im nächsten Moment begannen die Männer wie Kleinkinder über den Sturz ihres großen und tapferen Generals zu weinen.

So starr General Rodes, manchmal sogar bis zur Strenge, war, seine Truppen beteten ihn fast an, und sein Anblick löste ausnahmslos Jubelrufe aus, die nur Lee und Jackson zuteil wurden. In seiner Arbeit über den Krieg sagt General Early über Rodes: „Er war ein höchst versierter, geschickter und tapferer Offizier, auf den ich großes Vertrauen setzte."

Als Soldat handelte er in voller Pflichterfüllung, und als Kommandant forderte er denselben Respekt vor der Pflicht, den er selbst vorlebte.

JOSEPH WHEELER

Wenn jemals einer ehrenhaft einen Beinamen gewonnen hat, dann war es „Fighting Joe Wheeler". Er war ein geborener Kämpfer, ein mutiger und mutiger Kommandant und ein effizienter Offizier. Zu Beginn des Bürgerkriegs trat er als Kavallerieleutnant in New Mexico in die reguläre Armee ein, nachdem er erst zwei Jahre zuvor seinen Abschluss in West Point gemacht hatte. Als er sein Amt in der US-Armee niederlegte und sein Schwert und seine Dienste den Konföderierten Staaten anbot, war er gerade einmal 25 Jahre alt.

Sein Aufstieg in der Armee der Konföderation verlief rasant. Zunächst wurde er Leutnant der Artillerie, dann zum Oberst der Infanterie befördert, dann Brigadegeneral, später Generalmajor und am Ende des Krieges wurde er Generalleutnant der Kavallerie.

Bereits 1862, etwas mehr als ein Jahr nach Kriegsbeginn, befehligte er das Kavalleriekorps der Westarmee und wurde am 11. Mai 1864 zum Oberkavalleriegeneral der konföderierten Armeen ernannt. Er war kaum ein Jahr in der Armee bevor er den Dank des Konföderiertenkongresses für seine großartigen Dienste und des Gesetzgebers von South Carolina für seine Verteidigung von Aiken erhielt.

Sein stets aktiver Weg durch die turbulenten Jahre des Bürgerkriegs war von einer Reihe großartiger Erfolge geprägt, deren Anzahl kaum mit denen eines anderen Offiziers der Armee zu vergleichen war. Ohne den Mut und Wagemut von Forrest war Wheeler ein ebenso effektiver Kämpfer. Forrests Methode war die der indianischen Kriegsführung, bei der er immer den geringsten Vorteil im Auge behielt und oft große Risiken einging, um zu gewinnen. Er gewann oft alles, indem er alles riskierte. In seinem Fall erwies sich dies als wirksam, und so wurde sein Erfolg so deutlich, dass der Feind ihn oft als eine Art Kampfmagier betrachtete.

Als West Pointer war Wheeler in seinen Methoden und Bewegungen viel wissenschaftlicher und vorsichtiger, aber schneidiger als jeder andere, wenn es die Gelegenheit erforderte. Ihm gehörten die Taktiken der Schulen; Die Taktik von Forrest fand bei einer Gelegenheit treffenden Ausdruck bei ihm, als er sagte, sein Plan bestehe darin, „mit der größten Menge den ersten Platz zu erreichen".

Es war Wheeler, der die Division von General Prentiss in der Schlacht von Shiloh eroberte und später mit seiner Kavalleriedivision die Rückzüge von Shiloh, Korinth und Perryville abdeckte, und zwar mit einem solchen Geschick, dass er die Belobigung der konföderierten Generäle gewann.

In Murfreesboro war er erneut auffällig, drehte Rosecrans die Flanke, nahm viele Gefangene und Wagen gefangen und zerstörte Kanonenboote und Vorräte. Er zeichnete sich bei Chickamauga aus und unternahm nach der Schlacht seinen berühmten Überfall um Rosecrans' Rücken, wobei er eintausendzweihundert beladene Wagen zerstörte. Wheelers Heldentaten in Ost-Tennessee und beim Rückzug von Missionary Ridge sowie während des ereignisreichen Kampfes von Chattanooga nach Atlanta waren wunderbar. In seinen aktiven strategischen Bewegungen erbeutete er viele Waggonzüge und Tausende von Rindern und vereitelte Cooks großen Überfall.

Wheeler rettete Macon und Augusta während Shermans Marsch zum Meer und belästigte und blamierte ihn während seiner Invasion in den Carolinas, indem er sich an den Flanken und im Rücken von Sherman festhielt. Für die in Georgia beim Schutz zweier seiner wichtigsten Städte geleisteten Dienste erhielt er die persönliche Auszeichnung von Präsident Davis.

Wheelers persönliche Anwesenheit an der Spitze seines Kommandos war stets eine Inspiration für seine Truppen. Keiner war mutiger und oft wurde er entlarvt. Infolgedessen wurde er dreimal verwundet, während des Krieges wurden sechzehn Pferde unter ihm erschossen, sieben seiner Stabsoffiziere wurden getötet und zweiunddreißig verwundet. Diese kurze und schnelle Zusammenfassung seiner Erfolge vermittelt nur einen groben Eindruck von der Strapaze seiner Karriere während der stürmischen Tage des Bürgerkriegs. Nach Kriegsende wurde er Pflanzer im nördlichen Teil dieses Staates und wurde für viele Jahre in Folge zum Vertreter des achten Bezirks im Kongress gewählt. Seine Tätigkeit im Kongress war ebenso herausragend wie auf dem Feld. Als unermüdlicher Kenner der Sachlage ruhte er nicht, bis er allen wichtigen Fragen auf den Grund gegangen war. Seine statistischen Informationen waren wunderbar, und wenn Genauigkeit in allen wichtigen Fragen erforderlich war, wurde es in der Hauptstadt Washington zu einem sprichwörtlichen Vorschlag, „Wheeler zu fragen". Häufig konnte er spontan eine lange Reihe von Statistiken liefern und wurde als Enzyklopädie herangezogen.

Als der Spanisch-Amerikanische Krieg begann, ernannte Präsident McKinley Wheeler zum Generalmajor und schickte ihn nach Kuba, wo ihm das Kommando über die Kavallerie übertragen wurde. Seine kämpferischen Qualitäten hatten nicht nachgelassen, und auch seine Kraft hatte nicht nachgelassen. In den beiden Hauptschlachten Santiago und El Caney war er die auffälligste Figur. Vom kubanischen Fieber gepackt, verließ er sein Krankenbett und ritt den ganzen Tag in San Juan an die Spitze der Front. Obwohl er vor Fieber brannte, trat er nach zwölf Stunden erbitterten Kampfes und Entblößung vor entmutigten Offizieren ein, die Vorschläge machten Rückzug aus bereits gewonnenen Positionen, und das konnte nur durch unerschütterliche Tapferkeit gehalten werden, und angesichts aller

Offiziere lehnte er es empört ab, von einem Rückzug mit einem Fuß zu hören. General Shafter hatte das Kommando, und Wheeler warnte ihn vor dem Vorschlag, sich zurückzuziehen, und durch seinen großartigen und furchtlosen Mut und seine Entschlossenheit lenkte er die Entmutigten in die andere Richtung, indem er ihnen seine eigene Hartnäckigkeit einflößte. Als Opfer eines wütenden Fiebers erschien er einmal während der schwersten Kämpfe bei San Juan vor seinen Truppen, und da er für einen Moment seinen Aufenthaltsort vergaß, sagte er in einer kurzen Ansprache an seine Männer: „Jetzt, bei ihnen , Jungs, und löscht diese Yankees vom Erdboden." Dies bot Anlass zu großer Heiterkeit, zeigte aber auch den Geist des kleinen Mannes von 110 Pfund, der bereit war, den Angriff anzuführen. Wheeler war der Anlass für den Erfolg der beiden großen Schlachten.

Auf eigenen Wunsch wurde er auf die Philippinen geschickt, wo er jedoch von den Behörden bei seinen Einsätzen behindert wurde, während anderen Chancen eingeräumt wurden. Er kehrte in die Vereinigten Staaten zurück, wurde mit seinem Offizierspatent in den Dienst übernommen und zum Dienst in der Nähe von New York eingesetzt, wo er nach einigen Jahren starb.

RAPHAEL SEMMES

Während des Krieges zwischen den Staaten gab es keine malerischere Figur als Admiral Raphael Semmes. So weit es ging, kompensierte er den traurigen Mangel der Marine an einer jungen und kämpfenden Regierung wie der Südkonföderation. Semmes war äußerst gewagt und genau der richtige Mann, um die knappen Möglichkeiten, die der jungen Regierung der Konföderierten Staaten zur Verfügung standen, praktisch zu nutzen. Es handelte sich um eine Art Guerillakrieg auf hoher See.

Semmes war viele Jahre lang ein Vielfraß in der Tiefe gewesen, hatte sich aber nach vielen Einsätzen im Militärdienst ins Privatleben zurückgezogen. Bereits 1826 wurde er von Präsident John Quincy Adams zum Midshipman ernannt. Später studierte er Jura bei seinem Bruder in Cumberland, Maryland, und erhielt 1834 seine Zulassung als Anwalt. Die erste Aufgabe, die ihm in der Marine nach bestandener Prüfung übertragen wurde, war die des zweiten Kapitäns einer Fregatte, die er jedoch bald übernahm zum Leutnant der Nationalmarine befördert. Mehrere Jahre lang bereiste er die Weltmeere, zog 1842 in ein Haus am Perdido River und bezog sieben Jahre später seinen Wohnsitz in der Stadt Mobile.

Als der Mexikanische Krieg begann, diente Semmes unter Commodore Conner in Vera Cruz, wo er das Kommando über eine Batterie durchbrechender Geschütze hatte. Während des Krieges mit Mexiko diente er in der amerikanischen Flotte. Nach der Friedenserklärung wurde er zum Inspektor der Leuchttürme am Golf von Mexiko ernannt, stieg 1858 zum Kommandeur der Flotte auf und wurde zum Sekretär des Leuchtturmausschusses mit Sitz in Washington ernannt.

Als Alabama aus der Union austrat, legte er sein Amt nieder und zog nach Montgomery, der ersten Hauptstadt der Konföderation, wo er zum Kommandeur der konföderierten Marine ernannt wurde. Mit der „Sumter“, die Minister Mallory zu Ehren des ersten Kriegssieges benannt hatte, begann Semmes seinen „Dienst auf See“. Die „Sumter“ war ein schlankes Schiff mit geringer Kapazität, aber sie war alles, was man praktisch als Marine der Konföderierten bezeichnen konnte. Aber mit diesem leichten Kreuzer durchstreifte Semmes die Meere und kaperte innerhalb weniger Monate siebzehn Handelsschiffe, woraufhin das kleine Schiff entsorgt wurde und Semmes die „Alabama“, ein echtes Kanonenboot für die damalige Zeit, in England bauen ließ Er wurde heimlich auf die Azoren geschickt, übernahm dort das Kommando und begann ernsthaft einen Offensivkrieg auf hoher See. Er richtete mit seinem kleinen Kanonenboot schnell Chaos an, verbrannte 57 feindliche Schiffe und ließ viele andere gegen Lösegeld frei.

Da es keine offenen Häfen für eine Verurteilung gab, verbrannte Semmes seine Gefangenen, wie es das Völkerrecht erlaubt.

Die Operationen der „Alabama", die hier und da über die Tiefe segelte, waren eine Reihe brillanter Heldentaten, die die Aufmerksamkeit der Welt auf sich zogen. Jetzt auf den Azoren, wieder weniger als zweihundert Meilen von New York entfernt, dann taucht er unangekündigt in den Regionen Westindiens auf, taucht plötzlich in den Gewässern des Golfs vor Galveston, Texas, auf, versenkt den Bundesdampfer „Hatteras", kapert ihn und gibt ihn auf Bewährung frei Anschließend saust er mit der Mannschaft an die Küste Südamerikas, überquert das Kap der Guten Hoffnung, überquert den Indischen Ozean und umrundet in seiner Arbeit die halbe Welt. Was die kühnsten und schneidigsten Kommandeure an Land taten, tat Semmes auf hoher See. Schnell und taktisch würde er zum unerwartetsten Zeitpunkt und an der unerwartetsten Stelle auftauchen und Schrecken und Zerstörung verbreiten.

Drei Jahre lang durchstreifte Semmes die Meere der Welt, ohne sich von der Presse und den Menschen des Südens inspirieren zu lassen, denn seine kühnen Taten waren aufgrund der blockierten Häfen der Konföderation unbekannt, und dennoch erreichte das kleine Kanonenboot im Alleingang Ergebnisse waren wunderbar. Die Geschichte eines Phantomschiffs, das die Meere durchpflügt und erstaunliche Leistungen vollbringt, könnte kaum romantischer sein als die Geschichte, die Semmes und sein kleines Kanonenboot tatsächlich taten.

Als der Feind herausfand, welche Verwüstung das Kanonenboot unter Semmes letztendlich anrichten würde, hatte er ein besseres und stärkeres Schiff mit verbessertem Muster gebaut, um gegen sie anzutreten. Die „Kearsarge" war Anfang 1864 einsatzbereit und suchte die „Alabama" in französischen Gewässern auf. Semmes wurde in Cherbourg blockiert, wo er so lange er konnte in einem neutralen Hafen blieb, und am 19. Juni 1864 verließ er diesen Hafen, wohlwissend, dass er in jeder Hinsicht gegen ein Schiff antrat, das seinem Vorgesetzten überlegen war. Es war bekannt, dass es zu einer Begegnung kommen würde, und die Einwohner von Cherbourg suchten jeden erhöhten Ort auf, um dem Seeduell beizuwohnen. Nach einigen leichten Manövern begann der Kampf. Eine 100-Pfund-Granate wurde von der „Alabama" abgefeuert und im Ruderpfosten der „Kearsarge" vergraben, der ungepanzert war, und die Granate explodierte nicht. Es war gut gesteuert und es wird angenommen, dass die „Kearsarge" versenkt worden wäre, wenn sie explodiert wäre. Unbeschadet durch die Kanonen von Semmes leistete das neue Schiff schnelle und effektive Arbeit und die „Alabama" begann zu sinken. Zusammen mit Semmes stand Kell, sein Stellvertreter, auf dem Deck des unglückseligen Schiffes, bis es zu sinken drohte, als sie ihre Schwerter ins Meer warfen und über Bord sprangen. Sie wurden zusammen mit dem Rest der Besatzung von der „Deerhound", einem englischen Schiff, aus dem Wasser geholt und nach England gebracht.

Als er in den Süden zurückkehrte, wo er zum Konteradmiral ernannt wurde, übernahm Semmes das Kommando über die James River-Flotte, die beim Fall von Richmond zerstört wurde. Semmes floh mit seinem Kommando nach North Carolina, schloss sich der Armee von General Johnston an und seine Männer wurden zu einer Artillerie-Brigade formiert . Der Krieg war nun praktisch zu Ende, und Semmes wurde bei der Kapitulation wie alle anderen auf Bewährung entlassen, anschließend aber mehrere Monate lang inhaftiert und schließlich begnadigt.

Nachdem er als Professor am Louisiana Military Institute gedient hatte, kehrte Admiral Semmes nach Mobile zurück und begann als Anwalt zu praktizieren, wobei er sich hauptsächlich auf Verfassungs- und Völkerrecht konzentrierte. Er starb in Mobile, einer Stadt, die sein Andenken ehrt, wie ein Denkmal an der auffälligsten Stelle der Stadt bezeugt.

Die Taten und Tapferkeit von Semmes wurden noch nicht anerkannt. Wäre die Unabhängigkeit des Südens erreicht worden, wäre er einer ihrer am meisten geehrten Helden gewesen, aber er gehörte einer verlorenen Sache an, und diese Tatsache wird seine Geschichte für einige Jahre trüben, aber eines Tages wird es bekannt sein in seiner Fülle, und dann wird es unter den strahlendsten der kühnen Helden der Tiefe erstrahlen. Seine Karriere war ebenso brillant wie gewagt.

JOHN PELHAM

Der Heldentum der Alabama-Männlichkeit wurde nie wesentlicher verkörpert als in der Karriere und dem Charakter des tapferen jungen Soldaten John Pelham. Sein Name wurde von den Häuptlingen der Konföderierten wiederholt als „der tapfere Pelham" erwähnt. Unter keinem anderen Namen war er in der großen Galaxie der Helden der Armee von Nord-Virginia so allgemein bekannt. Pelham wurde besonders von den Generälen Robert E. Lee, Stonewall Jackson und JEB Stuart bewundert. Als Wunderkind der Tapferkeit genoss er die Bewunderung der gesamten Armee.

Im Bürgerkrieg war Pelham ein Kadett in West Point. Er war damals etwa zweiundzwanzig Jahre alt. Er war nicht besonders begabt in seinen Lehrbüchern, aber seine Arbeit als Student war solide und substanziell. Kurz bevor er sein Diplom erhalten hätte, verließ er Anfang 1861 die Militärakademie und machte sich auf den Weg nach Süden. Das ganze Land war voller Aufregung, und jeder, der in Richtung Süden ging, wurde mit Misstrauen beäugt, was es schwierig machte, durch die Linien zu kommen. Durch den Einsatz von Kriegslist gelang es Pelham, durch die Linien bei Louisville zu schlüpfen und sich als geheimer Späher von General Scott auszugeben.

Als er sich im April 1861 auf den Weg nach Montgomery machte, der Stadt, die damals die Hauptstadt der neuen Konföderation war, bot Pelham seine Dienste dem ehrenwerten Kriegsminister Leroy Pope Walker an und erhielt sofort einen Posten als Oberleutnant der Artillerie im regulären Heer Seine Leistung wurde sofort erkannt und er wurde zur Batterie von Imboden nach Winchester versetzt, wo er als Drillmeister eingesetzt wurde.

Den ersten Eindruck vom Krieg bekam Pelham in der ersten Schlacht von Manassas, wo seine Fähigkeiten so auffällig und sein Mut so gewagt waren, dass er die Aufmerksamkeit und Bewunderung der Befehlshaber der Armee auf sich zog. Es folgte der Auftrag, eine Batterie von sechs berittenen Artilleriegeschützen aufzustellen, was er in den Monaten unmittelbar nach dem Juli, in dem die erste große Schlacht des Krieges ausgetragen wurde, tat. Seine Batterie wurde schnell in einen bewundernswerten Zustand gebracht und er war bald für den effektiven Einsatz bereit.

Die Schlacht von Williamsburg bot ihm die erste Gelegenheit, die Männer seines neuen Kommandos anzugreifen. Pelham war in den heftigsten Phasen der Schlacht so kühl und geschickt, dass er das Staunen seiner Vorgesetzten erregte. Mit einer Standhaftigkeit, die von den Donnerschlägen der Schlacht nicht erschüttert wurde, dirigierte er seine Waffen mit untrüglichem

Geschick, und nicht unerheblicher Anteil am Ruhm gebührte ihm, als er den Feind unerschütterlich in Schach hielt. Wieder in Cold Harbor zeigte er so viel taktische Kraft gepaart mit Genauigkeit und Effektivität, dass General Stonewall Jackson die Hand des jungen Kommandanten ergriff und ihm seine große Wertschätzung für den geleisteten Dienst zum Ausdruck brachte. In Cold Harbor kämpfte er mit einem einzigen Napoleon gegen drei feindliche Batterien und hielt den ganzen Tag über hartnäckig seine Position, wobei er dem Feind Zerstörung und Tod zufügte. Kurz nach der Schlacht von Cold Harbor attackierte Pelhams Batterie ein Kanonenboot vor dem „Weißen Haus" und zwang es zum Rückzug.

Zu diesem Zeitpunkt hatte sich Pelham den Ruf eines berühmten jungen Kämpfers erworben, und seine Standhaftigkeit im Kampf hätte einem erfahrenen Veteranen alle Ehre gemacht. Seine Batterie erlangte Berühmtheit, war Gegenstand allgemeiner Kommentare in Armeekreisen, und die Kommandeure betrachteten den jungen Offizier als einen der unverzichtbaren Mitarbeiter des gesamten Kommandos. In einer Krise oder an einem schwierigen Punkt galt der junge Pelham als jemand, der dieser Krise gewachsen war.

Als die zweite Schlacht von Manassas begann, erschien Pelham mit seinen Kanonen auf dem Feld, ritt an die Front, als ob keine Gefahr drohte, platzierte seine Batterie gelassen und erstaunlich nahe an den Linien des Feindes, und während der Feind in diesem Viertel Zerstörung regnen ließ, Er brauchte Zeit, um sich gut in Position zu bringen, und begann sofort mit tödlicher Wirkung auf die Linien des Feindes. Hier gewann er neue Lorbeeren, und in den Berichten über die Schlacht wurde sein Name unter denen der Generalkommandanten erwähnt. Ein zweites Mal wurde Pelham von General Stonewall Jackson beglückwünscht, der ihm persönlich für sein Können und seinen Mut dankte.

In der Schlacht von Sharpsburg war Pelham auf der linken Seite der Streitkräfte der Konföderierten stationiert, wo der Großteil der Artillerie seinem unmittelbaren Kommando unterstand und die Verwüstung, die seine Geschütze anrichteten, schrecklich war. Auch in Shepherdstown wiederholte sich derselbe Geist, den er bei allen anderen Gelegenheiten gezeigt hatte. Als Pelham Stuart auf diesem denkwürdigen Marsch von Aldie nach Markham's begleitete, war er gezwungen, entlang der Marschlinie gegen gewaltige Widerstände zu kämpfen, und einmal feuerte er weiter, bis der Feind nur noch wenige Schritte von seiner Figur entfernt war, woraufhin er sich beharrlich zurückzog Nur eine kurze Distanz entfernt, sicherte er sich eine bessere Position für seine Waffen und nahm sein Feuern auf kühle, sachliche Art wieder auf.

Bei Fredricksburg war Pelham auffälliger als in jeder anderen Schlacht. Mit einer einzigen Waffe ging er zum Fuß der Anhöhe und eröffnete den Kampf mit der gleichen Gleichgültigkeit, mit der er zu einer Parade auf den Übungsplatz gegangen wäre. Seine erstaunliche Unerschrockenheit erregte die Aufmerksamkeit beider Armeen und Pelham wurde sofort zum gemeinsamen Ziel der feindlichen Batterien. Er war furchtbar exponiert, und jeder Moment war mit äußerster Gefahr erfüllt, aber mit einer erhabenen Gleichgültigkeit feuerte er weiter und griff den Feind fürchterlich an. Hier kam bei General Lee der Ausdruck zum Ausdruck, der historisch geworden ist. General Lee beobachtete den tapferen Jugendlichen von einer herausragenden Stelle aus, während er seine zerstörerische Arbeit unbeirrt fortsetzte, während die Granaten um ihn herum explodierten, und sagte: „Es ist herrlich, solchen Mut in einem so jungen Menschen zu sehen." Ohne zu zögern behielt Pelham seine Position am Fuße des Bergrückens, bis seine Munition aufgebraucht war und er durch einen zwingenden Befehl zum Rückzug gezwungen wurde. Als Kommandeur der Artillerie auf der rechten Seite war er den ganzen Tag mitten im härtesten Gefecht und erhielt von General Lee den Titel „Der tapfere Pelham". Für seine Tapferkeit bei dieser Gelegenheit wurde Pelham vom Major zum Oberstleutnant befördert, wurde jedoch getötet, bevor sein Auftrag vom Senat der Konföderierten bestätigt wurde.

Am 17. März 1863 besuchte er nachts einige Freunde in Culpeper County, als ihm das Kanonendonnern an Kellys Ford zu Ohren kam. Er entschuldigte sich, bestieg sein Pferd und ritt schnell zum Schauplatz des Geschehens. Sein eigenes Kommando war noch nicht eingetroffen, aber er fand ein Regiment vor, das verwirrt schwankte. Er trieb sein Pferd schnell an die Spitze der verwirrten Masse, stellte mit seiner kühlen, klingenden Stimme die Ordnung wieder her, und als er sich an ihre Spitze stellte, um sie in die Schlacht zu führen, traf ein Granatsplitter den tapferen Jungen am Kopf und er wurde sofort getötet. Die Nachricht vom Tod von Pelham löste in der Armee und in der gesamten Konföderation ebenso viel Trauer aus, wie es gewesen wäre, wenn einer der großen Generalhäuptlinge gefallen wäre. So jung er auch war, sein Ruhm war sprichwörtlich geworden. Sein Leichnam wurde zur Beerdigung nach Hause geschickt, und seine Asche ruht heute in Jacksonville, in seiner Heimatstadt Calhoun.

CULLEN A. SCHLACHT

General Cullen A. Battle war vor allem als Soldat wegen seiner brillanten Leistungen im Spätkrieg bekannt, wurde aber auch als Anwalt, Redner und Staatsmann ausgezeichnet. Die Battles gehörten zu den führenden Familien des Staates und waren in der Medizin, im Recht, im Bildungswesen, in der Theologie, in der Autorenschaft und im Krieg auffällig. Die Familiengeschichte ist brillant, aber unsere Aufmerksamkeit ist jetzt auf ein einzelnes Mitglied gerichtet.

General Battle schloss sein Studium an der University of Alabama im jungen Mannesalter ab und begann im Alter von 22 Jahren mit der Anwaltstätigkeit, nachdem er im Büro des ehrenwerten John Gill Shorter Jura studiert hatte. Kurz nach Abschluss seines berufsvorbereitenden Studiums zog er nach Tuskegee und widmete sich fast zehn Jahre lang fleißig seinem Beruf. Sein erster Auftritt im öffentlichen Leben war, als er 1856 den Staat für Buchanan bewarb, der damals Präsidentschaftswähler war.

Als leidenschaftlicher Demokrat stand er 1860 auf der Wahlliste von Breckinridge und Lane und trat zu dieser Zeit gemeinsam mit dem ehrenwerten William L. Yancey im ganzen Staat auf. Als Redner war er mit einer Freiheit der Ausdrucksweise und einer poetischen Vorstellungskraft ausgestattet, während sein Vortrag von Anmut und Anziehungskraft geprägt war. Niemand bewunderte die Hexerei seiner Redekunst mehr als Mr. Yancey selbst, den General Battle auf seiner Reise in den Norden begleitete und mit dem unvergleichlichen Redner des Südens von derselben Plattform aus in Boston, New York, Philadelphia, Chicago und St. Louis sprach und Cincinnati.

Bei Ausbruch der Feindseligkeiten im Jahr 1861 stellte General Battle in Tuskegee eine Freiwilligenkompanie auf, die Teil des Dritten Alabama-Regiments wurde, dessen Oberst Tennent Lomax und Oberstleutnant Cullen A. Battle wurde. Dieses Regiment repräsentierte zum Teil die Blüte der jungen Ritterlichkeit des Südens.

Das Dritte Alabama-Regiment stand bei Drewry's Bluff unter Beschuss, lieferte sich jedoch zunächst einen erbitterten Kampf bei Seven Pines, wo der tapfere Lomax fiel, und Battle führte das Regiment durch den Kampf. In der Reihe von Schlachten unterhalb von Richmond stand er an der Spitze des tapferen Dritten Alabama, nachdem er inzwischen zum Oberst des Regiments befördert worden war. In Boonsboro erlitt er eine leichte Wunde und in Fredricksburg wurde er schwer verletzt, als sein Pferd auf ihn stürzte. Später finden wir ihn im Stab von General Rodes in der Schlacht von Chancellorsville. Bei Gettysburg wurde die gesamte Brigade schnell und mit großen Verlusten zurückgeschlagen. Bis auf das Dritte Alabama-Regiment gaben alle nach, sammelten sich aber später und kämpften mit neuer Kraft. Unter Bedingungen wie diesen ordnete Oberst Battle sein Regiment dem Kommando von General Ramseur zu und leistete herausragende Dienste bei der Eindämmung einer vorübergehenden Niederlage.

General Ewell war mit der rechtzeitigen Tapferkeit von Colonel Battle so zufrieden, dass er ihn zum Brigadegeneral auf dem Feld beförderte, was bald darauf bestätigt wurde. Ihm wurden als Bestandteile einer Brigade das dritte, fünfte, sechste, zwölfte und einundsechzigste Alabama-Regiment zugeteilt. Diese Brigade war die erste, die General Grant in der Wildnis begegnete, und in seinem Bericht über die Schlacht von Spottsylvania sagt General Ewell: „Die Brigade der Schlacht wurde über Hancocks Front geworfen und es kam zu den heißesten Kämpfen des Krieges." Der Kampf war ein Nahkampf, bei dem die gegnerischen Kräfte das Bajonett benutzten. In Winchester trat Battles Brigade gerade rechtzeitig ins Gefecht, um Evans' Brigade die Möglichkeit zu geben, sich zu sammeln, während er den Feind vor sich hertrieb. Zu diesem Zeitpunkt war die „Battle's Brigade" zu einem so auffälligen Faktor in der Armee von Nord-Virginia geworden, dass sie nach ihrer Tapferkeit benannt wurde. In der Schlacht von Cedar Creek führte General Battle seine Brigade mit einzigartiger Kühle und Mut gegen die gewaltige Front des 8. Armeekorps der Bundesstreitkräfte, das von General Crook kommandiert wurde. Bei dieser Aktion wurde General Battle am Knie getroffen, was ihn dauerhaft behinderte, so dass er seinen aktiven Dienst auf dem Feld nicht wieder aufnehmen konnte. Er wurde jedoch mit einem Dienstgrad als Generalmajor belohnt, wobei der Dienstgrad das Datum seiner Verwundung, den 19. Oktober, trug. 1864.

Im Januar 1864, als Lees Armee sich in Winterquartieren südlich des Rapidan befand, ereignete sich einer dieser bedeutsamen Vorfälle, die manchmal große Gruppen von Männern tiefgreifend treffen. Drei Alabamianer der Monroe Guards gingen nachts zum Hauptquartier von Captain TM Riley, der das Fünfte Alabama-Regiment befehligte, und schlugen vor, sich für den Krieg zu melden. Dies waren Sergeant William A. Dudley, gebürtig aus Lowndes County, und die Gefreiten Daniel C. Rankin und sein Bruder Duncan A. Rankin, der jetzt in Bynum, Texas, lebt. Diese Tatsache teilte Kapitän Riley am folgenden Tag General Battle mit, der die Brigade befehligte, der umgehend persönlich vor jedem Regiment seiner Brigade erschien und darum bat, den vorgeschlagenen Schritt zu unternehmen. Dies war die erste Brigade oder das erste Kommando, das sich bedingungslos wieder für den Krieg rekrutierte. Dieser Akt machte General Battle in den Annalen des Bürgerkriegs historisch auffällig und löste bei General Robert E. Rodes die folgende Mitteilung aus:

„Ein solches Verhalten inmitten der Nöte, die wir ertragen, und seitens der Männer, die so viele blutige Schlachten geschlagen haben, ist den Männern und Offizieren Ihres Kommandos in höchstem Maße zu verdanken. Ich war immer und jetzt noch stolzer, dass ich einmal zu Ihrer Brigade gehört habe. Als ihr Divisionskommandeur und als Bürger von Alabama möchte ich meine Freude und meinen Stolz zum Ausdruck bringen und als Bürger der Konföderation meinen Dank für ihr Verhalten. Der Anführer dieser Bewegung in dieser glorreichen Armee zu sein, wirft einen Glorienschein des Ruhms um Ihre Brigade, den Ihre Waffenbrüder beneiden werden und den die Zeit niemals verblassen wird."

Diese Mitteilung von Generalmajor Rodes wurde durch eine gemeinsame Dankesresolution des Konföderiertenkongresses bekräftigt, in der der Name General Battle als treibender und herrschender Geist dieses Verhaltens seiner Brigade hervorsticht.

Als General Battle nach dem Ende der Feindseligkeiten seine Tätigkeit als Anwalt in Tuskegee wieder aufnahm, wurde er aus seinem Distrikt in den Kongress gewählt, aber die Republikaner verweigerten ihm und anderen ihre Sitze, und er und andere wie er wurden entrechtet. Er trat nie wieder in einer offiziellen Funktion auf, sondern lebte bis zum Schluss zurückgezogen.

Er starb im Alter von 76 Jahren in Greensboro, North Carolina, und er wurde in Petersburg, Virginia, begraben. Der letzte Ausspruch dieses Helden aus vielen Schlachten war: „Alles ist hell, es gibt keine Wolke am Himmel."

PHILIP D. RODDY

Im Leben und in der Karriere von General Philip Dale Roddy herrscht ein Hauch von Romantik. Dass er im Kampf der Konföderierten zu der herausragenden Persönlichkeit hätte werden können, war einzig und allein seinem Verdienst zu verdanken. Geboren in der Stadt Moulton, Lawrence County, unter bescheidenen, wenn nicht obskuren Bedingungen, war er ein gewöhnlicher Schneider in dieser Landstadt, wuchs ohne Bildung zum Mann heran und genoss keine, außer dass er die Reste des Vorteils aufsammeln konnte in einer Gemeinde geboten, die für ihre Intelligenz und Bildungseinrichtungen bekannt ist. Es gab jedoch etwas an ihm, das ihm Freunde einbrachte, und als er sechsundzwanzig Jahre alt war, wurde er zum Sheriff von Lawrence County gewählt. Später beschäftigte er sich mit der Dampfschifffahrt auf dem benachbarten Tennessee, wo ihn der Konflikt von 1861 beschäftigte.

Roddy stellte eine Kavalleriekompanie für den Dienst der Konföderierten auf, wurde deren Kapitän und wurde in Verbindung mit der Westarmee eingesetzt. Er entwickelte sich schnell zu einem hervorragenden Späher in Tennessee, war mutig, klug und taktisch, und in der Schlacht von Shiloh wurde seine Kompanie zur Eskorte von General Bragg ernannt. Seine militärischen Qualitäten und seine echte militärische Führung und Tapferkeit kamen in der Schlacht von Shiloh so zur Geltung, dass er für seine Tapferkeit besondere Erwähnung erhielt. Mit noch frischen Ehren kehrte er nach Nordalabama zurück und stellte angesichts der drohenden Invasion dieses Viertels problemlos ein Reiterregiment auf.

Er hatte sein eigenes Operationsgebiet im Tal des Tennessee, und mit Geschick stürzte er sich hier und da auf den Feind, bedrängte ihn an jedem Punkt und bremste und vereitelte seine Bewegungen. In der zweiten Hälfte des zweiten Kriegsjahres gelang es Oberst Roddy, sein kleines Kommando zu einer Reiterbrigade auszubauen, mit der er einer Invasion aus Korinth unter General Sweeney entgegentrat. Er traf den Feind am Little Bear Creek, überlistete Sweeney und zwang ihn, nach Korinth zurückzukehren.

Roddy war sich der Bewegungen der Föderalen bewusst, die darauf bedacht waren, in Nordalabama Fuß zu fassen, und erlebte erneut einen Überfall auf Barton's. Ein zweites Mal rettete er dieses Viertel des Staates vor einer Invasion. Der Feind wurde zurückgedrängt, Roddy erbeutete einen Teil seiner Artillerie und fügte ihm schwere Verluste an Toten und Verwundeten zu.

Er war nun Herr über das Tennessee-Tal, und wenn sich die Gelegenheit bot, würde er in einem schnellen Überfall den Fluss überqueren, wertvolle

Beute machen und seine Vorräte auffüllen. Einmal stürmte er in das Bundeslager in Athen, überraschte den Feind völlig, brannte eine Menge Vorräte nieder und machte sich wieder auf den Weg, der Feind wusste nicht wohin. Noch später fiel Roddy plötzlich auf Korinth ein und sicherte sich als Siegestrophäe sechshundert Pferde und Maultiere. Als er von Colonel Cornyn nach Iuka verfolgt wurde, wandte er sich gegen den Feind und zwang ihn zurück.

General Roddy wurde zum „Sumpffuchs" des Tennessee Valley und stürzte sich aus unerwarteter Richtung auf den Feind, versetzte ihm schwere Schläge und erntete Trophäen. Als Colonel Streight mit einer für dieses gefährliche Unterfangen ausgewählten und hervorragend ausgerüsteten Truppe zu seinem gewagten Raubzug durch Nordalabama aufbrach und er von General Forrest mit einer weit unterlegenen Streitmacht verfolgt wurde, betrat der Bundesgeneral Dodge das Tal, um die Bewegungen zu decken der General Street. Gemeinsam mit Forrest, der Streight verfolgte und dessen Kommando er schließlich eroberte, kontrollierte Roddy mit einer unterlegenen Streitmacht Dodge und bekämpfte jeden Zentimeter des Vormarsches durch Colbert County, wodurch Forrest Streight überholen und einsacken konnte. Durch diese indirekte Vermittlung war General Roddy am glänzenden Sieg von Forrest beteiligt.

Die großartigen Qualitäten von General Roddy erregten nun die Aufmerksamkeit der konföderierten Regierung, und obwohl der Schauplatz seiner Heldentaten begrenzt war, dachte man an ihn im Zusammenhang mit John H. Morgan und Mosby. General Forrest hatte großes Vertrauen in seine Fähigkeiten als Kommandeur, wie sich mehr als einmal zeigte.

Roddy hatte sich zwei Jahre lang so hartnäckig den Bewegungen des Feindes widersetzt, um die Basis seiner Besetzung in Nordalabama zu erweitern, dass der geschickte Kommandant ihn auf die beiden Punkte Huntsville im Norden und Corinth im Süden beschränkt hatte. Aber Roddy wurde in Dalton eine Zeit lang im Zusammenhang mit den allgemeinen Bewegungen der Armee benötigt und von dort aus wurde ihm sein Kommando übertragen. Dadurch blieb das Tennessee-Tal für den Feind offen, und er betrat es und befestigte sich bei Decatur stark. Als General Roddy später an den früheren Einsatzort zurückkehrte, gelang es ihm nicht, die Bundestruppen aus Decatur zu vertreiben, den Rest des Territoriums hielt er jedoch standhaft. Als General Hood die Nachfolge von General Johnston als Kommandeur der Westarmee antrat, war Roddy einer seiner wichtigsten Stützpunkte, um seine Kommunikation offen zu halten.

Später im Krieg kam Roddy in engeren und lebendigeren Kontakt mit Forrest, der ihn sehr liebte, mit dem großen Befehlshaber bei vielen seiner Bewegungen zusammenarbeitete und mit ihm an einigen seiner glänzendsten

Siege teilnahm. Eine kurze Skizze wie diese vermittelt nur eine Ahnung von der Macht des Feldherrntums, die General Roddy entwickelt hat. Er war ein militärisches Genie. Er wurde zum Befehlen geboren. Er war immer wachsam und aktiv und hatte eine Vorliebe für den Sprint auf dem Feld. Er liebte harten Dienst und scheiterte selten bei einem Unternehmen, denn trotz all seiner Kühnheit und seinem Wagemut war er stets vorsichtig.

Kein Befehlshaber der konföderierten Armee genoss mehr das Vertrauen und die Hingabe seiner Männer. Nach Kriegsende zog er nach New York, stieg in das Kommissionsgeschäft ein und verstarb dort.

WH FORNEY

Die heldenhaften Dienste und die patriotische Hingabe von General William Henry Forney berechtigen ihn zur Anerkennung in der Liste der würdigen Alabama-Vertreter. Der von General Forney geleistete Dienstbeitrag zur Errichtung der Größe des Commonwealth von Alabama verdient ewige Anerkennung.

General Forney stammte aus einer angesehenen Familie in North Carolina. Sein Großvater war General Peter Forney aus diesem Bundesstaat, und ein Großonkel war ein angesehenes Kongressmitglied aus demselben Bundesstaat. General William H. Forney, selbst ein gebürtiger North Carolinaer, kam 1835 mit der Familie seines Vaters nach Alabama, als er gerade mal zwölf Jahre alt war. Er wuchs im Calhoun County auf und erhielt seine Ausbildung an der staatlichen Universität, die er 1844 abschloss, und begann anschließend mit dem Studium der Rechtswissenschaften.

Als der Mexikanische Krieg ausbrach, trat der junge Forney in das First Regiment of Alabama Volunteers ein, das von Colonel Coffey kommandiert wurde. In diesem Kommando wurde er Leutnant und diente als solcher bei der Belagerung von Vera Cruz. Als er nach Ablauf der einjährigen Amtszeit, für die er sich angemeldet hatte, nach Hause zurückkehrte, begann er erneut mit dem Studium seiner juristischen Bücher. Er erhielt 1848 die Zulassung als Rechtsanwalt und wurde im nächsten Jahr zum Vertreter des Calhoun County in die gesetzgebende Körperschaft gewählt. Mit dieser einzigen Unterbrechung widmete er sich bis zur Erklärung der Feindseligkeiten zwischen den Nord- und Südstaaten seinem Beruf. Er trat in die Armee als Hauptmann des Zehnten Alabama-Regiments ein, das vom ersten Konflikt, in den es bis zum Ende des Krieges verwickelt war, ungewöhnliche Verluste erleiden musste. Das Regiment, dem er angehörte, leistete gerade einen Sondereinsatz in Drainville, Virginia, als es mit dem Feind in Gefecht geriet, und unter den Schwerverwundeten befand sich Kapitän Forney, der ins Bein geschossen wurde, aber innerhalb von sechzig Tagen wieder verletzt wurde Kommandant seiner Kompanie an der Front. Mittlerweile war er Major seines Regiments geworden, mit dem er an der Schlacht von Yorktown teilnahm. In Williamsburg wurde er erneut angeschossen und erlitt eine sehr schwere Verletzung an der Schulter, die seinen rechten Arm behinderte. Major Forney wurde in die Gebäude des William and Mary College verlegt, die vorübergehend als Krankenhaus improvisiert wurden. Dort fiel er in die Hände des Feindes und wurde vier Monate lang als Gefangener festgehalten.

Als er nach seiner Inhaftierung zu seinem Kommando zurückkehrte, befand er sich aufgrund einer logischen Beförderung an der Spitze seines Regiments. Er hatte das Pech, in der Schlacht von Salem Church eine weitere

Verwundung zu erleiden, obwohl die Verletzung nicht schwerwiegender Natur war. Als er sein Regiment in Gettysburg anführte, wurde er erneut schwer verwundet, wobei der Arm in Williamsburg verwundet und sogar kampfunfähig war, da er jetzt zerschmettert war. Durch den schrecklichen Schock stürzte er auf dem Feld , und während er am Boden lag, erlitt er eine weitere Wunde durch eine Kugel, die einen Teil seines Fersenknochens wegriss. In dieser prekären Lage geriet er in die Hände des Feindes und blieb mehr als ein Jahr in Kriegsgefangenschaft. Als er als Gefangener in Fort Delaware eingesperrt war, gehörte er zu den fünfzig Offizieren, die ausgewählt wurden, auf Morris Island den Waffen der Konföderierten ausgesetzt zu werden, und wurde als Vergeltung in die Nähe des Tatorts gebracht, wo er für eine solche Enthüllung bereit war, aber ein humanes und rechtzeitiges Eingreifen konnte dem Einhalt gebieten Das war ein abscheulicher Entwurf, und zu gegebener Zeit wurde Colonel Forney ausgetauscht. Noch immer ein Krüppel und humpelnd auf Krücken, kehrte er 1864 zu seinem Kommando zurück und wurde zum Brigadegeneral ernannt. Obwohl er durch seinen verstümmelten Zustand ernsthaft beeinträchtigt war, ertrug er unbeirrt und heldenhaft sein Unglück und führte seine Brigade in den Schlachten von Hatcher's Run, High Bridge und Farmville an. Er hielt standhaft und beharrlich an seinem Kommando fest, leistete während des gesamten Kampfes tapfere und effiziente Dienste und war bei seinen zerfetzten Veteranen in Appomattox, als General Lee kapitulierte.

Gesundheitlich angeschlagen und durch die Verluste des Krieges entstellt, wandte er seinen Blick nach Hause und eröffnete in seinem dauerhaft behinderten Zustand seine Anwaltskanzlei wieder für solche Geschäfte, die im Zuge der weit verbreiteten Demoralisierung bis zum Ende des Bürgerkriegs zu finden waren . Das Volk ehrte ihn mit einem Sitz im Staatssenat, der ihm jedoch unter der damaligen Militärherrschaft verwehrt blieb. Er beendete seine Karriere in Jacksonville, Alabama.

Der Staat hatte noch nie einen loyaleren Bürger, wie seine selbstlose Hingabe an seine Interessen zeigte, und die Armee der Konföderation hatte keinen mutigeren Soldaten. Für General Forney war Patriotismus eine Leidenschaft, wie die philosophische Stärke, mit der er seine Unglücke und Leiden ertrug, deutlich zeigte. Andere mögen brillanter und schneidiger gewesen sein als er, aber er war ein Beispiel für den Helden, der tat, was er konnte, und aufgrund seiner tatsächlichen Verdienste erlangte er in der Armee und als Zivilist eine ebenso hohe Bedeutung.

EDMUND W. PETTUS

Die Karriere von Edmund Winston Pettus war lang und bemerkenswert. Er wurde zwei Jahre nach der Aufnahme Alabamas in die Union geboren und war praktisch mit allen großen Perioden in der Geschichte des Staates verbunden. Er trat früh ins Leben ein und nahm an allen Epochen teil, von den frühen Stadien der Staatlichkeit bis zu seinem Tod im hohen Alter.

In vielerlei Hinsicht war die Karriere von General Pettus bemerkenswert. General Pettus wurde durch den Tod seines Vaters als Waise zurückgelassen und wurde von einer sorgfältigen und hingebungsvollen Mutter großgezogen. Ihm wurden die bestmöglichen schulischen Vorteile zuteil, die es damals gab, und er konnte den Grundstein für eine lange und ereignisreiche Karriere legen. Sein Schulstudium absolvierte er am Clinton College in Tennessee.

General Pettus war ein Mann mit soliden geistigen und körperlichen Qualitäten. Er war 1,80 Meter groß, gut proportioniert, hatte breite, massive Schultern, einen großen Kopf und eine beeindruckende Erscheinung. Mit achtundzwanzig Jahren begann er mit der Ausübung des Anwaltsberufs und übte diesen Beruf, mit Ausnahme des Interregnums seiner Karriere als Soldat der Konföderation, bis zu seiner Wahl in den Nationalsenat von Alabama aus. In dieser Funktion war er tätig, als er im fortgeschrittenen Alter von vierundachtzig Jahren starb.

Seine Karriere als Anwalt begann in Gainesville, Sumter County, wo er erstmals mit dem ehrenwerten Turner Reavis in Verbindung stand. Seine Fähigkeiten wurden sofort anerkannt und kurz nach Beginn seiner Tätigkeit wurde er zum Bezirksstaatsanwalt gewählt und nach Ablauf seiner Amtszeit wiedergewählt, trat jedoch 1851 zurück und zog nach Carrollton, Pickens County, wo er seine Privatpraxis wieder aufnahm.

Im Jahr 1853 wurde Herr Pettus von Gouverneur Collier ernannt, um eine freie Stelle im Bezirksanwaltsamt zu besetzen. Er zeichnete sich durch Fairness und Gerechtigkeit aus und erlangte große Gunst und Beliebtheit in ganz West-Alabama, so dass er problemlos gewählt werden konnte, als er sich 1855 für das Amt des Bezirksrichters anbot. Diese Position gab er 1858 auf, um nach Cahaba zu ziehen, damals ein blühendes Zentrum des Reichtums und der Intelligenz, wo er bis zum Beginn des Krieges als Anwalt tätig war. Zu Beginn des Jahres 1861 wurden die Truppen rasch aufgestellt, in Regimentern organisiert und so schnell wie möglich an die Front geschickt. In Zusammenarbeit mit Colonel Garratt aus Perry County stellte Pettus ein Infanterieregiment auf, das zum 20. Alabama wurde, dessen Major er wurde und etwas später zum Oberstleutnant des Kommandos ernannt wurde.

Das Regiment wurde dem Westheer zugeteilt und blieb nicht lange untätig. Oberst Pettus gewann Lorbeeren, indem er die Armee von General E. Kirby Smith anführte und den Feind nach Covington und Cincinnati trieb. Sein Regiment wurde später nach Mississippi beordert und Oberst Pettus war an den Schlachten von Port Gibson und Baker's Creek beteiligt. Er wurde in Port Gibson gefangen genommen, es gelang ihm jedoch zu fliehen und sich wieder seinem Kommando anzuschließen. Anlässlich der Beförderung von Oberst Garratt in Vicksburg wurde Pettus Oberst des Regiments.

Ein bemerkenswerter Vorfall im Zusammenhang mit der Belagerung von Vicksburg verschaffte Oberst Pettus Ruhm für seine Führungsqualitäten und seinen unbestrittenen Mut in der gesamten Armee. An einem wichtigen Punkt der Arbeiten hatte der Feind eine wertvolle Redoute erobert, und General Stephen D. Lee wollte sie unbedingt zurückerobern. Das Unternehmen war voller Gefahren und der Erfolg des Unternehmens war zweifelhaft. Um das gefährliche Unterfangen durchzuführen, stellte Oberst Pettus dem befehlshabenden Offizier freiwillig seine Dienste zur Verfügung. Weder sein eigenes Regiment noch eines der anderen waren bereit, sich auf ein so gefährliches Unterfangen einzulassen, aber Wauls Texas-Legion meldete sich freiwillig in einer Gruppe, um den gefährlichen Angriff durchzuführen. Die Schanze war so gewaltig, dass der Feind glaubte, vor Angriffen sicher zu sein. Diesen Zustand ausnutzend, stürzte sich Oberst Pettus an der Spitze der tapferen Texaner unversehens auf den Feind, versetzte die Streitkräfte in völlige Verwirrung und eroberte zusammen mit hundert Gefangenen und drei Fahnen die Redoute zurück. Dreißig große Geschütze wurden sofort auf die Spitze gerichtet, aber Oberst Pettus trug seine Beute ohne den Verlust eines Mannes davon.

In Vicksburg fiel er während der Belagerung erneut auf, wurde beim Fall der Stadt gefangen genommen, aber bald ausgetauscht, woraufhin er zum Brigadegeneral ernannt wurde. Sein Kommando war an der Schlacht von Missionary Ridge beteiligt und beteiligte sich an der Seite von Johnston an einer Reihe von Konflikten, die sich von Dalton bis Atlanta und Jonesboro erstreckten. Als Hood zum Nachfolger von Johnston ernannt wurde, begleitete die Brigade von General Pettus die Armee während dieses katastrophalen Feldzugs, und kein Kommando der Armee war härter engagiert als seine Brigade. Er war es, der die Passage des Duck River erzwang, indem er seine Männer angesichts des heftigen Feuers aus den Gewehrgruben des Feindes in Trupps aufstellte und es ihm gelang, ihn mit dem Bajonett aus seinen Verschanzungen zu vertreiben.

Beim Rückzug Hoods aus Nashville wurde der Brigade von General Pettus die Pflicht auferlegt, den Rücken der Armee zu schützen. Mit unerschrockenem und beharrlichem Mut hielt er den Feind an vielen Stellen in Schach und rettete die Armee von Hood vielleicht mehr als jeder andere vor der völligen Zerstörung. Sein letzter Dienst war in North Carolina, wo sein Kommando an den Schlachten von Kingston und Bentonville beteiligt war, wobei General Pettus in letzterer schwer verwundet wurde.

Als der Krieg vorbei war, begann General Pettus wieder in Selma als Anwalt zu praktizieren. Er beteiligte sich an den Kämpfen der Ära des Wiederaufbaus, in der er während der gesamten Zeit unter großen persönlichen Opfern treueste Dienste leistete und sich in der Zwischenzeit jeglicher öffentlichen Anerkennung seiner Dienste durch offizielle Positionen entzog. Seine langjährige Erfahrung und sein angeborenes Können brachten ihn in den ersten Rang der Gerichtspraxis in Alabama, und oft wurde seine Geduld in den Gerichten auf die Probe gestellt, denen inkompetente Richter vorstanden, die während der dunklen Zeit des Wiederaufbaus die Richterbank innehatten. Zu den damaligen Richtern gehörte der berüchtigte JQ Smith, der durch seine mangelnde Rechtskenntnis ebenso auffiel wie durch seine Unverschämtheit und Anmaßung. Bei einer Gelegenheit gab es eine Entscheidung dieses inkompetenten Beamten, die so fremdartig und weit hergeholt war, dass sie bei General Pettus die gewagte Bemerkung hervorrief, dass er in seiner langjährigen Tätigkeit und als früherer Vorsitzender Richter noch nie etwas gehört hatte eines solchen Urteils. Mit einer selbstgefälligen und selbstgefälligen Miene bewegte sich der unwissende Mann auf der Bank mit äußerst angenommener Gelassenheit und antwortete: „Ah! General Pettus, Sie müssen noch viel lernen!"

General Pettus war an allen bedeutsamen Bewegungen in der politischen Geschichte des Staates in der Zeit der Rehabilitation nach dem Wiederaufbau beteiligt und weigerte sich, ein öffentliches Amt anzunehmen, bis er 1897 aus Alabama zum US-Senator gewählt wurde. In dieser Funktion übte er bis zu seinem Tod im Jahr 1905 aus, als er und Senator Morgan nur wenige Monate nacheinander starben und Alabama im höchsten Zweig des Kongresses eine vakante Senatorenvertretung hinterließ.

ALPHEUS BAKER

Die Erwähnung des Namens von General Alpheus Baker bei denen, die ihn kannten, weckt die Erinnerung an seinen blitzenden Witz, seine unnachahmliche Nachahmung, die er beherrschte, faszinierende Gespräche, fesselnde Manieren und ein unbekümmertes Auftreten, die allesamt charakteristisch für diesen tapferen Soldaten waren . Die Bildungsvorteile von General Baker waren zwar nicht gering, aber nur unter dem Dach seiner Eltern möglich. Der Vater von General Baker stammte aus Massachusetts, zog in den frühen Jahren des 19. Jahrhunderts in den Süden und ließ sich in South Carolina nieder. Der Vater zeichnete sich durch seine wissenschaftliche Reife aus, und seine Fähigkeiten als Jugendlehrer waren erstklassig. Unter der Anleitung eines solchen Elternteils ausgebildet, war der junge Baker mit sechzehn Jahren selbst zum Unterrichten geeignet. Sein Unterricht diente dazu, seine Ausbildung zu verdichten, denn schließlich stellt sich beim wirklichen Lehrer die Frage, wer mehr lernt, der Lehrer oder der Schüler?

Als er noch ein junger Mann war, hatte sich Alpheus Baker in den kultivierten Kreisen des Abbeville Court House, damals eines der elegantesten kleinen Zentren im Süden, einen Namen als Ausbilder gemacht. Er genoss eine ähnliche Auszeichnung in Lumpkin, Georgia, von wo aus er 1848 als Lehrer über den Chattahoochee River nach Eufaula kam. Er war mit der Militärschule in Glennville im Barbour County verbunden, damals eine der bekanntesten Militärschulen von dieser Grad im gesamten Süden. In der Zwischenzeit beschäftigte er sich privat mit dem Studium der Rechtswissenschaften, für dessen Ausübung er 1849, als er gerade volljährig geworden war, in Eufaula eine Lizenz beantragte. Er brachte einen Fundus reifer Weisheit in seinen Beruf ein, gestützt durch eine gründliche Ausbildung und, für einen so jungen Menschen, eine langjährige Erfahrung in den Gepflogenheiten der Welt. Er war jung an Jahren, alt an Erfahrung. Ihm mangelte es nicht an Selbstbehauptung und Männlichkeit, eine unverzichtbare Voraussetzung für den Erfolg. Seine Art war beliebt und er wurde bald zu einem Liebling in den kultivierten Kreisen der kleinen Stadt, in der er adoptiert wurde.

Herr Baker, der sich seit langem für sorgfältiges und anspruchsvolles Studium und die Beherrschung von Prinzipien interessiert, machte in dem Beruf seiner Wahl rasche Fortschritte. Seine Schnelligkeit, seine sorgfältige Ausführung und seine sorgfältige Sorgfalt bei der Bearbeitung der ihm anvertrauten Fälle brachten ihm nicht nur viele allgemeine und wohlwollende Kommentare ein, sondern verschafften ihm auch eine Vielzahl von Kunden und eine lukrative Praxis. Im sechsten Jahr seines Berufslebens als

Rechtsanwalt war er in einer Amtsperiode des Bezirksgerichts mit bis zu einhundertfünf Fällen befasst.

Im Jahr 1836, als die Frage der Sklaverei zu einer heiklen Frage geworden war und Kansas im Kampf um die Staatlichkeit zum Schlachtfeld zwischen den Befürwortern der Sklaverei und den Anti-Sklaverei-Kräften des Landes wurde, bestand Major Buford von Eufaula darauf dass durch die Stärkung der Kräfte zugunsten der Sklaverei in dem Gebiet, das jetzt eine Eigenstaatlichkeit anstrebt und Kansas so zu einem Sklavenstaat gemacht wird, Blutvergießen abgewendet werden könnte. Auf diesen Vorschlag hin zog Major Buford nach Kansas, und Mr. Baker begleitete ihn. Bekanntlich scheiterte der Versuch, und die Eufaulianer kehrten zurück, um auf den Abschluss „des unbändigen Konflikts" zu warten. Im Jahr 1861 wurde Herr Baker zu einem der Delegierten des Barbour County im Staatsverfassungskonvent gewählt. In dieser Funktion diente er, als Gouverneur Moore die Eufaula-Gewehre als Teil der Freiwilligenquote annahm, die zum Widerstand gegen die Übergriffe des Feindes einberufen wurde Pensacola.

Baker wurde zum Kapitän dieser Kompanie gewählt, und nachdem er seinen Sitz im Konvent niedergelegt hatte, setzte er sein Kommando nach Pensacola fort, das damals versprach, der Eröffnungsschauplatz des Krieges zu werden. Der schneidige junge Offizier hatte als Gefreite in den Reihen seiner Kompanie Männer wie James L. Pugh, EC Bullock, SH Dent, Sr., Thomas J. Judge, Prof. William Parker von der University of Alabama und Prof. Thornton von Howard College, in Marion.

Im darauffolgenden Herbst 1861 wurde Kapitän Baker Oberst eines Regiments bestehend aus Einwohnern von Alabama, Mississippi und Tennessee und wurde nach Fort Pillow beordert, das später zum Schauplatz einer der Tragödien des Bürgerkriegs werden sollte. Anfang 1862 wurde das Regiment auf der Insel Nummer zehn gefangen genommen. Er blieb fünf Monate lang im Gefängnis, bis er nach seinem Austausch zum Oberst des Fifty-fourth Regiment of Alabama Volunteers ernannt wurde und an einer Reihe von Schlachten teilnahm, darunter in Fort Pemberton und Baker's Creek. In diesem letztgenannten Konflikt wurde Colonel Baker schwer verwundet. Im März 1864 wurde er zum Brigadegeneral ernannt und nahm an einer Reihe von Schlachten teil, die sich vom nördlichen Teil Georgias bis nach Atlanta erstreckten. Seine Brigade leistete in den letzten Kriegstagen in den Carolinas hervorragende Dienste. Als der Krieg vorbei war, kehrte General Baker nach Eufaula zurück, wo er bis zu seinem Tod lebte.

Er war ein Mann mit seltenen Fähigkeiten. Er hatte ein fröhliches Gemüt und war ein allgemeiner gesellschaftlicher Favorit. Als Gelehrter fand er unter den Gelehrten einen angenehmen Umgang. Als Maler und Musiker war er bei Kunstliebhabern zu Hause. Aber man erinnert sich vor allem an ihn als Redner. Auf dem Stumpf vor einem beliebten Publikum, im Gerichtssaal und bei Eröffnungsanlässen fühlte sich General Baker vollkommen zu Hause. Wie wir gesehen haben, war er in seinen Begabungen vielfältig und ebenso vielfältig in seiner Redekunst. Durch die Hexerei seiner Reden konnte er eine Versammlung unterhalten, amüsieren, erregen und bezaubern. Seine Redebegabung war hervorragend und das Spiel seiner Vorstellungskraft beim Sprechen rhapsodisch. Er war ein Meister der Versammlungen. Er würde die Menge wiegen wie der Wind ein Getreidefeld. Der aufblitzende Witz, die Kraft fesselnder Bilder, das Entfachen der Leidenschaft – all das gehörte in überragendem Maße zu ihm. Dahinter verbergen sich eine angenehme Präsenz und ein charmantes Auftreten. Die Leute hörten ihm gerne zu.

GEORGE P. HARRISON

In einem neueren Werk mit dem Titel „Social Life of Virginia in the Seventeenth Century" wird die Geschichte der ursprünglichen angesehenen Familien dargestellt, die aus England in das Old Dominion auswanderten, unter deren Namen der von Harrison auftaucht. Aus dieser Familie stammen zwei Präsidenten der Vereinigten Staaten sowie andere angesehene Bürger in verschiedenen Staaten der Union. General George Paul Harrison von Opelika ist ein Nachkomme des ursprünglichen Virginia-Stammes, der bei der Grundsteinlegung des Staates, an dessen Ufern die erste englische Kolonie landete, eine herausragende Rolle spielte. Der Name Harrison wird in vielen südlichen und westlichen Bundesstaaten erwähnt.

General George Paul Harrison, Gegenstand der vorliegenden Skizze, wurde am 19. März 1841 auf der „Montieth Plantation" in der Nähe von Savannah, Georgia, geboren und trägt den vollständigen Namen seines Vaters. Der Vater war viele Jahre lang prominent in der Politik von Georgia tätig, nahm an vielen Sitzungen in der Legislative dieses Bundesstaates im Chatham County teil und befehligte während des späten Krieges zwischen den Bundesstaaten eine Brigade staatlicher Truppen. Nach dem Krieg wurde der ältere Harrison zum Mitglied des Verfassungskonvents von Georgia gewählt und half wesentlich bei der Ausarbeitung einer Verfassung, die an die neue Ordnung nach Kriegsende angepasst wurde.

Unser derzeitiger angesehener Bürger, General George P. Harrison, wurde klassisch an den berühmten Akademien ausgebildet, für die Savannah vor der Zeit der Feindseligkeiten bekannt war. Die wichtigsten Schulen waren die Akademien Monteith und Effingham. Nach diesen fortgeschrittenen Studien in seiner Heimatstadt ging er zum Georgia Military Institute in Marietta, wo er 1861 als erster Ehrenmann seiner Klasse mit den Abschlüssen AB und CE abschloss. Bei Kriegsausbruch war er kaum zwanzig Jahre alt und beteiligte sich im Januar 1861 an der Eroberung von Fort Pulaski durch den Staat Georgia, das am 3. Januar 1861 in Besitz genommen wurde. Sein Kurs in Marietta war noch nicht abgeschlossen , trat Herr Harrison in den Staatsdienst ein und wurde zum Leutnant im First Regiment of Georgia Regulars ernannt. Im Frühjahr dieses ereignisreichen Jahres, als der Krieg noch nicht erklärt war, wurde er von Gouverneur Joseph E. Brown, Georgias „Kriegsgouverneur", zum Kommandanten des Marietta Military Institute ernannt, wo er seinen Kurs bis zum Abschluss verfolgen konnte.

Er kehrte zu den First Georgia Regulars zurück, wurde deren Adjutant und ging mit dem Kommando nach Virginia. Er nahm an den ersten Kämpfen des Krieges teil, war mit seinem Regiment bei der Affäre auf Langleys Farm und bei anderen Gefechten mit dem Feind dabei. Im Winter 1961 und 1962 wurde er zum Oberst des Fifth Georgia Regiment of State Troops ernannt und sechs Monate lang zum Schutz der Küste des Staates eingesetzt, als das Regiment für den regulären Dienst in der konföderierten Armee umorganisiert wurde , mit der Beibehaltung von Oberst Harrison als Kommandeur, sein Kommando wurde nun zum 32. Regiment der Georgia-Infanterie. Das Regiment wurde dem Dienst in Charleston zugeteilt, wo es bis kurz vor dem Ende des Kampfes blieb. Obwohl Harrison immer noch Oberst war, befehligte er in den Jahren 1963 bis 1964 etwa fünfzehn Monate lang eine Brigade. Die drei Brigadekommandeure, die Generäle Hagood, Colquitt und Colonel Harrison, befehligten während des größten Teils der Belagerung von Charleston abwechselnd die Insel Morris Island. Als am 22. Juli 1863 der Angriff auf Fort Wagner erfolgte, wurde Colonel Harrison schnell zur Verstärkung der Garnison entsandt, traf gerade noch rechtzeitig ein, rettete das Fort und schlug die Angreifer in die Flucht. In einem mehrtägigen Kampf auf John's Island hatte er das vollständige Kommando über die Streitkräfte der Konföderierten und zeichnete sich hier durch seine Kühle, seinen Mut und seine strategischen Fähigkeiten aus. Nach dem endgültigen Sturz Wagners wurde Colonel Harrison einem separaten Kommando zugeteilt, dessen Hauptquartier sich in Mount Pleasant befand. Ein Teil seines Kommandos war noch immer in Fort Sumter stationiert, über dem bis Februar 1865 die Farben der Konföderierten schwebten.

Im Jahr 1864 befehligte Colonel Harrison das Kommando in Florence, South Carolina, wo er ein Lager für 25.000 Bundesgefangene errichtete, die von dem jungen Kommandanten so menschlich betreut wurden, dass sie die Aufmerksamkeit von General Sherman erregten Als er Savannah eroberte, stellte er fest, wo sich Harrisons Haus befand, da die Familie jetzt in dieser Stadt wohnte, und erließ seinen Truppen einen allgemeinen Befehl, den besonderen Schutz dieses Hauses zu respektieren.

Im Jahr 1864 wurde die Brigade, die Oberst Harrison befehligte, zusammen mit der von General Colquitt entsandt, um die Invasion des Bundesgeneral Seymour in Florida abzuwehren, wobei Seymours Ziel darin bestand, Florida vom Rest der Konföderation zu isolieren. Oberst Harrison teilte die Ehre, die General Colquitt in der entscheidenden Schlacht bei Olustee erlangte, und wurde sofort zum Brigadier ernannt, da er angeblich der jüngste General der Armee war. Er war noch nicht ganz 23 Jahre alt, als er seinen Posten als Brigadegeneral erhielt. Seine Brigade wurde Teil von Walthalls Division, Stewarts Korps.

Als sich die Konföderierten vor Sherman in die Carolinas zurückzogen, wurde General Harrison die Aufgabe übertragen, den Rückzug von Hardee zu decken. General Harrison wirkte in den Schlussszenen des Dramas in den Carolinas mit, wurde zweimal verwundet und einmal wurde ein Pferd unter ihm getötet. Er hatte gerade seinen vierundzwanzigsten Geburtstag hinter sich, als sein Kommando in Greensboro, North Carolina, kapitulierte

Während seines Aufenthalts im Lager widmete sich General Harrison dem Studium der Rechtswissenschaften als seinem zukünftigen Beruf, zu dessen Ausübung er bald nach dem Ende der Feindseligkeiten zugelassen wurde. Er zog nach Alabama, ließ sich zunächst in Auburn nieder und zog später nach Opelika, wo er seitdem lebt. Er wurde zum Kommandanten der Alabama University gewählt und nahm die Position an, nachdem er zunächst abgelehnt hatte. Nach seiner Pensionierung wurde er zum Kommandanten der staatlichen Landwirtschaftsschule, wie sie damals hieß, in Auburn ernannt. Nach einem Jahr Dienst dort gab er alles andere auf und widmete sich seiner Praxis.

Sein Dienst für die Öffentlichkeit war bald gefragt, und 1875 wurde er zum Mitglied des Verfassungskonvents von Alabama gewählt und diente in derselben Funktion in seinem Wahlstaat, in dem sein geehrter Vater zur gleichen Zeit in Georgia diente. Dann folgte seine Wahl in den Staatssenat im Jahr 1880, in der er 1882 zwei Jahre lang Präsident dieses Gremiums wurde. Im Jahr 1992 wurde er zum Delegierten des nationalen Parteitags der Demokraten gewählt, und im Jahr 1994 wurde er ausgewählt, um die noch nicht abgelaufene Amtszeit des Ehrenwerten WC Oates im Kongress auszufüllen, der Gouverneur geworden war, wobei der Distrikt gleichzeitig seine Entscheidung zum Ausdruck brachte, selbst die Nachfolge anzutreten zwei Jahre später.

Als angesehener Freimaurer ist General Harrison Vorsitzender des Ausschusses für freimaurerische Rechtsprechung der Großloge von Alabama. Die Veteranen der Vereinigten Konföderierten haben ihre Wertschätzung für General Harrison zum Ausdruck gebracht, indem sie ihn in zwölf aufeinanderfolgenden Wahlen zum Generalmajor der Division Alabama gewählt haben. Im Jahr 1912 wurde er in Macon, Georgia, zum Generalleutnant der Armee des Departements Tennessee gewählt, dessen Position er heute innehat. Mittlerweile ist er zweiundsiebzig Jahre alt und wohnt in Opelika als Chefanwalt der Western of Alabama Railroad.

CHARLES M. SHELLEY

In puncto solider Verdienste, substanzieller und dauerhafter Ergebnisse und patriotischer Verdienste übertraf kein Alabamianer, der zu den Würdenträgern des Staates zählte, General Charles Miller Shelley. Er war für den Dienst gebaut und mit einer praktisch grenzenlosen und unbezwingbaren Energie ausgestattet. Da ihm der Segen einer Ausbildung, wenn auch in begrenztem Umfang, verwehrt blieb, eignete er sich bereitwillig Beispiele und Vorschläge an, baute sie in praktische Taten um, die er als Soldat, Bürger und Patriot mit geschickter Ausführung ausübte. Die Darstellung dieser Eigenschaften liefert einen Überblick über den Charakter dieses würdigen Bürgers und tapferen Soldaten.

Ergriffen von der Begeisterung, die so viele Jugendliche in Alabama erfasste, als die Wolke des Krieges zum ersten Mal den nationalen Horizont verhüllte, schloss sich Herr Shelley einer Militärkompanie an, die aus eigenem Antrieb nach Fort Morgan ging, bevor der Krieg tatsächlich begonnen hatte. Die Festungen und Häfen entlang der Südküste sollten damals den ersten Schauplatz des bevorstehenden Konflikts bieten. Diese Freiwilligen kehrten schließlich nach Hause zurück, eine gründlichere Organisation wurde durchgeführt und in der in Talladega gegründeten Kompanie wurde Shelley Kapitän. Diese Kompanie gehörte zum ursprünglichen Fünften Alabama-Regiment, dessen erster Oberst der brillante Rodes war.

Kapitän Shelley diente eine Zeit lang in Pensacola, bis das Regiment nach Virginia beordert wurde. Als Teil von Ewells Brigade befand sich das Regiment in unmittelbarer Nähe von Manassas Junction und geriet an der Farr's Cross Road in scharfe Auseinandersetzung mit dem Feind, beteiligte sich jedoch nicht an der ersten Schlacht von Manassas.

Am Ende der ersten Dienstzeit der Rekrutierung trat Kapitän Shelley als Kapitän zurück, kehrte nach Alabama zurück und stellte ein weiteres Regiment auf, dessen Oberst er wurde. Dabei handelte es sich um das dreißigste Regiment der Alabama Volunteers, das in der Westarmee eingesetzt wurde und dort große Auszeichnungen für seine Kampfqualitäten erlangte. Im denkwürdigen Feldzug von 1862 in Tennessee und Kentucky war Colonel Shelleys Regiment durchgehend beteiligt. Anschließend wurde das Regiment nach Mississippi verlegt und der Brigade von Tracey zugeteilt, die in Port Gibson harte Dienste leistete. Der erste harte Kampf auf dem Feld, an dem sich das dreißigste Alabama-Regiment beteiligte, fand in Baker's Creek oder Champion Hills statt, wo Oberst Shelley von General Stephen D. Lee, dem Helden dieser Schlacht, eine besondere Erwähnung erhielt. Noch später befand sich das Regiment in Vicksburg und teilte den Erfolg dieser unglückseligen Stadt.

In der Reihe von Konflikten in Nordgeorgien und in allen Kämpfen zwischen dieser Region und Atlanta und weiter nach Jonesboro war das dreißigste Alabama-Regiment auffällig. In Jonesboro, Georgia, wurde Colonel Shelley zum Kommandeur einer Brigade ernannt. Diese Position hatte er einige Wochen lang inne, als er an die Spitze von Canteys Brigade gestellt und zum Brigadier ernannt wurde. Er war mit Hood auf dem Rückmarsch nach Tennessee, und in der unglückseligen Schlacht von Franklin musste seine Brigade schwer leiden, da sie sechshundertsiebzig Männer von insgesamt elfhundert Mann verlor, die er in den Kampf führte. Durch eine geschickte Bewegung bei Franklin rettete General Shelley das gesamte Korps von General Stewart vor der Gefangennahme, für dessen Geschick und Tapferkeit er von General Hood besondere Anerkennung erhielt. Es ist aktenkundig, dass die Schlacht ohne die von Shelley bei Franklin gezeigte Feldherrschaft weitaus verheerender ausgefallen wäre. Er verließ den Kampf mit etwas mehr als vierhundert Mann in seiner Brigade, von denen die Hälfte bei Nashville gefangen genommen wurde.

Nach diesen Erschütterungen in Tennessee, zeitgleich mit Shermans Weitermarsch zum Meer und von dort nach North Carolina, wo General Joseph E. Johnston sein Kommando, das nun nur noch ein Fragment seines früheren Selbst war, wieder erhielt, wurde General Shelley dort zum Dienst ernannt. Alle zwölf zur Armee gehörenden Alabama-Regimenter wurden in North Carolina zu einer Brigade zusammengefasst und dem Kommando von General Shelley unterstellt. Die Kapitulation von Johnstons Armee führte dazu, dass General Shelley als entlassener Soldat nach Selma zurückkehrte.

Im Widerstand gegen die Übergriffe einer dominanten Macht während der schrecklichen Tage des Wiederaufbaus hat kein Mann in Alabama mehr patriotische Dienste geleistet als Charles M. Shelley. In den darauffolgenden Jahren wurde General Shelley zu verschiedenen Zeiten zum Wahlkampfleiter der Demokratischen Partei im Staat ernannt und kämpfte oft gegen subtile Widerstände. Seinem Einfallsreichtum in der Führung verdankte die Partei größtenteils das allmähliche Auftauchen aus den Wirren, mit denen sie konfrontiert war es war jahrelang betroffen. In den letzten Jahren seines Lebens wurde General Shelley einer der bekanntesten Führer der Demokratischen Partei in Alabama. Während der ersten Amtszeit von Herrn Cleveland fungierte er nach Ernennung des Präsidenten als dritter Rechnungsprüfer des US-Finanzministeriums. Er war ein Kandidat für das Gouverneursamt im Wahlkampf, der zur Wahl von Hon. führte. William J. Samford. General Shelley starb am 20. Januar 1907 in Birmingham.

In einem kurzen Rückblick wie diesem wird der Wert eines so bedeutenden Mannes wie General Shelley, sowohl als Soldat als auch als Bürger, kaum gerecht. Vieles von seinem Dienst wird voreilig übergangen, und wenn überhaupt, dann nur in sehr allgemeiner Form erwähnt. Die wichtigsten

Fakten seines ereignisreichen Lebens werden kaum mehr als angesprochen, aber selbst bei einer so kurzen Würdigung seiner Verdienste festigen bestimmte unbestrittene Fakten seinen Ruhm.

General Shelley war ein unerschrockener Soldat, dessen Mut angesichts der Gefahr ungewöhnlich war. Soweit sich die Möglichkeit bot, in der Kriegstaktik selbständig zu handeln, zeigte er als Kommandeur seltene Fähigkeiten. Er erfüllte alle Anforderungen, ohne zurückzuschrecken, und leistete stets seinen Beitrag mit dem Heldentum des echten Soldaten, der er war. Er war auch nicht weniger geneigt, die Verpflichtungen zu übernehmen, die ihm in späteren Kämpfen um die Vorherrschaft der Demokraten in Alabama auferlegt wurden. Nicht wenige, die im Staat zu politischem Ansehen aufstiegen, waren der fleißigen Arbeit von General Shelley zu verdanken. Die von ihm geleisteten Dienste sind Teil der Geschichte des Staates im letzten halben Jahrhundert. In bestimmten Fällen, in denen es zu Konflikten kam, ist es zweifelhaft, ob ein anderer diesen mit gleicher Effizienz hätte begegnen können. Es bedarf keiner übertriebenen Lobrede, um die Geschichte seines tapferen Dienstes zu erzählen – die ungeschminkten Fakten genügen. Energie, Fleiß, Einfallsreichtum, Mut und ein beständiger Optimismus waren die Eigenschaften, die General Shelley in seinem langen Dienst für den Bundesstaat Alabama an den Tag legte.

HENRY D. CLAYTON

General Clayton diente dem Staat in verschiedenen Funktionen. In der Legislative war er als Vorsitzender eines der wichtigen Ausschüsse eines der wachsamsten und aktivsten Mitglieder; als Befehlshaber der Konföderierten war er mutig und geschickt; Als Bezirksrichter zählte er zu den fähigsten des Staates, und als Präsident der staatlichen Universität leistete er seinen letzten Dienst mit größter Zufriedenheit.

Er wurde am Emory and Henry College ausgebildet, wo er 1848 seinen Abschluss machte, und erhielt für seine hervorragende Gelehrsamkeit vom College die Robertson-Preismedaille. Nach Abschluss seines College-Studiums verlor er keine Zeit, denn ein Jahr später wurde er als Rechtsanwalt zugelassen und begann sofort eine erfolgreiche und lukrative Praxis. Die ersten acht Jahre seines Lebens waren ausschließlich dem Recht gewidmet, und obwohl er als einer der fähigsten und beliebtesten jungen Anwälte des Staates galt, konnte er nicht dazu überredet werden, in das öffentliche Leben einzutreten.

Im Jahr 1857 wurde er jedoch ohne Gegenkandidaten als Vertreter des Barbour County in die Legislative gewählt, und im Jahr 1859 wurde er erneut gewählt. Herr Clayton war 1861 Vorsitzender des Militärausschusses, als Gouverneur Moore zwölf Monate Freiwillige für den Einsatz nach Pensacola aufrief, das als für den Feind verwundbarer Punkt galt. Zu dieser Zeit war Herr Clayton Oberst des dritten Regiments des Alabama-Freiwilligenkorps, und als Reaktion auf den Appell von Gouverneur Moore wurden die Dienste dieses Regiments ausgeschrieben. Da jedoch nur zwei Regimenter gefordert wurden, wünschte sich Gouverneur Moore, dass diese aus verschiedenen Teilen des Staates stammen sollten. Zwei Kompanien des Regiments von Colonel Clayton wurden jedoch angenommen und in Dienst gestellt.

Auf Colonel Clayton wurde Druck ausgeübt, in der Legislative zu bleiben, aber er lehnte es entschieden ab, zu bleiben, und erklärte seine Absicht, in die künftige Armee der Konföderation einzutreten. Als er feststellte, dass der Gouverneur nicht das gesamte Regiment, dessen Kommandeur er war, akzeptieren würde, legte er seinen Sitz in der Legislative nieder und nahm als Privatmann seinen Platz in den Reihen einer der Kompanien ein. Daraufhin ernannte ihn der Gouverneur zum Adjutanten und schickte ihn nach Pensacola, um die Alabama-Kompanien so zu empfangen, wie sie ankommen sollten, und sie in Regimentern zu organisieren. Oberst Clayton hatte die Ehre, das erste Regiment zu organisieren, das für den Dienst der Konföderierten aufgestellt wurde. Von diesem Regiment wurde er zum Oberst gewählt. Das Regiment bestand aus ausgewählten jungen Alabamianern, von denen nicht wenige, obwohl bereits angesehene Bürger, als Gefreite in den Reihen dienten. Unter diesen können Hons genannt werden. John Cochran, James L. Pugh und EC Bullock. Aus derselben Stadt stammten Colonel Clayton und diese angesehenen Bürger, die als Gefreite in den Reihen dienten. Es spiegelte für diese Gefreiten eine ebenso große Ehre wider wie für den jungen Oberst, dass, während sie zu Hause denselben Kreis der Gesellschaft vertraten, in ihren jeweiligen Beziehungen als Soldaten, der eine ein Oberst und die anderen Gefreiten, gleichzeitig ausgeübt wurde Auf der anderen Seite die strenge Disziplin des Offiziers und auf der anderen Seite der prompte Gehorsam des Soldaten in den Reihen.

In der Tat waren diese prominenten Bürger Musterbeispiele für den Gehorsam gegenüber der Disziplin und bemühten sich, so schnelle Dienste zu leisten, dass sie für die weniger angesehenen Männer in den Reihen vorbildlich wären. Sie teilten das Schicksal des einfachsten Soldaten in den Reihen, sei es im Hinblick auf den Wachdienst, das Errichten von Befestigungen oder das Aufstellen von Kanonen.

Monate vergingen und der Kriegsschauplatz verlagerte sich nach Virginia und Kentucky. Während die tapferen Alabamianer in Pensacola untätig blieben, wurden in den bereits genannten Regionen entscheidende Schlachten ausgetragen. Sie ärgerten sich über die erzwungene Pensionierung, und nach Ablauf der Dienstzeit des Regiments wurde Colonel Clayton gedrängt, es neu zu organisieren, doch da er den aktiven Felddienst dem Küstendienst vorzog, kehrte er nach Hause zurück und organisierte das neununddreißigste Alabama-Regiment und bot es der Konföderation an. Colonel Clayton wurde unter General Bragg zum Militärdienst eingeteilt und führte seine Truppen in die Schlacht von Murfreesboro, wo er eine Verwundung erlitt. Nach einem Urlaub von dreißig Tagen kehrte er zu seinem Kommando zurück, obwohl seine Wunde noch nicht verheilt war, und war überrascht, als er seinen Auftrag als Brigadegeneral erhielt.

Sein Kommando wurde in der Westarmee für seine Kampfqualitäten bekannt, und „Claytons Brigade" war in allen aktiven Feldzügen der Westarmee das Synonym für Mut und Mut, und in ihrer langen Reihe von Konflikten war diese unerschrockene Brigade im Einsatz. Nach der Schlacht von New Hope Church, in der General Clayton erneut verwundet wurde, wurde er zum Generalmajor ernannt, dessen Amt er bis zur Kapitulation von Johnston in North Carolina innehatte. Zusätzlich zu der Wunde, die er in Murfreesboro erlitten hatte, wurde er in Chickamauga durch einen Kartätschenschuss vom Pferd geworfen, und in Jonesboro wurden drei Pferde unter ihm entweder getötet oder behindert.

Nach seiner Rückkehr nach Hause am Ende der Feindseligkeiten wurde General Clayton zum Richter des achten Gerichtsbezirks gewählt, in dem er bis zu seiner Absetzung im Rahmen des Wiederaufbauregimes tätig war. Danach widmete er sich der Anwaltschaft und dem Pflanzenanbau, in beiden Bereichen war er erfolgreich.

Nach einer erfolglosen Kandidatur für das Gouverneursamt wurde General Clayton später Präsident der State University, in dieser Funktion blieb er bis zum Ende seines Lebens tätig.

General Clayton war ein ausgezeichneter Typus des Südstaaten-Gentlemans der alten Zeit. Frei und herzlich im Umgang mit Freunden, gastfreundlich und fröhlich, war er zu Recht einer der beliebtesten und prominentesten Bürger des Staates. Er hinterließ einen Rekord, der von den Soldaten seines alten Kommandos, von den Studenten der Universität und von der Bevölkerung eines großen Staates gleichermaßen geschätzt wurde.

JAMES F. DOWDELL

Im Laufe seiner Karriere bekleidete Oberst James F. Dowdell eine Reihe wichtiger und verantwortungsvoller Positionen. Im Alter von 28 Jahren nahm er die Staatsbürgerschaft von Alabama an, zog von Georgia nach Ost-Alabama und begann dort als Anwalt zu arbeiten. Seine Eltern stammten aus Virginia, seine Mutter war eine entfernte Verwandte von Henry Clay.

Als Absolvent des Randolph-Macon College, das seit langem als eines der besten im Süden gilt, war Colonel Dowdell zu Beginn seines Lebens durch hervorragende Bedingungen begünstigt. Er zeichnete sich auch durch eine hervorragende juristische Ausbildung aus, da er bei General Hugh Haralson aus LaGrange, Georgia, Jura studiert hatte.

Die Begabungen und Errungenschaften von Colonel Dowdell waren eher ungewöhnlich. Obwohl er im Denken völlig unabhängig war, war er in seinem Wesen bescheiden. Er war unauffällig, aber dennoch standhaft in seiner moralischen Beständigkeit. Durch sein abwechslungsreiches öffentliches Leben in den Kreis der Verlockungen hineingezogen, behielt er einen makellosen Charakter und wurde für seine kompromisslose Bewahrung der Tugend geehrt. In dieser Hinsicht war der Tenor seines Lebens einheitlich. In der Öffentlichkeit und im Privaten war er immer derselbe. Nichts kam von seinen Lippen, was die vornehmste Dame nicht hören könnte. Doch im intellektuellen Kampf auf den Wahlkämpfen oder auf dem Parkett des Kongresses, wo Geist auf Geist aufeinander prallte, war er immer ein Antagonist, mit dem man Rechenschaft ablegen musste. Auch wenn er in der Eile und im Beginn der Debatte steckte, versäumte er es nie, an der Grenze des Anstands stehen zu bleiben. Angesichts des Unrechts kam es zu einem instinktiven Anhalten und Zurückschrecken. Nichts konnte ihn darüber hinaus verraten.

Als Colonel Dowdell in das öffentliche Leben eintrat, was nur wenige Jahre nach seiner Versetzung in den Staat erfolgte, kam er in engen Kontakt mit mehreren der intellektuellen Giganten, für die diese Periode in der Geschichte des Staates bekannt war. Fünf Jahre, nachdem er die Staatsbürgerschaft von Alabama angenommen hatte, bewarb er sich um die Legislative, und obwohl er bei seinem ersten Wahlkampf geschlagen wurde, gelang es ihm, das Volk mit seiner Durchsetzungskraft so zu beeindrucken, dass er im darauffolgenden Jahr auf der Pierce-Liste zum Wähler gewählt wurde. Dies bot die Gelegenheit, den Eindruck auf die Öffentlichkeit zu vertiefen, und ein Jahr später wurde er von seinem Wahlbezirk mit einem Sitz im Nationalkongress belohnt. Durch einen politischen Schachzug einige Zeit später wurde er jedoch benachteiligt. Nachdem die Kongressbezirke des Staates 1853 neu organisiert worden waren, wurde er in den Bezirk versetzt, in dem auch Montgomery lag. Da er jedoch darauf angewiesen war, dass die Öffentlichkeit seine Leistungen gebührend anerkennen würde, zögerte er nicht, sich im Gegensatz zu Hon. zur Wiederwahl zu bewerben. Thomas H. Watts, ein Konkurrent von gigantischer Macht, debattierkundig und mit aktuellen Fragen bestens vertraut. Dies war die Zeit, in der der Nichtwissenismus weit verbreitet war und als politische Modeerscheinung, neuartig und auffällig, seinen Anhängern den Vorteil der Aufregung verschaffte, die er hervorrief. Der Wettbewerb mit Herrn Watts war bemerkenswert, der Bezirk war von den konkurrierenden Kandidaten so aufgeregt wie nie zuvor, und Herr Dowdell gewann mit knapper Mehrheit. Er betrachtete dies als einen der entscheidendsten Siege seines Lebens.

Als er 1855 für eine zweite Amtszeit in den Kongress zurückkehrte, wurde er am Ende der nächsten zwei Jahre, 1857, erneut von Oberst Thomas J. Judge abgelehnt, der sich damals auf dem Höhepunkt seiner intellektuellen Kraft befand. Wieder wurden die größten Streitkräfte von Colonel Dowdell zu Übungen gerufen, erneut wurde ein bemerkenswerter Feldzug durchgeführt und erneut gewann Colonel Dowdell. Er war nie gewalttätig und schreckte dennoch nie davor zurück, in einen Kampf einzugreifen, und er hatte eine Art, ihm zu begegnen, die zwar zeigte, dass er keine Angst hatte, aber er war durchaus darauf bedacht, in jedem Fall das Richtige zu tun, und verschmähte es, sich den geringsten Vorteil zu verschaffen, es sei denn es war mit dem Kodex des Rechts vereinbar. Das erregte nicht nur die Aufmerksamkeit der Menge, sondern löste nicht wenig Beifall in der Bevölkerung aus.

Der Ruf, den er in zwei Feldzügen erlangte, deren Bedingungen beide ungewöhnlich bemerkenswert machten, trug dazu bei, die Macht von Colonel Dowdell in Washington zu stärken, und die Glückwünsche seiner Kameraden waren überschwänglich, als er frisch aus dem Kampf zurückkehrte, um seine Aufgaben wieder aufzunehmen in der Landeshauptstadt. In seiner Heimat galt er als unbesiegbar, was einige der Löwen der Landeshauptstadt teilten. Diese beiden Wettbewerbe festigten seinen Ruf in Alabama für immer. Man erkannte die besondere Qualität seiner Fähigkeiten, man ehrte ihn für seinen Sinn für absolute Fairness und schenkte ihm Vertrauen für seine Integrität. Er hatte die Tür der Möglichkeiten geöffnet, die kein Mensch schließen konnte.

Nachdem Colonel Dowdell drei aufeinanderfolgende Amtszeiten im Kongress gedient hatte, zog er sich freiwillig zurück und zog sich für etwas mehr als ein Jahr ins Privatleben zurück. Das Grollen eines bevorstehenden Krieges lag bereits in der Luft, an dessen Ausgang kein nachdenklicher Mann der Zeit auch nur einen Augenblick zweifeln konnte. Krieg war unvermeidlich. Es war eine Zeit, die alle Fähigen erforderte.

Nach seinem Ruhestand wurde Colonel Dowdell als Delegierter zum Sezessionskonvent von Alabama berufen. Es folgte der Krieg, und Colonel Dowdell stellte ein Freiwilligenregiment auf, das 37. Alabama, das unter General Albert Sidney Johnson für den Einsatz im Westen eingesetzt wurde. In Korinth zeichnete sich Colonel Dowdell durch seine Kühle und seinen Mut an der Spitze seines Kommandos aus. Einige Zeit später ließ seine schwache Verfassung unter der Belastung und den Strapazen des Lagers und des Marsches nach, und er musste sich zurückziehen. Dieser Schritt erfolgte auch nicht freiwillig, da er den Rücktritt wegen des Schadens für das Beispiel und aus anderen Gründen ablehnte und dies nur auf Anordnung einer Ärztekammer tat. Er war nicht in der Lage, wieder in die Armee einzutreten, sondern widmete sich seinen Privatangelegenheiten und half auf jede erdenkliche Weise bei der Förderung der Sache.

Nach dem Krieg wurde Colonel Dowdell Präsident des East Alabama College in Auburn, damals eine Schule unter der Schirmherrschaft der Methodist Episcopal Church, South. Aus dieser Schule wurde später das Alabama Polytechnic Institute, das sie heute ist. In dieser neuen Position diente Colonel Dowdell mehrere Jahre lang mit Signalfähigkeiten. Obwohl er nie Pfarrer war, war er Prediger und diente häufig auf der Kanzel als Pfarrer der Methodist Episcopal Church, South. Oberst Dowdell zeichnete sich in allem aus, was er annahm, oder in allen Positionen, zu denen er berufen wurde, und zeichnete sich vor allem durch seinen unbestechlichen Charakter und seine Frömmigkeit gegenüber dem Leben aus. Er starb 1871, starb so, wie er gelebt hatte – ein Mann der Frömmigkeit, eine Zierde des öffentlichen Lebens, im Privatleben ein furchtloser Bürger, eine Ehre für seine Kirche und einer der ersten Bürger des Staates.

LAFAYETTE-GILDE

Unter den Ärzten Alabamas war Dr. LaFayette Guild aus Tuscaloosa der Mann, der während des Bürgerkriegs die größte Auszeichnung erlangte. Er stammte aus einer in der Medizin angesehenen Familie, sein Vater, Dr. James Guild, war einer der fähigsten Ärzte des Landes. Seine Operationen in der Chirurgie standen denen von Dr. Valentine Mott aus New York in nichts nach.

Dr. LaFayette Guild schloss sein Studium im Alter von zwanzig Jahren mit dem höchsten Abschluss ab, der von der University of Alabama verliehen wurde. Seine geistige, soziale und schulische Ausstattung war von höchster Qualität, denn zu dieser Zeit war niemand so beliebt wie er. Die Vorteile eines kultivierten christlichen Zuhauses, dessen Stellung in der besten Gesellschaft des Südens lag, und der Anreiz eines literarischen Zentrums waren sein Eigentum, zu all diesen Vorteilen kamen seine eigene Energie, sein Einsatz und sein Fleiß hinzu.

Zur Zeit seines Abschlusses an der University of Alabama war das Jefferson Medical College in Philadelphia die einzige große medizinische Fakultät. Nach einem dreijährigen Studium schloss er sein Studium an dieser berühmten Hochschule ab. Er war ein großer Favorit an der medizinischen Fakultät und wurde sowohl für seine Kultur und sein sanftes Wesen als auch für den akademischen Rang, den er innehatte, bewundert. Die Zärtlichkeit seines Mitgefühls zeigte sich darin, dass er ohnmächtig wurde, als er zum ersten Mal Zeuge der Sektion eines menschlichen Leichnams wurde, während eine andere Seite seines Charakters zum Vorschein kam, als er einmal einem Mitschüler das Leben rettete, indem er daran saugte Gift aus einer versehentlich bei der Operation zugefügten Wunde. Diese offenbaren hinreichend den Typus des Mannes, der er war.

An einer Spur ritterlicher Gesinnung mangelte es Dr. Guild nicht, der zwar seinen Beruf liebte, sich aber nicht damit zufrieden gab, dem üblichen Alltagstrott des Arztlebens zu folgen, und sich daher für die militärische Phase des Berufs entschied. Dementsprechend wurde er im Alter von vierundzwanzig Jahren zum Assistenzarzt der regulären Armee ernannt und 1849 zum Dienst in Key West, Florida, abkommandiert.

In dieser halbtropischen Region war er bei seiner wissenschaftlichen Forschung so begeistert wie nie zuvor. Von Florida wurde er nach Governor's Island vor Boston versetzt, wo er die Ergebnisse seiner Forschungen in Südflorida in Beschlag nehmen konnte. Sein wertvoller Dienst zeigte sich bei der Vorbeugung von Gelbfieber durch infizierte Schiffe aus den Tropen. Während seiner Stationierung auf Governor's Island verfasste Dr. Guild eine Abhandlung über Gelbfieber, die von der Regierung veröffentlicht wurde. Er war der erste, der energisch darauf beharrte, dass Gelbfieber ansteckend, wenn auch nicht ansteckend sei – eine damals neue, heute aber akzeptierte Theorie.

Seinem geschulten Auge entging nichts, was die Gesundheit der Armee betraf. Ungefähr zu der Zeit, über die wir jetzt schreiben, erfreute sich ein Fleischkeks, der an die Armee ausgegeben wurde, großer Beliebtheit, doch er verurteilte ihn als gesundheitsschädlich und trug maßgeblich dazu bei, dass er nicht mehr hergestellt wurde.

Von Boston aus wurde Dr. Guild zum Dienst an der Pazifikküste abkommandiert, wo General Albert Sidney Johnston die Pazifikküsten-Division der regulären Armee befehligte. Dr. Guilds offizielle Aufgaben ermöglichten es ihm, viele Schauplätze der indianischen Kriegsführung im Fernen Westen mitzuerleben. Während seines Dienstes an der Pazifikküste kam es zum Bruch zwischen dem Norden und dem Süden. Er opferte umgehend seine angehäuften Mittel und die beliebte und lukrative Position, die er in der Armee erlangt hatte, trat zurück, wandte sein Gesicht nach Süden, besuchte sein altes Zuhause in Tuscaloosa und zog nach Richmond, wo er im Juli 1861 zum a Chirurg in der konföderierten Armee. Im folgenden Monat wurde er von der Regierung der Konföderierten auf eine Inspektionsreise durch die Krankenhäuser im gesamten Süden geschickt.

Nach seiner Rückkehr nach Richmond wurde Dr. Guild zum Dienst an der Front abkommandiert, wo seine Beziehungen zu General Joseph E. Johnston am engsten wurden und die Familien beider einen bezaubernden Kreis der Armeegesellschaft bildeten. Dr. Guild war einer von vielen anderen, die darauf bestanden, dass General Johnston zu den größten Strategen beider Armeen gehörte.

Als General Johnston bei Seven Pines verwundet wurde und General Lee das Kommando übernahm, lautete eine der ersten Fragen von General Lee: „Wo ist Dr. Guild?" Sagen Sie ihm, er soll sich sofort bei mir melden. Auf dem Schlachtfeld von Seven Pines wurde Dr. Guild zum medizinischen Direktor und Chefchirurgen der Armee von Nord-Virginia ernannt, eine Position, die er bis zum Ende des Krieges innehatte. Diese Position brachte ihn in den Stab von General Lee, und von diesem Zeitpunkt an bis zum Ende der langen und blutigen Tragödie unterhielt Dr. Guild die engste persönliche Beziehung zum größten Häuptling des Südens.

Als General Lee in Pennsylvania einmarschierte, ritt er eines Tages an der Spitze seiner Truppen durch eine Stadt, deren Bevölkerung den Konföderierten jede Menge Feindseligkeit zeigte. Von den Fenstern und Balkonen der Häuser aus schwenkten die Frauen Fahnen und begleiteten ihre Demonstrationen mit Fauchen und Spott. Vor all dem schrumpfte Lees zarte und sensible Natur, und als er sich an einen seiner Adjutanten wandte, sagte er: „Bringen Sie Dr. Guild und Breckenridge an die Front." Zwei weitere anmutige und gebieterische Persönlichkeiten befanden sich nicht in der Armee, und als sie herangaloppierten, stellte sich General Lee ruhig zwischen sie, und die drei ritten nebeneinander. Mit seiner charakteristischen Bescheidenheit erläuterte General Lee später den Grund für die Berufung der beiden Ärzte an die Front, indem er sagte, er sei sicher, „die Damen würden zwei so gutaussehende Männer und hervorragende Reiter wie die beiden angesehenen Ärzte nicht lächerlich machen."

Als der Krieg zu Ende war, ging Dr. Guild nach Mobile, und obwohl er noch praktisch ein junger Mann war, war sein Gesundheitszustand durch die Strapazen und die Belastung, die er dem langen Krieg ausgesetzt war, ruiniert. Sein energischer Geist kämpfte mit seinem behinderten Körper und er hegte die Hoffnung, dass er sich durch sorgfältigen Umgang mit seinen verbleibenden Kräften erholen könnte. Sein Plan war es, ein neues Leben zu beginnen und eine Privatpraxis in der Golfstadt zu eröffnen. Aber seine wertvollen Dienste wurden bald in eine andere Sphäre gelenkt, denn während einer Gelbfieberepidemie wurde er zum Quarantäneinspektor von Mobile ernannt und konnte durch seine Geschicklichkeit und seinen Fleiß die verheerenden Folgen eindämmen. Im Jahr 1869 zog Dr. Guild nach San Francisco in der Hoffnung auf Wiederbelebung in einem ausgeglichenen Klima, doch er überlebte seinen Umzug nicht lange, denn am 4. Juli 1870 starb er in der kleinen Stadt Marysville an Herzrheuma. Kalifornien.

MW ABERNETHY

Eine einzige Tat reicht aus, um einen Mann hervorzuheben, wenn sie von ausreichendem Verdienst und Ausmaß ist. Nicht nur diejenigen, die herausragende Führungspersönlichkeiten auf ihrem Gebiet oder in einem Forum sind, verdienen die Anerkennung und Würdigung durch ein dankbares Volk, sondern auch andere, sofern ihr Leben dies rechtfertigt.

Ganz außerhalb des Stroms der Unterscheidung, da dieses Element selbst in den Wirbeln des Lebens anerkannt wird, sind vollbrachte Taten und gelebte Leben ebenso des Beifalls würdig wie der, der durch das blitzende Schwert oder die beredte Lippe hervorgerufen wird. Es ist auch nicht notwendig, dass jemand zu den Demütigen gezählt wird, weil er dies neben der herausragenden Seite des Lebens tut.

In diesem Zusammenhang verdient der Name von Major Miles W. Abernethy, unter denjenigen erwähnt zu werden, die zum Aufbau unseres Gemeinwesens beigetragen haben. Als Bürger des Calhoun County stammte er aus North Carolina, wo er am 22. Juli 1807 geboren wurde. Er war zweiunddreißig Jahre alt, als er aus Lincoln County, seinem Geburtsort im Old North State, kam und sich niederließ in Alabama. Als er Jacksonville als seinen Wohnsitz wählte, wo er sich 1839 als Kaufmann niederließ, wurde er sofort ein interessierter Teilhaber der bewegten Zeiten dieser Zeit. Alabama war nun durch die Wirren des anfänglichen Kampfes zu einem riesigen Staat gelangt und hatte sich durch seine angesehenen Söhne einen beneidenswerten Platz in den Räten der Nation erkämpft. Darüber hinaus hatten die innere Verbesserung und die enormen Ressourcen des Staates ihm einen Platz unter den Handelsfaktoren der Nation verschafft.

Der Ruf des Staates, der Major Abernethy erreichte, diente dazu, ihn in der Reife seiner Jahre dorthin zu locken, und er begann still und dennoch aktiv seine Karriere als Kaufmann in Jacksonville. Er hatte einen festen Charakter, ein gereiftes Urteilsvermögen, ein umgängliches Benehmen, war kultiviert und verfügte über eine weit über das Übliche hinausgehende Weitsicht. Es dauerte nicht lange, bis er sich das Vertrauen und die Wertschätzung der Menschen erkämpfte, unter denen er sich niederließ. Drei Jahre nach seiner Ankunft im Staat wurde er aus dem Kreis ausgewählt, der damals Benton hieß, um seinen Wahlkreis im unteren Zweig der gesetzgebenden Körperschaft des Bundesstaates zu vertreten, wo er mehrere Jahre lang mit ruhiger und effizienter Kompetenz tätig war.

Die eintönige Routine der Gesetzgebungsarbeit beeindruckte ihn zunächst nicht, und er ging nach Ablauf von ein oder zwei Amtszeiten in den Ruhestand und widmete sich wieder der Vermarktung und dem

Pflanzenanbau. Allerdings konnte einer seiner Art von Intelligenz und allgemeinem Interesse nicht gleichgültig gegenüber den aktuellen Angelegenheiten eines Staates sein, der in der Entwicklung voranschreitet und nun ein echter Faktor in den nationalen Angelegenheiten ist.

1885 wurde er erneut ins öffentliche Leben berufen, indem er zum Vertreter seines Bezirks im Staatssenat gewählt wurde. Seine frühere Erfahrung und sein engagiertes und unvermindertes Interesse an öffentlichen Angelegenheiten hatten ihm einen größeren Qualifikationsschatz verliehen , und er kehrte mit größerer Kraft als zuvor zu den Funktionen der Öffentlichkeit zurück. Der Rat von Major Abernethy, der vorsichtig, umsichtig, konservativ war und das Gemeinwohl mit einer Desinteresse betrachtete, die keinerlei Rücksicht auf die Zukunft nahm, war in Bezug auf die vor der Generalversammlung anstehenden Fragen ständig gefragt.

Als glühender Demokrat und Schüler der Calhoun-Schule wollte Major Abernethy den Namen der Grafschaft, in der er wohnte, von Benton in Calhoun ändern, den sie heute trägt. Er gehörte zu dem dreiköpfigen Komitee, das vom Gesetzgeber ernannt wurde, um das neue Kapitolgebäude in Montgomery zu erhalten, als der Standort von Tuscaloosa verlegt wurde.

Aber der krönende Akt im Leben und in der Karriere von Major Abernethy, der ihm einen dauerhaften Platz auf der Liste der Großen und Nützlichen unter den Einwohnern Alabams verschaffte, war die Idee, in Talladega das Gehörlosen- und Stummenheim zu gründen. Nachdem Major Abernethy den Plan dieser Einrichtung für die Unglücklichen entworfen hatte, setzte er seine Kraft und sein Können ein und ruhte nicht, bis er mit der Vollendung gekrönt war.

Hätte Major Abernethy nie mehr getan, obwohl er aus der Versenkung aufgetaucht war und bei diesem Unterfangen humanitärer Errungenschaften so erfolgreich gewesen wäre, wäre sein Name einer unsterblichen Einbalsamierung in den historischen Aufzeichnungen Alabamas würdig. Mit klarem Geschäftsurteil, gepaart mit einem Herzen des Interesses und des Mitgefühls für die Unglücklichen, kämpfte dieser Mann, der ebenso sanft im Gefühl war wie energisch in der großen Ausführung, mit einem großen Unternehmen und gab nicht auf, bis es den Schlussstein trug der Vollendung. Diese Institution steht, wie sie seit einem halben Jahrhundert oder mehr besteht, nicht nur als Relief einer der unglücklichsten Klassen der Menschheit, sondern auch als Denkmal für Major Miles W. Abernethy.

Aber sein Rekord endet hier nicht. Er war 55 Jahre alt, als der Krieg zwischen den Staaten begann, und wegen einer verkrüppelten Hand konnte er nicht in den regulären Dienst eintreten, dennoch bot er der Konföderiertenregierung seinen Dienst an, um ihm jede erdenkliche Hilfe zu leisten eine schwierige Sache. Er wurde zum Major ernannt und in der Stadt, in der er wohnte, zum

Dienst eingeteilt. Sein geräumiges und prächtiges Haus in Jacksonville wurde zu einem bekannten Erholungsort und Erholungsort für die Kranken und Verwundeten der südlichen Armeen, in denen jeder Mann, unabhängig von seinem Stand, ob kultiviert oder unwissend, mit Herzlichkeit begrüßt wurde Schwelle des Abernethy-Herrenhauses. Wenn er eine graue Uniform trug, zeigte er den Bewohnern dieses gastfreundlichen Heims, dass er wertvoll war. Hier wurde er zärtlich umsorgt, bis er seinen Platz in den Reihen wieder einnehmen konnte, und mit dem Segen des fürstlichen Besitzers würde er sich verabschieden. Darüber hinaus reichte seine Wohltätigkeit noch weiter. Die Familien der abwesenden Veteranen wurden in der Nähe und in der Nähe aufgesucht und von diesem Fürsten der Wohltäter betreut. All dies geschah mit einer Freundlichkeit und Zärtlichkeit, die so unaufdringlich war, dass oft nur die Empfänger seiner Kopfgelder und die Bewohner seines Hauses davon wussten.

So lebte und wirkte dieser edle Bürger von Alabama, und dies ist die unvollkommene Hommage an sein würdiges Leben und seine edlen Taten.

GEORGE S. HOUSTON

Ohne den Namen von Gouverneur George Smith Houston wäre keine Reihe von Skizzen der großen Männer Alabamas vollständig. Seine Dienste waren ausgezeichnet und wurden zu einer Zeit erbracht, als sie nicht höher geschätzt werden konnten. Dies gilt in besonderem Maße für seine Verdienste als Gouverneur. Ausgestattet mit besonderen Befugnissen, die ihn für eine Krise geeignet machten, wurden diese Befugnisse während seiner Amtszeit als Gouverneur des Staates aktiv in Anspruch genommen.

Alabama war mit einer schlimmen Krise konfrontiert, und es brauchte einen Mann mit Vielseitigkeit und einzigartiger Kraft, um dieser zu begegnen. Der Staat war seiner Betriebsmittel und -möglichkeiten beraubt worden; die Schatzkammer war leer; Das Volk war demoralisiert und die Kreditwürdigkeit des Staates stark beeinträchtigt. Unter solchen Bedingungen zu scheitern wäre fatal gewesen, und dennoch war der Tiefpunkt der Depression erreicht. Die Situation erforderte erhabene und besondere Tugenden. Robuste Männlichkeit, robuster Mut, der nicht auf der Tagesordnung stand, die Fähigkeit, eine Situation nicht nur zu meistern, sondern sich auch mit ihr auseinanderzusetzen, eine Kraft staatsmännischer Konstruktivität und ein Geist, der vor kolossalen Schwierigkeiten nicht zittern würde — all das war nötig ein suspendiertes Interesse wiederzubeleben, was die schwierigste aller Aufgaben ist.

Diese aufzuzählen bedeutet, Gouverneur George S. Houston zu beschreiben. Er hatte die Gabe, Menschen zu beeinflussen, hatte ein Auge für kleinste Details, Geschäftssinn, war mit öffentlichen Angelegenheiten vertraut, hatte Geduld bei der Arbeit und beim Warten und nicht zuletzt körperliche Ausdauer. Er war ein außergewöhnlicher Mann, und kein Gouverneur hatte mehr Chancen zu bewältigen, noch ist einer seiner Verpflichtungen treuer nachgekommen. Da der Staat durch Misswirtschaft und mutwillige Verschwendung bis ins Mark gelähmt war, ergriff er die Zügel und leitete von Anfang an die Angelegenheiten des Commonwealth mit der Geschicklichkeit eines ausgebildeten Staatsmannes.

Das Motto der Zeit war Kürzung und Reform. Diese alliterative Legende war das Schlagwort der neuen Regierung. Er begegnete dem Thema wie ein Kämpfer in der Arena. Er kam nicht mit leeren Demonstrationen. Keine überschwänglichen Versprechungen lagen in der Luft. Nicht Versprechen waren gefragt, sondern Leistung. Die gewaltige Aufgabe wurde übernommen und ihre Ausführung hat den Namen Houston in den Chroniken Alabamas für immer berühmt gemacht. Was auch immer andere getan haben mögen, niemand hat mehr für Alabama getan als George S. Houston. So überragend seine Größe auch war, war Herr Houston nicht unwissend über die

Angelegenheiten der Öffentlichkeit, als er 1874 zum Gouverneursvorsitz berufen wurde. Er hatte viel vom öffentlichen Leben gesehen. Er begann seine Laufbahn als Anwalt im Jahr 1831, wurde im nächsten Jahr zum Gesetzgeber ernannt, begann dann eine Karriere als Anwalt in seinem Bezirk und wurde zehn Jahre nach seinem Eintritt ins öffentliche Leben in den Kongress geschickt. Seine Karriere im Kongress war langwierig und bemerkenswert . Mit einer kurzen Unterbrechung blieb er achtzehn Jahre lang, von 1841 bis 1859, im Kongress. In seinem Bezirk wurde allgemein anerkannt, dass er ein unbesiegbarer Kandidat war, denn einer nach dem anderen unterlagen einige der prominentesten Männer des Bezirks ihn, und einige von ihnen mehr als einmal.

Seine Karriere im Kongress zeichnete sich durch seine Positionen als Vorsitzender für Militärangelegenheiten, Vorsitzender des Ausschusses für Mittel und Wege und Vorsitzender der Justiz aus. Wenn diese Unterscheidung von jemandem überschritten wurde, wird die Instanz nicht zurückgerufen. Sicherlich war dies bis zu diesem Zeitpunkt bei keinem anderen der Fall gewesen und war damals Gegenstand von Kommentaren.

Politisch war Herr Houston ein Unionist und daher gegen den Krieg. Darin war er vielen anderen nicht unähnlich. Aber obwohl er Unionist war, litt er zusammen mit den anderen unter der verheerenden Invasion, der Nordalabama ausgesetzt war, und lehnte es mit charakteristischer Entschiedenheit ab, den Treueid gegenüber der Regierung der Vereinigten Staaten zu leisten. Obwohl er von der Bevölkerung Alabamas 1865 mit einer Wahl in den Senat geehrt wurde, wurde ihm sein Sitz in Washington verweigert und er praktizierte in Athen als Anwalt, bis er 1874 unter den bereits beschriebenen Bedingungen triumphierend zum Gouverneur des Staates gewählt wurde. Er zeichnete eine heroische Darstellung des Staates aus und beeindruckte die Menschen überall mit seiner besonderen Eignung für die Position, für die er nominiert worden war.

Es wird berichtet, dass bei einer Gelegenheit, als Herr Houston in einer neuen Stadt im Landesinneren sprechen sollte, die Menschen der Stadt und der umliegenden Region alle darüber aufgeregt waren, dass der große Kandidat bei seiner Ankunft abgesetzt werden würde. Es gab nur eine bemalte Wohnung in der Stadt, und diese gehörte einer wohlhabenden Witwe, die es ehrenvoll aufnahm, dass ihr Haus für die Bewirtung des angesehenen Besuchers ausgewählt wurde. Der Tag der Rede kam und damit auch der Redner. Die Stadt war voller Landleute, die zusammenkamen, um den Mann zu sehen und zu hören, über den so viel gesagt wurde. Bei seiner Ankunft wurde Herr Houston ins „Weiße Haus" gebracht, wo ihn ein üppiges Abendessen erwartete. Er wurde einem Ende des Tisches zugewiesen, während die Gastgeberin das andere besetzte, außer den Kellnern waren keine anderen anwesend. Herr Houston wurde von der guten

Frau mit echter ländlicher Gastfreundschaft eingeladen: „Jetzt bedienen Sie sich einfach, Sie sehen, was vor Ihnen liegt." Mr. Houston war ein ausgezeichneter Gesprächspartner, und während er sich heftig unterhielt, knabberte er am Essen, aß aber eigentlich nur wenig. Obwohl Mr. Houston hungrig war und über große gastronomische Fähigkeiten verfügte, aß er recht mäßig. Er beendete das Essen bald, und die gastfreundliche Gastgeberin tadelte ihn aus Verwunderung darüber, dass ihr Gast ihr reichhaltiges Aufstrich so leichtfertig schätzte: „Warum, du isst doch gar nichts? Ich habe dir das beste Abendessen besorgt, das ich konnte, und hier ist es: Du isst nicht." Mit seiner charakteristischen Höflichkeit sagte Mr. Houston: „Madame, sollte ich den Geboten meiner Neigung folgen, sollte ich alles essen, was Sie auf Ihrem Tisch haben. Ich habe noch nie ein besseres Essen probiert, und ich muss mich zurückhalten, um es nicht in vollen Zügen zu genießen. Aber sehen Sie die große Menschenmenge da draußen? Ich muss sofort sprechen und für heute Abend zu einem anderen Termin abwesend sein. Sollte ich essen, wie ich versucht bin, wäre ich zu satt, um etwas auszusprechen." „Na ja", sagte die gute Frau, „das habe ich oft von ihnen gehört, ein leeres Fass klingt am lautesten." Gouverneur Houston berichtete diesen Vorfall immer mit großer Begeisterung.

Es gab viele Anekdoten über ihn als den Spar- und Reformgouverneur des Staates. Eines davon verdeutlicht die rigide Regierungsführung unter Gouverneur Houston. Ihm wurde berichtet, dass sich die Brunnen zur Wasserversorgung auf dem Kapitolgelände in einem schlechten Zustand befanden und von ihrem gesundheitsschädlichen Wasser befreit werden müssten, da jeder Brunnen sehr viel enthielt. Er ließ bekannt geben, dass er jemanden suchte, der die Arbeit zum niedrigsten Preis für die Räumung der Brunnen erledigen würde. Das günstigste Angebot betrug 7 $. Das Wirtschaftsgenie quälte sein Gehirn ein wenig, und ihm kam der glückliche Gedanke, die Feuerwehren der Stadt zu einem Wettbewerb auf dem Gelände der Hauptstadt einzuladen, und so wurde die Einladung an sie gerichtet, in die Hauptstadt zu kommen, und zwar in die Stadt Die Anwesenheit des Gouverneurs stellt ihre Rivalen auf die Probe, indem sie versuchen, das Wasser ganz oben auf die Kuppel zu werfen.

Der Tag wurde festgelegt, der Wettbewerb rechtzeitig angekündigt und eine Menschenmenge versammelte sich, um dem Verfahren beizuwohnen. Die vollen Brunnen wurden ihnen zur Verfügung gestellt, und Bäche und Wasserstrahlen strömten zum Gipfel der Kuppel. Als es vorbei war, erschien der Gouverneur als interessierter Zuschauer vor dem erfolgreichen Teilnehmer, hielt eine Rede über den Wert von Feuerwehrfirmen, lobte die Verdienste der Firma, die das Wasser am höchsten warf, und unter Geschrei zerstreute sich die Menge. Die Brunnen wurden gereinigt, die Feuerwehren waren zufrieden und 7 US-Dollar wurden an die Staatskasse von Alabama gespart, um eine Politik der Kürzungen und Reformen zu rechtfertigen. Seine Politik verhinderte den Ruin in Alabama, stellte das Vertrauen wieder her, stellte die Kreditwürdigkeit des Staates wieder her und startete ihn in eine neue Karriere des Wohlstands.

Gouverneur Houston wurde durch eine Wahl in den Senat der Vereinigten Staaten geehrt, starb jedoch, bevor er sein Amt antreten konnte. Sein Tod ereignete sich am 17. Januar 1879 in Athen.

JOHN T. MORGAN

Unter den vielen angesehenen Söhnen Alabamas genießt keiner eine höhere oder würdigere Wertschätzung als der verstorbene Senator John Tyler Morgan. Er war ein Mann von herausragender Begabung, höchster Kultur und herausragenden Fähigkeiten. Patriot, Staatsmann, Jurist, Redner, das alles war er in einem herausragenden Sinne, dessen Anerkennung sich in vielen Fällen und über eine lange Reihe von Jahren hinweg zeigte. Die vom Staat hervorgebrachte Geschichte eines „Niemands" ist stärker mit der Geschichte Alabamas verwoben als die dieses angesehenen Bürgers. Sein Ruhm beruht auch nicht auf etwas anderem als auf überlegenen Verdiensten.

Nicht weniger ausgezeichnet ist er in den Annalen der Nation. Über viele Jahre hinweg blieb Herr Morgan im Nationalsenat, einem Turm der Stärke, dem anerkannten Führer der Staatskunst des Südens, der allen anderen im Land ebenbürtig war. Als großer Verfassungsrechtler war er der Hauptvertreter und Verfechter der Verfassung im Senat der Vereinigten Staaten.

Als fleißiger und fleißiger Arbeiter setzte er sich über viele Jahre hinweg unablässig für Alabama ein. Das starke walisische Blut in seinen Adern verlieh ihm eine unerschütterliche Haltung, gepaart mit einer enormen Reservekraft, die nur auf Nachfrage eingesetzt wurde. Nie krampfhaft oder impulsiv, sondern standhaft und bereit, reagierte er immer mit gigantischem Können und einer Kraft, die er so ausübte, dass er am effektivsten war. Morgan verfügte über ein breites Spektrum an wertvollen Informationen, die sich in Geschicklichkeit und flüssiger Diktion ausdrückten, und entwickelte sich zu einer Quelle der Autorität im Senat. Als er sprach, hörten alle Männer mit tiefem Respekt zu.

Der Name Morgan geht auf die Zeit der Revolution zurück, in der er durch den berühmten General Daniel Morgan repräsentiert wurde, der zu den angesehenen Offizieren der ersten amerikanischen Armee zählte. Im Laufe der Jahre der Geschichte Amerikas taucht der Name in verschiedenen Zusammenhängen und immer mit Anerkennung auf. General John H. Morgan, der mutige Anführer der konföderierten Kavallerie, war ein Verwandter von Senator John T. Morgan. Die Familie war für ihre Langlebigkeit bekannt; der Vater von Senator Morgan starb im fortgeschrittenen Alter von vierundneunzig Jahren.

Herr Morgan setzte sein Jurastudium bei seinem Schwager William P. Chilton fort. Mit der gleichen Sorgfalt, mit der er alles tat, was er unternahm, widmete er sich der Aneignung der tiefgreifenden Grundsätze des Gesetzes. Von Anfang an war er ein äußerst fleißiger Student, ein geschickter Anwalt und ein erfolgreicher Anwalt. Sein erster Auftritt im öffentlichen Leben erfolgte anlässlich des Alabama-Kongresses, bei dem 1860 Delegierte für den berühmten Charleston-Kongress ausgewählt wurden. Der Staatskongress dieses Datums bestand aus den Giganten des Staates. Morgan war damals erst sechsunddreißig Jahre alt und seine Fähigkeiten waren außer den örtlichen Gerichten, an denen er praktizierte, unbekannt.

Als Delegierter aus Dallas County zum bereits benannten Kongress geschickt, hatte er gerade den Saal betreten, als er hörte, wie der Sekretär seinen Namen als Vorsitzender des Beglaubigungsausschusses rief. Er hatte viel in den Korridoren der Hotels gehört, wo die Luft von den Diskussionen der konkurrierenden Delegationen erfüllt war, an denen viele der prominentesten Männer des Staates teilnahmen. Er widmete sich seinem Beruf und beteiligte sich nie aktiv an öffentlichen Fragen, sondern interessierte sich für die informellen Diskussionen.

Als er beim Betreten des Saals die Bekanntgabe seines Namens hörte, bestieg er einen Stuhl, wandte sich an den Vorsitzenden und wollte gerade auf die Ehre des Vorsitzes verzichten, als Richter George W. Stone seinen Mantel auszog und ihn anflehte, seinen Satz nicht zu Ende zu bringen nicht so, wie er es begonnen hatte, sondern es zu ändern und sein Komitee einzuberufen. Er gab dem Urteil seines älteren Freundes nach und tat, was ihm aufgetragen wurde.

Die Arbeit des Ausschusses war sowohl mühsam als auch mühsam, und die Herrn Morgan übertragene Aufgabe war mit vielen heiklen und sensiblen Aspekten verbunden. Bei seiner Präsentation ließ sich ein Sturm nicht vermeiden. Der Sturm folgte seiner Unterwerfung. Der junge Anwalt, der dem Gremium völlig unbekannt war, mischte sich in das forensische Getümmel und verteidigte seinen Bericht männlich, und so geschickt wurde er durch seine Fähigkeit, die Gründe für seine Annahme darzulegen, gestützt, und so taktvoll parierte er die Schläge von Die Riesen, die im Wettbewerb gegen ihn antraten, ließen die Frage überall hören: „Wer ist Morgan?" Die Brillanz seiner Redekunst und das Geschick, das er in Debatten an den Tag legte, erregten bei dieser Gelegenheit die Aufmerksamkeit des Publikums, und er verschwand nie wieder aus dem Blickfeld, bis seine sterblichen Überreste im Grab beigesetzt wurden.

Seine bei dieser Gelegenheit nachgewiesenen Fähigkeiten führten dazu, dass er im Namen von Breckenridge und Lane zum Wähler im bevorstehenden Präsidentschaftswahlkampf wurde. Als Wähler für den gesamten Staat warb er durch ganz Alabama und wurde zunächst als Redner mit großem Einfallsreichtum und großer Macht bekannt. Dies wiederum führte zu seiner Wahl als Mitglied der Sezessionskonvention von Alabama.

Als der Krieg begann, wurde er Major des Fünften Alabama-Regiments und bei der Umstrukturierung des Regiments zum Oberstleutnant dieses Kommandos ernannt. Nachdem ihm das Kriegsministerium die Genehmigung erteilt hatte, ein Kavallerieregiment aufzustellen, kehrte er nach Alabama zurück und tat dies auch. Als er mit seinem neuen Regiment zur Westarmee wechselte, wurde ihm später auf Wunsch der Alabama-Delegation im Kongress die Leitung des Wehrpflichtbüros in Alabama übertragen. Noch später wurde ihm von General RE Lee mitgeteilt, dass er zum Brigadegeneral ernannt und dem Kommando über Rodes alte Brigade zugewiesen worden sei. Auf dem Weg zur Virginia-Front erfuhr er in Richmond vom Tod von Colonel Webb, der mit ihm bei der Aufstellung des Kavallerieregiments zusammengearbeitet hatte, und dass er (Morgan) erneut zum Oberst des Regiments gewählt worden war. Als er davon erfuhr, lehnte er die angebotene Beförderung in der Army of Northern Virginia ab und kehrte zurück. Er wurde erneut zum Brigadegeneral ernannt und befehligte gegen Ende des Krieges eine Division der Tennessee-Armee.

Während der Zeit des Wiederaufbaus wurde General Morgan zum stärksten und berühmtesten Verfechter der Bevölkerung von Alabama und machte sich bei ihnen durch seinen unaufhörlichen Einsatz im Widerstand gegen die Eingriffe in ihre Rechte sehr beliebt. Als die Macht des Wiederaufbaus endgültig gebrochen war, wurde er 1876 als Nachfolger des berüchtigten George E. Spencer in den nationalen Senat gewählt. Von da an bis zu seinem Tod war er das politische Idol der Demokratischen Partei im Bundesstaat Alabama. Ganze dreißig Jahre lang diente er mit herausragenden Fähigkeiten im Senat und starb im Gewand eines Staatsmannes.

Eines der Hauptmerkmale von Senator Morgan war seine Fähigkeit, mit unfehlbarer Genauigkeit zu denken. Seine Fähigkeit, seine Ressourcen schnell zu nutzen, war bemerkenswert. Auch bei der Präsentation dieser Ressourcen mangelte es nie an klassischer Diktion. Seine keusche Eleganz erregte die Aufmerksamkeit jedes Zuhörers, insbesondere da sie in musikalischen Tönen zum Ausdruck kam. Seine Einsatzkraft und seine Hartnäckigkeit wurden als dominierende Faktoren seines Lebens bekannt. Sobald er sich für eine Sache engagierte, setzte er sich bis zum Ende mit unvermindertem Eifer dafür ein. Viele Jahre lang konzentrierte er seine ganze Energie auf den Bau des Nicaragua-Kanals und widersetzte sich der Änderung des Panamakanals. Er war furchtlos in seiner Kritik an den Maßnahmen, die zur Herbeiführung der Änderung ergriffen wurden, musste aber nachgeben numerische Stärke der Parteilichkeit. Eine weitere bemerkenswerte Fähigkeit, die er besaß, war die körperliche Ausdauer. Während des Streits im Senat über den Force-Gesetzentwurf hielt er die ganze Nacht das Wort und redete so, dass er die Zeit verschwendete und dadurch die Verabschiedung dieser Maßnahme verhinderte.

Nicht nur Alabama, sondern der gesamte Süden ist General Morgan zu Dank verpflichtet für die Furchtlosigkeit, mit der er den Süden verteidigte, als ein fähiger Verteidiger am meisten gebraucht wurde.

Mit einer scheinbar grenzenlosen Vielseitigkeit war Senator Morgan stets auf alle wichtigen Ereignisse vorbereitet, die sich ergeben könnten. Er war gleichermaßen zu Hause in einer großen Verfassungsfrage, einer Frage allgemeiner Politik oder einem verworrenen Grundsatz des Völkerrechts. Seine Karriere markiert eine Ära der Größe in der Geschichte des Staates.

JAMES L. PUGH

Kein Sohn Alabamas hat den Hon in puncto solidem und beträchtlichem Wert ohne Verzierungen oder Firlefanz übertroffen. James L. Pugh. Seine Anwesenheit und Haltung sowie seine Gespräche und Reden vermittelten die gleiche Idee. Völlig ohne Zurschaustellung handelte und sprach er mit einem offensichtlichen Mangel an Selbstbewusstsein.

Herr Pugh war eher ein Mann mit stabilen als mit brillanten Eigenschaften, daher war er ein äußerst praktisch veranlagter Mann. Ihm war nichts von Interesse gleichgültig, er war nie oberflächlich und betrachtete alles vom Standpunkt des Praktischen. Er war fleißig, urteilsfähig in seiner Denkweise, von konservativem Temperament und sprachbewusst. In öffentlichen Ansprachen war er oft animiert, aber nie erregbar oder explosiv. Jede seiner Äußerungen deutete auf Überlegung hin.

Das Jahr seiner Geburt war identisch mit dem Jahr der Aufnahme Alabamas in die Union – 1819. Er stammte aus einem robusten Stamm aus North Carolina und wurde von seinem Vater nach Alabama gebracht, als er erst vier Jahre alt war. Mit elf Jahren war er ein Waisenjunge, eine höchst prekäre Situation für einen so jungen Menschen in einem Grenzstaat. Als barfüßiger Junge, der sich weitgehend selbst überlassen war, gab er einen Hinweis auf seinen künftigen Wert und seine Größe, indem er sich verpflichtete, samstags mit der Landpost zu fahren, um die Mittel für die Bezahlung seiner Studiengebühren für den Rest der Woche bereitzustellen . Später, als er noch ein Jugendlicher war, wurde er Angestellter in einem Trockenwarengeschäft in Eufaula, wo er sich die knapp gehorteten Mittel verschaffte, mit denen er sein Studium fortführen konnte, während er sich gleichzeitig auf das Jurastudium als Beruf freute. Nachdem er tagsüber als Angestellter eine schwere Kraftanstrengung erlitten hatte, lernte er bis spät in die Nacht und qualifizierte sich durch solch eifrigen Einsatz für die Aufnahme seines Jurastudiums. Er studierte Rechtswissenschaften im Büro von John Gill Shorter, der später Gouverneur von Alabama wurde.

Nachdem Herr Pugh mehrere Jahre lang als Anwalt tätig war, wurde er auf der Taylor-Liste zum Wähler gewählt und war später noch ein Buchanan-Wähler. Damit wurde ihm vor dem Volk der Weg zum Kongress geebnet und er wurde 1858 zum Mitglied des Repräsentantenhauses gewählt. Als der Krieg zwei Jahre später ausbrach, zog er sich wie alle anderen südlichen Mitglieder aus dem Kongress zurück, teilte er mit im Sezessionsgefühl des Staates und gehörte zu den ersten, die sich als Freiwilliger aus Alabama in den Dienst der Konföderation stellten. Er wurde als Privatsoldat im ersten Infanterieregiment von Alabama eingezogen.

Er schulterte seine Muskete und ging mit seinem Kommando nach Pensacola, wo er alle Schicksale eines Soldaten in den Reihen auf sich nahm und jede Rücksicht auf die Position, die er als Mitglied des Nationalkongresses innehatte, ablehnte. Seine Kameraden machten ihm zahlreiche Angebote, seine Pflichten zu übernehmen und ihn so von der Not zu befreien, aber er lehnte alle diese höflich ab und erfüllte die Anforderungen des Militärdienstes mit fröhlicher Bereitwilligkeit. Seine Position stellte seine Fähigkeiten auf die Probe, denn oft war er unter der prallen Sonne gemeinsam mit seinen Kameraden damit beschäftigt, Erdarbeiten durchzuführen. Das Regiment, dem er angehörte, wurde nach Paducah, Kentucky, beordert, wo er ein Jahr lang diente, als seine Wähler ihn abriefen, indem sie ihn zum Mitglied des Konföderiertenkongresses wählten. In seinem ersten Wahlkampf hatte er keine Opposition, aber im zweiten Wahlkampf im Jahr 1863 hatte er drei Gegner, wurde aber ein zweites Mal gewählt und diente dem Staat im Kongress der Konföderation bis zum Sturz der Regierung. Niemand war der jungen Regierung gegenüber loyaler als Mr. Pugh, denn in den vier Jahren seiner Karriere gab es keinen Monat, in dem er nicht in ihren Diensten tätig gewesen wäre. Nach der Kapitulation der Armeen kehrte er nach Eufaula zurück und nahm die Anwaltstätigkeit wieder auf.

Als leidenschaftlicher Südstaatler und Patriot beteiligte er sich natürlich am Widerstand gegen die Taschenherrschaft, und wenn es die Gelegenheit erforderte, leistete er Hilfe für sein kämpfendes Volk, obwohl er kein Amt anstrebte, sondern seinem Beruf streng treu blieb. Im denkwürdigen Wahlkampf von 1876 war er Wahlmann von Tilden und engagierte sich in diesem und anderen Bundesstaaten aktiv für die Wahl. Im Jahr 1875, als das Rückgrat des Wiederaufbaus gebrochen war, wurde er zum Mitglied des Staatsverfassungskonvents gewählt und leistete als eines der prominentesten Mitglieder dieses Gremiums wertvolle Dienste.

In Anerkennung seiner Verdienste und Verdienste wurde Herr Pugh 1880 zum Nationalsenator von Alabama gewählt und war achtzehn Jahre lang ein Gefolgsmann von John T. Morgan im Senat. Es wurde allgemein anerkannt, dass kein Staat in dieser Phase der Sanierung des Südens über eine stärkere Senatorengruppe verfügte als Alabama. Als Redner im Senatssaal fiel er nicht auf, obwohl er nicht schwieg, denn wenn es die Gelegenheit erforderte, wurde er gehört, und zwar immer wirkungsvoll. Als er sich zum Reden erhob, erregte er allgemeine Aufmerksamkeit, teils wegen der hohen Wertschätzung, die man ihm entgegenbrachte, teils weil man sich darüber im Klaren war, dass Senator Pugh wohlüberlegte Ansichten über Maßnahmen von großer Bedeutung sprach. Er schied 1897 im Alter von siebenundsiebzig Jahren aus dem Senat aus und kehrte in sein Haus in Eufaula zurück, wo er bis zu seinem Tod lebte.

Ein Rückblick auf die Karriere von Herrn Pugh wird die Tatsache offenbaren, dass er in all seinen Notfällen im Privatleben eine Reaktion auf anerkannte Pflicht war. Er war nicht spektakulär und verließ sich nie auf seine Redekunst, um in der Bevölkerung Anerkennung zu finden. Seine Macht vor dem Volk lag in seiner beeindruckenden Leistung als solider Redner, denn niemand konnte ihm zuhören, ohne den Eindruck der Intensität seiner Überzeugung zu spüren. Ob immer Recht oder nicht, er glaubte es und sprach deshalb. Erst wenn er das Gefühl hatte, behilflich sein zu können, wurde ihm dieser Dienst angeboten. Einen überzeugenderen Ausdruck seines Patriotismus konnte man nicht finden, als als er sich als zurückgekehrter Kongressabgeordneter still und heimlich als Privatmann in die Reihen der Armee einschrieb, zu einer Zeit, als Männer, die ihm weit unterstanden waren, begierig auf Aufträge waren. Dies liefert einen Hinweis auf die Robustheit des Charakters von Senator Pugh. Keine Position, die er jemals innehatte, zeichnete sich außer durch höchste Effizienz aus. Kein Mann, der jemals Alabama in irgendeinem Bereich vertrat, war praktischer und patriotischer loyaler als James Lawrence Pugh.

ANSON WEST

Rev. Anson West, DD, war der wichtigste methodistische Historiker des Staates. Obwohl das Werk, dessen Autor er ist, einen angemessenen Bezug zur Geschichte des Methodismus in Alabama hat, gibt es in seinem Umfang zwangsläufig viele Nebengeschichten, was es zu einem wertvollen Beitrag zu den Archiven des Staates macht. Seine Geschichte erstreckt sich in ihrem Umfang von der frühesten Besiedlung Alabamas durch die Weißen bis weit in das letzte Jahrzehnt des 19. Jahrhunderts – eine Zeitspanne von fast hundert Jahren.

Die Geschichte eines Volkes wie der Methodisten, das die Quelle der Staatlichkeit ist und war, ist nicht ohne immensen Wert. Methodisten waren in Alabama eine mächtige Kraft und sind es immer noch, und die Bilanz ihrer Errungenschaften, die sich auf alle Bereiche des Lebens auswirken, ist wie die gesamte Geschichte ein mächtiger Ansporn, denn, wie Goethe es ausdrückt: „Das Beste, woraus wir schöpfen." Geschichte ist die Begeisterung, die sie in uns weckt."

Doch der Dienst, den Dr. Anson West dem Staat erwies, beschränkt sich nicht nur auf seine Geschichte des Methodismus. Er war ein Turm der Stärke seiner Generation, ein Mann mit überragenden Fähigkeiten auf der Kanzel, ein Gelehrter mit ausgeprägtem literarischen Geschmack und ein Charakter mit originellem Denken und Kühnheit im Ausdruck, der Bewunderung herausforderte, auch wenn er nicht immer überzeugend wirkte. Nicht unähnlich den meisten Predigern, insbesondere aus den Reihen der Methodisten und Baptisten, in der Zeit, als sein Leben zum Mann heranreifte. Dr. West war ein typischer Polemiker. In jenen frühen Tagen der kirchlichen Kontroversen löste der Mann, der die scharfeste Klinge schwingen und die schwersten Schläge austeilen konnte, den größten Beifall der Bevölkerung aus. Dr. West war ein geborener Debattierer, und jeder Gegner fand ihn in voller Ausstattung und nie abgeneigt, jede Sache, die er vertrat, leidenschaftlich zu vertreten. Dennoch war er ein kultivierter Gentleman und zählte viele Freunde zu denen, mit denen er konfessionell anderer Meinung war. Seine Disputationen richteten sich auch nicht nur gegen die einer entgegengesetzten theologischen Schule, sondern im Kreise seines eigenen Volkes wurde sein Schwert oft geschwungen, um eine Ansicht zu vertreten, die er schätzte. Auf dem Gebiet der Kontroversen war Dr. West am besten. Glücklicherweise liegen diese Tage der Kontroversen, die oft nicht im sanftesten Geist geführt wurden, längst hinter uns, aber es war die Zeit, in der der Zusammenstoß kirchlicher Kämpfe das ganze Land erschütterte. Sie hatten den erlösenden Wert, zum Nachdenken anzuregen, viel Literatur zu produzieren und Schulen zu schaffen, die es sonst nicht gegeben hätte. In jenen frühen Tagen kein Kämpfer zu sein bedeutete, ein Mann der Trägheit und des begrenzten Einflusses zu sein.

Wie bereits gesagt wurde, besaß Dr. West eine charakterliche Unabhängigkeit, die bei allen, die Kraft und Wert zu schätzen fähig waren, Bewunderung hervorrief. So fest verwurzelt wie ein Berg auf seinem Fuß, war er zu einer Plausibilität unfähig, die in Richtung Instabilität tendierte. Ganz gleich, in welchem Zusammenhang, es gab kein Missverständnis über die von Dr. West vertretene Position. Sein Gesichtsausdruck war ein Zeichen seiner Festigkeit. Er war manchmal standhaft bis streng, eine inhärente Eigenschaft seines Charakters, die zweifellos durch die kontroverse Zeit, die ein Großteil seines frühen Lebens durchlief, gestärkt wurde. Aber wer ihn auch nur einigermaßen vertraut gekannt hatte, musste feststellen, dass unter einem etwas schroffen Äußeren das Herz eines echten Mannes schlug. Das zunehmende Alter milderte und milderte vieles davon, was oft zu einem Missverständnis seiner wahren Natur führte.

Zu den Produktionen aus seiner Feder gehörte ein Werk mit dem Titel „The State of the Dead", ein Werk, das viel Forschung und tiefgreifende Auseinandersetzung mit einer viel diskutierten Frage offenbart. Bei der Darlegung seiner Ansichten zu verschiedenen Themen war sich Dr. West durchaus bewusst, dass er manchmal auf Widerstand seitens derjenigen stieß, mit denen er konfessionell verbunden war, aber seine Überzeugungen wurden nie durch den Ausdruck der Unabhängigkeit des Denkens gezügelt.

Leben und Karriere von Dr. West beschränkten sich auch nicht auf seine Kanzeltätigkeit mit gelegentlichen Ausflügen in den Bereich der Autorenschaft. Er war ein standhafter Bürger und Patriot, und mit dem Mut eines Ajax war er immer bereit, seine Ansichten zu äußern und, wenn nötig, seine Streitaxt zu schwingen, um jede Frage des öffentlichen Wohls zu vertreten. Er war ein Mann, und was auch immer sich für Männer interessierte, interessierte Dr. West. Er war sowohl Bürger als auch Minister.

Dr. West war ein leidenschaftlicher Verfechter der Bildung, und oft wurden seine Zunge und seine Feder bei der Verfechtung dieser großen Sache eingesetzt. Er hatte seine eigenen Ansichten über dieses öffentliche Interesse, und diese zu haben bedeutete, sie zum Ausdruck zu bringen und zu verteidigen.

Dr. West war ein gläubiger Methodist, und aufgrund seines angeborenen Temperaments konnte er kein anderer als ein intensiver sein, aber der Umfang seines Wesens war zu groß, um ihn in seinen Beziehungen zu anderen auf die Grenzen seiner eigenen Konfession zu beschränken. Er hatte zahlreiche Freunde und Verbindungen, die über die Grenzen seines eigenen Volkes hinausgingen. Trotz der Intensität und Beharrlichkeit, mit der er an seiner Kirche festhielt, verfügte die Kirche nicht über genügend Macht, um ihn davon abzuhalten, ihre Politik oder Methoden zu kritisieren, wenn diese seinen eigenen Überzeugungen zuwiderliefen. Mit der Einzigartigkeit seiner Individualität beeindruckte er alle mit seiner Ernsthaftigkeit und Aufrichtigkeit, und so sehr man ihm auch widersprechen mochte, er konnte die Achtung vor seinen Überzeugungen nicht zurückhalten. Die Aufrichtigkeit seiner Überzeugungen fand in seiner kraftvollen Zunge und der scharfen Spitze seiner Feder Ausdruck.

Im Leben und Charakter von Dr. West gab es eine wunderbare Mischung aus heroischer Männlichkeit und unbestrittener Spiritualität. Dies machte ihn beeindruckend und oft auch mächtig. Hinter seinen oft strengen Erklärungen steckte eine unbestrittene spirituelle Kraft, und die Kombination beider verlieh Dr. West eine Durchsetzungskraft, mit der man immer rechnen musste. Seine Begabungen und Kenntnisse befähigten ihn zu einem hohen Amt in den Räten seiner eigenen Gemeinschaft, und obwohl andere oft anderer Meinung waren als er, stand seine Aufrichtigkeit nie in Frage, noch wurde seine Integrität jemals in Frage gestellt.

Während seiner ereignisreichen Karriere durchlebte er viele schwierige Phasen und verließ die Erde und hinterließ eine Spur von Einfluss für das Gute und einen großen Beitrag zum Wohl der Öffentlichkeit. Er ruht von seiner Arbeit und seine Werke folgen ihm.

EUGENE A. SMITH

Der Name Eugene Allen Smith gehört zu den angesehenen Gelehrten Alabamas. Autauga ist sein Heimatland, wo er am 27. Oktober 1841 geboren wurde. Die akademische Ausbildung erhielt er bis 1855 in Prattville, seinem Heimatland, danach ging er für vier Jahre zur Schule nach Philadelphia. Nach seiner Rückkehr nach Alabama im Jahr 1859 trat er in die Junior-Klasse der University of Alabama ein. Die Notlage der Zeit führte zur Einführung eines militärischen Regierungssystems für die Universität, und Herr Smith war Mitglied des ersten Kadettenkorps.

Der Krieg störte seinen Lauf, und 1862 wurde er zusammen mit anderen Kadetten nach Greenville geschickt, um in einem Ausbildungslager Rekruten auszubilden. Er kehrte nicht an die Universität zurück, um seinen Abschluss zu machen, sondern erhielt von den Universitätsbehörden seinen Bachelor of Arts, da er den Studiengang, der zu diesem Abschluss führte, praktisch belegt hatte. Herr Smith wurde als Oberleutnant in einer der im Ausbildungslager ausgebildeten Kompanien eingesetzt und diente sowohl in Tennessee als auch in Kentucky auf dem Feld, wo er an der Eroberung von Mumfordville und an der Schlacht von Perryville beteiligt war.

In Anerkennung seiner Fähigkeiten als Übungsoffizier wurde Herr Smith als Ausbilder für Taktik an die Universität von Alabama geschickt, wo er bis zum Ende der Feindseligkeiten zwischen den Staaten blieb. Dann begann er ernsthaft seine schulische Laufbahn, denn 1865 ging er nach Europa und studierte drei Jahre lang an den Universitäten Berlin, Göttingen und Heidelberg, wobei er seine Zeit ausschließlich dem Studium der Naturwissenschaften widmete, mit besonderem Bezug auf Chemie, Physik, Botanik, Mineralogie und Geologie.

Dr. Smiths Auslandskurs wurde Anfang 1868 abgeschlossen, als er mit der Bestnote *summa cum laude* eine Prüfung zum Doktor der Philosophie bestand, wobei seine Hauptfächer Mineralogie und Geologie und die Nebenfächer Chemie und Chemie waren Botanik. Nach Abschluss seines Studiums blieb er noch ein weiteres Semester in Heidelberg, wo er Vorlesungen besuchte.

Mit einem neugierigen und zurückhaltenden Geist verbrachte Dr. Smith während seines Aufenthalts in Europa einen Großteil seiner Zeit auf Beobachtungs- und wissenschaftlichen Forschungsreisen in Russland, den Niederlanden, den deutschen Bundesländern, der Schweiz, der Region Tirol, Österreich, Frankreich, und Italien, und als er seine Heimreise antrat, beschäftigte er sich eine Zeit lang mit geologischen Untersuchungen sowohl in England als auch in Schottland.

Nach seiner Rückkehr nach Amerika Ende 1868 ging Dr. Smith sofort an die University of Mississippi, wo er als Assistent bei einer geologischen Untersuchung arbeitete. Drei Jahre lang widmete er sich der Arbeit an der Durchführung chemischer Bodenanalysen für die Untersuchung und ergänzte seine Untersuchungen durch gelegentliche Exkursionen in die Kreide- und Tertiärformationen von Mississippi. 1871 veröffentlichte er seine erste Arbeit „On the Geology of der Mississippi-Boden."

Im folgenden Sommer wurde Dr. Smith auf den Lehrstuhl für Geologie und Mineralogie der University of Alabama gewählt. Zwei Jahre später, im Jahr 1873, wurde er zum Staatsgeologen von Alabama ernannt, und zehn Jahre lang wurde seine Arbeit an der Vermessung dem Staat unentgeltlich überlassen. Im Jahr 1880 leistete er im Zusammenhang mit der zehnten Volkszählung wertvolle Dienste und lieferte Berichte über Alabama und Florida für die Baumwollkulturbände dieser Volkszählung.

Während seines Besuchs in Florida im Zusammenhang mit dieser Mission entdeckte Dr. Smith, dass der größte Teil der Halbinsel Floridas von einem Untergrund aus Vicksburg- oder Eozän-Kalkstein unterlegt war, der im darüber liegenden Miozän und später in Abständen entlang der Halbinsel an die Oberfläche tritt Formationen. Die Ergebnisse dieser Tour wurden im April 1881 im American Journal of Science veröffentlicht. Für den vierten Bericht der United States Entomological Commission wurde ein umfassenderes Papier verfasst, das eine allgemeine Beschreibung des Klimas sowie der geologischen und landwirtschaftlichen Merkmale der USA enthielt Baumwolle produzierende Staaten.

Im Zusammenhang mit all dieser Arbeit leitete Dr. Smith viele Jahre lang die Abteilungen für Chemie und Geologie an der State University of Alabama. Im Jahr 1888 wurde an der Universität ein neues chemisches Laboratorium errichtet, das außerdem unter der besonderen Leitung von Dr. Smith gründlich mit allen erforderlichen chemischen Geräten ausgestattet war und eine der besten chemischen Abteilungen unter den Institutionen des Südens darstellt.

In der Zwischenzeit wurden Dr. Smith von verschiedenen Seiten würdige Ehrungen zuteil. Er wurde 1878 von Alabama aus zum Ehrenkommissar der Pariser Weltausstellung ernannt. Er wurde Mitglied der American Association for the Advancement of Science und fungierte als Sekretär und Vizepräsident der geologischen Abteilung sowie als Mitglied des Komitees von diesem Gremium zum International Geological Congress und zum Geological Congress Auxiliary of the Columbian Exposition ernannt. Er ist Gründungsmitglied der Geological Society of America – deren Vizepräsident, Ratsmitglied und Präsident er im Jahr 1913 war. Er wurde damit beauftragt, den Bericht des amerikanischen Unterausschusses zum

Meereskänozoikum für den Internationalen Geologischen Kongress vorzubereiten.

Dr. Smith gilt seit langem als der führende Wissenschaftler Alabamas, und seine Untersuchungen auf dem Gebiet der Geologie waren für den Staat und das Land von immensem Wert. Seine Verbindung zur staatlichen Universität war einer ihrer Hauptgründe für ihre Popularität. Bescheiden und zurückhaltend im Wesen, ohne die geringste Aufdringlichkeit oder Behauptung, wurde sein wirklicher Wert für die Öffentlichkeit nicht eingeschätzt, und nur diejenigen, die in unmittelbare Verbindung mit ihm gebracht wurden, wissen um die Ungeheuerlichkeit seiner Arbeit und um deren Wert der Staat. Die jungen Männer unter seiner Leitung und die gelehrten Lehrkräfte der Universität schätzen seinen Wert und geben ihre Wertschätzung seiner Dienste uneingeschränkt zum Ausdruck. Kein Sohn Alabamas war in ganz Amerika und unter den Gelehrten im Ausland angesehener als Dr. Eugene Allen Smith.

JAMES T. MURFEE

Der wirkliche Pädagoge tut mehr, als nur Wissen zu vermitteln und sich mit Prinzipien vertraut zu machen, mit denen er dieses Wissen in die praktische Anwendung umsetzen kann – er vermittelt sich selbst. Kein Jugendlicher gerät unter den Einfluss eines großen Lehrers, ohne danach etwas von diesem Lehrer mitzunehmen. Er ist nicht der große und erfolgreiche Pädagoge, der nur weiß, sondern einer, der es auch weiß.

Dies war vor allem die vorherrschende Macht von James Thomas Murfee, LL.D., dessen Lebensstand und seine Arbeit im Bereich der Bildung ihn im gesamten Süden und darüber hinaus bekannt machten. Für ihn war Bildung eine Leidenschaft, nicht von der krampfhaften Art, die ihre Kraft theoretisch willkürlich verschwendet, sondern die er so in einen konstruktiven Charakter einbaute, dass sie den erhaltenen Unterricht klug lenkte. Seine Idee bestand darin, Wissen in den Charakter einzubauen, das eine zu einem Bestandteil des anderen zu machen und so die Menschheit aufzubauen, nicht nur, um im gewöhnlichen Alltag des Lebens nützlich zu sein, sondern um dem gesamten Menschen eine Atmosphäre zu verleihen, die dazu beiträgt, das Leben strahlend zu machen , entzückend und nützlich – um jemanden zu lehren, nicht allein zu tun, sondern zu sein. Dies war die Vorstellung, die Dr. Murfee von einer gründlichen Ausbildung hatte.

Von diesem Ziel beeinflusst, lehrte Dr. Murfee viele Jahre lang in mehreren Bundesstaaten, den Großteil seines Lebenswerks verbrachte er jedoch in Alabama. Man traf ihn nie, ohne dass er voller Begeisterung für die Bildung war. Er verschwendete seine Theorien auch nicht auf bloße Formulierungen, sondern reduzierte sie auf die tatsächliche Praxis. Sein Enthusiasmus war geduldig. Seine Leidenschaft bestand darin, Männer hervorzubringen und zu diesem Zweck alle Vorteile, die der Unterricht im Klassenzimmer bot, in die Praxis umzusetzen. Er versuchte, eine heilsame Behauptung hervorzurufen und dann die Kraft zu ihrer Ausführung zu verleihen. Es gibt Hunderte von Männern, die die verschiedenen Berufe in diesem Staat und in anderen ehren, einschließlich des Predigers auf der Kanzel, die dankbar den Beginn ihres Erfolgs auf diesen großen Jugendlehrer zurückführen.

In der Tat ist die Regel nahezu universell, dass ein wirklich erfolgreicher Mann in der Lage ist, den Wendepunkt seines Lebens auf die lebenswichtige Berührung mit einem überlegenen Charakter zu datieren, von dem der Nervenkitzel abgeleitet wurde, und wenn sich das Leben in strenge Praktikabilität ausdehnt, werden zusätzliche Zutaten daraus gewonnen Es werden dieselben Quellen genutzt, die die ganze Zeit über für das Gute einfärben und mildern. Während sich die Empfänger dieser Vorteile möglicherweise nicht immer der Herkunft dieser verstärkenden und beitragenden Kräfte bewusst sind, bleibt die Tatsache bestehen, dass das Leben ohne die dauerhafte Präsenz dieser einst dominanten Kraft möglicherweise völlig anders gewesen wäre.

In den verschiedenen Institutionen, in denen er diente, gerieten unprofessionelle Burschen aus abgelegenen ländlichen Gegenden unter die Herrschaft dieses Meisters der Menschen, ungelernt, schlaksig und unbeholfen, in denen jedoch mächtige Möglichkeiten steckten, die der Charakterschüler und Scharfsinnige besaß Der Lehrer würde es entdecken, und wie der undurchsichtige Diamant in der Hand des Steinschleifers würde der rohe Jugendliche oft zu den erstaunlichsten Ergebnissen führen.

So hat Dr. Murfee durch eine Vielzahl von Menschen, die ihm zu Füßen saßen, maßgeblich dazu beigetragen, das Gesicht vieler Gemeinschaften zu verändern, da seine Schüler ihren Platz im Leben eingenommen haben. Dieser Ausspruch wird Alexander dem Großen zugeschrieben: „Ich bin meinem Vater zu Dank verpflichtet, dass ich gelebt habe, aber meinem Lehrer, dass er gut gelebt hat.“

All dies wird durch das Leben und die Karriere des großen Lehrers nahegelegt, die wir jetzt betrachten. Ein so langes und so nützliches Leben war notwendigerweise abwechslungsreich. Dr. Murfee wurde am 13. September 1833 in Southampton County, Virginia, geboren und erlebte einige der bewegendsten Perioden unserer nationalen Geschichte. Seine College-Karriere absolvierte er am Virginia Military Institute, das er mit der seltenen Auszeichnung abschloss, nie einen Minuspunkt an einer Schule erhalten zu haben, die in Bezug auf schulische Arbeit und Disziplin die strengsten und anspruchsvollsten war. Es ist nicht verwunderlich, dass er dadurch die höchsten Auszeichnungen seiner Klasse erhielt, und zwar im Jahr 1853.

Dr. Murfees Begabung und seine Veranlagung führten ihn dazu, den Beruf des Lehrers anzunehmen, und er wurde in dieser Funktion zunächst nach Lynchburg, Virginia, berufen; dann, später, auf den Lehrstuhl für Physik am Madison College, Pennsylvania. Im Jahr 1860 kam er als Professor für Mathematik und Kadettenkommandant an unserer staatlichen Universität nach Alabama. Während des folgenden Krieges, kurz nach seinem Eintritt in den Staat, wurde er Oberstleutnant des 41. Alabama-Regiments, trat jedoch zurück, um seine Aufgaben an der University of Alabama wieder aufzunehmen. Gegen Ende des Krieges, als der Staat von den Föderalen überrannt wurde, befehligte er die Kadetten bei einem Gefecht in Tuscaloosa.

Nach Kriegsende wurde Dr. Murfee als Architekt beauftragt, anstelle der vom Feind zerstörten prächtigen Gebäude neue Gebäude für die Universität zu entwerfen und zu errichten. Er widmete sich dieser gewaltigen Aufgabe und empfahl sie gleichzeitig ein neues Schema der Universitätsorganisation, das vom Kuratorium allesamt angenommen wurde, aber er wurde in seinen Bemühungen durch das Wiederaufbauregime vereitelt.

Er wurde 1871 zum Präsidenten des Howard College und dann des Marion College berufen, einer Institution, die in den Wirren dieser unruhigen Zeiten gelitten hatte, und brachte sie als eine der damals besten Institutionen ihrer Klasse im Süden an die Spitze. Als Howard 1887 nach Birmingham umzog, wurde Dr. Murfee die Präsidentschaft des Colleges am neuen Standort übertragen, er zog es jedoch vor, in Marion zu bleiben, wo er in den ursprünglichen College-Gebäuden das Marion Institute gründete, von dem er war der Superintendent bis 1906, als er sich aufgrund einer Rente der Carnegie Foundation for the Advancement of Teaching aus dem aktiven Dienst zurückzog. Diese Rente wurde auf der Grundlage „langer und hervorragender Verdienste um die Bildung in Alabama" gewährt.

Im Jahr 1882 wurde Dr. Murfee von Präsident Harrison zum Mitglied des Besucherausschusses der West Point Military Academy ernannt. Nach seinem Ausscheiden aus dem aktiven Dienst widmete Dr. Murfee seine Zeit in aller Ruhe der Entwicklung der Bildungsstiftung in Marion, damit diese zu einer Quelle ständiger Stärke für den Staat und den Süden werden könnte. Am 23. April 1912 starb Dr. Murfee im fortgeschrittenen Alter von neunundsiebzig Jahren in Miami, Florida.

ABRAM J. RYAN

„Father Ryan", wie er allgemein genannt wird, war Alabamas süßer Sänger. Er war ein geborener Dichter und sang, weil er nicht anders konnte. Seine klagenden Töne kommen aus dem Herzen und dringen direkt in den Kopf ein. Dennoch schrieb er nur in Abständen. Gerührt von der Begeisterung, die nur ein Dichter verspürt, griff er ab und zu zu seiner poetischen Feder und gab dem Gesang seiner Seele Ausdruck. Seine Verse bestehen lediglich aus flüchtigen Liedfetzen, die einer im Wesentlichen poetischen Vorstellungskraft und einem von religiösen Gefühlen beherrschten Herzen entspringen. Für diesen charmanten Lyriker war Poesie in keiner Weise ein Beruf, denn er selbst erzählt uns, dass seine Verse „nach dem Zufallsprinzip geschrieben wurden – ab und zu, hier, da, irgendwo – genau dann, wenn die Stimmung kam, mit wenig Studium und weniger Kunst." , und immer in Eile."

Er springt warm aus dem Herzen und nimmt die Flügel der Poesie, sein Gedanke pocht vor Männlichkeit und appelliert mit unwiderstehlicher Kraft an das Herz eines anderen; Visionen von unvergleichlicher Schönheit tauchten ständig vor seiner kaiserlichen Fantasie auf und suchten in Liedern Ausdruck.

Hätte Pater Ryan seine Gedanken dem lapidaren Finish des professionellen Dichters unterzogen, wäre es zweifelhaft, ob sie jetzt so beliebt wären. Er schrieb, während er bewegt war, und der glühende Gedanke ergriff die ersten Worte, die in seiner Reichweite waren, als Vehikel, und so gelangten sie an die Ohren der Welt.

Einfache Lieder seiner Gedichte sind im Allgemeinen melancholisch, meditativ und nachdenklich, wobei der Hauptvorteil darin besteht, dass sie das Herz berühren. Seine Gedanken scheinen sich in populären Umlaufbahnen zu bewegen auf der Suche nach Objekten, die mit dem Klagenden ausgestattet sind. Es ist nicht die Verrücktheit, die man so oft bei Poe findet, die einem in den Gedichten von Ryan begegnet, sondern der Anflug von Stöhnen, die Traurigkeit eines belasteten Herzens, das sich nach dem sehnt und brennt, was es nicht hat, sondern in anderen hofft und sucht Bereiche noch nicht enthüllt. Widerhallende Korridore der Dunkelheit, schwach beleuchtete Vorräume, Prozessionen von Trauernden, die sich in der Dunkelheit verlieren, die Glockenschläge melancholischer Gesänge, die von mystischen Ohren gehört werden, die gedämpften Schritte in geheimnisvoller Dunkelheit, die Berührung verschwundener Hände, das Ausstrecken ängstlicher Arme durch die Dunkelheit eine verwandte Berührung, das Seufzen einer Seele nach ihrem Erbe – das sind die Elemente, die seine Verse durchtönen.

Viele seiner Gedichte spiegeln sein theologisches Denken und Umfeld wider, und natürlich bezieht sich das Thema häufig auf Themen, die dem gläubigen Katholiken am Herzen liegen. Aber es geht hier nicht um die Substanz seines Denkens, sondern um sein unbestrittenes Genie als Dichter. Der gleiche Einwand könnte sich gegen vieles durchsetzen, was andere Dichter geschrieben haben, wie zum Beispiel den Inhalt einiger von Poes Produktionen, deren „Annabel Lee" zwar durch und durch heidnisch, aber in jeder Silbe poetisch ist.

Die Symbole und Utensilien seiner Kirche, ihrer Anbetung und allem, was damit zusammenhängt, mögen auf die eine oder andere Weise in der Poesie von Ryan vorkommen, aber das unbestrittene Genie, mit dem sie erarbeitet und in Verse gegossen wurde, ist das, was den Liebhaber fasziniert der Poesie.

Dass Pater Ryan in der Poesie herausragend gewesen wäre, wenn er seine Kräfte ausgeübt hätte, scheint klar. Die Lebendigkeit des Ausdrucks, die subtile Schönheit, die seinen Melodien innewohnt, und die Geschicklichkeit, mit der er seinen Gedanken nachgeht, zeichnen den wahren Dichter aus. Er lebt abseits der gewöhnlichen Gedankengänge. Die Färbung seines Gedankens stammte aus zahlreichen Quellen, und als er aus dem Ofen seines Herzens strömte, war er stets in veränderter Form. Das Rasseln und Klappern der rauschenden Welt drang mit dem Element der Melodie ins Ohr seiner Seele. Seine Gefühle wurden gestaut, und als sie ihre Barrieren übersprangen, gaben sie einer empfänglichen Seelenwelt das, was wir die Gedichte von Pater Ryan nennen. Seine eigene Seele, die durch sein inneres Spiegelbild in Sanftheit und Sanftheit überführt wurde, sang in musikalischer Kadenz.

Seine stets anmutigen und oft brillanten Verse, die melodisch und klar mit dem Klang eines Landschaftsbachs fließen, zarte Schattierungen der Schönheit von den grünen Wiesen und den vielfältigen Blüten, die seine Ufer säumen, entlehnt und das vom Himmel kommende Licht zurückwerfen, erzeugen einen instinktiven Reiz berührt die Seele des Lesers und hat eine ernüchternde Wirkung auf sein Denken. Von der Quelle bis zum Meer gibt es den gleichen sanften Fluss mit gelegentlichen Pfützen und seinem gedämpften Plätschern.

Das, was unser Dichter tut, weist eher auf die Möglichkeit als auf die endgültige Realität hin. Seine Klänge sind lediglich sanfte Berührungen der Finger des Musikers auf den Tasten der Seele, und doch rufen sie eine solche Melodie hervor, dass man sich wünscht, die zurückhaltende Kraft der Seele, aus der sie kommen, möge einen volleren und freieren Ausdruck finden, dass der leichte Nervenkitzel Das Erfahrene könnte zur Rhapsodie aufsteigen.

Am seltensten sind viele der prägnanten Passagen, die in seinen Produktionen anzutreffen sind. Wenn es der Platz erlaubte, wäre es eine Freude, viele dieser Juwelen aufzuzählen, die auf seinen Seiten glitzern, aber nur ein oder zwei sollen hier erwähnt werden. Anlässlich eines Besuchs in Rom verfasste er ein Fragment zum Thema „Nachdem er Pius IX. gesehen hatte". Die ersten vier Zeilen werden hier zitiert, um die Macht des Dichters zu veranschaulichen, die sich aus dem bloßen Blick auf das Gesicht eines Mannes ergibt, und in den letzten beiden der zitierten Zeilen steckt eine Macht in Metaphern, die man selten findet. Sagt der Dichter:

> „Ich habe heute sein Gesicht gesehen; Er sieht aus wie ein Häuptling , der weder menschliche Wut noch menschliche List fürchtet. Auf seinen Wangen liegt die Dämmerung eines Kummers, aber in diesem Kummer das Sternenlicht eines Lächelns.

Die Übertragung der Idee der Dämmerung und des sanften, sanft durchschauenden Sterns auf den Kampf, der in den Gesichtszügen eines Menschen erkennbar ist, ist ein Bild, das niemand anderem als einem Dichter in den Sinn kommen würde.

Ebenso beeindruckend ist die Schönheit der Figur in seinem Werk „Ein Land ohne Ruinen", in dem er sagt:

> „Ja, gib mir das Land, wo der rote Strahl der Schlacht den Ruhm der Vergangenheit in die Zukunft blitzen ließ."

Zahlreich sind die eindrucksvollen Bilder, die er mit einem einzigen Federstrich vor das Auge bringt. Pater Ryan beschwört die Emotionen auch nicht nur herauf, um sie für den Moment zu beschleunigen und aufzurütteln. Tatsächlich scheint er sich dessen nicht bewusst zu sein, was er getan hat und was er so großartig getan hat; Er singt lediglich im tiefen Refrain seine Seele aus und lässt seine Melodie in der Luft schweben.

Ryan war durch und durch patriotisch. In den turbulenten Jahren des großen Bürgerkriegs war seine Feder mit der Tinte des patriotischen Feuers beschäftigt, aber die Nachwirkungen des Krieges passten besser zu seiner Natur. Als der Süden in seiner Nacht des Kummers ein Land aufgeschütteter Gräber war, in denen eine Generation junger Helden schlief, während geschwärzte Schornsteine darüber wachten und die Denkmäler des Südens nur Haufen verkohlter Ruinen waren, und zwar einst Schöne Felder waren übersät mit Wracks und Katastrophen, die unseren Lyriker mit ungewohnter Kraft anzogen. Der Geist seines hibernischen Blutes war unbesiegbar, und wenn er in einem Strom poetischen Feuers verkörpert wurde, erleuchtete er

Szenen, die sonst trostlos und trostlos waren. Aus der Umgebung der Dunkelheit und des Verfalls heraus suchte sein Geist den Trost, den die Zukunft in Anerkennung der Prinzipien bringen musste, und so sang er. Tausende, die religiös mit Pater Ryan nicht einverstanden waren, verehrten ihn als begabten Sänger. Er hat in der Literaturgeschichte des Landes nur wenig Anerkennung gefunden, aber das ist zu erwarten. Er war vor allem ein lokaler Dichter, sowohl geographisch als auch religiös, und schrieb nicht so sehr für andere als für seinen eigenen Zeitvertreib, aber Alabama hat ihm als ihrem größten Dichter viel zu verdanken. Wegen des echten Verdienstes, der seinen Versen innewohnt, und wegen des unbestrittenen Wertes, der seinen Produktionen beigemessen wird, ist er mit Sicherheit der Spitzenreiter unter den literarischen Geistern Alabamas.

JAMES R. POWELL

Die Nennung des Namens Colonel Powell deutet auf einen Wendepunkt in der Geschichte des Staates hin. Eine neue Ära war angebrochen, deren Vertreter Colonel Powell war. Die lange Aufregung, die das Land jahrzehntelang erschütterte, gipfelte in einem blutigen Konflikt, der bis zur Erschöpfung geführt wurde. Es folgten die Turbulenzen der Rehabilitation, die sich in den Kämpfen um den Wiederaufbau widerspiegelten, und nun richteten sich die Augen der Menschen wieder auf die Wege des Friedens und des wiederhergestellten Wohlstands. In den Böden und Bergen eines großen Staates lagen praktisch unermessliche Ressourcen unberührt, und das öffentliche Denken begann mit der Sehnsucht nach ruhigem Wohlstand in die Zukunft zu blicken. Eine Klasse von Männern, die durch das Thema dieser Skizze repräsentiert wird, war gefragt, und wie immer gilt: Wenn Bedarf an Männern besteht, muss man sie auch finden. So erschien dieser Pionier an der Schwelle einer neuen Ära.

Herr Powell stammt aus Brunswick County, Virginia und hatte als junger Mann ohne Bart die Strecke von Virginia nach Alabama zu Pferd zurückgelegt. Dies geschah, bevor Alabama zur Eigenstaatlichkeit wurde. Auf seinem treuen Pferd erreichte er das heruntergekommene Dorf Montgomery mit weniger als zwanzig Dollar in der Tasche. Als er als Postunternehmer in die neue Region eintrat, in die er gekommen war, stieg er nach und nach zum Leiter einer Reihe von Postkutschen für die Beförderung von Post und Passagieren auf und erweiterte seinen Horizont an geschäftlichem Taktgefühl und umfassendem Unternehmertum Aufgrund seiner bemerkenswerten Leistungen baute er sein Postkutschenunternehmen zu einer Hotelkette um, von denen sich die bekanntesten in Montgomery, Lowndesboro und Wetumpka befanden. Diese Interessen blühten, als die Menschen weiterhin in den neuen Staat strömten. Als sich die Wälder in lächelnde Felder verwandelten, entwickelten sich Dörfer und Städte zu bevölkerungsreichen Zentren, und Institutionen begannen zu blühen. Während Powell maßgeblich an der Schaffung neuer Bedingungen beteiligt war, schufen die Bedingungen Powell. Der Mensch wächst durch die Mittel, die er erschafft. Während er ein Vermögen macht, macht ihn das Vermögen. Mit einem unternehmungslustigen und konstruktiven Geist begabt, erreichte Herr Powell nach und nach die Phase, für die sein Leben geeignet war. Die Kombination von Bedingungen, die im Zuge der Turbulenzen der Jahre folgten, war eine, die den unternehmungslustigen Blick eines Mannes mit Führungsqualitäten und der Weitsichtigkeit, über die James R. Powell verfügte, fesseln würde. Zwei unvollendete Eisenbahnlinien durchdrangen den Staat teilweise, eine davon reichte vom Golf nach Norden, wurde aber durch Bergbarrieren aufgehalten, die andere erstreckte sich vom fruchtbaren Westen nach Süden, endete aber vor den Bergen, jenseits derer sich die Linie befand, für die sie bestimmt war an der Schaffung einer der größten Handelsadern im Süden beteiligt zu sein. Zwischen beiden lag eine weite Barriere aus Bergregionen, in denen unberührte Schätze verborgen waren, deren Entwicklung dazu bestimmt war, das Interesse der Welt zu erregen.

Mit diesen Ressourcen war im fruchtbaren Gehirn von James R. Powell das Bild einer Mineralienmetropole in den Bergen im Norden Alabamas verbunden, und zwar in einer Region, in der die Menschen am wenigsten von einer solchen möglichen Schöpfung träumten. Er hatte primitive Postwege angelegt, zuerst zu Pferd, später mit der rumpelnden Kutsche, und die Erweiterung des Interesses und der Anstrengungen durch die Gründung zeitgemäßer Gasthöfe erweitert, aber hier war es ihm bestimmt, seine ungewöhnliche Karriere als Erbauer einer mächtigen Stadt zu krönen . Daher Birmingham.

In der Hektik und dem Trubel eines großen Marktes, zu dem Birmingham geworden ist, neigen diejenigen einer späteren Generation, die durch seine Straßen voller architektonischer Pracht strömen und auf seine Prachthaufen blicken, dazu, diejenigen zu vergessen, die den Grundstein gelegt haben Große Gemeinde und ermöglichte ein mächtiges städtisches Zentrum, das dazu bestimmt war, alle anderen Teile des Südens in Bezug auf Umfang und Anzahl seiner Einwohner in den Schatten zu stellen. Menschen neigen dazu, mit sorglosen Füßen über die namenlosen Gräber der Vorboten dessen zu treten, was einer späteren Generation hinterlassen wurde, und vergessen dabei das Gehirn, das es erfunden hat, und die Hand, die es ausgeführt hat.

Es ist keine leere Lobrede, James R. Powell als einen der größten Alabamianer zu bezeichnen. Ohne Bildung in den Schulen folgte er dem untrüglichen Finger eines klaren Urteilsvermögens und ließ sich von der Furchtbarkeit der Schwierigkeit oder der Weitläufigkeit des Plans nicht einschüchtern; er plante und arbeitete, beides mit Bedacht, und, angetrieben von einem Mut, der aus der Begeisterung der Geduld entstand, gelang es ihm. Die Karriere eines Mannes wie diesem in einer Generation oder sogar in einem Jahrhundert ist eine wichtige Inspiration und weitaus wertvoller, ausführlicher aufgezeichnet zu werden als eine kurze und bescheidene Skizze wie diese.

Vorkommnisse in seiner Karriere, die seine angeborene und ihm innewohnende Größe veranschaulichen, verdienen nicht nur eine zumindest beiläufige Beachtung, sondern auch eine dauerhafte Einbalsamierung in der Erinnerung derer, die dort geerntet haben, wo er gesät hat. Männer wie das Thema der vorliegenden Skizze werden oft als schmutzig und selbstsüchtig angesehen, während sie mit energischem Geist und angestrengter Stirn ungestüm über Hindernisse hinwegfahren und dabei die sanfteren Annehmlichkeiten des Lebens vergessen. Häufiger jedoch, als angenommen wird, verbergen sich hinter dem intensiven Äußeren Herzen, die dem Umfang exekutiver Tätigkeit entsprechen. In der Karriere von Colonel Powell gab es viele Beispiele von sanftem und bedeutendem Wert, von denen hier nur eines aufgeführt ist.

Die Härte des Winters 1863 wird in meteorologischen Chroniken phänomenal dokumentiert. Die Seen und Teiche waren mit einer dicken Eisschicht bedeckt. Das für viele ein Wunderobjekt, bezog sich auf die praktische Seite des Geistes von Colonel Powell, der große Mengen des Eises schnitt und es sorgfältig verstaute. Die Herstellung von Eis war damals als Handelsware praktisch unbekannt und in den Krankenhäusern der Konföderation sehr gefragt. Er lehnte ein Angebot von 40.000 Dollar für seinen Eisvorrat ab und übergab ihn der Krankenhausabteilung der Konföderierten Armee zur Verwendung in Alabama und Georgia. Viele großzügige Taten waren sein Werk, aber sie gehören zu den Chroniken der ungeschriebenen Geschichte.

Im Jahr 1871 durchstreifte James R. Powell an der Spitze der berühmten Elyton Land Company das Gebiet von Jefferson County mit dem Plan, hier eine große Stadt zu gründen, das logische Ergebnis der immensen Ressourcen, die in den Hügeln und Bergen eingebettet waren dieser bevorzugten Region. Die Louisville & Nashville Railroad hatte die fehlende Verbindung zwischen Nord und Süd geschaffen, und Colonel Powell war einer der ersten, der die Möglichkeit einer großen Stadt in dieser Region erkannte. Während die örtlichen und angrenzenden Ressourcen damals nur unvollständig bekannt waren, waren sie doch ausreichend bekannt, um den kolossalen Vorschlag eines mächtigen Handelszentrums zu rechtfertigen. Die Aufgabe war herkulisch, aber der Projektor war ein Mann mit großer Erfahrung im Umgang mit Widrigkeiten und darin, die umstrittenen Schwierigkeiten der Beherrschung seines Willens unterzuordnen. Kleine Geister streiten und streiten über Punkte, die keine Konsequenz haben, während Giganten mit gelassener Nichtanerkennung darüber hinweggehen.

Ohne zu ermüden, berichtete Colonel Powell der Welt über die sagenhaften Ressourcen des Bezirks der zukünftigen Stadt. Die erstmals in den Vereinigten Staaten und in Europa veröffentlichten Fakten galten zunächst als spekulatives Rosenwasser, stellten aber in Wahrheit nur einen Bruchteil dessen dar, was später bekannt wurde.

Birmingham war zunächst ein verstreutes, kämpfendes Dorf, das hier und da in unregelmäßigen Abständen von holprigen Autobahnen durchzogen war, die für den Autofahrer in einer Regenzeit ein Schrecken darstellten. Winzige Häuser waren überall verteilt, ohne Rücksicht auf Ordnung oder System. An der Stelle, an der sich heute das Brown-Marx-Gebäude befindet, befand sich ein kleines Backsteingebäude, das damals den bedeutendsten Ausdruck von Selbstvertrauen darstellte. Auf beiden Seiten des Gebäudes verliefen Straßen aus dunkelrotem Lehm, und zwischen den Hütten und kleinen Häusern stand ab und zu ein schmuddeliges Zelt.

Unter solchen Umständen wagte Oberst Powell mit seinem gewohnten Wagemut, die Sitzung der Alabama Press Association im Jahr 1873 einzuladen, ihre Sitzung in „der Stadt Birmingham" abzuhalten. Es gelang ihm, aber er war damit nicht zufrieden und erschien vorher das Gremium und plädierte erneut dafür, dass die folgende Sitzung ebenfalls hier abgehalten wird. Er stieß aus zwei Gründen auf heftigen Widerstand, nämlich weil Birmingham ein äußerst wenig einladender Ort war und es keine Unterkünfte gab, und weil andere Orte im Staat die nächste Sitzungsperiode wollten. Aber Powell setzte sich ein zweites Mal durch, indem er Diplomatie mit Höflichkeit verband. Nachdem dies gelungen war, drängte er darauf, die New York Press Association, die zur gleichen Zeit tagen würde, einzuladen, sich ihren Federbrüdern in Alabama anzuschließen. Diese Kühnheit erschütterte den Körper. Abgesehen von den zerrissenen und rauen Verhältnissen stand die New Yorker Presse der Presse des Südens feindselig gegenüber, weil sie Präsident Grant in seiner Südpolitik ablehnte. Unüberwindbar schienen die Hindernisse auf dem Weg zu einer solchen Leistung, wie Colonel Powell sie anstrebte, aber er überwand alle Hindernisse und hatte Erfolg.

Das Ergebnis dieser Bewegung, gepaart mit den mittlerweile kontinuierlich laufenden geologischen Untersuchungen, machte Birmingham sicher. Die Stimme der Presse des Nordens hallte in allen Staaten wider und reichte über den Atlantik hinaus. Der ehrenwerte Abram S. Hewitt aus New York brachte den prophetischen Ausdruck zum Ausdruck: „Die Tatsache ist klar: Alabama soll zum Zentrum der Eisenherstellung auf dem bewohnbaren Globus werden." Eine Welle erwachenden Lichts breitete sich in der Finanzwelt aus und Birmingham war sicher.

Doch es kam zu einer neuen Katastrophe. Eine Geißel der asiatischen Cholera traf die junge Stadt, die jetzt mit der Geburt kämpfte. Die Toten waren zahlreich und über der Stadt hing ein Trauertuch. Oberst Powell blieb mit römischem Mut vor Ort, kümmerte sich um die Leidenden, begrub die Toten und sorgte für Ordnung. Die Pest schlich durch die zerklüfteten Straßen und vernichtete den Mittag, doch der Glaube dieses Mannes mit eisernen Nerven blieb unerschütterlich. Sein Mut stärkte den anderer – sein Glaube war ansteckend. Kein Wunder, dass er „Der Herzog von Birmingham" genannt wurde. Kein besonderer Pfeil markiert die Anerkennung dieses mächtigen Erbauers einer großen Stadt, aber die Stadt zeugt von seiner Macht. Im trüben Licht von St. Paul's in London liest der

Tourist eine Tafel: „Christopher Wren, Baumeister. Würden Sie sein Denkmal suchen? Umschauen." Nicht anders ist die Beziehung von Greater Birmingham zu James R. Powell. Seine hoch aufragenden Türme und hohen Gebäude, seine Residenzpaläste und schattigen Straßen, seine rauchenden Stapel und Bienenstöcke aus Mineralienminen und seine zahlreichen Eisenbahnlinien mit ihren Ladungen des täglichen Verkehrs – das sind sein Denkmal.

Dass ein so großer und edler Mensch einen so neuartigen und unzeitgemäßen Tod erleiden konnte, ist ein Rätsel. Er fiel 1883 einem Pistolenschuss eines bartlosen Jugendlichen in einer Taverne in Mississippi zum Opfer. Sein Denkmal wird für alle Zukunft bestehen bleiben, Alabamas größte Stadt.

HF DeBARDELEBEN

Im Jahr 1851 sah man vielleicht einen rüstigen zehnjährigen Jungen in einem Lebensmittelgeschäft in Montgomery arbeiten, dessen Vater gerade gestorben war und dessen Mutter in die Hauptstadt gezogen war. Dieser Junge war Henry DeBardeleben, der nicht nur eine herausragende Rolle bei der Entwicklung der Ressourcen des Staates Alabama spielen sollte, sondern auch eine malerische Figur in der Kohle- und Eisenindustrie des Südens war.

Freundschaften aus früheren Zeiten hatten die Pratts und die DeBardelebens vereint, was dazu führte, dass der Junge in die Obhut von Daniel Pratt, Alabamas Pionierfabrikant, überging, unter dem Herr DeBardeleben direkt und glücklicherweise lebenslang gefördert wurde. Nach Abschluss seiner akademischen Laufbahn wurde der junge Mann zum Leiter der berühmten Ginfabrik in Prattville ernannt. Herr DeBardeleben fand im Geschäftsleben eine angenehmere Atmosphäre als in Büchern. Das Arbeitsgefüge in der Aufsicht einer Manufaktur ließ sich dem jungen Mann leichter anpassen als das der Schulstube, und der junge Mann legte das eine ab und legte sich gern das andere an, denn von Anfang an interessierte er sich nur wenig für Bücher , nur weil sie als Werkzeuge verwendet werden konnten, um etwas zu bewirken.

In der neuen Sphäre, in der er sich nun befand, verfügte der junge DeBardeleben über genau das richtige Temperament, um die Prinzipien des Geschäftslebens zu begreifen, sie zur Gewohnheit zu machen und sie in die Tat umzusetzen. Er lernte diese unter der Anleitung von Daniel Pratt und bezog sich in späteren Jahren oft auf sie durch die Kraft der Assoziation mit Bedingungen, denen er im zukünftigen Leben begegnet. Herr Pratt würde zum Beispiel niemals zulassen, dass ein Stück Holz, das auch nur den geringsten Fehler aufweist, für die Herstellung von Gin verwendet wird. Es muss gründlich gewürzt und in jeder Hinsicht gesund sein. Auch darf kein Mangel durch einen übermäßigen Farbfleck verdeckt werden, sondern in jedem Splitter, jeder Schraube und jedem Nagel muss ein echter Verdienst stecken. Außerdem darf kein Versprechen gemacht werden, das nicht wortwörtlich eingehalten werden sollte, und alle Rechnungen müssen pünktlich und auf den Tag genau beglichen werden. Darüber hinaus darf es während der Arbeitszeit kein Faulenzen oder Faulenzen geben, denn Müßiggang war für Daniel Pratt mit Kriminalität vergleichbar, und während der Arbeit müssen sich die Dinge bewegen.

Der leicht empfängliche junge Mann erfasste diese als Grundprinzipien des Lebens, und sie wurden für ihn zu bleibenden Orakeln, die er in höchstem Maße schätzte. Als Herr DeBardeleben der Schwiegersohn von Herrn Pratt wurde und seine einzige Tochter und sogar sein einziges Kind heiratete, wurde er zwangsläufig immer vertrauter mit dem Eigentümer und Schwiegervater.

Eines der ersten Interessen, die die Aufmerksamkeit von Herrn DeBardeleben erregten, war das eines zentralen Eisenbahnsystems durch das Herz von Alabama. Eine Eisenbahn vom Golf erreichte den Fuß der Berge im Norden Alabamas, hielt dort aber an. Aus der entgegengesetzten Richtung stieg ein anderer von Nashville nach Alabama hinab und hielt ebenfalls auf der gegenüberliegenden Seite der Berge. Zu sehen, wie dieses fehlende Glied durch das Zusammenfügen der beiden Enden ergänzt wurde, bereitete Herrn DeBardeleben große Sorge, und er ruhte nicht, bis es fertig war. Nachdem dies erreicht war, warb ihn die Erschließung der in den Bergen und Hügeln Nordalabamas eingebetteten Ressourcen an. Als er mehr über diese reichhaltigen Vorkommen erfuhr, war sein Enthusiasmus stärker als je zuvor, und Visionen von Erfolgen stiegen vor ihm auf, um ihn zu neuen Unternehmungen zu verleiten. Es ist nicht möglich, im engen Rahmen einer kleinen Skizze auch nur die Unternehmungen zu benennen, an denen er sich beteiligte, und nur der dürftigste Umriss des Mannes und seiner Leistungen ist möglich.

Die Kombination von Elementen in seinem Charakter war äußerst selten. Er war ein großer und ständiger Träumer, aber seine Träume waren von der soliden und konstruktiven Art. Er hatte weder Tagträume noch geflochtene Regenbögen, sondern diente lediglich der Unterhaltung fauler Stunden. Er stellte sich Möglichkeiten vor, nicht visionäre Leere. Er hatte Poesie in seinem Wesen, aber es war die Poesie, die praktisch war. Er war ein großer Dichter und ein großer Wirtschaftsfürst zugleich. Er war sich der gewaltigen Schwierigkeit nicht unbewusst, aber sie inspirierte ihn eher, als dass sie ihn abschreckte. Unter dem Eifer des Mannes verbarg sich eine solide Berechnungsgrundlage, und zwar eine Berechnung, die herkulische Anstrengungen berücksichtigte. Sein Eindringen war scharf, schnell und entschlossen.

In dieser umfassenden Darstellung wird die Tatsache nicht übersehen, dass Herr DeBardeleben gezwungen war, dem Unvermeidlichen zu erliegen, als Birmingham der Cholera-Geißel zum Opfer fiel, und ebenso der Erschöpfung, die der denkwürdige Black Friday an der Wall Street verursachte, dessen Auswirkungen dieses Ereignis war fiel mit krachendem Gewicht auf alle Interessen in der gesamten Union. Die Öfen wurden kalt, die Hacke in der Mine lag still, eifrige Arbeiter saßen händchenhaltend da und ein Albtraum befiel die ganze Nation. Wenn man Birmingham damals gekannt hätte, hätte man eine verlassene Stadt kennengelernt, vereinzelt und düster, während die umliegenden Bezirke still und rauchfrei waren.

Aber die Dunkelheit wurde allmählich wieder hell.

Als die Morgendämmerung zurückkehrte, waren die Menschen offen für die Vorteile in den großen Mineralvorkommen Alabamas. Herr DeBardeleben kehrte 1877 mit einem riesigen Vermögen nach Birmingham zurück, denn er war der Nachfolger von Daniel Pratt. Jetzt schloss er sich mit Colonel Sloss und Herrn TH Aldrich zusammen, Namen, die für immer untrennbar mit der Geschichte der Mineralienentwicklung im Norden Alabamas verbunden sind, und es war ein unbesiegbares Trio.

In den gewaltigen Unternehmungen, die die drei nun in Angriff nahmen, reichte das kolossale Ausmaß der Unternehmungen aus, um die besonderen Gaben aller anzupassen und anzupassen. Herr DeBardeleben war der Hauptplaner und kluge Seher der Gruppe und war bei allen vorgeschlagenen Unternehmungen mutig, aber er war nicht allein bereit, etwas zu sehen, sondern auch zu tun. Die ausgedehnten Erzfelder forderten ständig seine höchsten Kräfte an Enthusiasmus und Energie heraus, und er mühte sich unter seinen eigenen Grenzen als Mensch ab, um der Herausforderung sofort zu begegnen. Herr DeBardeleben träumte auf die bereits angedeutete solide Art und Weise, plante Tag und Nacht und tat dabei immer etwas. Er war ein erstaunlicher Entwicklungsfaktor in diesem wunderbaren Bezirk.

Es war der Beginn einer großen Ära in der Geschichte des Bezirks Birmingham, als Henry Fairchild DeBardeleben seine immense Energie und sein ebenso großes Vermögen in seine Entwicklung einbrachte. Er nahm die strömende Flut des Wohlstands an ihrer Quelle auf, lenkte sie in neue Kanäle, sanierte den Bezirk und ließ durch die Umgestaltung andere die vorangegangene Düsternis vergessen. Der Ruhm war ihm gleichgültig, er war bestrebt, seinen unaufhörlichen Unternehmungsgeist und seine Energie dadurch zu befriedigen, dass er die Fortschritte der Entwicklung sah.

WILLIAM C. OATES

Der Name des Gouverneurs William C. Oates ist es absolut wert, zu den großen Männern Alabamas gezählt zu werden. Sein langjähriger Dienst für den Staat war vielfältig und loyal. Er wurde von seinen Landsleuten mit Ehren gekrönt und war absolut würdig. Er wurde mit nur gewöhnlichen Bildungsvorteilen zum Mann erzogen und galt viele Jahre lang als einer der führenden Staatsbürger. Er war ein Mann mit soliden Qualitäten, ohne den Schimmer des Malerischen oder die Folie des Oberflächlichen. Ehrlichkeit war sein Lebenszweck, und angesichts dieser Eigenschaft waren seine Fehler ebenso offensichtlich wie seine Verdienste. Es lag in keinem Grund oder Streitfall ein Missverständnis über seine Position vor. Wenn er in gewisser Hinsicht robust war, lag das daran, dass er nicht vorhatte, für etwas zu posieren, das er nicht war. Er hatte seine Feinde, aber sie waren in ihrer Opposition nicht herzlicher als seine zahlreichen und starken Freunde in ihrer Verbundenheit und Loyalität.

Als er zum Mann wurde, versprach er nur wenig Erfolg. Als er im Alter von sechzehn Jahren sein Zuhause verließ, durchstreifte er mehrere Jahre lang den äußersten Südwesten, lernte die harten Seiten des Lebens kennen und kehrte durch seine bitteren Erfahrungen mit gereifter Weisheit in seine Heimat zurück und erkannte die Notwendigkeit der Stabilität des Plans und Zweck, um erfolgreich zu sein. In der rauen Region Henry County, wie sie damals war, unterrichtete Oates mehrere Monate lang eine ländliche Schule, wechselte später zum Studium und beendete seinen Kurs an einer High School in Lawrenceville. Zu dieser Zeit öffnete die Anwaltskammer den weitesten und einladendsten Zugang zu herausragender Stellung, und Oates strebte danach, Anwalt zu werden.

Im Büro von Pugh, Bullock & Buford in Eufaula lernte der ländliche Anwärter die Grundsätze seines gewählten Berufs und wurde 1858 als Rechtsanwalt zugelassen. Er ließ sich im ländlichen Dorf Abbeville, dem Sitz der Justiz von Henry County, nieder stieg zum führenden Anwalt im Südosten Alabamas auf und wurde nach und nach als einer der besten Anwälte des Staates anerkannt. Seine sachliche Art und seine unerschütterliche Ehrlichkeit verschafften ihm großes Vertrauen, und Männer ritten weite Strecken zu Pferd, um seine professionellen Dienste in Anspruch zu nehmen.

Die ländliche Presse war damals noch nicht so zahlreich vertreten wie heute, und da es in dieser damals unzugänglichen Region an Repräsentanz mangelte, gab er in Abbeville eine Zeitung heraus. Als 1861 der Kriegssturm über das Land hereinbrach, war er gleichzeitig mit der Herausgabe einer Landeszeitschrift und der Ausübung seines Anwaltsberufs beschäftigt. Er stellte eine Kompanie Freiwilliger auf, wurde Kapitän und wurde dem Fünfzehnten Alabama-Infanterieregiment zugeteilt. Er führte sein Kommando in siebenundzwanzig Schlachten und zeichnete sich durch seinen Mut auf dem Feld aus. Er erhielt seinen Auftrag als Oberst im Jahr 1863 und wurde gegen Ende des Jahres bei Brown's Ferry am Tennessee River verwundet . In Fussell's Mills, in der Nähe von Petersburg, Virginia, erlitt er den Verlust seines rechten Arms, doch nachdem er sich von der Verletzung erholt hatte, übernahm er wieder das Kommando über sein Regiment, das er bis zum Ende des Krieges behielt.

Nach seiner Kapitulation kehrte Colonel Oates nach Abbeville zurück, nahm seine Praxis wieder auf und galt als einer der führenden Bürger des Staates. Mit allen wichtigen Bewegungen im Staat war er verbunden, und seine Praxis war inzwischen immens, so dass Colonel Oates nicht nur als einer der erfolgreichsten und führenden, sondern auch als einer der wohlhabendsten Anwälte des Staates galt. In vielerlei Hinsicht war sein Name im ganzen Staat bekannt und wurde mehrfach im Zusammenhang mit Gouverneursauszeichnungen erwähnt. Dies traf insbesondere auf die beiden Konventionen zur Ernennung eines Gouverneurs in den Jahren 1870 und 1872 zu.

Im Jahr 1870 vertrat er Henry County im Landtag, wo er zu einem angesehenen Führer wurde. Sein Dienst als Gesetzgeber verschaffte ihm noch mehr Bekanntheit in der Öffentlichkeit. Er war 1875 Mitglied des Verfassungskonvents und vertrat von 1881 bis 1894 seinen Distrikt, den dritten Alabama, im Nationalkongress. Seine lange und nützliche Karriere im Kongress verschaffte ihm einen Einfluss wie kein anderer in der Alabama-Delegation. Er diente im Kongress, als er 1895 zum Gouverneur des Staates gewählt wurde.

Kurz darauf kam das Währungsslogan der freien Münzprägung von Silber im Verhältnis sechzehn zu eins, dessen Apostel William Jennings Bryan war, und Gouverneur Oates gehörte zu der Minderheit angesehener Alabamianer, die sich der Doktrin widersetzten, was zur Folge hatte Er zahlte die Strafe einer Wahlniederlage für den nationalen Senatorentitel bei einer späteren Wahl.

Als 1898 der Spanisch-Amerikanische Krieg begann, wurde Gouverneur Oates zum Brigadegeneral ernannt und diente während der dreiundneunzig Tage dieses harten und entscheidenden Kampfes.

Er wurde erneut zum Mitglied des Konvents gewählt, der die Staatsverfassung überarbeitete, und in diesem Gremium waren seine Dienste für Alabama von immensem Wert. Seine letzten Jahre verbrachte er in der Stadt Montgomery, wo er weiterhin als Anwalt tätig war, bis ihn mangelnde

Visionen dazu zwangen, diese Tätigkeit aufzugeben. Er starb im fortgeschrittenen Alter.

Durch die Durchsicht einer so kurzen und unvollkommenen Skizze, die seiner langen, nützlichen Karriere überhaupt nicht würdig ist, können wir genug herauslesen, um zu erfahren, dass Gouverneur Oates ein ganzes halbes Jahrhundert damit beschäftigt war, zum Wachstum und zur Entwicklung des Staates beizutragen. Die Stationen, die er mit so viel Signalkraft besetzt hat und die sich über so viele Jahre erstrecken, zeugen von seiner Nützlichkeit als wertvoller Bürger Alabamas. Als angesehener Anwalt, als mutiger Soldat wie jeder Sohn Alabamas, als Delegierter bei der Gestaltung des Grundgesetzes des Commonwealth, als Staatsmann, dessen Qualitäten in den Kongresshallen und auf dem Gouverneursvorsitz deutlich unter Beweis gestellt wurden, gebührt ihm die Ehre das würdigste Lob. Massiv statt brillant, robust statt poliert, nützlich statt verziert und substanziell ohne die Beimischung von Künstlichkeit – in Gouverneur Oates verkörperten sich Elemente echter Größe. Er leistete Alabama einen dauerhaften Dienst und ging als einer der bedeutendsten Beamten des Staates ins Grab.

JONATHAN HARALSON

Richter Jonathan Haralson war ein herausragender Vertreter jener Generation südlicher Gentlemen, die ein Bindeglied zwischen dem alten und dem neuen Süden darstellten. Er hatte gerade die Schwelle zur kultivierten Männlichkeit erreicht, als der Krieg ausbrach. Er war vom Schlage der jungen Südstaatler dieser Zeit. Er stammte aus einem Adelsstamm, der in der südlichen Gesellschaft und in den Angelegenheiten seiner Heimat eine herausragende Rolle spielte. Sein Vater gehörte zu der wohlhabenden Klasse typischer Pflanzer, die dem Süden auf zwei Kontinenten Ansehen verschafften. Sein Onkel, General Hugh A. Haralson, war einer der angesehensten Kongressabgeordneten aus Georgia und viele Jahre lang einer der gelehrtesten Juristen dieses Staates.

Nach seinem Abschluss an der University of Alabama im Jahr 1851 studierte Richter Jonathan Haralson Rechtswissenschaften und wurde ein Jahr später als Rechtsanwalt zugelassen. Um sich jedoch gründlich zu rüsten, besuchte er die juristische Fakultät der University of Louisiana, wo er ein Jahr verbrachte und seinen Abschluss machte seinen Abschluss als LL.B. Er trat sofort in die Praxis in Selma ein, wo er sich als Bürger, Rechtsanwalt und aktiver Christ einen Namen machte.

Als die gesetzgebende Körperschaft von Alabama im Jahr 1876 das Stadtgericht von Selma gründete, ein Gericht des Common Law mit Zivil-, Straf- und Billigkeitsgerichtsbarkeit, empfahl die Anwaltskammer des Dallas County dem Gouverneur Houston Richter Haralson für die Richterschaft dieses Gerichts. Sechzehn Jahre lang leitete er das Gericht mit herausragender Begabung. Am Ende dieser Zeit wurde er in die oberste Bank des Staates gewählt, wo er zwölf Jahre lang im Amt war.

Eine der herausragenden Auszeichnungen von Richter Haralson verdient besondere Erwähnung. Seine ungewöhnliche Kultur, sein freundliches Wesen, seine Fröhlichkeit, seine vielfältigen Fähigkeiten und seine herausragende Stellung in der christlichen Arbeit verschafften ihm unerwartete Nischen von hoher Ehre in der christlichen Arbeit. Aus reiner Anerkennung seines Verdienstes wurde er 1874 zum Präsidenten des Baptist State Convention of Alabama gewählt, diese Position behielt er achtzehn Jahre lang und war in dieser Zeit der angesehenste Laie in der Konfession des Staates. Im Jahr 1888 wurde er zum Präsidenten der Southern Baptist Convention gewählt, die den größten Baptistenkreis der Welt umfasst, und leitete zehn Jahre in Folge diesen großen Körper. Er war ein vorbildlicher Parlamentarier und galt in der Gewerkschaft als einer der führenden Laien seiner Konfession. Sein Rücktritt von dieser Position erfolgte freiwillig, denn niemand genoss jemals mehr allgemeines Vertrauen und größere Popularität als er.

Weitere Ehrungen gebührten ihm noch. Er war viele Jahre Mitglied des Kuratoriums des Polytechnic Institute in Auburn, Vorsitzender des Kuratoriums des Howard College und Mitglied der American Baptist Education Society . Ein Hinweis auf den Charakter von Richter Haralson ist die Bemerkung, die man von ihm gehört hat, dass er nichts zugelassen habe, was seine religiösen Pflichten beeinträchtigt hätte. Seine Vorstellung vom Leben war durchweg ideal. Er war selbst ein Vorbild echter Männlichkeit und versuchte, sie auch bei anderen zu wecken. Seine Methode war in allen Dingen die der Genauigkeit. In seinem Benehmen, in seiner Rede und in seinem Verhalten anderen gegenüber war eine gewissenhafte Sorgfalt zu erkennen, und bis zum Ende seines Lebens mangelte es seinem Charakter nicht an den kleinen Annehmlichkeiten, die so viel vom Leben ausmachen. Während sein ausgeprägter Sinn für Männlichkeit Festigkeit hervorbrachte, war er doch von jener Art, die immer den Stempel der Sanftmut trug.

Seine Höflichkeit brachte ihm viele Freunde ein, und sein Charakter und seine Fähigkeiten verschafften ihm grenzenloses Selbstvertrauen. Als Vorsitzender von Gremien, die manchmal durch Aufregung zerrissen waren und in denen Geschick und Festigkeit auf die härteste Probe gestellt wurden, war sein persönlicher Einfluss so groß und das in ihn gesetzte Vertrauen so groß, dass gegen seine Entscheidung als Parlamentsbeamter nie Berufung eingelegt wurde.

Richter Haralson ist erst kürzlich verstorben und hat eine Bilanz von mehr als fünfzig Jahren im öffentlichen Leben hinterlassen, ohne eine Delle in seinem Schild oder einen Anlauf auf seiner Rüstung. Er arbeitete so lange er konnte und zog sich unter der Last der Jahre freiwillig aus dem öffentlichen Leben zurück. Sein Tod ereignete sich in seinem zweiundachtzigsten Lebensjahr. In der Stille seines Heimatkreises in Montgomery wartete er nach seinem Rücktritt von der obersten Bank gelassen auf den Ruf des Todes.

Unter den von Alabama hervorgebrachten Persönlichkeiten des öffentlichen Lebens übertraf keiner jemals Richter Jonathan Haralson an erhabenem Charakter, Unbestechlichkeit des Lebens, Sanftmut im Wesen und Treue zur Pflicht. Er war nie im Geringsten protzig. Sein Auftreten war ruhig und herzlich und niemals im geringsten zurückhaltend. Obwohl seine Schlussfolgerungen stets positiv und entschieden waren, waren sie doch so sanft gemildert, dass sie keinen Schatten hinterließen. Er war gegenüber den Gefühlen anderer genauso vorsichtig wie gegenüber denen seiner eigenen.

Kein Mensch war freier von Selbstsucht. Nur aus Anerkennung seines Wertes wurde er von anderen zu den verschiedenen Aufgaben berufen, die er ausübte. Seine Kameradschaft verband die besten Männer, die ihn wegen der Erhabenheit seines Lebens liebten, an ihn.

Er lebte die ganze Zeit über das Leben eines typischen Gentleman aus dem Süden – locker und ruhig im Auftreten, immer angenehm in seiner Ansprache, ungekünstelt und doch mit allen Vorzügen höchster Ausdrucksform der Kultur ausgestattet. Er war nie mit Lob oder Komplimenten überschüttet, sondern erging sich in einer Art angenehmer Spötteleien und Scherze, in denen er eine Wertschätzung zum Ausdruck brachte, die er hegte und die ihm ungemein mehr bedeutete, als es die Extravaganz manch anderen tun würde. Im Freundeskreis war er stets charmant. Seine Wertschätzung für einen Witz war entzückend, und er ließ sich bis zum Schluss diesem Witz hingeben. Er war scherzhaft, ohne einer unziemlichen Leichtfertigkeit nachzugeben, locker, ohne übermäßige Freiheit oder Vertrautheit, manchmal ein wenig bissig in seiner jovialen Kritik an denen, die er am meisten schätzte. Er erkannte immer die Grenzen des Anstands und ließ sich nie darüber hinaus verraten. Weder in seiner Sprache noch in seinem Verhalten war etwas Anmaßendes zu erkennen. Er war einfach und gleichzeitig in vielerlei Hinsicht großartig, ausnahmslos respektvoll und pflichtbewusst gegenüber jedem Vertrauen, als Freund und als Beamter – das waren die vorherrschenden Merkmale im Charakter und im Leben von Richter Jonathan Haralson.

WJ SAMFORD

Leser der renommierten demokratischen Zeitschrift „New York Daybook", die in den Jahren vor dem Krieg in der Metropole herausgegeben wurde, erinnern sich an die Artikel eines pikanten Korrespondenten von „The Oaks" in Alabama. Dieser Schriftsteller war der Vater von Gouverneur William James Samford. Wie aus dem Gespräch und den Reden von Gouverneur Samford hervorgeht, wuchs er in einer literarischen Atmosphäre auf. Für ihn, wie für tausende andere Jugendliche aus dem Süden, kam der Krieg zur Unzeit, da er alle Aussichten auf eine abgeschlossene Ausbildung zunichte machte, denn als Siebzehnjähriger trat er in den Dienst der Konföderation. Zuvor hatte er alle Einrichtungen einer Landschule in der Nähe von Auburn genossen und war in der zweiten Klasse der University of Georgia, als ihn der Ruf zu den Waffen erreichte. So jung der junge Soldat auch war, er wurde bald Leutnant der 46. Alabama-Infanterie, eine Auszeichnung, die er durch Tapferkeit auf dem Feld erlangte. Die Bedingungen waren so, dass er meistens das Kommando über das Unternehmen innehatte.

Er wurde in Baker's Creek gefangen genommen und nach Johnson's Island gebracht. Als sein Kommando bei Baker's Creek umzingelt war und keine Fluchtmöglichkeit mehr hatte, zog er sein Schwert und rammte es hinter einem Baumstamm bis zum Heft in den Boden, um zu verhindern, dass es in die Hände des Feindes fiel. Nach seinem Austausch trat Gouverneur Samford wieder seinem Kommando bei und war bei Lees Überresten, als diese kapitulierten.

Als Gouverneur Samford mit gerade einmal einundzwanzig Jahren nach Hause zurückkehrte, machte er sich mutig an die Arbeit auf einer Farm, um die wachsende Ernte des Frühjahrs 1865 zu retten. Im darauffolgenden Herbst heiratete er Miss Drake und ließ sich auf einer kleinen Farm nieder, die er gründete mehrere Jahre lang weitgehend mit eigenen Händen bestellt. Gouverneur Samford besaß, wie alle, die ihn kannten, einen außergewöhnlichen Intellekt und begnügte sich nicht damit, das Buch umzudrehen und sich die grundlegenden Gesetzesbücher zu besorgen, sondern lernte nachts, nachdem er sich den ganzen Tag abgemüht hatte. Er hatte das Glück, eine intelligente und mitfühlende Frau bei sich zu haben, der er von Zeit zu Zeit Vorträge hielt, während er sich durch die aufeinanderfolgenden Gesetzesbände wälzte.

1871 zog er nach Opelika, wurde als Rechtsanwalt zugelassen und setzte sich energisch dafür ein. Seine gründlichen Kenntnisse der Rechtsgrundsätze, die sich aus seiner konsequenten Anwendung seit seinem Eintritt in das Studium ergaben, wurden durch die Arbeit, die er jedem einzelnen Fall widmete, noch verstärkt. Ein fleißiger, aufmerksamer und intelligenter Anwalt ist selten ohne Mandanten, und das ist für Gouverneur Samford von besonderer Bedeutung.

Seine beeindruckende und gebieterische Erscheinung, sein freundliches Auftreten, die Beherrschung seiner Fälle und eine natürliche Beredsamkeit verschafften ihm nicht nur eine Tätigkeit, die sich schnell ausweitete, sondern auch einen Rang an der Anwaltskammer, auf den jeder mit Recht stolz sein konnte. Es ist eine bemerkenswerte Tatsache, dass Gouverneur Stamford in seiner langen Laufbahn nie von einem Punkt überrascht wurde. Er hatte im Vorfeld das gesamte Gelände abgesucht, sorgfältig die Behörden konsultiert und war voll ausgerüstet in den Gerichtssaal eingereist. Er ging nie davon aus, wie manche Anwälte es tun, dass seine Gegner bestimmte Punkte eines bestimmten Falles übersehen würden, und stärkte jeden einzelnen, insbesondere den schwächeren, nachdrücklich, so dass er zum Kampf bereit war, wenn der Fall angerufen wurde.

Diese Gewohnheit, die im Zusammenhang mit der Praxis des Gouverneurs Samford wohlbekannt war, verschaffte ihm zunehmenden Ruhm, so dass seine Praxis in ganz Ost-Alabama, in anderen Teilen des Staates und sogar darüber hinaus beträchtlich und prominent war. Ein Mandant, der einmal in einem wichtigen Kriminalfall von den wissenschaftlichen Erkenntnissen des Gouverneurs Samford besiegt wurde, bemerkte, dass ein Mann, der so viel wüsste wie Samford, nicht praktizieren dürfe! Es kam vor, dass die Opposition und sogar das Gericht selbst von der Genauigkeit seiner Kenntnis der wissenschaftlichen Aspekte in bestimmten Fällen überrascht waren. Gouverneur Samford hatte alle verfügbaren wissenschaftlichen Arbeiten zu dem betreffenden Fall gelesen und war dem sachverständigsten Zeugen gewachsen, der gegen ihn ausgespielt werden konnte.

Gouverneur Samford war zwar furchtlos bei der Verfolgung oder Verteidigung aller ihm anvertrauten zivil- oder strafrechtlichen Angelegenheiten, doch sein Auftreten, selbst im Trubel des Gerichtssaals, zeichnete sich stets durch eine stattliche Höflichkeit aus, die seine angeborene Sanftmut auszeichnete verbot die geringste Härte oder jegliche Wärme der Leidenschaft. Er war bereit, seinen Mangel an Entschlossenheit zuzugeben, worüber er mit Freunden sprechen würde, aber er würde gleichzeitig auch zugeben, dass dies an seiner Abneigung lag, jemandem gegenüber unfreundlich zu sein.

Die Schaffung des gegenwärtigen Begnadigungsgremiums in diesem Staat war seiner Energie zu verdanken, da er nicht glaubte, dass so viel von dem, was heilig ist, in den Händen eines einzelnen Mannes liegen sollte, sondern dass es Überlegungen geben sollte, die von einem einzigen Mann abgeleitet werden sollten Anzahl der Quellen zur Lösung schwerwiegender Fragen.

Niemand war misstrauischer gegenüber seiner eigenen Festigkeit als er, wenn er mit einer Angelegenheit konfrontiert wurde, die viel Glück mit sich brachte. Es gab dieses weibliche Element in seiner großartigen Natur, das ihn gegen seinen Willen beeinflussen würde. Was auch immer man über Gouverneur Samford sagen mag, sein hartnäckigster Gegner konnte die Existenz dieser Eigenschaft der Sanftmut und Freundlichkeit niemals leugnen. Doch wenn er mit einem Prinzip konfrontiert wurde, das eine Entscheidung erforderte, konnte er standhaft sein, und das war er auch, wie die Ausübung des Vetorechts deutlich zeigte, als es in Anspruch genommen werden musste.

Der Dienst von Gouverneur Samford für den Staat war vielfältig. Er begann seine Karriere als Soldat im Alter von siebzehn Jahren und war durchgehend von Diensten unterschiedlichster Art geprägt. Als Vertreter des Lee County im Unterhaus war er der anerkannte Anführer dieses Gremiums. Seine Verdienste als Senator wurden dadurch gewürdigt, dass er zum Präsidenten dieses Gremiums gewählt wurde. Als Delegierter des Verfassungskonvents waren seine Dienste von unschätzbarem Wert. Als Abgeordneter im Kongress machte er sich und den Staat einen Namen. Endlich als Gouverneur geehrt, brachte er in die Funktionen dieses hohen Amtes seine wertvollen Kenntnisse, Fähigkeiten und Erfahrungen im öffentlichen Leben ein.

In einer so begrenzten Skizze wie dieser können nur Andeutungen über die Kraft dieses profunden Juristen, geschickten Staatsmannes, gebildeten Bürgers, eloquenten Anwalts und christlichen Gouverneurs gemacht werden, aber selbst solche Einblicke gewähren genügend Einblick, um seinen Rang als Überlegenheit beurteilen zu können . Immer fröhlich und fröhlich, ließen ihn sein Sinn und seine Wertschätzung für Humor auch im letzten Krankheitsbett nicht im Stich. Dennoch gab es eine tiefe Hingabe an Gott, die er bis zum Ende pflegte und pflegte. Gouverneur Samford wurde in der Blüte seines Lebens niedergemetzelt und starb während seiner Amtszeit als Gouverneur des Staates.

WW-SCHRAUBEN

Für seinen soliden und substanziellen Dienst und seine uneigennützige Hingabe an die Sache der Demokratie, die sich über einen Zeitraum von etwa einem halben Jahrhundert erstreckt, übertrifft niemand den erfahrenen Herausgeber William Wallace Screws von Montgomery. Vom frühen Morgengrauen bis zum reifen Alter wurde Major Screws mit den Geschicken seines Heimatstaates identifiziert. Es ist zweifelhaft, dass ein anderer den Staatsgedanken so ununterbrochen und so lange geprägt hat wie er. An seiner Treue und seinem unermüdlichen Einsatz hat es über viele Jahre hinweg nicht den geringsten Abbruch gegeben. Sicherlich hat er die Zustimmung der Bevölkerung des Staates ausreichend gewonnen, um einen Platz unter den Männern zu verdienen, die das Gemeinwesen zu seinem gegenwärtigen Entwicklungsstand aufgebaut haben. Kein Blitz, keine Bildhaftigkeit, keine Sensation, keine plötzliche Neuerung war zu irgendeinem Zeitpunkt mit dem verbunden, was er getan hat – es wurde Dienst geleistet wie in einer Tretmühle, geduldig, beharrlich und beharrlich. Er ist mit seinem Volk in die Tiefe gegangen, hat gelitten wie es und ist mit ihm durch die unterschiedlichen Schicksale, die es in den Jahren der unmittelbaren Vergangenheit erlebt hat, aufgestiegen.

Die Heimatregion von Major Screws ist Barbour County. Seine akademische Ausbildung und alles, was er jemals hatte, absolvierte er in Glennville, einem Dorf, das früher für seine Bildungsvorteile bekannt war. Er trat früh ins Leben ein, denn mit zwanzig wurde er als Anwalt zugelassen, nachdem er in der Anwaltskanzlei Watts, Judge & Jackson in Montgomery studiert hatte. Am Ende einer zweijährigen Praxis trat er als einer der Ersten in den Dienst der Konföderierten. Wie viele andere war Major Screws kein Sezessionist, aber er war ein Patriot, und indem er seine persönlichen Ansichten dem ausdrücklichen Urteil der Menschen in Alabama unterordnete, schulterte er seine Muskete und marschierte mit den ersten Truppen, die bei Pensacola konzentriert waren. Er beteiligte sich an der Eroberung der Marinewerft und von Fort Barancas, wurde später Leutnant der Kompanie H des 59. Alabama-Regiments und diente unter General Bragg in Tennessee und Kentucky, wo er an den Schlachten von Chickamauga und Knoxville teilnahm.

Im letzten Kriegsjahr fand Major Screws unter Lee in Virginia statt. Während dieser stressigen und leidvollen Zeit war er ein aktiver Teilnehmer und gehörte zum Rest der tapferen Armee, die sich bei Appomattox ergab. Während seines Feldzugs mit den beiden Armeen entwickelte Major Screws seine beliebte Fähigkeit als Schriftsteller. Als energischer und vielseitiger Frontkorrespondent belebte er die Kolumnen des Montgomery Advertiser, den dann der brillante Herausgeber Samuel G. Reid leitete. Der scharfe Einblick von Major Screws in die Situation veranlasste ihn einmal, einige der geplanten Bewegungen von Braggs Armee vorherzusagen, deren Veröffentlichung zu seiner Verhaftung durch General Bragg führte, aber dies war lediglich eine bedeutungslose Episode und diente nur der Entwicklung die Tatsache, dass der kluge Korrespondent einen zu scharfen Einblick hatte, als dass er den kommandierenden General trösten konnte.

Bei seiner Rückkehr nach Hause im Jahr 1865 war Major Screws für seinen Lebensunterhalt vollständig auf seine Feder angewiesen und wurde als Mitarbeiter mit The Advertiser verbunden. Der Herausgeber, Herr Reid, brachte ihm große Rücksicht und überließ ihm schließlich die Zeitung. Hier war der Wirkungsbereich seines großen Dienstes für den Staat. Sein Stativ war sein Thron, und obwohl die Zeitung monatelang unter den Bajonetten des Wiederaufbaus unterdrückt wurde, wurde sie nicht gedrosselt, und ihre Kolumnen strahlten vor Enthüllungen über die Korruption jener korrupten Tage. Unter Major Screws war The Advertiser der Ausdruck heroischen Ausdrucks und der Verfechter der Freiheiten der Menschen in Alabama. In jenen Tagen der Dunkelheit und der Prüfung, als Major Screws bei der Führung seines Tagebuchs mit der Armut zu kämpfen hatte, wussten die Menschen in Alabama kaum, was er für sie durchmachen musste. Aber mit kühlem Heldentum arbeitete er weiter, als hätte er den Geldbeutel eines Fürsten zur Hand, und diente selbstlos dem Volk, wobei er vielleicht genauso viele Entbehrungen erduldete wie jeder andere, der jemals dem Staat gedient hat.

Unter Bedingungen wie diesen wurde die Selbstlosigkeit von Major Screws mehr als einmal auf die Probe gestellt. Einmal während der Aufregung, die die Stantons im berüchtigten Kampf um die Emission von Anleihen im Namen der Alabama and Chattanooga Railroad verursachten, dessen Geschichte zu lang ist, um hier näher erläutert zu werden, erschien ein Agent der Stantons Montgomery und schlug Major Screws vor, ihm 51.000 US-Dollar für die Nutzung des Montgomery Advertiser zur Förderung des betrügerischen Plans zu zahlen. Major Screws sollte der Herausgeber der Zeitung bleiben, und der vorgeschlagene Betrag bestand lediglich darin, durch einen anderen das Recht zu erwerben, seine Kolumnen zu nutzen, um diese Last für die Bevölkerung des Staates zu tragen. Er war ein armer Mann, der mit den Schwierigkeiten seiner Zeit zu kämpfen hatte, aber er lehnte das Angebot rundweg ab und setzte seinen Widerstand gegen die Ausgabe der Anleihen mutig fort.

Es gab eine andere Gelegenheit, bei der er als Demokrat einem Vorschlag hätte nachgeben und einen plausiblen Vorwand für sein Vorgehen finden können. Die wunderbaren Bodenschätze des Staates erregten landesweite Aufmerksamkeit, und ein Teil der Demokratie im Kongress unter der

Führung von Hon. Samuel J. Randall aus Pennsylvania trat für den Schutz im Interesse der Mineralerschließungen des Landes ein. Herr Randall war der Verfechter dieser demokratischen Protektionisten, und es wurde versucht, die Mineralieninteressen Alabamas in die Bewegung einzubeziehen. Der Köder war verlockend in einer Zeit, in der Kapital für die Entwicklung unserer Einlagen dringend benötigt wurde, und ein Exponent wie der Montgomery Advertiser hätte sich für diesen Flügel der Demokratischen Partei als enormer Vorteil erwiesen. Dementsprechend wurde ein Spezialagent nach Montgomery beauftragt, Major Screws die stattliche Summe von fünfzigtausend Dollar anzubieten, um sich für die Sache dieses bestimmten Flügels einzusetzen und glaubwürdigen Schutz unter dem Vorwand der notwendigen Entwicklung der Kohle- und Eisenvorkommen in Alabama zu finden Dies lehnte er umgehend ab. Dies reicht aus, um sowohl seine Selbstlosigkeit als auch seine Hingabe zu zeigen.

Vielleicht mehr als jeder andere seit dem Bürgerkrieg war Major Screws maßgeblich an der Gestaltung und Leitung der Politik der Demokratischen Partei im Staat beteiligt. Er war einmal Kandidat für ein Amt, als er 1868 zum Außenminister gewählt wurde, und während der ersten Amtszeit von Herrn Cleveland wurde er zum Postmeister in Montgomery ernannt. Dies sind die einzigen Positionen, die er jemals besetzt hat. Seine Karriere ist ein wichtiger Bestandteil der Kräfte, die Alabama in der Galaxis der amerikanischen Bundesstaaten groß gemacht haben.

Major Screws ist im Einsatz für die demokratische Freiheit in Alabama in die Jahre gekommen, doch im Geiste ist er genauso männlich und energisch wie früher.

HILARY A. HERBERT

Als dreizehnjähriger Junge kam Col. Hilary A. Herbert mit der Familie seines Vaters von Laurensville, South Carolina, nach Alabama und ließ sich in Greenville, Butler County, nieder, wo der Junge zu einem angesehenen Mann heranwuchs. Seine weiterführenden Studien absolvierte er an den Universitäten von Alabama und Virginia, an denen er sich einen Ruf für seine Begabung und strenge Genauigkeit erarbeitete. Oberst Herbert, der als Anwalt zugelassen war, hatte seine Karriere als Anwalt gerade erst begonnen, als der Bürgerkrieg begann. Er hatte seine schulische Laufbahn gemächlich fortgesetzt und war etwa siebenundzwanzig Jahre alt, als der Ruf zu den Waffen kam.

Er trat als Hauptmann in die Armee ein und wurde der achten Alabama-Infanterie zugeteilt, deren Regiment nach Virginia geschickt wurde. Er war mit Magruder in Yorktown, nahm am Halbinselfeldzug teil, wurde dabei zum Major befördert und fiel bei Fair Oaks in die Hände des Feindes. Er wurde bald ausgetauscht und nach seiner Rückkehr in sein Kommando zum Oberstleutnant ernannt. Sein Regiment wurde zunächst dem Korps von Longstreet zugeteilt, später jedoch dem von AP Hill übertragen.

Oberst Herbert führte sein Regiment in die Schlachten von Fredericksburg, Salem Heights, Antietam und Gettysburg. In der letztgenannten Schlacht wurde die Achte Alabama direkt von einem Bundesregiment unter dem Kommando von Colonel Maginess bekämpft, der in späteren Jahren Seite an Seite mit Colonel Herbert im Kongress saß.

Der Austritt von Colonel Herbert aus der Armee war auf eine schwere Verwundung zurückzuführen, die er in der Wildnis erlitten hatte. Die Wunde wurde am linken Arm zugefügt, von dem ein Teil des Knochens weggetragen wurde, und dieses praktisch nervlose Glied hängt noch immer an seiner Seite als Erinnerung an seine tapferen Verdienste. Als er seine Wunde erhielt, wurde er in kritischem Zustand vom Feld getragen.

Bis zu diesem Zeitpunkt war Herbert, obwohl er das Regiment lange Zeit befehligte, nur Oberstleutnant, da der Oberst seit langem arbeitsunfähig und dienstunfähig war und nicht beim Regiment war, obwohl sein Name immer noch als Kommandeur des Regiments auf der Liste stand das Regiment. Da sowohl der Oberst als auch der Oberstleutnant persönlich behindert waren, standen sie der Beförderung derjenigen im Wege, die noch im aktiven Dienst auf dem Feld standen. In Anerkennung dieses Zustandes schrieb Oberst Herbert sofort an den Brigadekommandeur und äußerte den Wunsch, in den Ruhestand versetzt zu werden. Major IP Emerich, der jetzt das Kommando innehatte, protestierte mit großer Großmütigkeit gegen ein solches Vorgehen und beharrte darauf, dass Herbert sich als Anführer seiner Truppen einen Namen gemacht habe, und betonte, dass es fair sei, ihn zu befördern, bevor man ihn in den Ruhestand schicken müsse. Major Emerich schloss sich dem Protest mit anderen Offizieren des Kommandos an, was dazu führte, dass Colonel Herbert in den Ruhestand ging und den vollen Rang eines Colonels erhielt. Die Aktion war sowohl Oberst Herbert als auch Major Emerich zu verdanken. Letzterer lebt noch immer als geehrter Bürger von Mobile.

Nach der Kapitulation der konföderierten Armeen ließ sich Colonel Herbert in Greenville nieder, um die Anwaltspraxis wieder aufzunehmen, wo er problemlos an der Spitze des örtlichen Berufs stand. Eine größere Sphäre eröffnete sich ihm 1872 in Montgomery, von wo aus er zog und eine Partnerschaft mit Herrn Virgil Murphy einging. Später wurde er mit den Herren Clopton und Chambers verbunden, mit denen er bis 1877 verlobt war, als er in den Kongress gewählt wurde Seine Absicht bestand darin, einem Ehrgeiz gerecht zu werden, indem er nur für eine Sitzungsperiode von zwei Jahren auf seinem Sitz blieb.

Doch ein Ereignis ereignete sich, das die Laufbahn von Colonel Herbert veränderte. Samuel J. Randall aus Pennsylvania war Sprecher des Repräsentantenhauses geworden, und dort erschien Oberst Tom Scott aus demselben Bundesstaat mit einem kolossalen Plan, eine Subvention von 40.000.000 US-Dollar für den Bau der Texas Pacific Railroad zu beschaffen Zweige, die sich zu den wichtigsten südlichen Punkten erstrecken. Es war ein gigantisches Unterfangen und hatte ein rosiges Bild für den Süden, den die Region wieder auf die Beine stellen wollte. Auf die Delegation aus dem Süden wurde Druck ausgeübt, weil es so glaubwürdig vielversprechend war und man den Anschein erwecken wollte, dass es sich um ein Unterfangen handelte, das der Süden nicht leichtfertig schätzen konnte. Die Technik des Plans war in seiner Umsetzung weitreichend, denn die gesetzgebenden Körperschaften der Bundesstaaten wurden aufgefordert, Maßnahmen zu ergreifen, die die Zusammenarbeit ihrer Kongressdelegationen für den Erfolg erzwingen würden. Der Gesetzgeber von Alabama wies seine Senatoren an, dafür zu stimmen, und forderte seine Vertreter auf, dies zu tun.

Da Oberst Herbert die Quelle und den Zweck des Mammutplans kannte, lehnte er es ab, ihn zu unterstützen. Es wurde jeder erdenkliche Druck ausgeübt, aber Herbert blieb unbeweglich. Seine erste Rede im Kongress widersprach Scotts Plan. Sein Argument veränderte den Lauf seines Lebens. Die Rede wurde gedruckt und im gesamten Distrikt verschickt, und obwohl er gegen seine Wiederernennung protestierte, wurde er in den Kongress zurückgebracht. Oberst Scott unternahm einen weiteren verzweifelten Versuch, die Zusammenarbeit von Oberst Herbert zu erzwingen, indem er sogar einen gelehrten und ortsansässigen Anwalt in Montgomery einsetzte, um die Legislative zu veranlassen, der Staatsdelegation zwingende Anweisung zu erteilen, die Maßnahme zu unterstützen, und während dieser gelehrte Anwalt vor der Legislative Andeutungen machte Die Versammlung lehnte es ab, die Mitglieder wie gewünscht zu unterrichten, und der gesamte Plan wurde zunichte gemacht, da Oberst Herbert die Interessen des Staates falsch darstellte. Oberst Herbert galt nun als einer der sichersten Hüter der Staatsinteressen. Obwohl er kein demonstrativer Gentleman war, wurden seine Verdienste im Kongress anerkannt, wie seine Ernennung zum Ausschuss für Wege und Mittel zeigte, in dem Männer wie Reed, McKinley und Morrison saßen. Sein Distrikt behielt ihn so lange im Kongress, wie er im Amt war.

1885 wurde er auf Wunsch von Präsident Cleveland zum Vorsitzenden des Ausschusses für Marineangelegenheiten ernannt. 1893 ernannte ihn Herr Cleveland zum Marineminister. Colonel Herbert war im Kongress so beliebt, dass die Republikaner mit den Demokraten wetteiferten und ihre Befriedigung über seine Beförderung in das Präsidentenkabinett demonstrierten. Kurz nach seiner Ernennung zu diesem Ehrenposten betrat er die Kongresshalle und bewegte sich leise in Richtung der Garderobe der Demokraten. Mr. Outhwaite aus Ohio sprach gerade, während Colonel Herbert durch den Außengang ging, als ein Mitglied ihn erspähte und mit „Herbert!" losbrach. Herbert!" Er hielt inne, als Mr. Outhwaite großzügig sagte: „Ich werde dem Herrn aus Alabama fünf Minuten meiner Zeit widmen." Es gab kein Entrinnen, und Oberst Herbert musste sprechen. Mit tiefer Rührung brachte er seine große Wertschätzung für die Ehre und den Tribut zum Ausdruck, und es wird gesagt, dass dies das erste Mal war, dass er seine Gefühle in der Öffentlichkeit nicht zurückhalten konnte. Er konnte seine tiefen Gefühle bei einer so großen Demonstration überhaupt nicht verbergen.

Oberst Herbert verdankt das ganze Land die Leistungsfähigkeit seiner nationalen Marine. Hinter den Kanonen von Dewey in Manila und denen von Schley in Santiago stand die Effizienz von Hilary A. Herbert. Obwohl er bereits im fortgeschrittenen Alter ist, betreibt er immer noch seine Praxis in der Landeshauptstadt.

WILLIS BREWER

Unter den Einwohnern Alabams, die zum Aufbau unseres Gemeinwesens beigetragen haben, ist der ehrenwerte Willis Brewer aus Lowndes County hervorzuheben. Seit vielen Jahren ist er auf verschiedenen Kanälen tätig. Colonel Brewer, Planter, Journalist, Anwalt, Autor und Staatsmann, hat nicht unauffällig zum Wachstum des Staates beigetragen. Er stammt aus Sumter County, Alabama, und seine Ausbildung beschränkte sich auf eine akademische Ausbildung. Er hat seine Begabungen und Errungenschaften zu einem wertvollen Gut gemacht, und zwar durch die Selbstkultivierung des einen und durch die sorgfältige und fleißige Anwendung des anderen. Er beteiligt sich seit vielen Jahren aktiv an den Angelegenheiten des Staates.

Als gerade mal sechzehnjähriger Junge begann er zusammen mit dem verstorbenen Richter William R. DeLoach aus Sumter County mit der Veröffentlichung einer Zeitung in Milton, Florida, wo sie sich 1861 befanden, als der Krieg begann. Beide meldeten sich für die Konföderierte Armee, aber der Gesundheitszustand von Mr. Brewer verschlechterte sich, und er wurde während eines Großteils des Krieges zum Postdienst abkommandiert, diente jedoch eine Zeit lang im Stab von General Wirt Adams im Mississippi-Feldzug.

Seine Vorliebe für den Journalismus veranlasste ihn, kurz nach Kriegsende die Redaktion wieder aufzunehmen, als er in Camden, Alabama, die Wilcox Times veröffentlichte. Zu dieser Zeit, als Mr. Brewer erst zweiundzwanzig Jahre alt war, berief ihn Gouverneur Patton in seinen Stab mit dem Rang eines Obersten, unter welchem Titel er seitdem bekannt ist.

1868 zog Colonel Brewer nach Hayneville und gründete den Hayneville Examiner. Die Zeit und das Umfeld dienten dazu, in dem jungen Redakteur das Beste hervorzurufen, was in ihm steckte, und seine Zeitung wurde zu einem der mächtigsten Motoren des Staates bei der Aufdeckung der Korruption des Wiederaufbaus. Der vom Hayneville Examiner verbreitete Slogan „Das Volk gegen die Narren und Diebe an der Macht" erregte in seiner treffenden Form das Ohr des Staates und wurde während der gesamten Zeit des Wiederaufbaus zu einer beliebten Legende.

Von 1876 bis 1880 diente Colonel Brewer dem Staat als Rechnungsprüfer. Im Jahr 1880 wurde er in die Legislative gewählt und diente während der bemerkenswerten Zeitspanne von achtzehn Jahren, davon zwölf als Senator und sechs als Repräsentant. Am Ende dieser Zeit wurde er für den Kongress ausgewählt, wo er vier Jahre lang tätig war. 26 Jahre öffentlicher Dienst, Jahre fleißiger Tätigkeit, berechtigen ihn zur Dankbarkeit der Menschen eines großen Staates.

So wertvoll seine Dienste auch in allen Positionen waren, die Colonel Brewer innehatte, seine nützlichsten Dienste leistete er als Staatsprüfer. Seine Karriere in dieser Funktion begann mit der Amtszeit von Gouverneur Houston, die von Kürzungen und Reformen geprägt war. Der Dreh- und Angelpunkt der Wirtschaftsverwaltung von Gouverneur Houston war das Büro des Rechnungsprüfers, dem Colonel Brewer vorstand. Hier entdeckte er den Verlust staatlicher Ressourcen, und es war Colonel Brewer, der diese Entlüftung nicht nur entdeckte, sondern auch versiegelte und der Wirtschaft der Verwaltung das Rückgrat gab. Zur Veranschaulichung stellte Colonel Brewer fest, dass dem Steuereintreiber von Mobile County ein Kredit von 62.000 Dollar für die vom Staat in den Jahren 1874–75 gekauften Ländereien eingeräumt wurde, und dennoch wurde nachgewiesen, dass Mobile jedes Jahr verkauft wurde, während in der Im Jahr 1875 wurden im County Dallas, ohne die städtischen Grundstücke, 95.000 Acres verkauft.

Bedingungen wie diese hatten den Staat finanziell ruiniert, und das achtprozentige „Hufeisen"-Geld des Staates wurde auf dem Markt zu fünfzig und sechzig Cent pro Dollar feilgeboten. Innerhalb von zwei Jahren, nachdem Colonel Brewer Staatsprüfer wurde, wurden die Acht-Prozent-Anleihen des Staates mit sechs Prozent finanziert. Er ließ nie zu, dass ein Steuereintreiber mit einem Untergebenen abrechnete, sondern immer mit sich selbst.

Ein weiterer Beweis für seinen Anteil an der finanziellen Sanierung des Staates ist die Tatsache, dass Colonel Brewer das staatliche Gesetz über den Verkauf von Eigentum gegen Steuern ins Leben rief, das er während der Sitzungsperiode 1878–1879 in der Legislative durcharbeitete. Er ist der Autor des Gesetzes über Abstammung und Verteilung, nach dem Eltern von ihren Kindern erben, wenn diese ohne Testament, ohne Frau oder Kinder, sterben. Siebzig Jahre lang hatte der Staat keine Vorkehrungen für die Eltern getroffen, und egal wie alt oder gebrechlich sie waren, sie konnten nicht erben, und das Eigentum fiel an die Brüder und Schwestern des Testamentsvollstreckers.

Von den trockenen, langweiligen Details starrer Geschäfte und der anspruchsvollen Lästigkeit belastender Arbeit konnte Colonel Brewer sich mit seiner einfachen Feder der Produktion des seltensten Englisch und dem höchsten Gedankenausdruck zuwenden. Seine Leidenschaft für Literatur, denn er ist ein äußerst vielseitiger Student, hat zu einem ganz eigenen Stil geführt – klar, prägnant, leuchtend, komprimiert, in einer klassischen Form gegossen. Seine 1872 veröffentlichte Geschichte von Alabama ist ein unschätzbarer Beitrag zur Literatur des Staates. Als Stilist ist er streng in der Genauigkeit, bewahrt aber gleichzeitig einen einzigartigen Geschmack, der dem gelehrten Leser am angenehmsten ist. Sein Roman „Kinder von Issachar" beschäftigt sich mit der Ku-Klux-Zeit. „Das Geheimnis der

Menschheit" ist ein metaphysisches Werk, das so viel Lob erhalten hat, dass es mit den Werken von Tacitus und Swedenborg verglichen wird. Obwohl dieses Werk bereits 1895 veröffentlicht wurde, erfreut es sich erneuter Beliebtheit und wird nun ins Deutsche übersetzt. Die letzte literarische Produktion von Colonel Brewer, „Ägypten und Israel", ist eine wissenschaftliche Produktion der Philologie und zeigt bemerkenswerte Kenntnisse der Sprache der alten Ägypter und Hebräer.

Während ich dies schreibe, ist Colonel Brewer noch unter uns. Seine Haltung ist immer noch so aufrecht wie als Junge, und seine Sprache ist so klar, obwohl er seinen siebenundsechzigsten Meilenstein überschritten hat. Als Kommentar zu einer Anspielung auf ihn im Mobile Register vom September 1907, in der von ihm als „dem letzten Obersten des Südens" gesprochen wurde, sagte das Montgomery Journal über Colonel Brewer: „Kein Mann im Staat hat einen angeseheneren." Persönlichkeit, eine Persönlichkeit, die deutlich südländischer ist, und keine, deren Gehirn und Intellekt, Kultur und Gelehrsamkeit so eindringlich an den Alten Süden erinnern wie der Hayneville-Freund des Registers."

In ruhiger Freizeit verbringt Colonel Brewer seine letzten Tage in „The Cedars", seinem Landsitz, ein paar Meilen von Montgomery entfernt.

JOSEPH F. JOHNSTON

Alabama wurde durch die Doppelregierung von Joseph Forney Johnston begünstigt, der in das Amt des Vorstandsvorsitzenden die Qualitäten eines erfolgreichen Geschäftsmannes und eine vielfältige langjährige Erfahrung mitnahm. Als Junge verließ Gouverneur Johnston seinen Heimatstaat North Carolina, und da sein Vater sich in Talladega niederließ, wurde der Sohn in die Schule geschickt, wo er sich befand, als 1861 die Feindseligkeiten zwischen den Staaten begannen. Er war kaum achtzehn Jahre alt Er gehörte zu den ersten im Staat, die sich in den Dienst der Konföderierten meldeten, und wurde Gefreiter im Achtzehnten Alabama-Regiment. Es ist eine allgemeine Beobachtung, dass ein guter Soldat einen guten Bürger ausmacht, und das gilt auch für Gouverneur Johnston. Die Bilanz seiner Soldatenkarriere lässt sich in den Tatsachen zusammenfassen, dass der junge Soldat von den Rängen bis zum Hauptmann aufstieg, während des gesamten Kampfes diente und vom Konflikt vier Narben als Folge der Wunden in so vielen Schlachten trug.

Wie tausende andere war er nach dem Ende des Krieges praktisch mittellos, inmitten der durch den langen Kampf verursachten Verzweiflung, und als junger Mann von 23 Jahren entschied er sich für die Zukunft und studierte Jura als Beruf im Büro von General WH Forney. Herr Johnston wurde in die Praxis aufgenommen und ließ sich in Selma nieder, wo er sich achtzehn Jahre lang der Rechtswissenschaft widmete und sich größtenteils auf das Handelsrecht beschränkte, was dazu beitrug, ihn gründlich mit den Grundsätzen des Geschäftslebens vertraut zu machen. Obwohl er sich aktiv an aktuellen Angelegenheiten öffentlicher Natur beteiligte, gab er sich damit zufrieden, dem Gemeinwohl jeden erdenklichen Dienst zu erweisen, zeigte jedoch kein Verlangen nach einem offiziellen Amt. An den Wiederaufbaukämpfen beteiligte er sich aktiv, und während er anderen bei der Befriedigung politischer Ambitionen half, begnügte sich Herr Johnston damit, sich strikt an die Anforderungen seines Berufs zu halten.

Die Erschließung riesiger Mineralvorkommen im Norden Alabamas veranlasste ihn 1884, nach Birmingham zu ziehen, wo er in der wachsenden Stadt praktisch die Anwaltspraxis aufgab und zum Präsidenten der Alabama National Bank gewählt wurde. Ein noch größerer Wirkungskreis eröffnete sich ihm, als er zum ersten Präsidenten der Sloss Iron & Steel Company ernannt wurde. Er zog sich freiwillig von der Präsidentschaft der Bank zurück und übernahm die größeren Aufgaben dieser großen Organisation. Diese verantwortungsvolle Station bot reichlich Gelegenheit, die Geschäftsqualitäten, mit denen Kapitän Johnston ausgestattet war, auszunutzen, und durch deren Anwendung wurde das Unternehmen auf eine solide und zahlende Basis gestellt.

Nach jahrelanger Tätigkeit in dieser Funktion ließ er bekannt werden, dass er das Amt des Gouverneurs des Staates anstrebte. Er hatte nie ein politisches Amt innegehabt, hatte es nie zuvor angestrebt und hatte es daher auch nie zuvor angestrebt; Aber jetzt machte er keinen Hehl daraus, dass er den Chefsessel in der Hauptstadt von Alabama besetzen wollte. Seine charakteristische Ankündigung seiner Kandidatur war weit entfernt von der abgedroschenen Ausdrucksweise des gewöhnlichen politischen Suchers. Mit unverblümter Offenheit erklärte er, dass er nicht von zahlreichen Freunden umworben worden sei und sich nicht danach sehne, Opfer auf dem Altar politischer Opfer zu werden in dem verzehrenden Wunsch, ein öffentliches Gut zu erbringen, sondern dass er lediglich den Ehrgeiz habe, Gouverneur zu werden. in dem Glauben, dass er dem Staat effizient und treu dienen könne. Er verbarg auch nicht die Tatsache, dass er diesen Ehrgeiz wegen der Auszeichnung, die er erlangen würde, und der Ehre, die er mit sich bringen würde, besessen hatte.

Nachdem er sich entschlossen hatte, sich dem Rennen um dieses hohe Amt zu stellen, konzentrierte er seine Energie darauf, dies zu erreichen. Zweimal bemühte er sich um die Stelle, zweimal scheiterte er. Im dritten Wettbewerb im Jahr 1896 wurde er jedoch mit überwältigender Mehrheit ausgewählt. Das lag an seiner lobenswerten Beharrlichkeit, an seiner Treue zu seiner Partei, die er leidenschaftlich darin zum Ausdruck brachte, dass er sich für die Kandidatur seiner Gegner einsetzte, nachdem er selbst gescheitert war, und an der Tatsache, dass seine Charakterstärke größere Publizität erlangte kein Zweifel. Seine erfolglosen Bemühungen hatten dazu beigetragen, den Typ Mann zu zeigen, der er war, und seine Verdienste wurden zunehmend anerkannt.

Bei seinem Amtsantritt begann er sofort damit, die Regierung auf eine Geschäftsbasis zu reduzieren. Er begann, hier und da offizielle Zweige abzuschneiden, die keine Früchte trugen und dennoch auf öffentliche Kosten ordnungsgemäß befruchtet wurden; er regulierte das Steuersystem, um es auszugleichen, indem er die Zahlung von Steuern verlangte, die bisher entgangen waren; Er führte das System der Prüfung der Bücher und Konten der Bezirksbeamten durch erfahrene Buchhalter ein und sorgte durch sparsames Management dafür, dass der Staatskasse ein Betrag von mehr als dreißig Millionen Dollar zufließte. Er interessierte sich direkt persönlich für das öffentliche Schulsystem des Staates, und während der Amtszeit von Gouverneur Johnston wurde die Frage nach einem verbesserten öffentlichen Straßensystem aufgeworfen. Durch Schritte wie diese wurde er als „Geschäftsgouverneur" anerkannt. Nach Ablauf seiner ersten Amtszeit wurde er einstimmig zum Nachfolger gewählt und seine

Gouverneurslaufbahn endete im letzten Jahr des 19. Jahrhunderts. Im Jahr 1909 wurden Gouverneur Johnston und der ehrenwerte JH Bankhead durch Volksabstimmung des Staates als Nachfolger der Senatoren John T. Morgan und EW Pettus ausgewählt und übernahmen 1910 ihre Sitze. Senator Johnston zeigte im Nationalen Senat die gleichen soliden Qualitäten, die er zuvor als Gouverneur gezeigt hatte. Es war keine demonstrative Karriere, denn er war eher ein Mann mit soliden Qualitäten als einer mit glänzenden Begabungen. Es herrschte größtes Vertrauen der Bevölkerung in sein Urteilsvermögen und in die Integrität seines Charakters. Standhaft im Dienst, oft auch dann, wenn er körperlich nicht in der Lage war, weil sein Gesundheitszustand stark beeinträchtigt war, gewann er als Senator das wohlwollende Vertrauen der Menschen in Alabama.

Ein Hinweis auf die Gewissenhaftigkeit seiner Verurteilung zeigte sich darin, dass sich Senator Johnston im berühmten Lorimer-Fall vor dem Senat der Vereinigten Staaten aufgrund der Beweise weigerte, sich von dem lauten Ruf der Bevölkerung beeinflussen zu lassen, für den Ausschluss von zu stimmen der Senator von Illinois. Viele hielten dies für gefährlich, doch er erklärte offen, dass er sein Amt niederlegen würde, anstatt seinen Überzeugungen Gewalt anzutun. Er stimmte daher für die Beibehaltung von Herrn Lorimer und ließ sich vom Aufschrei der populären Presse nicht ablenken. Senator Johnston bereitete sich auf einen Wettbewerb um seine Nachfolge vor, als er im August 1913 plötzlich in Washington starb.

ROMANTIK DER ALABAMA-GESCHICHTE

ERSTER WEISSER EINDRINGLING

Am Morgen des 25. Mai 1539 war die Küste von Tampa Bay, Florida, das Zentrum einer hellen und belebenden Szene. Ein wohlhabender, ritterlicher und schneidiger Spanier hatte kurz zuvor den Hafen mit einer Streitmacht von sechshundert Mann, zwanzig Offizieren und vierundzwanzig Priestern in weißen Kanonikern erreicht, die alle auf eine Expedition ins ferne Landesinnere aus waren. Ihre Suche führte zum lang ersehnten El Dorado der westlichen Welt, das vor der Fantasie des eifrigen Abenteurers ein glitzernder Preis war. Ferdinando DeSoto, der diese kühne Truppe anführte, war an Abenteuer wie die, die er in Erwägung zog, nicht ungewöhnlich, denn er war mit Pizarro in Peru gewesen, wo er mit reicher Beute belohnt wurde, und er sehnte sich danach, in den südlichen Teil Nordamerikas einzudringen Kontinent, wo er hoffte, reichere Belohnungen zu ernten, als sie auf dem Kontinent im Süden zu finden waren. Bei der Erforschung, die er jetzt begann, war ihm zehn Jahre zuvor Narvaez vorausgegangen, der durch Ertrinken umgekommen war. Nun begab sich DeSoto mit einer frisch ausgerüsteten Expedition erneut auf die Erkundung dieser westlichen Wildnis auf der Suche nach Gold.

Ein neuartiges Spektakel war dies an der wilden und ursprünglichen Küste Floridas. Männer in glänzenden Uniformen und mit in der Frühlingssonne glitzernden Helmen, bunt geschmückte Rosse, eine Prozession weiß gekleideter Priester mit ihren Kruzifixen bildeten eine Prozession, die zugleich neuartig und imposant war. Als sie sich auf den Weg machten und sich zum Marsch aufstellten, befand sich in ihrem Rücken eine kleine Herde, jeweils Rinder und Schweine, die auf der Expedition zur Milch- und Fleischversorgung getrieben werden sollten. Als die Expedition landeinwärts vorrückte, kam es zu einer seltsamen Vermehrung sowohl der Schweine als auch des Viehs.

Es war malerisch genug, diese Kavalkade von Reitern in leuchtenden Gewändern mit der Flagge Spaniens, die sich langsam durch die Urwälder mit hohen Kiefern bewegte. Ihre Lagerfeuer aus üppigen, harzigen Kiefernzweigen inmitten stattlicher Bäume, die wie Säulen in einer riesigen Kathedrale standen, verliehen der Waldumgebung ein belebendes Bild. Die Region war grün mit langem, wildem Gras und der einheimischen Pfauenrebe, während die Blüten des frühen Frühlings in ihrer Pracht blühten.

Es gab viele tiefe und kristallklare Bäche, entlang derer der Rankenstock wuchs. Hirschherden und Herden wilder Truthähne gerieten häufig als Ziele für die spanischen Schützen in Sicht, und selbst in den wilden Wäldern des westlichen Kontinents genoss die Truppe ungewöhnlichen Luxus mit Wildbret und Truthahnfleisch.

Schon in den frühen Stadien des Marsches ins Landesinnere begannen Kämpfe mit den Indianerstämmen, aber der Indianer war dem Spanier aufgrund der besseren Ausrüstung des letzteren nicht gewachsen. Die Wilden waren überwältigt von der Pracht des weißen Soldaten und sowohl von seinem Pferd als auch von ihm selbst, denn Pferde hatten die Indianer noch nie zuvor gesehen. DeSoto hatte Glück bei der Gefangennahme von Jean Ortiz bei einem Wettbewerb im Landesinneren Floridas. Ortiz gehörte zur Bande von Narvaez, war vor zehn Jahren von den Indianern gefangen genommen worden, hatte durch listige List sein Leben retten können und war aufgrund seiner Soldatenqualitäten zum Häuptling eines der Stämme ernannt worden.

Unter Bedingungen wie diesen hatte Jean Ortiz zehn Jahre lang gelebt, das Beste aus den Umständen gemacht und schon vor langer Zeit jede Hoffnung aufgegeben, ein anderes Leben als das Leben eines wilden Wilden zu führen. Die Herrschaft über seinen Stamm fiel im Zuge der Invasion der Spanier, und Ortiz führte seine Krieger in den Kampf gegen sie. Ortiz und seine Truppen wurden bei der Begegnung schwer geschlagen, viele seiner Krieger waren getötet worden und flohen verwirrt, verfolgt von den spanischen Reitern. Ortiz wurde besonders zum Tode gesucht, weil er der Anführer war, und als ein Kavallerist seine Lanze hob, um einen tödlichen Schlag auszuführen, schrie der Häuptling auf Spanisch, sehr zur Überraschung des Verfolgers: „Töte mich nicht; Auch ich bin Christ!" Der halbnackte Wilde wurde nach DeSoto gebracht, sein Körper mit verschiedenen Farben beschmiert, seine Hüften in einen Gürtel aus Rehleder gehüllt und sein Kopf mit einer Krone aus hübschen Federn geschmückt. Er erzählte dem spanischen Kommandanten die Geschichte seiner Gefangennahme und seines wilden Lebens und stellte sich in seinen Dienst. Ortiz erwies sich als wertvoller Verbündeter der Truppe, indem er DeSoto mit den Methoden der Wilden vertraut machte und häufig als Dolmetscher fungierte.

DeSoto stellte fest, dass die Ureinwohner weitaus beeindruckendere Kämpfer waren, als er erwartet hatte. Während ihre Kampfgeräte grob waren, führten sie, wenn sie von den Indianern eingesetzt wurden, tödliche Hinrichtungen durch. Die wichtigste Kriegswaffe der Indianer war der Bogen, dessen Charakter ihn zu einem Objekt des Schreckens machte. Die Bögen bestanden aus sonnengetrockneten Hickory-Setzlingen von der Größe eines Männerhandgelenks und einer Länge von acht Fuß. Der gebogene und mit einem Streifen Rohleder gesicherte Bogen war in den Händen des muskulösen Wilden kein geringes Gefahreninstrument. Durch die Flexibilität des Hickory-Bogens und die Elastizität des Riemens wurden die Fähigkeiten und das Ziel des geübten Kriegers angepasst. Die Pfeile wurden im Hinblick auf Zielgenauigkeit, Geschwindigkeit und Tüchtigkeit der Ausführung fertiggestellt. Sie waren mit dreieckigen Feuersteinen mit rauen Kanten und spitzer Schärfe bestückt und wurden mit einer so unfehlbaren Zielgenauigkeit und mit solcher Kraft und Schnelligkeit angetrieben, dass sie einen Menschen oder ein Tier aus einer Entfernung von hundert Metern durchschießen konnten. Mit einem Köcher voller Pfeile auf dem Rücken machte sich der bullige Krieger auf den Weg, ein Objekt des Schreckens.

Zum Glück für die Spanier waren sie mit ausreichender Rüstung ausgestattet, um diesen rohen Waffen standzuhalten, denn jeder Soldat trug einen Mantel aus Stahl, einen Helm und eine Brustplatte sowie einen Schild aus Metall. Auch ihre Pferde waren mit Stahlmänteln geschützt. Mit ihren biskayaischen Lanzen, Breitschwertern, Arkebusen, Armbrüsten und einer kleinen Artillerie fühlten sich die Spanier vor den primitiven Werkzeugen der Wilden sicher. Obwohl DeSoto und seine Männer auf diese Weise gegen wilde Angriffe gesichert waren, stellten sie bald fest, dass es sich bei ihnen nicht um einen einfachen Weg durch die amerikanische Wildnis handelte. Der Indianer erwies sich mit seiner listigen List und seiner primitiven Kriegsführungsmethode als schrecklicher Gegner. Diese verwöhnten Söhne Spaniens, von denen viele in Villen und Luxuspalästen verwöhnt und genährt worden waren, mussten täglich um ihr Leben auf dem eroberten Territorium des roten Mannes kämpfen, der die Spanier an den Punkten mit dem größten Vorteil angreifen würde selbst, und die aufgrund ihrer Vertrautheit mit der Umgebung alle möglichen Vorteile genossen. Ohne Ortiz wäre die Expedition möglicherweise untergegangen, bevor sie das heutige Territorium Georgiens verlassen hätte.

Die Spanier wussten nie, wann sie mit einem Angriff rechnen mussten. Oftmals erhielten sie im unerwartetsten Moment einen Pfeilregen, der geräuschlos flog und aus unsichtbaren Quellen kam. Stündlich, bei Tag und bei Nacht, wurden sie in Atem gehalten, und selbst stille Momente deuteten darauf hin, dass sich Unruhe anhäufte. Manchmal wurde von den Gipfeln der felsigen Hügel vor ihnen ein Angriff durchgeführt; manchmal griff eine Flanke an, dann beide gleichzeitig; während nicht selten die Rückseite von einer überwältigenden Anzahl kreischender und schreiender Dämonen angegriffen wurde, deren bemalte, nackte Körper und heftige Demonstrationen für Aufruhr sorgten. Es gab wenig tragische Szenen wie diese, die den zarten Adel Spaniens ermutigen konnten. Dank seltener Disziplin, Manöver, Pulver und Bällen, von denen die Indianer nichts wussten, und einem äußerst gemeinsamen Schutzinteresse, das die Spanier zusammenschweißte, siegten sie ausnahmslos, aber nie traf man auf schlauere, hartnäckigere oder wildere Feinde als diese rohe Wilde des amerikanischen Waldes.

Obwohl die Truppen ordnungsgemäß mit Arbeitern aus Metall mit ihren Töpfen und Schöpfkellen für die Goldveredelung ausgestattet waren, fanden sie nach einem monatelangen, mühsamen Marsch durch die Wälder des Südens keine Verwendung für sie. Die verlockende Vision der einfallenden Spanier vom Goldreichtum in den Rückzugsgebieten der amerikanischen Wildnis wurde nach und nach zerstreut und durch die stündlich drohende Gefahr weitgehend ausgeglichen. Dass der Geist der Truppen solche Bedingungen so lange überlebte, zeigt, aus welchem strengen Stoff der damalige spanische Soldat bestand. Seine Liebe zum Gold war überwältigend, während sein Abenteuergeist am kühnsten war. Dies, kombiniert mit der notwendigen Kohärenz in der gemeinsamen Verteidigung, machte DeSotos Truppe nahezu unbesiegbar.

Nach einem beträchtlichen Umweg über den heutigen Bundesstaat Georgia erreichte DeSoto die Region, in der sich heute die Stadt Rome befindet, wo er den Fluss überquerte und als erster Weißer den Boden Alabamas betrat. Von den weiteren Szenen der Expedition werden wir in den folgenden Kapiteln Gelegenheit haben, etwas zu erfahren.

Undankbarkeit und Grausamkeit

Dreizehn Monate der Not und des Indianerkrieges hatten das ursprüngliche Aussehen der spanischen Truppe verändert. Die Uniformen waren jetzt nicht mehr so glänzend, und die jungen Granden vergnügten sich nicht mehr wie mehr als ein Jahr zuvor am Ufer der Tampa Bay. Die Elemente hatten den Glanz ihrer Ausrüstung getrübt, die heiße Sonne des Südens hatte ihre Haut bräunlich gemacht, ihre Uniformen sahen viel abgenutzt aus, und obwohl die Töpfe und Schöpfkellen der Raffinerien noch unbenutzt waren, gab es dennoch einen unerschrockenen Hoffnungsschimmer im kastilischen Auge. Es war eine entschlossene Legion unter einem entschlossenen Anführer.

Der Coosa wurde überquert, dieser Strom aus zerknitterter Oberfläche, den der Indianer in seinem ursprünglichen Sinn für Poesie „Kräuselndes Wasser" genannt hatte, was die Bedeutung von Coosa ist, und nun wandte sich die Kavalkade nach Südwesten, so wie man von Rom aus auf Blount schauen würde Springs und Tuscaloosa. Es scheint, dass die Indianer von der georgischen Seite aus Läufer zu den Stämmen auf der anderen Seite geschickt hatten, um sie vor dem Vormarsch der seltsamen Invasionskavalkade zu warnen, denn während DeSoto seinen Weg fortsetzte, traf er auf eine Botschaft nach der anderen und bot ihnen jedes Zugeständnis an, um dies zu erreichen Plazierung.

Die Marschlinie verlief durch die heutigen Grafschaften Cherokee, Calhoun, Talladega und Coosa. Wie Cäsar in Gallien schrieb DeSoto seine Beobachtungen und Eindrücke nieder, denn er war ein gelehrter Krieger und seine Aufzeichnungen sind von bleibendem Wert. Er war fasziniert von der ursprünglichen Schönheit dieser nordöstlichen Region Alabamas. Ströme, schnell, klar und tief, unverfälscht durch den Boden und die Sedimente der Gegenwart, schlängelten sich zwischen den Hügeln hindurch; prächtige Hölzer bestückten die Wälder; Berge wirkten umso imposanter, weil sie bewaldete Flanken hatten; blühende Weinreben kletterten in prachtvoller Schönheit auf die Wipfel der höchsten Bäume; Girlanden aus wilden Weintrauben hingen von Baum zu Baum; Mannigfaltige Blumenfarben schmückten die gesamte Region, während sich Wiesen von seltenstem Grün wie Teppiche entlang der Täler ausbreiteten, durch die blinkende Bäche flossen, die wie Silberfäden in das Teppichgrün eingewebt waren.

Auch hier erkannte der aufmerksame und intelligente Spanier den Unterschied zwischen den Indianerstämmen, denen er auf der Ostseite des Flusses begegnet war, und denen auf dieser Seite. Fruchtbarkeit des Bodens, malerische Landschaften oder die Vererbung von Kräften durch eine überlegene Abstammung oder all dies zusammen hatten die Alabama-

Stämme ihren gelbbraunen Brüdern auf der anderen Seite des Flusses weit voraus gebracht. Hier befanden sich gerodete Felder, auf denen in Hülle und Fülle Mais angebaut wurde, und von denen es schäbige Scheunen gab, die überfüllt waren. Siedlungen und Städte wurden mit einem gewissen Maß an Ordnung angelegt, und die Hütten und Wigwams wurden mit mehr Rücksicht auf Komfort und Aussehen gebaut. DeSoto war der Meinung, dass hier die höchste Zivilisation erreicht wurde, die der Indianer ohne Hilfe erreichen konnte.

Angesichts solcher Umstände war der spanische Befehlshaber sehr betroffen, wohlwollend gegenüber den Indianern, aber negativ gegenüber sich selbst und seinen Männern. Dieser fortgeschrittene Zustand des Indianers stellte für ihn ein Problem dar, mit dem er nicht gerechnet hatte, denn er hatte es nun mit einer Klasse von Menschen zu tun, die er vorher nicht kannte und mit der er nicht gerechnet hatte. Damit einher ging der Verdacht, der untrennbar mit dem spanischen Charakter verbunden war, dass diese Manifestationen der Botschaften für ihn eine Falle darstellten, und von dieser wurde er fortan immer wieder kontrolliert, sehr zu seinem Nachteil, wie wir sehen werden.

Er befand sich nun im Herrschaftsbereich des Häuptlings von Coosa, eines großen Monarchen in dieser fernen Wildnis. Sein Herrschaftsbereich war riesig, sein Volk loyal und mutig, sparsam und zahlreich. Seine Hauptstadt war Coosa, und der Häuptling sandte eine Willkommensbotschaft an DeSoto, die von dem misstrauischen Spanier kalt begrüßt wurde. Als DeSoto sich der Hauptstadt näherte, wurde er vom indischen Monarchen persönlich empfangen, begleitet von tausend bemalten Kriegern, kräftig, groß, aufrecht, geschmeidig und würdevoll in der Bewegung. Sie wandelten wie Prinzen über die Erde. Um den Kopf jedes Einzelnen herum befanden sich nickende Büschel bunter Federn. Mit stolzer Haltung und offensichtlichem Stolz eskortierten sie ihren Häuptling in die Gegenwart des spanischen Eindringlings. Der Häuptling selbst war ein Mann von stattlicher Statur, und als er aufrecht auf einem groben Stuhl saß, der auf den Schultern von vier kräftigen Kriegern getragen wurde, war er sich seiner Bedeutung als großer Herrscher nicht unbewusst.

Die Spanier waren erstaunt über die so großartige Szenerie in diesen Waldgebieten. Für sie war es ein Schauspiel voller Wunder. Um die breiten Schultern des mächtigen Häuptlings hing ein Mantel aus Martinsfellen, weich und glänzend, der in anmutigen Falten um seine riesige Gestalt fiel, während sein Kopf mit einer Krone aus leuchtendem Gefieder geschmückt war. Seine riesige Eskorte aus bemalten Dienern erhob ihre Stimmen zu indischen Melodien, begleitet von Pfeifen auf ihren Rohrflöten.

Die beiden Trupps von Indianern und Spaniern wurden von vorne nach vorne gebracht, wobei jeder den anderen schweigend und neugierig beäugte, jede auf ihre Art großartig. Jeder war gleichermaßen eine Offenbarung für den anderen – die gefiederten und halbnackten Wilden, deren Gesichter mit verschiedenen Farben abscheulich waren, die Bögen, Pfeile und Holzkeulen trugen, und die in Stahl gekleideten Krieger des alten Spaniens mit Metallrüstungen und nie auf Tieren beritten zuvor von den Indianern gesehen. Die Zeremonie wurde von Jean Ortiz, einem Dolmetscher, durchgeführt. Es wurden Reden ausgetauscht, woraufhin DeSoto mit viel Pomp zu den für seine Unterhaltung vorbereiteten Quartieren eskortiert wurde.

Von einem dunklen Verdacht heimgesucht, hielt DeSoto den Häuptling in seiner Nähe und hielt ihn als eine Art Geisel in der Nähe seines Quartiers fest. Während der Inder rachsüchtig ist, ist er, wenn er ein Freund ist, bis zum Tod gütig. Der Häuptling hatte seinen Einfallsreichtum bei der Bewirtung seines angesehenen Gastes erschöpft , und dieser Gast bedankte sich nun für diese Freundlichkeit, indem er den Häuptling verhaftete. Der Mann aus dem Wald zeigte deutlich und deutlich die Demütigung, die er empfand, aber das war dem überheblichen Spanier egal. Die ungebildeten Krieger waren wütend über die unzeitgemäße Behandlung ihres Häuptlings und versammelten sich unter leisem Gemurmel in Gruppen und Gruppen um die Siedlung. Ihr wildes Blut wurde heiß und sie begannen, Unheil zu stiften. DeSoto achtete nicht auf wilde Annehmlichkeiten und Gastfreundschaft und war allein um seine eigene Sicherheit besorgt. Dankbarkeit ist kein Element des spanischen Charakters, und DeSoto hatte die Meere nicht überquert, um sich einem diplomatischen Palaver hinzugeben, sondern war auf der Suche nach dem gelben Gold.

Von Rache geplagt, zogen sich die indianischen Krieger zu Tausenden auf unterschiedlichen Wegen in die Wälder zurück, um die Auslöschung des eindringenden Heers, des Eindringlings, des Undankbaren zu planen. Als DeSoto über ihre Bewegung informiert wurde, rief er seine Streitkräfte zusammen, schickte sie zur Verfolgung und zerstreute die Krieger, bevor sie sich versammeln und ihn durch konzertierte Aktion angreifen konnten. Eine große Anzahl von ihnen wurden zu Gefangenen gemacht, sowohl Männer als auch Frauen, denen DeSoto Handschellen anlegte, ihnen eiserne Halsbänder um den Hals legte und sie mit Ketten belastete. All dies geschah offen in ihrer eigenen Hauptstadt. Rund um sein Hauptquartier saßen in Gruppen die sanftmütigen Gefangenen, während in der Nähe des Hauses, das zur Unterhaltung des Spaniers diente, ihr verehrter Häuptling saß, der selbst ein Gefangener war. Der Häuptling, der klügere der beiden, flehte darum, seinem Volk nicht so grausam zu dienen, was auch immer ihm zuteil werden würde. Als Reaktion darauf gab DeSoto ausreichend nach, um einige der Gefangenen freizulassen, während er andere behielt, und als er sich schließlich verabschiedete, zwang er sie, Lastenträger seiner Lagerausrüstung zu werden.

Immer noch bestrebt, sich seiner Aufrichtigkeit zu versichern, versuchte der inhaftierte Häuptling wiederholt, es erneut zu bekennen, aber es stieß auf die bleiernen Ohren des herzlosen Spaniers. Der Häuptling verwickelte DeSoto in ein Gespräch und ging sogar so weit, dem Spanier ein riesiges Landgebiet für die Gründung einer spanischen Kolonie anzubieten, und schlug vor, ihm zu erlauben, es selbst auszuwählen. Darüber lachte DeSoto nur und sagte seinem Entertainer, dass er nicht nach Land, sondern nach Gold suchte. Gut hatte DeSoto die Lektion gelernt, die ihm der grausame Pizarro in Peru gegeben hatte, mit dem er während dieser berüchtigten Invasion weit im Süden zusammen war.

DeSoto hatte es nicht eilig, die Hauptstadt von Coosa zu verlassen, und mit verschwenderischer Hand fütterte er seine Pferde, Kühe und Schweine mit dem Mais und Futter der Wilden, während seine Männer sich durch eine lange benötigte Ruhe erfrischten. Als er sich schließlich auf den Weg machte, ließ er einige seiner unerwünschtesten Rinder und Schweine bei den Indianern zurück, außerdem einen Negersklaven, der krank geworden war und nicht reisen konnte. Die Indianer freuten sich, den Afrikaner zu behalten, da sie von seinen dicken, schweren Lippen, seiner schwarzen Haut und seinem wolligen Haar sehr beeindruckt waren. Lange später wurde festgestellt, dass die Indianer in diesem Viertel eine dunklere Hautfarbe hatten als die benachbarten Stämme, was auf die entfernte Abstammung dieses Sohnes Hams zurückgeführt wurde. Nachdem DeSoto einen ganzen Monat in der indischen Hauptstadt verweilte, verabschiedete er sich, allerdings nicht ohne seine Grausamkeit zu krönen, indem er den stolzen jungen Häuptling als Kriegsgefangenen mitnahm. Das Beste, was man zur Milderung dieser Schande sagen kann, ist, dass er ihn mit Freundlichkeit behandelt hat. Der Häuptling erkannte, dass es zwecklos und möglicherweise sogar gefährlich war, zu protestieren, und ertrug die Empörung mit angemessener Gelassenheit, um zu zeigen, dass er den beiden Männern überlegen war. Obwohl er freundlich behandelt wurde, wurde der Häuptling streng beobachtet und bewacht, damit er nicht entkommen und Chaos anrichten könnte. DeSoto setzte seine Marschlinie fort und bewegte sich immer noch in Richtung Süden.

TUSKALOOSA, CHEF DER MOBILIANER

Wie schon zuvor gingen Kuriere DeSoto voraus und warnten die Indianer vor anderen Siedlungen und Stämmen vor seinem Kommen. Auf ihrem Weg passierten die Spanier zahlreiche Indianerstädte und folgten den breiten und ausgetretenen Pfaden der Indianer, die durch die Urwälder wanderten. Die Spanier waren vorsichtig und wachsam und hielten die lauernde Gefahr scharf im Blick. Sie schlugen ihre Lager stets nachts am Rande eines Indianerdorfes auf, manchmal auch deutlich innerhalb dessen Grenzen. Sollte es zu einem Angriff oder Unglück kommen, war die unmittelbare Nähe zu den Vorräten offensichtlich von Vorteil. Der Spanier war misstrauisch, der Inder misstrauisch.

Ganz nach der Art der antiken Städte Europas und des weiteren Ostens waren einige der größeren Städte der Indianer von massiven Mauern umgeben. Harte und schwere Hölzer aus getrockneter Eiche und Hickoryholz, manchmal tief in der Erde versenkt und aufrecht stehend, manchmal horizontal liegend, aber in jedem Fall stark und kompakt, machten die Mauern für Angriffe äußerst gefährlich. Auf den hohen und unebenen Gipfeln dieser Stadtmauern befanden sich Wachtürme oder Aussichtspunkte, die sorgfältig bewacht wurden. Es war offensichtlich der Sinn für geometrische Ordnung, handwerkliches Geschick und die Widerstandskraft gegenüber Angriffen von außen, was alles dazu beitrug, das Staunen des Spaniers zu steigern, wenn es seine Besorgnis nicht sogar vertiefte.

Der Tallapoosa River war erreicht – ein Bach, der von dichten Wäldern und durchdringenden schwarzen und schmuddeligen roten Böden gesäumt ist. DeSoto war sehr beeindruckt von dem wilden Können, das sich bei der Lage einer befestigten Stadt in einer anmutigen Flussbiegung zeigte. Tallassee, so hieß die Stadt, hatte einen doppelten Schutz durch den Fluss, der sich um die Stadt schlängelte, und durch die Mauer, die sie unmittelbarer umgab. Aufgrund der Art der Befestigungen betrachteten die Indianer Tallassee offensichtlich als einen ihrer starken und strategischen Punkte. In den angrenzenden Regionen, die die fruchtbaren Ufer des Flusses säumten, befanden sich Maisfelder mit schweren Ähren, die fast reif für die Ernte waren. Das war im Jahr 1540, einige Zeit später wurde diese schöne und wohlhabende Indianerregion von Indianerstämmen aus Mexiko überfallen, die mit Tomahawk und Feuer das Land verwüsteten, die Städte niederbrannten und einige der einheimischen Stämme in die Sklaverei zwangen wurden nicht getötet. Was indische Relikte betrifft, gibt es keinen Teil des Landes, der seltener und reicher ist als dieser. Hier wurden zahlreiche Relikte zur Bereicherung von Lagerstätten gefunden, und vor einigen Jahren wurde in dieser Region ein eigenartiges Werkzeug antiquierter Kriegsführung umgepflügt. Das Metallgerät passt zur Beschreibung der Kanone, die zum Zeitpunkt der DeSoto-Invasion im Einsatz war. Dabei handelt es sich um die damals als „Drag" bekannte Kampfart, deren schwerere Teile mit Ketten an einer Achse zwischen zwei Rädern aufgehängt waren, wenn sie beweglich waren, oder zwischen zwei festen Gegenständen, wenn sie stationär eingesetzt wurden . Sie waren manchmal so leicht, dass sie beim Schießen mit der Handfläche von der Person ferngehalten werden konnten. Diese letzte Beschreibung passt zu der des Geräts, das in der Region Tallapoosa gefunden wurde. Es ist unter den interessanten Sammlungen zu sehen, die Dr. Thomas M. Owen, der fähige und effiziente Direktor des Alabama State Department of Archives and History, in der Hauptstadt Montgomery so fleißig angelegt hat. Als die Eisenbahn zwischen West Point und Montgomery gebaut wurde, wurde in der Region des Tallapoosa River eine Halskette aus seltenen Perlen ausgegraben, wie sie in der Urzeit von Häuptlingen und Prinzessinnen getragen wurden.

In Tallassee, wohin die schreckliche Nachricht von den herannahenden Spaniern gekommen war, begegneten diejenigen Indianer, die sich nicht zu den Forts begaben, DeSoto mit leichter und kühler Höflichkeit. Um seine Streitkräfte auszuruhen, blieb der Spanier hier zwanzig Tage lang stehen. Während dieser Zeit wurden Männer und Vorräte geborgen und die Vorräte des Kommandanten wieder aufgefüllt. Hier wurde DeSoto von einem rüstigen jungen Tapferen von prächtiger körperlicher Statur besucht, der auffällig gekleidet, überaus höflich und viel von primitiver Diplomatie war und den Spanier in die Herrschaft und Hauptstadt von Tuskaloosa, einem mächtigen Häuptling, einlud der etwa dreißig Meilen südlich von Tallassee begann und sich nach Westen bis zu den Ufern des Tombeckbe erstreckte.

DeSoto wurde benachrichtigt, dass Tuskaloosa ihn persönlich in der Nähe der nördlichen Grenze seines Herrschaftsbereichs erwartete und bereit war, dem großen Monarchen und dem tapferen spanischen Befehlshaber einen Empfang zu bereiten, der gleichermaßen angemessen war. All dies und noch viel mehr hörte DeSoto mit unbeirrbarer Stimmung zu und erwies dem gewissenhaften jungen Diplomaten gleichzeitig den gebührenden Respekt, der, als er seine Absicht zur Rückkehr ankündigte, dem Chef eine Botschaft der dankbaren Anerkennung sandte, nicht ohne Geschenke . Damit war der Vorfall beendet, aber er hatte eine blutige Fortsetzung.

Als DeSoto Tallassee verließ und bevor er auf seinem Marsch nach Süden den Fluss überquerte, ließ er den Häuptling der Coosa frei und schickte ihn als Überbringer von Geschenken zu seinem Volk zurück. Der Häuptling hatte DeSotos Zielen gedient, und da nun keine Gefahr mehr von ihm ausgehen konnte, wurde er entlassen. Die wertvollen Geschenke entschädigten zum Teil für die Perfidie seiner Gefangenschaft.

Bis zu diesem Zeitpunkt hatten die Spanier weitgehend ihren eigenen Weg gegangen. Alles, was ihren Fortschritt behinderte, war wie Spinnweben beiseite gefegt worden. Mit echter kastilischer Arroganz, gepaart mit Grausamkeit, waren sie mit der Miene von Herren durch das Land gezogen, aber ihre besten Tage lagen nun hinter ihnen. Die Zukunft hielt für sie jede Menge Ärger und Unglück bereit, mit denen sie sich auseinandersetzen mussten, was sie bis zum Äußersten belasten würde. Gold, der einzige Gegenstand der Suche auf dieser abenteuerlichen Reise, der diese jungen Spanier dazu bewogen hatte, ihre Ländereien zu verkaufen und sich unter der Fahne von DeSoto zu melden, war nicht gefunden worden. Es war kein Körnchen des Edelmetalls entdeckt worden, und mehr noch: Sie waren nicht dazu bestimmt, eines zu finden. Sie waren von der Gier nach Gewinn weit in die Wildnis Amerikas gelockt worden, waren auf wilde und feindselige Stämme gestoßen, befanden sich weit entfernt von ihren Schiffen und ihr Zustand war nun prekär. So mutig, mutig und gut ausgerüstet sie auch waren, auch diese Vorteile waren nicht ohne ernsthafte Einschränkungen, und es gab wenig, was sie in diesen tiefen Waldgebieten vor der völligen Ausrottung bewahren konnte.

Es fehlte auch nicht an Vorzeichen einer Katastrophe, die dem vorsichtigen und listigen Spanier nicht entgingen. Unter der dünnen Hülle der Diplomatie und der Beteuerungen der Freundschaft und Gastfreundschaft verbarg sich ein subtiler Zweck, diese Männer Spaniens ins Verderben zu locken. DeSoto spürte dies in seinen Knochen. Dass der Coosa-Häuptling es ernst meinte, daran besteht kaum ein Zweifel, aber DeSotos Behandlung ihm gegenüber hatte seine Besorgnis zum Ausdruck gebracht, was wiederum die Rache des Indianers verschärfte. Die übertriebene Vorsichtsmaßnahme des Spaniers ließ eine Verschwörung entstehen, die sonst hätte abgewendet werden können.

Als DeSoto in die Nähe des vom Häuptling Tuskaloosa festgelegten Treffpunkts gelangte, schickte er seinen Lagerleiter Moscoso im Voraus mit fünfzehn ausgewählten Reitern in imposanter Kleidung los, angeblich um zu verhandeln, in Wirklichkeit aber, um zu beeindrucken. Angeblich sollte Moscoso die Wünsche des Häuptlings hinsichtlich der Art der Formalitäten bei der bevorstehenden Besprechung ermitteln. Moscoso fand den stolzen Monarchen der Wildnis auf zwei wunderschönen Kissen sitzend, die auf einer seltenen und seltsam gearbeiteten Matte platziert waren. Er war auf einer erhabenen Anhöhe stationiert, die in alle Richtungen einen Blick von imposanter natürlicher Erhabenheit bot. Um ihn herum standen in großer Zahl halbnackte Krieger, deren Körper mit verschiedenfarbiger Farbe beschmiert waren. Über dem Häuptling hielten sie einen Baldachin aus Hirschfellen, der an beiden Enden von schrägen Stäben gestützt wurde. Der Baldachin war auf der Oberseite grob mit parallelen Linien unterschiedlicher

Farbe verziert. Obwohl es als improvisierter Sonnenschutz diente, handelte es sich in Wirklichkeit um ein Kriegsbanner. Der Häuptling war ein schönes Exemplar des physischen Menschen, groß, stark, sehnig, aufrecht und mit schweren Gliedmaßen. Er sah perfekt aus wie der wilde Herrscher. Sein Verhalten war konsequent, aber würdevoll. Bestrebt, den hochmütigen Häuptling von der Bedeutung und vor allem von der Tapferkeit der kommenden Spanier zu beeindrucken, tänzelten Moscoso und seine Truppe mit ihren stolzen Rossen vor ihm her. Mit gewölbtem Hals, geweiteten Augen und schmalen Nüstern bäumten sich die Pferde auf und stürzten sich, während die geübten Kavalleristen Kunststücke akrobatischer Reitkunst vorführten. Mit unbewegter Miene blickte der Häuptling ruhig und ohne jede Demonstration zu.

Später stürmte DeSoto mit der gesamten Truppe herbei, in der Hoffnung, einen Eindruck der Ehrfurcht, wenn nicht des Schreckens, zu erwecken, aber der behäbige Häuptling blieb so streng wie eh und je. Wenn DeSoto Tuskaloosa mit seiner Bedeutung beeindrucken wollte, war Tuskaloosa ebenso darauf bedacht, DeSoto mit seiner tiefen Größe zu beeindrucken. Es handelte sich durchweg um ein dramatisches Diplomatiespiel, bei dem jeder versuchte, mit größerer Wirkung zu spielen. Der Empfang war kurz, die Reden kurz und zurückhaltend. Der Wilde sprach mit hochmütiger Zurückhaltung, als sei er von höfischer Form gezwungen. Obwohl DeSoto nur kurz sprach, lobte er den Häuptling, vor allem aber sich selbst, übertrieben. Er versuchte, den stolzen Indianer mit dem Gedanken zu beeindrucken, dass er ihn zwar als Indianer für besonders groß hielt und ihm dies in herablassender Großmut zugestehen würde, es aber dennoch eine Ehre sei, vom Häuptling nicht geringgeschätzt zu werden, was der spanische Befehlshaber tun sollte überhaupt ein Zugeständnis machen. Dieses Ereignis ereignete sich südlich von Line Creek, in der heutigen Grafschaft Montgomery.

Das Treffen verlief für beide Seiten unbefriedigend. Sowohl der Oberbefehlshaber als auch der Befehlshaber hatten Zweifel an dem erreichten Ergebnis, und beide wurden daher zu erhöhter Wachsamkeit und Entschlossenheit angehalten. Der eine war misstrauisch, der andere heimtückisch. Aus den Motiven heraus war jeder gleich feindselig. Jeder hatte das Gefühl, das Zugeständnis überstrapaziert zu haben, jeder war auf den endgültigen Erfolg bedacht. Jeder wusste, dass ein Punkt erreicht war, der zu einer fairen Prüfung seiner Fähigkeiten führen würde, und an der Sache zweifelte keiner. Beide würden planen und zuschauen. Es war ein Nahkampf unter einer Zurschaustellung von Formalität. Wie auch immer die Bedingungen waren, DeSoto war entschlossen, den Häuptling in seiner Nähe zu halten. Nach zwei Tagen bereitete sich DeSoto auf den Umzug vor. Mit großem Höflichkeitsbeweis lud er den Häuptling ein, mit ihm zu reiten. Das erlesenste der Pferde wurde ausgewählt, eine blutrote Decke darüber geworfen, während dem Häuptling eine purpurrote Mütze und ein gleichfarbiges Gewand überreicht wurden, was Tuskaloosa allesamt faszinierte, während es eine ungeahnte Höflichkeit zeigte. Zum ersten Mal wurde der tapfere Krieger rittlings auf ein Streitross gehoben. Das Spektakel war schon grotesk genug – der rot gekleidete Krieger auf dem rot bedeckten Ross, mit seinen riesigen Füßen in losen Mokassins, die tief herabhingen. Aus dem Lager ritten sie an der Spitze der Kavallerie, DeSoto und der Häuptling, während Tausende in der Menge bewundernd und staunend zusahen. Es war eine Fahrt, die einer blutigen Tragödie vorausging.

Es treten Probleme auf

Da er bei der Demaskierung seiner Befürchtungen so weit gegangen war, blieb DeSoto nun nichts anderes übrig, als alle möglichen Ergebnisse zu akzeptieren. Von der Position, die er eingenommen hatte, konnte er nicht ohne Gefahr zurückweichen, aber ob er sie behaupten konnte, blieb abzuwarten. Während sie Liga für Liga zusammen ritten, DeSoto und Tuskaloosa, war der Spanier freundlich, höflich und höflich und unterhielt sich über einen begleitenden Dolmetscher mit dem tapferen und verblendeten Häuptling. Allmählich wurde dem Indianer klar, dass er in der Falle saß, aber er sagte kein Wort. Die Tatsache, dass DeSotos Zielpunkt die Hauptstadt des gefangenen Häuptlings war, bot Gelegenheit für die Ausarbeitung neuer Pläne im Herzen von Tuskaloosa.

Das Kommando bewegte sich immer noch in südlicher Richtung, durch das heutige Gebiet der Grafschaften Montgomery und Lowndes und das untere Ende von Dallas, und erreichte Piasche, eine Stadt, die in einer Biegung des Alabama River erbaut wurde. Unglücklicherweise für DeSoto war hier sein Salzvorrat erschöpft, unter dessen Mangel alle litten – Mensch und Tier. Die Folge war eine eigenartige Krankheit, an deren Folgen etliche Truppen starben. Andere, die von der Krankheit betroffen waren, wurden abscheulich. Der Salzmangel wurde teilweise durch die Verwendung der Asche einer bestimmten Pflanze behoben, für die DeSoto den Eingeborenen Informationen verdankte.

Beim Verlassen von Piasche folgten die Truppen dem Alabama River und durchquerten einen Teil der heutigen Grafschaft Wilcox. Mittlerweile war der Häuptling mürrisch und mürrisch geworden, als würde er einen tief gehegten Groll hegen, doch nicht ein einziges Mal beschwerte er sich oder protestierte gegen seine Inhaftierung, und eine Zeit lang schmeichelte DeSoto sich selbst, dass der verblendete Häuptling sich über die Ehre freute, ihn auf seiner Reise zu begleiten Der Inder verstand die Situation zwar gut, war aber bereit, sich auf die Zukunft zu verlassen, um Abhilfe zu schaffen.

Über eines war DeSoto verwirrt und beschämt: über eine Reihe von Kriegern, die den Truppen den ganzen Weg von Line Creek aus gefolgt waren, um das Schicksal ihres Häuptlings zu beobachten. Sie hingen im Rücken der Truppe, hielten an, wenn sie wollte, und bewegten sich, wenn sie sich bewegte. Obwohl DeSoto damit nicht zufrieden war, zögerte er, sie zu vertreiben, da er den Eindruck hatte, dass er Tuskaloosa völlig in ihn vernarrt hatte, und er darauf bedacht war, den vermeintlichen Betrüger im Auge zu behalten. Die Verlegenheit steigerte sich noch, als Tuskaloosa, der die Täuschung zu bemerken schien, zu der DeSoto ihn verleitet hatte, den dadurch gebotenen Vorteil nutzte und um ein gelegentliches Gespräch mit seinen Kriegern bat, die der Truppe folgten.

Die Ablehnung des Antrags würde bedeuten, DeSotos Plan bezüglich Tuskaloosa offenzulegen, während die Gewährung des Antrags nicht ohne Gefahr wäre. Das Privileg wurde jedoch gewährt, was dazu führte, dass Tuskaloosa ständig Boten mit Depeschen in seine Hauptstadt schickte, von deren Natur DeSoto nichts wusste. Es gab ständig Meinungsverschiedenheiten zwischen den spanischen Truppen und den indischen Mitläufern, und die Gefahr war ständig im Verzug. Schließlich kam es zu einem Ausbruch, bei dem zwei Spanier getötet wurden, als DeSoto tobte und fluchte und Tuskaloosa mehr als nur andeutete, dass er der Auslöser dafür war, und in seiner Wärme des Zorns einige angedeutete Drohungen mit künftigen Zielen fallen ließ, die seinem Schlauen dienten Indischer Gast, was seine ultimative Entschlossenheit war. Auf all das antwortete Tuskaloosa knurrend, dass er der Hüter der Spanier sei und dass er die Drohungen in seinem Herzen hütete.

Schließlich wurde der Verdacht von DeSoto so ernst, dass er zwei seiner vertrauenswürdigsten Anhänger im Voraus in die indische Hauptstadt schickte, um nach Möglichkeit festzustellen, ob dort nicht eine Verschwörung gegen ihn und seine Männer ausgehe. Schnell folgte DeSoto selbst mit hundert seiner ausgewählten Männer. Ihm folgten erneut hundert Fußsoldaten in bester Verfassung, während Moscoso der Rest mit der schweren Bewaffnung betraut wurde, um gemächlicher vorzugehen, aber keine Zeit zu verlieren. Der Plan bestand darin, den Indianern durch das sukzessive Eintreffen von Truppen in Abteilungen den Eindruck zu vermitteln, dass seine Zahl unbegrenzt sei, da sie in der richtigen Reihenfolge eintreffen müssten. DeSoto verließ den Häuptling jedoch zu keinem Zeitpunkt, sondern hielt ihn an seiner Seite. Die beiden Boten, die beauftragt waren, die wahre Lage in Maubila zu ermitteln, berichteten ihrem Kommandanten, dass unter den Indianern offensichtlich große Unzufriedenheit herrschte, die nichts Gutes verhieß.

Am frühen Morgen des 18. Oktober 1540 erreichte DeSoto die indische Hauptstadt Maubila. So beeindruckt er zuvor auch von der Geschicklichkeit und der Kunstfertigkeit der Indianer gewesen war, so überrascht war er doch von der nun gebotenen Szene. Hier befand sich tatsächlich eine große indische Stadt, wunderschön gelegen und beeindruckend in ihren Befestigungsanlagen. Die Hauptstadt des Stammes der Mobilianer lag auf einer weiten Grasebene, durch die sich das hügelige Alabama verlief. Die Stadt war vollständig mit Balken von enormer Größe umgeben, die senkrecht standen und tief in die Erde eingelassen waren, und die dicke Putzschicht aus Kalkschlamm gab ihr das Aussehen einer Steinmauer. In den Mauern befanden sich zwei gegenüberliegende Tore, die im geschlossenen Zustand sehr stark waren. Im Inneren befanden sich achtzig große Gebäude, von denen jedes 1.000 Männer aufnehmen konnte. Das Gelände war mit seinem Naturrasenteppich gut gepflegt. Von außen betrachtet sah die Stadt wie eine der antiken Städte Asiens aus, mit ihren Aussichtspunkten, die groß genug waren, um jeweils acht Männer aufzunehmen. In regelmäßigen Abständen befanden sich rund um die Mauern, jedoch einige Fuß über dem Boden, Bullaugen für Bogenschützen.

Der genaue Standort von Maubila hat zu vielen Spekulationen und nicht wenigen Diskussionen geführt. Plausible Gründe werden von verschiedenen Autoren zur Untermauerung ihrer jeweiligen Ansichten angeführt, aber die überwiegende Zahl der Zeugenaussagen scheint für den heutigen Standort Choctaw Bluff im Clarke County als Standort zu sprechen. Im Gegensatz zu dieser Ansicht wurde jedoch darauf hingewiesen, dass seine Entfernung nach Süden nicht mit der Zeit vereinbar sei, die das DeSoto-Band für das Erreichen vorgibt.

Die Ankunft der berittenen Truppen unter DeSoto erregte Schrecken bei den Indianern, die mehr auf die schrecklichen Pferde als auf die Männer selbst zu achten schienen. An der Spitze der imposanten Truppe ritt der hochmütige DeSoto in prachtvoller Uniform, seine Rüstung glänzte und sein bunter Federbusch war anmutig über eine breite Krempe herabgesunken, während neben ihm der verehrte Häuptling in seinem roten Gewand und seiner inzwischen etwas karmesinroten Mütze stand durch grobe Belichtung abgedunkelt. Es herrschte Stille der Bestürzung, als die Kavalkade zum ersten Mal in der Ebene sichtbar wurde. DeSoto hatte beabsichtigt, die indischen Zuschauer durch seine dramatische Wirkung zu beeindrucken, und mit diesem Ziel vor Augen ließ er nichts versäumen. Die Rüstungen der Truppen waren ungewöhnlich hell, die Männer saßen vollkommen aufrecht in ihren Sätteln, die Pferde wieherten und tänzelten, und der gesamte Effekt war inspirierend und beeindruckend.

Die Kavallerie schreitet zum Tor auf der einen Seite der Stadt voran und tritt stolz ein. Nachdem das erste Gefühl des Schreckens verflogen ist, bricht die Menge zu einer gewaltigen Demonstration aus. Scharen von Männern geben ihren Gefühlen in wildem Jubel und Geschrei Luft, begleitet von rauer Musik auf Rohrflöten. Sie springen, sie tanzen und zeigen auf jede erdenkliche Weise ihre aufgeregte Freude. Auf dem öffentlichen Platz versammeln sich die düsteren Jungfrauen und tanzen unter Schreien und Rufen mit unverminderter Freude. Keine Demonstration gegenüber einem zurückkehrenden Eroberer könnte größer sein als die, die DeSoto und seinen Männern jetzt zuteil wird, während sie stolz innerhalb der Mauern von Maubila reiten. Abscheuliche Schreie aus Tausenden von Kehlen, vermischt mit den unmusikalischen Tönen vieler Rohrblätter, machten die Szene zu einem Ort des Schreckens.

Schweigend, aber mit viel Prunk reiten sie über den öffentlichen Platz unter den weitläufigen Eichen. Bei einem gegebenen Signal steigen alle ab. Für DeSoto und den Häuptling war ein mit üppigen Matten unterlegter Baldachin vorbereitet worden. Sie richten sich langsam darauf ein und setzen sich. Mit der Plötzlichkeit eines Blitzes springt Tuskaloosa auf, seine Augen glitzern vor aufgestautem Zorn, und in lautstarkem Ton fordert er, dass ihm in seinen eigenen Mauern die Ehre zuteil wird, die ihm gebührt, und dass er nicht länger wie ein Bürger behandelt wird Häftling. DeSoto ist völlig überrascht. Er ist so still wie das Grab. Plötzlich herrscht schreckliche Stille über dem Tatort. Der empörte Monarch dreht sich auf dem Absatz um, tritt hervor und zieht sich gemächlich in eines der Gebäude zurück. DeSoto, normalerweise sehr einfallsreich, ist jetzt am Ende seiner Weisheit. In der Hoffnung, den stürmischen Häuptling zu besänftigen, lädt er ihn zum Frühstück ein, doch das Angebot wird nicht nur strikt abgelehnt, sondern Tuskaloosa teilt dem Spanier auch mit, dass es für ihn umso besser sein wird, je früher er sich von seinen Herrschaftsgebieten zurückzieht. Eine Krise war gekommen und DeSoto musste sich ihr stellen.

SCHLACHT VON MAUBILA

Die Zeichen werden nun bedrohlicher und schneller, und DeSoto beginnt das Schlimmste zu befürchten. Das ist sein größtes Dilemma. Er würde einen Zusammenstoß vermeiden, wenn er könnte, und nur kämpfen, wenn es sein musste. Der Anlass ist angespannt, und er denkt und plant schnell. Die Indianer sind auf geheimnisvolle Weise weitgehend aus dem Blickfeld verschwunden, und die nun auf dem Platz zusammengedrängten Menschen stehen in enger Verhandlung. Ein spanischer Spion flüstert DeSoto zu, dass tausend gut bewaffnete Krieger in einem der großen Gebäude konzentriert seien, während sich in einem anderen ein großer Vorrat an indianischer Kriegsmunition befinde. Die Krise ist schwerwiegender, als er befürchtet hatte. Der Spanier fürchtete den Verrat der Indianer umso mehr, als dieser den seinen übertreffen könnte. Was er gerade erfahren hat, ist verblüffend und zeigt, dass er sich mit seinen Vermutungen nicht getäuscht hat.

Unterdessen führt DeSoto die Verhandlungen mit dem Chef fort, erhält aber nur eine Abfuhr. Gleichzeitig sendet er seinen Männern geheime Befehle, jederzeit und für jeden Notfall bereit zu sein. Er erkennt nun seinen Fehler, als er zuließ, dass Tuskaloosa sich seiner Reichweite entzog. Das, was er jetzt wünscht, ist, ihn wieder in seinem Besitz zu haben, und dafür arbeitet er. Seine Schmeicheleien sind reichlich, seine Versprechen an den Chef übertrieben. Seine größte Hoffnung liegt darin, wieder in den Besitz seiner Person zu gelangen. Er nutzt seinen Einfallsreichtum durch Schmeicheleien und alle Künste, die dem Schmeichler bekannt sind, aber der schlaue Indianer hat kürzlich selbst einige Lektionen über den spanischen Charakter gelernt, und er ist genauso darauf bedacht, sich außerhalb der Reichweite von DeSoto zu halten, wie es DeSotos Anliegen ist von ihm Besitz ergreifen. In einem der Gebäude hält Tuskaloosa einen Rat mit seinen führenden Geistern ab, während eine Nachricht nach der anderen von DeSoto kommt. Der Inder ist in der Kunst der Täuschung nicht so ungeschickt, dass er die Absichten des Spaniers nicht durchschaut. „Wahrlich, es ist vergebens, dass das Netz vor den Augen eines Vogels ausgebreitet wird." Während die Verhandlungen noch in der Schwebe sind, während das Verhandeln und Trödeln im Gange ist, stürmt ein indianischer Krieger aus der versammelten Schar hervor und prangert mit dröhnender Stimme, begleitet von grimmigen Ausdrücken hitziger Feindseligkeit, die Spanier als Räuber, Diebe und Mörder an – er prangert DeSoto an Er hält den geliebten Häuptling gefangen, der so frei ist wie die Spanier und so gut wie der spanische Anführer selbst, und tut dabei so, als würde er mit einem Pfeil in die Reihen der Spanier schießen. Die Wahrheit ist hart und manchmal tut sie weh. DeSoto neigt dazu, dies alles zu ignorieren. Tatsache ist, dass zwischen den beiden Parteien eine gegenseitige und ausgeglichene Angst herrschte. Jeder fürchtete den anderen; Jeder hatte gleichermaßen Zweifel an einem gemeinsamen Thema.

Man kann sich nicht vorstellen, was das Ergebnis gewesen wäre, wenn nicht ein äußerst unzeitgemäßer Vorfall stattgefunden hätte, aber ein spanischer Kavalier, der in der Nähe des Kriegers stand, der die eben erwähnte Rede aussprach, war außer Kontrolle geraten und spaltete ihn mit einem schweren Schwert seine Eingeweide strömten vor den Augen aller Anwesenden heraus. Das ist der Touch des Spiels für das Magazin. Wie das gedämpfte Brüllen eines fernen Sturms versammeln sich die Wilden schnell und stürzen sich voller Wut auf die Spanier, die mit völliger Fassung dastehen, als ob nichts geschehen wäre. Von dieser wunderbaren Kühle gebremst, zögern die Indianer, und mit äußerster Präzision marschieren die Spanier außerhalb der Mauern, mit Ausnahme von fünfzehn, die durch den Ausbruch alarmiert sind, in einen Raum eines der Gebäude fliehen und die Tür fest verschließen.

Sobald sie das Tor hinter sich gelassen haben, drehen sich die Spanier trotzig um und zeigen den Kampf. Ihre Augen strahlen Schrecken aus, ihre Haltung ist von Wildheit geprägt. DeSoto hat weniger als hundert Mann, da die Infanterie noch nicht eingetroffen ist. Doch schon bald taucht es auf und verleiht neuen Schwung. Abgesehen von der unglücklichen Tötung des Kriegers gibt es noch nichts, was auf eine bevorstehende Schlacht hindeutet, auch wenn sich die Anzeichen immer mehr verdichten. Das leise Aufprallen eiliger Füße innerhalb der Mauern, während alles andere still ist, kündigt Ärger an. Die Spanier müssen nur etwa eine Minute warten, bis sich Anzeichen von Feindseligkeit zeigen. Die Lagerausrüstung wurde von den Spaniern auf dem Platz zurückgelassen, ebenso von den indianischen Gefangenen, die von Coosa aus als Lastenträger eingesetzt worden waren. Das Gepäck wird verbrannt und die Gefangenen werden befreit. Die eisernen Halsbänder werden ihnen vom Hals genommen, die Ketten von ihren Handgelenken und Bögen und Keulen werden ihnen in die Hände gelegt, um sich an ihren Unterdrückern zu rächen. Die fünfzehn, die in eines der Gebäude geflüchtet sind, sind immer noch abgeschnitten, und die Situation ist bedrohlich zugespitzt.

Die Verzögerung ist nur vorübergehend, denn bald strömen die Wilden mit dämonischem Geschrei durch das Tor, während tausend schnelle Pfeile die Luft durchpflügen. Fünf Spanier der kleinen Gruppe fallen tot um und DeSoto wird verwundet. Ungeachtet des fließenden Blutes leitet er sein Kommando, um dem Schock des Feindes zu begegnen. Überrascht über den ungewöhnlichen Mut zögern die Wilden, stürmen dann durch das Tor zurück und machen es schnell. Sie wenden sich nun der Zerstörung der fünfzehn im Raum eingesperrten Personen zu und versuchen, die Tür aufzubrechen, doch als sich jeder Wilde zeigt, erschießen ihn die eingeschlossenen Männer. Einige der besten Kämpfer von DeSoto sind in diesem Raum eingesperrt – darunter fünf von DeSotos Leibwächtern, einige Armbrustschützen, zwei Priester und ein freundlicher Indianer. Ihr Untergang scheint sicher, aber sie kämpfen wie gebellte Tiger. Da die Indianer nicht in der Lage sind, die Tür aufzubrechen, klettern sie auf die Mauern und beginnen, das Dach einzureißen, um an sie heranzukommen. Als abermals ein Indianer in Sichtweite kommt, wird er getötet. Die Toten werden vor der Tür aufgehäuft, sie liegen in einem Haufen auf dem Dach.

Mittlerweile gibt es an der Front keine Ruhe im Kampf. Die Spanier stürmen die Mauern, werden aber, wenn auch in perfekter Ordnung, zurückgedrängt. Dadurch ermutigt und im Glauben, die Schlacht sei bereits gewonnen, öffnen die Indianer erneut das große Tor und stürzen sich voller Wut auf die Spanier. Die Inder wissen wenig über den Wert eines Rückzugs, um sich zu sammeln, und sind verblüfft über die Standhaftigkeit und Entschlossenheit, mit der ihnen begegnet wird. Jetzt beginnt der Kampf mit geradezu ernstem Ernst.

DeSoto ist sowohl zahlenmäßig als auch hinsichtlich der Munitionsvorräte stark im Nachteil. Moscoso bleibt bei den Reserven. Er ist sehr in Not, sollte hier sein, aber es kommt zu Verzögerungen. Mit angestrengter Sicht sucht DeSoto nach seinem Leutnant, aber er kommt nicht. Der Kampf ist nun Hand in Hand. Die Indianer sind vielleicht fünfzig zu eins gegen die Spanier, aber Ordnung und Disziplin, Pulver und Kugel, Armbrust und Schwert, Pferd und Rüstung siegen allen Widrigkeiten zum Trotz. DeSoto führt seine Truppen persönlich an. Seine Männer sind von seiner unerschrockenen Präsenz und dem Schrecken seiner Hinrichtung beseelt. Er kämpft wie ein gewöhnlicher Soldat. Das Blut sickert noch immer aus seiner Wunde, aber er kämpft weiter. Die Spanier behaupten sich nicht nur, sondern zwingen die Wilden auch zurück.

Zu diesem Zeitpunkt kommt Moscoso. Die Indianer stürmen erneut innerhalb der Mauern und verschließen das Tor. DeSoto plant nun den endgültigen Start. Sein schweres Geschütz soll umgehend zur Ausführung gebracht werden. An Ort und Stelle organisiert er seine Abteilungen, und während die Pfeile fliegen, weist er in der Schlussszene des Dramas jeder Einheit ihre Aufgabe zu. So eine Coolness ist fast übermenschlich, aber DeSoto ist nicht cooler als seine Männer.

Am Tor beginnen die Äxte zu klingeln. Die Indianer sind jetzt dadurch bis zur Verzweiflung genervt und kämpfen mit größerer Wildheit als je zuvor. Mit lauten Schlägen fallen die Äxte auf das dem Untergang geweihte Tor. Von der Spitze der Mauern und aus den Bullaugen prasseln die Pfeile auf die Spanier herab, doch wenn sie auf ihre Panzerung treffen, gleiten sie davon. Riesige Kieselsteine, so groß wie eine Männerfaust und noch größer, fallen wie Hagelkörner auf ihre Helme, aber ohne Wirkung. Das Tor beginnt nachzugeben, es schwankt, es fällt mit einem knarrenden Krachen, und die Spanier stürmen hinein. Inder und Spanier kämpfen gleichermaßen wie Dämonen. DeSoto führt immer noch und schlägt mit seinem Breitschwert einen Mann nach dem anderen nieder. Seine Männer folgen mit gleicher Hingabe.

Fackeln in der Hand, die Wände werden beschossen. Der dicke Putz wird abgerissen und vielerorts kommt es zu Bränden. Leitern werden improvisiert, Wände erklommen und in der Nähe des Gipfels wird die Fackel angebracht. Die fünfzehn aufgestauten Männer werden freigelassen, stürzen sich voller Begeisterung ins Getümmel und leisten tödlichere Arbeit als die anderen. Die Feuer beginnen die Wände hochzuklettern. Sie werfen ihre gespaltenen Zungen hoch in die Luft. In einer schwankenden Säule verdunkelt der Rauch den Himmel.

Neun Stunden lang tobte der Kampf ununterbrochen, und das Ende ist noch nicht gekommen. Schreie, Befehle, Schreie, das Klirren von Stahl, das Schlagen von Äxten, das Brüllen und Knistern der Flammen vermischen sich in der allgemeinen Verwirrung. DeSoto stürzt sich auf einen großen Krieger, hebt seine Lanze, um sie durch ihn zu treiben, und trifft einen langen Pfeil in seinen Oberschenkel. Er kann jetzt nicht damit aufhören, es zu befreien, und während es hervorsteht und ihm sehr im Weg steht, kämpft er weiter wie ein entfesselter Dämon. Er erhebt sich im Sattel, schwingt sein Schwert um den Kopf und schreit: „Unsere Liebe Frau und Santiago!" und stürzt sich erneut in den Sturm der Schlacht. Er spornt sein Pferd bis ins härteste Gefecht an und schlägt so manchen Krieger nieder.

Die Indianer beginnen sich zu lösen. Sie verschwinden schnell. Die Brände werden intensiv und unerträglich. Es ist ein Flammenkreis, der gleichzeitig aus achtzig Gebäuden aus getrocknetem Holz hervorspringt. Die Feuer wüten. Die toten Krieger liegen in Haufen sowohl innerhalb als auch außerhalb der Mauer. Das Blut steht großflächig in Pfützen. Endlich gibt es keine Indianer mehr, gegen die man kämpfen könnte. Sie sind verwirrt in den Wald geflohen und DeSoto ist Herr der Situation.

Der 18. Oktober 1540 ist bis heute das Datum der blutigsten Indianerschlacht, die jemals ausgetragen wurde. Die Sonne geht über einer Stadt unter, die in den frühen Morgenstunden vom Klang der Rohrlauten und den Stimmen vieler Tänzer erfüllt war. Die mächtigen Gebäude, die dem erstaunten Blick des spanischen Eroberers begegneten, sind heute eine Masse verkohlter Ruinen. Das Herbstgras, grün und üppig am Morgen, ist jetzt rot vor Blut. Die bevölkerungsreiche Stadt von zehn Stunden zuvor ist verlassen. Die großen Bäume, reich an Laub, sind jetzt gesprengt und verbrannt. Wo Frieden und Wohlstand herrschten, thront jetzt das Chaos. DeSoto hatte gewonnen; sein größtes Hindernis ist jetzt aus dem Weg

geräumt, aber es erwarten ihn neue und jetzt unvorstellbare Probleme, auf
die er schlecht vorbereitet ist.

NACH DER SCHLACHT

Am Morgen nach der Schlacht von Maubila erstrahlte die Herbstsonne in strahlendem Glanz über der trostlosen Szene. Die hohen Eichenmauern waren verschwunden, die großen Gebäude waren verschwunden, die alten Eichen, die auf dem Gelände standen, sahen jetzt aus wie kahle Wächter mit nackten Armen – vernarbt, rinden- und blattlos, das grünbewachsene Quadrat des Vormittags war nur noch eine schwarze Fläche. Als DeSoto es am Morgen zuvor zum ersten Mal erblickte, war Maubila ein geschäftiger Menschenschwarm, aber jetzt war es so still wie die Wüste. Das Summen der Gespräche war verstummt, die Rohrlaute verstummte, der Schrei des Kriegers war verstummt, die Stimmen der indischen Jungfrauen waren verstummt. Die Krieger waren nun steif im Tod – die Jungfrauen waren umgekommen. Aus den schwelenden Ruinen der verbrannten Stadt kroch immer noch langsam Rauch, während er an den Rändern des Horizonts die davor liegenden Wälder verhüllte. Nichts wollte die Szene der Trostlosigkeit vervollständigen, nichts wollte das Bild des Grauens vervollständigen.

Auf dem Gelände lagen haufenweise Tote, von denen viele bis zur Schwärze verbrannt waren, während außerhalb der Mauern Leichen wie Blätter verstreut lagen. Die breiten Wege, die aus verschiedenen Richtungen in die Stadt führten, waren mit Toten gepflastert, während sie entlang der benachbarten Bäche lagen und immer noch ihre Bögen und Tomahawks in der Hand hielten. Zu Tode verwundet, hatten sie ihre Körper in brennendem Durst zu den Bächen geschleppt, ihr starkes Verlangen nach Wasser gestillt und sich zum Sterben niedergelegt. Squaws und Babys vermischten sich mit tapferen Kriegern, während Jungfrauen in ihren kitschigen Ornaten, die sie zur Begrüßung des Spaniers und seiner Männer trugen, in den Tod gestreckt wurden. Die Blätter, das Gras und das niedrige Unterholz rund um die einst stolze Stadt waren mit dem Blut ihrer tapferen Verteidiger bemalt, die es nun nicht mehr gibt.

Für DeSoto war es ein teuer erkaufter Sieg. Er hatte durch Disziplin und geordnete Entwicklung, durch Pulver, Kugeln und Panzerung gesiegt, aber er hatte einen hohen Tribut zahlen müssen. Es war der Anfang seines eigenen Endes und des der Expedition, die er leitete. 82 Spanier der kleinen Gruppe waren entweder tot oder starben wenig später an ihren Wunden. 45 Pferde waren getötet worden und ein Großteil der Kleidung der Männer war in den Flammen verbrannt, zusammen mit Medikamenten, Reliquien und vielen anderen wertvollen Gegenständen. Außer den Priestern, die sich nicht am Kampf beteiligten, gab es in der Gruppe keinen unverwundeten Mann. Einige der Männer erlitten bis zu elf Wunden, und in nicht wenigen Fällen waren die Pfeile immer noch im Fleisch vergraben und konnten aufgrund der dreieckigen Form der Steine, mit denen die Pfeilspitzen versehen waren, nur schwer herausgeholt werden. Bis auf einen vom Personal waren alle Chirurgen tot, und dieser war der am wenigsten geschickte. Dem Beispiel der Männer unter Cortez in Mexiko folgend, schnitten die Spanier den fetten Teil der Oberschenkel der getöteten Indianer ab und banden das Fleisch um ihre Wunden. Das Lager wurde weit genug vom Tatort entfernt, um dem Gestank der Toten zu entgehen, die getöteten Spanier wurden begraben und DeSoto musste für die Zukunft planen. Er vergaß seine eigenen Wunden und war auf den Trost seiner Männer bedacht. Er würde versuchen, sie mit Zukunftsvisionen aufzuheitern, die noch nicht verwirklicht wurden, und mit Versprechen, die niemals erfüllt werden sollten.

In der Einsamkeit seiner Gedanken blieb DeSoto ganz bei sich. Er erkannte den Ernst der Lage und war halb geneigt, die Suche nach Gold aufzugeben, aber sein stolzer Geist lehnte sich dagegen auf, das Scheitern einzugestehen. Doch in seinen Reihen hatte es einen schweren Bruch gegeben, seine Ressourcen waren unwiederbringlich beeinträchtigt, der Winter nahte, er kannte weder den Zustand des vor ihm liegenden Landes, noch wusste er, wie die Stimmung seiner Truppen nach der Reaktion sein würde Schlacht. Er sprach mit niemandem, aus dem ganz guten Grund, weil er nicht wusste, wem er sich anvertrauen sollte. Der Spanier ist vorsichtig, misstrauisch. Jeder verdächtigt jeden anderen. So mutig DeSoto auch war, es fehlte ihm nicht an Vorsichtsmaßnahmen. Als er nach Westen zog, hatten die Stämme an Intelligenz und Furchtbarkeit zugenommen. Was weiter westlich vor ihm lag, wusste er nicht. Er konnte kein weiteres Maubila aushalten. Wäre es schließlich klug oder nicht, die Flotte in Tampa Bay erneut aufzusuchen? Hier war eine Ratlosigkeit, mit der man ringen musste. Er musste handeln, und zwar bald, aber wie, war die Frage, die ihn beschäftigte.

Ein Hoffnungsschimmer durchdrang die Düsternis des stillen und mürrischen Spaniers: Als die Indianerstämme westlich und nördlich vom Schicksal Maubilas erfuhren, schickten sie Friedensboten nach DeSoto, denen sie guten Willens und Freundschaft versicherten. Voller Schrecken über die Leistung des tapferen weißen Eindringlings waren sie bestrebt, ihn im Voraus zu besänftigen. Was auch immer ihre Gefühle vorher gewesen sein mögen, jetzt waren sie kriecherisch genug. Einige der indianischen Besucher sagten, der Häuptling Tuskaloosa sei während der Schlacht geflohen, aber die allgemeine Meinung war, dass er umgekommen sei. Dieselben indischen Gesandten teilten DeSoto mit, dass der große Häuptling seit langem die Auslöschung des spanischen Heeres geplant habe und dass seine Verschwörung tiefgründig sei, und diese Nachricht bestärkte den Spanier in der Überzeugung, dass er bei seinem Sturz keinen Fehler begangen habe. Diese Gesandten gaben DeSoto in seiner wachsenden Verwirrung und Verzweiflung teilweise Mut.

Während der Kommandant allein in seinem Zelt saß und darüber nachdachte, welchen Weg er einschlagen sollte, pflegten seine Männer ihre Wunden, und als die Erleichterung zurückkehrte, wurden sie zu denselben flüchtigen Geistern wie zuvor. Bis zu diesem Zeitpunkt war ihr Vertrauen in ihren Anführer überragend gewesen. Obwohl sie seine ungewöhnliche Verdrießlichkeit nicht verstanden und niemand es wagte, sich ihm mit einiger Vertrautheit zu nähern, vertrauten sie seinem Urteil und lümmelten die Tage in völliger Gleichgültigkeit gegenüber der Zukunft dahin. Ausgestreckt auf ihren rauen Paletten aus Blättern und Stroh oder ausgestreckt im Gras unter den breiten Bäumen verbrachten sie die Zeit beim Spielen. Ihre Karten waren durch das Feuer zerstört worden, aber sie improvisierten andere. Sie waren eingefleischte Spieler. Während des gesamten Marsches spielten diese rücksichtslosen Kerle bei jedem Halt. Bei den Spielen ging es um Geld, Schmuck, Pferde, Kleidung und sogar um indische Geliebte. Da es nun nichts mehr gab, was die Langeweile des Lagers übertünchen konnte, verbrachten sie die Tage mit Spielen, während der zurückhaltende Kommandant allein in seinem Zelt saß und nicht wusste, was er als nächstes tun sollte. Durch die Berichte der Gesandten ermutigt, entschloss sich DeSoto schließlich fast, nach Westen vorzudringen, doch es entstand ein unerwartetes Dilemma, auf das er am wenigsten vorbereitet war. Müßiggang demoralisierte seine Männer, und ihm stand ein unerwartetes Unglück bevor, dessen Nachricht ihn fast verblüffte, als er davon erfuhr. Weit schlimmer und schmerzhafter als alles, was ihm bisher begegnet war, ging es ihm wie kalter Stahl ins Herz, als es ihm einmal bewusst wurde.

Murren und Meuterei

Fast acht Monate liegen nun hinter der Expedition, und es waren Monate fast übermenschlicher Ausdauer. Regen und Kälte ausgesetzt, durch verworrene Sümpfe tappen und durch zahlreiche Bäche und Flüsse waten oder schwimmen, Hunger, Müdigkeit und Krankheit ertragen, Tag und Nacht in ständiger Angst gehalten, damit sie nicht von einem heimlichen Feind angegriffen werden, der hoch aufsteigt Hügel und Berge ohne den Anschein einer Straße oder auch nur eines Weges, häufige Kämpfe ohne Kenntnis der gegnerischen Macht, völlig abgeschnitten von der Kommunikation mit der Heimat oder mit der Außenwelt und völlig ohne Entschädigung für alles, was sie ertragen mussten – wann waren Sind die Prüfungen einer Gruppe größerer Männer? Ihre Reihen waren nun dünner geworden, das meiste ihres Gepäcks war verschwunden, sie waren von langen Märschen erschöpft, viele ihrer Kameraden schliefen in Gräbern in einem Land der Wildnis, und doch wurde kein Körnchen des begehrten Goldes gefunden. Viele hatten ihr Vermögen aufs Spiel gesetzt, und diese jungen, blutrünstigen Kastilier zeigten nun Anzeichen feindseliger Unruhe.

DeSoto entdeckte dies alles, und er hatte sie so oft mit blendenden Phantomen aufgeheitert, während er nur Armut und Not zu bieten hatte, dass er nicht wusste, wohin er sich in einer so schrecklichen Not wenden sollte. Nun stand er vor einer Schwierigkeit, die mehr Mut erforderte als den, den es brauchte, um den Pfeilen der Indianer zu widerstehen, denn seine Männer schürten stillschweigend eine Rebellion. Sie hatten von indianischen Besuchern des Lagers erfahren, dass eine Flotte spanischer Schiffe unter Maldinado vor dem heutigen Standort Pensacola lag und auf die Rückkehr von DeSoto wartete. Dies wurde durch andere Berichte von der Küste bestätigt. Dies veranlasste die Männer zu der Entschlossenheit, sich loszureißen und die Küsten des Südens aufzusuchen. DeSoto hätte sich zu diesem Zeitpunkt selbst nach Süden abgewendet, wenn er nicht demütigend gescheitert wäre. Die Vision seines prächtigen Zuhauses im fernen Spanien tauchte oft vor ihm auf, und in seinen Träumen hatte er sich einen Palast vorgestellt, der aufgrund seiner Goldfunde mit dem eines Königshauses konkurrierte, aber er war dazu bestimmt, dieses Zuhause nie wieder zu sehen.

Das Schlimmste kam endlich. Seine Befürchtungen wurden völlig bestätigt, als er erfuhr, dass unter der Führung einiger seiner vertrauenswürdigsten Männer eine Verschwörung schmiedete, um ihn seinem Schicksal zu überlassen und sich auf den Weg nach Süden zu machen. Einige wollten nach Hause segeln, andere wollten sich einer neuen Expedition anschließen Peru. Um sich vollständig zu befriedigen, schlich DeSoto nachts still im Lager herum und belauschte, was er konnte. Unter seinen Männern befanden sich einige, die Pizarro irgendwann im Stich gelassen hatten, und DeSoto begann, sich auf das Schlimmste vorzubereiten. Dies war die schwerste Prüfung seines bewegten Lebens. Er hatte keine Möglichkeit zu wissen, wer seine Freunde waren oder ob er überhaupt welche hatte. Die Krise war extrem.

DeSoto dachte noch einmal darüber nach und beschloss schließlich, einen verzweifelten Kurs einzuschlagen. Er hatte geplant, in dieser bestimmten Region eine spanische Siedlung zu gründen, und war sogar so weit gegangen, einen indischen Agenten nach Ochus zu schicken, wo die Pläne zur Kolonisierung geschmiedet wurden. Bis zur äußersten Verzweiflung gedrängt, schlug er vor, eine kühne Demonstration von Autorität und Gewalt zu machen. Die Schlacht war nun erst einen Monat her, und alle seine Männer hatten sich soweit von ihren Wunden erholt, dass sie wieder in der Lage waren, die Marschlinie aufzunehmen. Am Morgen des 18. November behielt er seinen Plan für sich und gab plötzlich den Befehl, sich sofort zum Umzug bereit zu machen. Seine Männer wussten nicht, in welche Richtung er gehen würde, aber zu ihrem Erstaunen wandte er sich nach Norden. Er begleitete seinen Befehl mit der Drohung, jeden Mann zu töten, der sich zum Ungehorsam verpflichtete. Das war ziemlich ungewöhnlich, es hatte in der Tat noch nie etwas Vergleichbares gegeben, und es überraschte die Männer völlig. Bevor die Truppen sich beraten oder beraten konnten, saßen alle Männer im Sattel und begaben sich auf die Marschlinie. Auf diese Weise überraschte DeSoto die Männer, anstatt dass sie ihn überraschten. Er war in einem so willkürlichen Schritt wirklich ohne Autorität. Die Expedition war völlig freiwillig, aber DeSoto war sich darüber im Klaren, dass er völlig verloren sein würde, wenn er den aufkommenden Aufstand nicht mit einem einzigen Schlag zerschlagen konnte.

DeSoto gab die Idee einer Kolonie auf und zog nach Nordwesten, über die Grenzen der heutigen Grafschaft Clarke hinaus und durch das Gebiet von Marengo und Greene, wie sie jetzt sind, und erreichte nach fünf Tagen den Black Warrior River wo heute das Dorf Erie liegt. Hier stieß er auf Widerstand. Die Nachricht von der Katastrophe bei Maubila hatte sich bis in die entlegensten Siedlungen verbreitet und spornte die Indianer zur Rache an. In Erie erschienen sie 1.500 Mann stark, bemalt und mit Keulen und Bögen bewaffnet. Als ob nichts vor ihnen wäre, zogen die Spanier stetig weiter, während die Indianer zurückwichen, während sie die Luft mit ihren Pfeilen füllten. Als die Indianer den Fluss erreichten, füllten sie in aller Eile ihre wartenden Kanus und ruderten schnell hinüber, und diejenigen, die in den Booten keinen Platz finden konnten, sprangen hinein und schwammen durch den Fluss. Auf der gegenüberliegenden Seite trafen die Indianer auf eine große Verstärkung, die sich versammelt hatte, um DeSoto den Flussdurchgang zu streitig zu machen. Die Spanier begannen gemächlich mit der Befestigung und achteten kaum auf die wilden Demonstrationen auf der gegenüberliegenden Seite, die die Indianer, die sie beobachteten, stillschweigend zerstreuten und verschwanden, bis auf einige, die übrig blieben, um das Ziel der Spanier zu beobachten.

DeSoto beauftragte hundert Männer damit, Holz zu fällen und Flöße zu bauen, und ruhte sich ruhig aus, bis die Vorbereitungen abgeschlossen waren. Dann begann er mit seiner Streitmacht die Grenze zu überqueren, ohne auf die Pfeilschauer des Feindes zu achten. Von seiner kühlen Entschlossenheit beeindruckt, flohen die Indianer überstürzt.

Keine zuvor betretene Region hatte DeSoto so beeindruckt wie diese. Er war von der natürlichen Erhabenheit fasziniert. Der späte trockene Herbst hatte die herbstliche Landschaft belebt, das Gras war noch grün, was zusammen mit dem flammenden Laub der Wälder einer weiten Szene Pracht verlieh. Der Boden war tiefschwarz und die Oberfläche etwas wellig, die grünen Wellen und die köstliche Farbe der umgebenden Wälder boten einen Anblick, der schöner war als alles, was er jemals zuvor gesehen hatte. Die Truppe befand sich nun auf dem Weg durch den oberen Teil des Greene County, wo sie an Pickens grenzt.

Fünf weitere Tage brachten die Spanier zum Ufer des Little Tombeckbe. Die Spanier waren beeindruckt von der Tatsache, dass die Bevölkerung im Verhältnis zur Fruchtbarkeit des Landes dünner war. Die Erklärung dafür war, dass der Indianer den Prärieschlamm verabscheute, sich im Hochland niederließ und nur dann in die fruchtbaren Ebenen hinabstieg, um seinen Bestand wieder aufzufüllen Fleischlager. Wieder am Little Tombeckbe erschienen die Indianer in feindlicher Form, und DeSoto, der einer Schlacht entgehen wollte, schickte einen befreundeten Indianer über den Fluss, um Friedensbedingungen auszuhandeln. Sie töteten ihn in Sichtweite der Spanier und flohen dann seltsamerweise in den Wald, und DeSoto überquerte ihn ohne weitere Unterbrechung. Er befand sich nun an der Ostgrenze von Mississippi, doch der letzte Akt der Tragödie stand noch bevor.

DIE SCHLUSSSZENE

Obwohl wir dem mutigen und schneidigen DeSoto bis in die westlichen Grenzen des Staates gefolgt sind, wäre die Geschichte unvollständig ohne eine Aufzeichnung der Schlussszene seiner Karriere. Sein Leben war bis zum Ende voller Spannung. Als DeSoto das Gebiet betrat, das später Mississippi genannt wurde, stellte er fest, dass es die fruchtbarste und wohlhabendste der bisher besuchten Regionen war. Blühende indische Städte waren voller Zeugnisse der fortschrittlichsten indischen Zivilisation, die er je kennengelernt hatte.

Obwohl es sich verzögerte, setzte der Winter endlich mit ungewöhnlicher Härte ein, und DeSoto beschloss, die kalte Jahreszeit in diesem Viertel zu verbringen. Er war auf den guten Willen der Einwohner bedacht und versuchte ihn mit allen Mitteln zu erreichen. Seine Männer zogen durch das Land und kehrten mit Vorräten und immer mit Gefangenen zurück. Diese DeSoto würden mit viel Freundlichkeit freigelassen und sie mit Geschenken an ihren Häuptling entlassen. Dies würde die Gefangenen und noch mehr die Häuptlinge selbst überraschen. Dies führte dazu, dass der Häuptling des Chickasaw-Stammes, der wildeste und kriegerischste von allen auf dem Kontinent und vor allem der fortschrittlichste, in sein Lager gebracht wurde. Dieser Häuptling ließ sich von der Freundlichkeit des Spaniers nicht übertreffen und brachte als Geschenk einhundertfünfzig Kaninchen und vier Mäntel aus reichem Pelz mit. Er hörte nicht mit einem einzigen Besuch auf, sondern kam immer wieder und unterhielt sich mit DeSoto in hemmungsloser Vertrautheit am Lagerfeuer. Der Inder war fleißig diplomatisch und teilte DeSoto nach mehreren Besuchen mit, dass er einen bestimmten rebellischen Untertanen habe, den der Spanier für ihn unterwerfen solle. Diese Aufgabe sei, wie der Häuptling weiter ausführte, mit solchen Komplikationen verbunden, dass er daran gehindert wurde, in dieser Angelegenheit tätig zu werden, und wenn DeSoto dennoch mit Strenge eingreifen würde, würde der Häuptling dafür sorgen, dass die Sache nicht vergessen würde.

DeSoto schickte seine Männer gegen den rebellischen Subalternen, brannte sein Dorf nieder und zwang ihn, mit dem Häuptling um Frieden zu klagen. Gelegentlich, wenn der Häuptling ein paar Stunden mit ihm verbrachte, schickte DeSoto ihn zur großen Freude des Wilden auf einem seiner besten Pferde nach Hause. Doch es kam zu einer Belastung in ihren Beziehungen, als nach dem Kampf mit dem aufsässigen Indianer denjenigen des Stammes, die DeSotos Männer zurück ins Lager begleitet hatten, herzhafte und schmackhafte Schweinefleischstücke serviert wurden. Die Indianer hatten noch nie zuvor Schweinefleisch probiert und waren so begeistert, dass sie ihre Wertschätzung durch mehrere nächtliche Besuche in den Schweineställen und durch die heimliche Aneignung einiger der erlesensten Wildschweine zum Ausdruck brachten. DeSoto war bereit, sich zu spalten, protestierte jedoch dagegen, dass seine Schweineställe zur Beute nächtlicher Plünderer würden. Seine Männer lauerten den roten Schurken auf, die drei erwischten, von denen sie zwei töteten, und um zukünftige Täter zu warnen, schnitten sie dem dritten die Hände am Handgelenk ab und ließen ihn frei. Dies war eine Ausnahme von der Regel, die in beide Richtungen galt. Die Spanier hatten nie Bedenken, die Indianer zu bestehlen oder mit Gewalt zu nehmen, was ihnen gefiel, aber sobald jemand anderes Ochse aufgespießt wurde, hörte die Herrschaft der schelmischen Gegenseitigkeit auf zu wirken. Der Maßstab des Spaniers war: Stärke macht Recht. Ein früher Frühling kam mit seiner milden Stimmung, seinen singenden Vögeln und den ersten Blüten, und DeSoto fühlte sich angetrieben, weiterzumachen, und doch zögerte er, die Leichtigkeit so vieler Monate aufzugeben. Er war erschöpft von der Belastung, der er so lange ausgesetzt gewesen war. Er versuchte, sich zu sammeln, aber sein Gang hatte viel von seiner Elastizität verloren, sein Auge war nicht mehr so glänzend und der Griffel der Fürsorge hatte tiefe Krähenfüße auf seiner Stirn hinterlassen. Alles, was an Edelmut in ihm war, verwandelte sich in ein Gefühl der Strenge. Vorausgesetzt, dass er den indischen Charakter kannte, hatte er bereits viel verloren, aber er erwies sich als kein fähiger Gelehrter der Indianologie. Er hatte um den guten Willen des Häuptlings von Chickasaws geworben und war mit einer Rückkehr zur Höflichkeit belohnt worden, aber der Spanier hegte wirklich eine Verachtung für den Charakter der Indianer, und Verachtung trübt immer die Gerechtigkeit und führt, wenn sie ausgeübt wird, oft zu schwerwiegenden Fehlern.

Da er nun im Begriff war, sein Lager zu verlassen, erteilte DeSoto dem Häuptling von Chickasaw den zwingenden Befehl, 200 seiner fähigsten Männer zu seinen Lastenträgern zu machen. Die Chickasaws waren die stolzesten und arrogantesten Indianerstämme, und statt sich zu demütigen, zogen sie den Tod vor. Als Verbündete waren sie wertvoll, als Feinde furchteinflößend.

Als DeSoto den Befehl erhielt, verwandelte sich die Sanftmut des Lammes in den Zorn des Löwen, aber der Indianerhäuptling zügelte klugerweise seinen Mut und sandte eine ausweichende Antwort, nicht ohne einen würdevollen Anflug von Männlichkeit und einen Ausdruck von Erinnerung daran, dass DeSoto sich selbst kleine Ehre erwiesen hat, weil er den Stoff, aus dem er selbst, der Häuptling, gemacht war, nicht verstand. Es war nicht das erste Mal, dass DeSoto in dieser westlichen Wildnis Männern begegnete, die klüger waren, als er selbst glaubte. DeSoto erkannte zu spät, dass er einen Sturm ausgelöst hatte, den er möglicherweise nicht bewältigen konnte.

Moscoso wurde gerufen und aufgefordert, auf der Hut zu sein und sich auf das Schlimmste vorzubereiten. DeSoto beeindruckte ihn mit der Wichtigkeit äußerster Wachsamkeit, aber Moscoso sah darin nichts und blieb lax.

Obwohl die Bäume Knospen bildeten und die jungen Blätter aus ihren Verstecken hervorlugten, kam es in einer der letzten Nächte im März zu einem dieser Kälteeinbrüche, denen dieser Breitengrad ausgesetzt ist. Ein kalter Wind heulte aus dem Norden und pfiff wütend durch die Bäume. In ihrer Plötzlichkeit trafen die Spanier ungewöhnliche Vorbereitungen, um sich in dieser Nacht wohl zu fühlen, und drängten sich zusammen auf ihre Kojen aus Stroh und getrockneten Blättern. Im Lager herrschte Stille wie auf einem Friedhof, abgesehen vom Heulen des Windes. Die Feuer erloschen und die Männer schliefen tief und fest. Plötzlich ertönte ein Lärm der Verwirrung, der selten zu hören war, vermischt mit dem Heulen des Windes. Aus vier verschiedenen Richtungen erklangen die Schläge hölzerner Trommeln, die heiseren Töne von Muscheln und die überirdischen Schreie Tausender Krieger. Als die Schläfer erwachten, brannten die Dächer aus trockenem Heu und die Indianer waren bereits im Lager. Sie hatten diese schreckliche Nacht mit Bedacht zur Auslöschung der Eindringlinge gewählt und waren auf nichts Geringeres fixiert. Die Spanier hatten oft auf das Feuer zurückgegriffen, und die Indianer dachten, sie würden dessen Wirksamkeit auf die Probe stellen. Pfeile mit Feuerspitze, die in die strohgedeckten Dächer geschossen wurden, hatten sie in Brand gesetzt, während das trockene Rohrgeflecht, aus dem die Hütten gebaut waren, durch die Explosion ihrer Gelenke laute Detonationen erzeugte. DeSoto erfuhr später, dass die feuerbestückten Pfeile durch die Verwendung eines Suds aus bestimmten Kräutern hergestellt wurden, die nur diesen Indianern als Mittel zur Feuerentfachung bekannt waren.

DeSoto sprang von seinem Sofa auf und war der Erste, der sein Pferd eroberte, und im selben Moment bestieg ein Kavalier sein eigenes. Mit Schwert und Lanze trieben sie ihre Pferde mitten in die Schar der Wilden und forderten mit jeder Bewegung den Tod. Halb angezogen folgten die anderen Soldaten schnell hintereinander, und bald war das Lager Schauplatz eines Nahkampfs. DeSoto hatte es versäumt, den Sattelgurt ausreichend zu befestigen, und durch eine plötzliche Wendung seines Pferdes bei einem seiner verzweifelten Ausfälle wurde er hart zu Boden geschleudert, gerade als er einen Indianer niedergelegt hatte. Er wurde schnell von seinen Männern gerettet und kämpfte mit voller Kraft wie nie zuvor. Als der Kampf seinen Höhepunkt erreichte, wählten fünfzig seiner Männer den richtigen Moment zum Desertieren, aber DeSoto ließ sie zurückholen und sich dem Kampf anschließen. Die Indianer wurden vertrieben, aber erst nachdem vierzig Spanier getötet worden waren. Dies hatte zur Folge, dass die Spanier erneut zusammenschweißten und jeder Ungehorsam ein Ende setzte.

In dieser Nacht gab es im spanischen Lager keinen Schlaf mehr. Moscoso wurde vorgeladen, heftig beschimpft und im Beisein der Truppen entlassen, und Beltecar wurde an seiner Stelle ernannt. Nachdem er seine Toten begraben hatte, brach DeSoto zu einem erneuten Marsch auf und stieß bei Alilome erneut auf Widerstand, wo er nach einem weiteren heftigen Kampf den Feind in die Flucht schlug, aber fünfzehn weitere Männer verlor, was insgesamt dreihundertfünfzehn der sechshundert machte. mit dem er begann und im Mai 1541 den Mississippi erreichte, dessen Entdecker er angeblich ist. Hier verbrachte er ein Jahr, unternahm einen Ausflug nach Arkansas und wurde bei seiner Rückkehr vom Sumpffieber heimgesucht. Sein System war auf diesen Angriff schlecht vorbereitet und ihm war vom ersten Moment an bewusst, dass er sterben musste. Er versammelte seine Männer um sich, gab Moscoso wieder das Kommando, flehte seine Männer an, sich dem neuen Befehlshaber zu unterwerfen, und ergab sich dem letzten Feind – dem Tod.

Um eine mögliche Verstümmelung seines Leichnams zu verhindern, hauen seine Männer einen Sarg aus dem Stamm einer riesigen Eiche, legen den Leichnam hinein, verschließen ihn sicher, tragen ihn mitten in den tiefen Mississippi und lassen ihn in dessen Strömung hinab. So starb dieser ritterliche Sohn Spaniens, und obwohl er ein Monster der Grausamkeit war, war keiner in den Annalen dieses unglückseligen Landes jemals mutiger.

ORIGINAL HANDY

Nach dem Tod von DeSoto dauerte es einhundertzweiundsechzig Jahre, bis ein weiterer Weißer in Alabama war. In diesen anderthalb Jahrhunderten entwickelte sich ein Entdeckergeist, wie ihn die Welt noch nie zuvor gekannt hatte. Die neuen Regionen der Erde wurden von Entdeckern aus einer Reihe europäischer Nationen besucht, darunter vor allem Spanien, Portugal, Frankreich, England und Holland. Die Franzosen wetteiferten mit den Spaniern um den Umfang der Expeditionen und Erkundungen, und von Kanada aus gelangten die Franzosen zu den oberen Grenzen der schiffbaren Gewässer des Mississippi und folgten ihm bis zum Golf.

Von ihren etablierten Besitztümern westlich des großen Flusses aus kamen die Franzosen später, um die oberen Gewässer des Golfs zu umrunden, und waren von der gewundenen Natur der langen Küstenfront mit ihren zahlreichen Buchten und Einschnitten, ihren Vorgebirgen, Buchten usw. sehr beeindruckt Flüsse. Auf diese Weise gelangten sie zum ersten Mal nach Mobile Bay und gründeten schließlich Mobile. Biloxi war bereits zuvor gegründet worden und war ein wichtiges Kolonialzentrum für die unternehmungslustigen Franzosen dieser Zeit. Um die einheimischen Wilden zu beeindrucken und Einmischungen abzuwehren, errichteten die Franzosen Festungen aus Schlamm, Stangen und Gras, die den Indianern zwar furchteinflößend, aber schwach und zerbrechlich erschienen. Die Wilden selbst verließen sich zur Verteidigung auf ihre starken Holzfestungen, und sie gingen davon aus, dass die Festungen der Franzosen ähnlich stark waren.

Angezogen von der wunderschönen Wasserfläche, die wir Mobile Bay nennen, drangen die Franzosen vom Golf aus durch die tiefe Mündung ein, die auf der einen Seite von einer langen Landzunge und auf der anderen von einer Insel flankiert wurde. Einmal an der Küste der Bucht angekommen, wurden ihre Ufer erkundet, und an der heutigen Stelle von Mobile wurde Fort St. Louis errichtet, das als dauerhafter Name gedacht war, aber Iberville, der große Kapitän der Franzosen, bestand darauf, es zu nennen Mobile, nach dem Namen des Indianerstammes an der Grenze des Territoriums, auf dem die ursprüngliche Festung errichtet wurde. Der Name soll „Paddeln" bedeuten.

Mobile entwickelte sich von Anfang an zu einem wichtigen Zentrum der Franzosen. Nichts beeindruckte Iberville mehr als die prächtigen Hölzer, mit denen die Wälder bestückt waren. Nichts war zu dieser Zeit für den Schiffbau wichtiger als schweres Eichenholz, und für den praktischen Blick des großen Seefahrers schien es ein ausgezeichneter Ort für die Errichtung einer Sägemühle zu sein. Spätere Entwicklungen der geografischen Vorteile des

Standorts führten dazu, dass er als Hauptquartier und Regierungssitz für diese Region der französischen Besitztümer übernommen wurde. Seewärts war es als Schifffahrtshafen zur Welt hin offen.

Es wurde festgestellt, dass der Fluss, an dessen Westufer sich befindet, wie die Basis des Buchstabens Y war, dessen Zacken fünfzig Meilen nördlich in große Entfernungen im Landesinneren eindrangen, die bereits bevölkert waren mit Indianern und einer sagenhaften Fruchtbarkeit des Bodens. Während die Franzosen ebenso wie die Spanier von Goldminen träumten, waren sie sich der Bedeutung der Kolonisierung nicht unbewusst.

Eines der ersten Hauptanliegen dieser frühen Kolonisatoren bestand darin, die einheimischen Stämme als Mittel gegen die Engländer, die ebenfalls den Besitz der fruchtbaren Region anstrebten, für sich zu gewinnen. Bienville, der französische Gouverneur von Louisiana, war bestrebt, die Herrschaftsgebiete seines königlichen Herrn so weit wie möglich nach Osten auszudehnen, und wetteiferte mit den Engländern um ein Bündnis mit den einheimischen Stämmen. Von keinem Punkt aus waren diese Eingeborenen so leicht zu erreichen wie von der Festung aus, die gerade auf der Landwelle an der Westseite dieses Flusses errichtet wurde, der in die wunderschöne Bucht mündet. Daher wurde zunächst ausreichend Platz geräumt, ein Zaun errichtet und ein paar schmuddelige Zelte darum aufgestellt, während auf dem Gelände möglicherweise einige Exemplare importierter Schweine, Hühner und Pferde gesehen wurden, die sich im Inland bewegten.

Es fehlte jedoch ein Element der Zivilisation, worüber Bienville sich bei der Heimatregierung in Paris beschwerte. In den improvisierten Häusern gab es keine Anwesenheit des sanfteren Geschlechts. Nach Erhalt dieser Information beauftragte der König von Frankreich unverzüglich den Bischof von Quebec, 23 junge Frauen aus guten Familien in die Region Mobile zu schicken, um die Ehefrauen dieser ursprünglichen Gründer zu werden. Zu gegebener Zeit erreichten diese dreiundzwanzig errötenden Jungfrauen unter der Obhut von vier Schwestern der Barmherzigkeit die Festung. Gouverneur Bienville gab sofort eine Proklamation heraus, in der er ihre Ankunft ankündigte, und legte praktisch Wert auf den männlichen Wert, indem er erklärte, dass kein Mann das Herz und die Hand dieser wartenden Mädchen beanspruchen dürfe, die sich nicht zuvor als fähig erwiesen hätten eine Frau unterstützen. Das Ergebnis war eine rasche Verbesserung der Männlichkeit der Gemeinschaft, was wiederum zu einer weiteren Tatsache führte, nämlich, dass nicht viele Monde vergingen, bevor jeder der kanadischen Anwärter eine Frau wurde.

Dies waren die ersten Hochzeitsriten, die jemals unter christlicher Genehmigung auf dem Boden Alabamas zelebriert wurden. Das bedeutete Häuser, und Häuser bedeuteten den Beginn einer neuen

Zivilisationsordnung. Diese romantische Note unserer frühen Zivilisation in Alabama ist es wert, dokumentiert zu werden.

Von diesem primitiven Anfang in den wilden Wäldern im Süden Alabamas und unter so rauen und unheimlichen Bedingungen wie den genannten begann unser Haupthafen vor kaum mehr als zwei Jahrhunderten. Als gemeinsames Zentrum von Bedeutung wurde es von zahlreichen Indianerdeputationen aus nahen und entfernten Orten besucht, die mit ihren leichten Kanus die tiefen Gewässer der Flüsse Alabama und Tombigbee durchfuhren. Obwohl dies zutraf, wurde der Handel mit den Spaniern bis nach Vera Cruz im Süden aufgebaut, und aus der Region der großen Seen im Norden kamen französische Händler nach Mobile. Während die Bedingungen die optimistischsten Ansichten hervorriefen, gab es auch Gegenbedingungen der Verärgerung und der Ratlosigkeit. Diese frühen Jahre waren für Bienville voller Ängste und Belästigungen. In seinem Bemühen, die einheimischen Stämme zu versöhnen, drang er in das Territorium der aktiven Abgesandten der Engländer als Konkurrenten der einheimischen Allianz ein, und so wurden die Indianer zu einem Shuttle im Web der primitiven Politik zwischen den Franzosen und den Engländern. Die Indianer wurden angestachelt, die Franzosen durch falsche Darstellungen ins Landesinnere zu locken und sie sogleich zu massakrieren. Ihre Aussagen in Frage zu stellen bedeutete Unfreundlichkeit, ihnen zu vertrauen bedeutete den Tod. Dem französischen Gouverneur stand in naher Zukunft reichlich Ärger bevor.

FORT TOMBECKBE

Direkt über der Stelle, an der die Brücke der Southern Railway den Tombigbee überspannt, am Bahnhof Epes im Sumter County, kann man auf einem hohen Kalkfelsen mit Blick auf den Fluss eine Gruppe Zedern sehen. Dies ist ein historischer Ort, denn hier hatte Gouverneur Bienville Fort Tombeckbe als Außenposten der Zivilisation errichtet. Von der alten Festung sind in den kleinen Hügeln, die noch zu sehen sind, kaum noch Spuren zu sehen, aber sie war einst ein wichtiger Stützpunkt für Bienville.

Durch ihre Manipulationen an den Wilden im Inneren Alabamas hatten englische Gesandte solche Verwirrung gestiftet, dass sie Bienville sehr verärgerten. Was auch immer man über das Verhalten Englands in diesem Zusammenhang sagen mag, und es war verwerflich genug, es entsprach dem Verhalten der Franzosen. Beide Nationen nutzten den ungebildeten Wilden aus und requirierten seine schlimmsten Leidenschaften, um sich an dem anderen zu rächen. Auf Seiten Englands setzte sich dies jedoch viel später fort, und dieses Land war für viele der an den Amerikanern verübten Gräueltaten verantwortlich.

Bei einer Gelegenheit erschienen zwei geschickte Krieger in Mobile mit allen erdenklichen Zeichen ihres Interesses an der Regierung von Bienville und mit übertriebenen Beteuerungen ihrer Loyalität gegenüber seiner Regierung. Bienville reagierte auf Demonstrationen wie diese, denn nichts wünschte er sich so sehr wie die Loyalität, die diese roten Männer bekundeten. Diese Wilden teilten dem französischen Gouverneur mit, dass sie an einer bestimmten Stelle flussaufwärts sorgfältig viel Mais angehäuft hätten und dass sie, wenn er es wünschte, in der Lage seien, es billig zu verkaufen. Da die Vorräte in der Festung immer knapper wurden, war dies eine erfreuliche Nachricht für Bienville, und er schickte sofort fünf Männer aus der Garnison, um sie zu holen. Nur einer der fünf kehrte zurück, und ihm wurde beinahe der Arm von der Schulter abgetrennt, während der Rest der Gruppe massakriert worden war. Bienville war sofort davon überzeugt, dass es notwendig war, den Indianern beizubringen, dass mit ihm nicht zu spaßen sei, und mit vierzig Männern in sieben Kanus stieg er den Fluss hinauf zum Schauplatz des jüngsten Massakers. Als er zehn leere Indianerkanus fand, die am Ufer festgemacht waren, wusste er, dass ihre Siedlung nicht weit entfernt war, und anhand des Rauchs, der über den Baumwipfeln aufstieg, konnte er das Dorf lokalisieren. Er versteckte seine Männer bis in die Nacht im Unterholz, schlich sich heimlich zum Lager und eröffnete das Feuer. Die Indianer wurden in alle Richtungen zerstreut, und Bienville belud seine Boote mit Proviant und kehrte gemächlich zur Festung zurück. Wie viele der Indianer bei diesem Nachtangriff getötet wurden, konnte nicht ermittelt werden, Bienville erlitt jedoch den Verlust von drei Männern. Diese offensiven Indianer gehörten zu den Alabamas. Um sie wirksamer zu bestrafen, hetzte Bienville sowohl die Choctaws als auch die Chickasaws gegen sie auf und versprach denjenigen Belohnungen, die die größere Zahl töten würden. Dass die Alabamas wirksam bestraft wurden, lieferten die zahlreichen Krieger, die sich auf den Weg nach Mobile machten, um die Anzahl der Skalps zu vergleichen, die sie an ihren Gürteln baumelten, reichlich bewiesen. Als Belohnung für ihr Todeswerk erhielten die Wilden Perlen, Beile, Pfeifen und Munition.

Fort Tombeckbe war an der bereits festgelegten Stelle errichtet worden, die im Gebiet der Choctaws lag, deren besondere Dienste Bienville nun brauchte, da die Chickasaws sich gegen ihn aufgelehnt hatten. Mittlerweile waren sie auch den Choctaws gegenüber äußerst feindselig geworden, weshalb Bienville zu dem Schluss kam, dass ihre Dienste bei seiner geplanten Expedition gegen die Chickasaws leichter in Anspruch genommen werden könnten. Um die feindlichen Chickasaws zu unterwerfen, schlug Bienville eine einzigartige Expedition vor, die er persönlich leiten sollte. Die Herrschaftsgebiete der Chickasaws lagen weit von Mobile entfernt, aber er wollte Fort Tombeck zur Basis seiner Operationen machen und sie gleichzeitig wieder unterwerfen.

Dementsprechend berief Bienville die Garnisonen von Natchez und Natchitoches ein, um bei der Expedition ins Landesinnere mit der in Mobile zusammenzuarbeiten. Da es sich um eine Art Picknick-Ausflug handelte, bat eine Freiwilligengruppe, bestehend aus Bürgern und Kaufleuten aus New Orleans, um Teilnahme an dem Ausflug. Alles wurde vorbereitet. Dreißig grobe Unterstande und eine ebenso große Anzahl flacher Boote oder Lastkähne waren entlang der Küste aufgestellt, bereit, bei der Unterwerfung der Chickasaws mitzuhelfen. Zu gegebener Zeit erschien Gouverneur Bienville in fröhlicher Uniform, mit Federhut und leuchtendem Schwert und leitete die Expedition, die am Morgen des 1. April 1736 von Mobile aus auslief. Der Tag hätte als Hinweis auf das, was kommen würde, gewertet werden können. denn nie wurde eine Gruppe von Menschen getäuschter als diese.

Bei dieser Gelegenheit gab es Prunk und Spektakel. Banner, Schmuck und Wimpel gab es in Hülle und Fülle. Kleine und große Boote waren gut gefüllt, Männer, junge und alte, Geschäftsleute und Kaufleute, Abenteurer und Spieler, Müßiggänger und Gefängnisvögel, Glückspilze und Freizeitmänner, raue Seeleute und erfahrene Soldaten, freundliche Indianer und fünfundvierzig Neger bildeten das Gemisch der Expedition. Die Indianer gehörten zum Generalkommando, während die Neger ein separates Kommando unter einem freien, intelligenten Mulatten namens Simon waren. Sie schieben sich in der Strömung vom Ufer weg. Lilienfahnen wehen und flattern in glitzernden Kurven, verschiedenfarbige Banner werden gezeigt und die unpassende Expedition beginnt. Inmitten der Schreie der Heere, des Kanonendonners aus der Festung, dessen Knall am Ufer widerhallt und widerhallt, während der fröhliche und urkomische Heer sich heiser brüllt, beginnt die Expedition. Dreiundzwanzig Tage lang ziehen sie bei ihrer Besteigung des Tombigbee gegen den Strom. Boten wurden im Voraus entsandt, um Kapitän DeLusser in Fort Tombeckbe über das Kommen der mächtigen Menge zu informieren und ihren Hunger durch das Kochen mehrerer Fässer Kekse zu stillen. DeLusser kochte sein Leben lang, bei Tag und bei Nacht, aber er hatte nur etwa zwei Drittel der Menge an Keksen, die für den hungrigen Gastgeber bei seiner Ankunft benötigt wurden. Keine Reise hätte mühsamer sein können, da die Lastkähne gegen die Strömung gezogen werden mussten, indem man, wenn möglich, die überhängenden Äste und Ranken ergriff und zu anderen Zeiten Schnabelstangen verwendete, mit denen die Lastkähne beim Ringen mit Bäumen oder Felsen gehalten wurden langsam entlang gezogen. All dies war vergessen, als man die Festung erreichte, und die Menschen konnten sich wieder erfrischen.

> „Wenn das Ufer endlich erobert ist, wer wird dann an die Wogen der Vergangenheit denken?"

Bienville war sehr enttäuscht, als er feststellte, dass es kurz vor seiner Ankunft einen Aufstand in der Festung gegeben hatte und die Verschwörer nun in Ketten auf sein Kommen warteten. Der Plan der Verschwörer bestand darin, DeLusser und das Kommissariat zu töten und den Chickasaws zwei Männer zurückzugeben, die aus ihren Händen befreit worden waren und zuvor von den Chickasaws in die Sklaverei gezwungen worden waren. Indem sie die Chickasaws auf diese Weise versöhnten, hofften die Verschwörer, ihnen dabei zu helfen, nach Kanada zu gelangen, wo sie sich den Briten anschließen würden. Bienville machte kurzen Prozess mit ihnen, denn nach einem kurzen Kriegsgerichtsverfahren wurden sie in die Prärie marschiert und erschossen. Das bedeutendste Ereignis im Zusammenhang mit der Ankunft von Bienville war die Versammlung von sechshundert Choctaw-Kriegern, die viel von Bienville gehört hatten und nun unter ihren Anführern Mingo und Red Shoes gekommen waren, um ihren Dienst anzubieten. Um sie von seiner Wichtigkeit zu beeindrucken, bewirtete Bienville die Krieger mit einer Parade seines Heeres, von dem nur ein Teil etwas über militärische Entwicklungen wusste, aber wo die Indianer nichts über Regelmäßigkeit wussten, war der Zweck gleichermaßen erfüllt. Mit großer Freude beobachteten die Wilden die Übung und erklärten sich bereit, sich Bienville in seinem Feldzug gegen die fünfzig Meilen entfernten Chickasaws anzuschließen. Mit seiner Truppe von fünfhundertfünfzig Mann, den sechshundert Choctaws und der Verstärkung unter D'Artaguette von weiteren dreihundert, deren letzte Truppe später zu ihm stoßen sollte, war Bienville zuversichtlich, dass er Erfolg haben würde, aber er kannte den Charakter der Truppe kaum Feind, dem er begegnen sollte.

KAMPAGNE GEGEN DIE CHICKASAWS

Niemand fühlte sich erfolgssicherer als Bienville, als er seinen Feldzug gegen die Chickasaws erneut aufnahm. Nach vorheriger Absprache sollte D'Artaguette aus der Region Illinois herabsteigen und ihn in der Nähe der Festung der Chickasaws treffen und ihm bei ihrer Unterwerfung helfen. Bienville hatte ein leidenschaftliches Temperament und ließ sich leicht übermütig machen, und doch hatte er nur wenig, worauf er sich verlassen konnte. Außer den Veteranen des Kommandos hatte er kaum etwas anderes.

Die bunt zusammengewürfelte Horde, die sich in Mobile unter seinem Banner versammelt hatte, war im Notfall nicht vertrauenswürdig, und er wusste auch nicht, inwieweit er sich auf seine indianischen Verbündeten verlassen konnte, denn Red Shoes hasste den weißen Mann, nur hasste er die Chickasaws noch mehr . Er wollte den Franzosen nicht so sehr helfen, sondern vielmehr die Chickasaws bestrafen. Dies machte seinen Einfluss zweifelhaft, und dieser Einfluss war bei den Choctaws groß. Aber wenn Bienville das Kommando von D'Artaguette zu seiner Unterstützung erhalten könnte, was nicht der Fall sein sollte, könnte er möglicherweise Erfolg haben, obwohl die Chickasaws die schärfsten Kämpfer unter den Stämmen waren und unter ihnen englische Offiziere hatten, die sie ausbildeten für den kommenden Angriff.

Das Kommando war wieder einsatzbereit, aber die scharfe Schärfe der Neuheit und der Enthusiasmus war jetzt abgeschwächt, und zwar zumindest bei einem großen Teil des Kommandos, das einfach deshalb abreiste, weil es gehen musste. Die Szene war eigenartig, da die Boote am Flussufer bei Fort Tombeckbe aufgestellt waren. Mit erfrischender Selbstgefälligkeit nahmen die Franzosen die Boote in Besitz, Simon und seine fünfundsiebzig schwarzen Anhänger besaßen ihre Schiffe, und die Kanadier und indischen Verbündeten mussten, so gut sie konnten, ihren Weg entlang des Flusses bis zu dem Punkt machen, an dem alle sollten sich zusammenschließen, um gegen die Chickasaws vorzugehen.

Am 22. Mai 1736 erreichten sie die Region, in der sich heute Cotton Gin Port, Mississippi, befindet, wo Bienville eine provisorische Festung baute, die er Fort Oltibia nannte, und nachdem er seine Vorräte gesichert, seine Boote an den Bäumen befestigt und eine Wache eingesetzt hatte Um sie zu beschützen, machte er sich mit zwölf Tagesrationen auf den Weg zur Festung der Chickasaws, immer noch siebenundzwanzig Meilen im Landesinneren.

Es war eine Regenzeit, der Prärieschlamm war tief, die Bäche im Landesinneren waren hoch, das Land ein verworrenes Unterholzgebiet, die

Ufer der Bäche waren rutschig von Kalkschlamm und der Großteil des Heeres war bereits demoralisiert. Sie begannen im Landesinneren, wobei die Männer manchmal gezwungen waren, hüfthoch zu waten, um die Bäche zu überqueren. Der Marsch war langsam und mühsam, und je weiter sie vorankamen, desto schwächer wurde die Aussicht mit abnehmender Begeisterung. Es gab nicht wenig Streit, aber vor mehr davon wurde Bienville gerettet, weil sie sich im Land des Feindes befanden und ein Gefühl des gemeinsamen Interesses sie zusammenschweißte. Sie marschierten an befestigten Dörfern der Chickasaws vorbei, die Bienville ignorierte, aber er fand es nahezu unmöglich, die Choctaws aus Hass auf die Chickasaws davon abzuhalten, diese anzugreifen. Ein befestigtes Dorf, Schouafalay, wurde von den Choctaws angegriffen, ganz im Gegensatz zum Urteil von Bienville.

Den Truppen wurde teilweise Erleichterung verschafft, als sie aus der verworrenen Wildnis hervorkamen und die offene Prärie erreichten. Hier gab es eine Fülle von Wildtieren, von denen sich die Truppen viel zunutze machten, während sie nicht wenig erfreut waren über die wild gewachsenen reifen Erdbeeren auf der Ebene und über das ungebrochene Grün der Prärie, das hier und da von Flecken durchzogen war voller wunderschöner Blüten.

Sie befanden sich nun innerhalb von sechs Meilen vom Angriffsobjekt. Hier wurde vorgeschlagen, die Kommandos von Bienville und D'Artaguette zu vereinigen, doch letzterer erschien nicht. Die von Bienville im Voraus entsandten Späher berichteten, dass sie D'Artaguette nicht finden und nichts über seinen Aufenthaltsort erfahren konnten. Für Bienville war dies eine bittere Enttäuschung, denn er hatte viel auf D'Artaguette und seine Veteranen gezählt, aber er konnte jetzt nicht aufhören. Er hatte immer noch etwa eintausendfünfhundert Mann unter seinem Kommando und war zuversichtlich, dass er Erfolg haben würde.

Bienvilles Plan bestand darin, Ackia zu umgehen, wo die Chickasaws stark befestigt waren, und in die Stadt Natchez vorzudringen, dort die Indianer zu stürzen und auf diese Weise die Truppen zu inspirieren und gleichzeitig die Chickasaws zu demoralisieren. In einem jetzt einberufenen Offiziersrat befürwortete er diesen Plan, aber die Choctaw-Führer wollten einem Vorschlag wie diesem nicht zuhören. Sie wollten die Chickasaws direkt angreifen, vernichten und dann leise zurückkehren. Einige der französischen Offiziere stimmten der vorgeschlagenen Politik der Choctaws zu, während nicht wenige mit Bienville übereinstimmten. Die Choctaws schienen in ihrem verzweifelten Wunsch, die Chickasaws zu erreichen, fast unkontrollierbar zu sein. Hätte man sie toben gehört, hätte man meinen können, dass die Franzosen bei der Expedition überhaupt nicht zum Einsatz kamen.

Jetzt blieb nichts anderes übrig, als die verbleibenden sechs Meilen zurückzulegen und den wartenden Chickasaws den Kampf zu liefern. Die

Marschlinie wurde wieder aufgenommen und ein weiterer halber Tag brachte sie in volle Sichtweite der Zinnen des Feindes. Die Bedingungen waren nicht geeignet, viel Inspiration hervorzurufen. Die Befestigungen waren imposant und schienen stark genug, um jeder Gewalt standzuhalten.

Auf einer Anhöhe stand die Festung aus schweren Baumstämmen. Rundherum befanden sich Palisaden mit Bullaugen direkt über dem Boden, während sich direkt innerhalb der Palisaden ein Graben befand, in dem die Verteidiger standen, ihre Waffen in den Bullaugen ablegten und problemlos auf die darunter liegende Ebene feuerten, ohne dass ihre Waffen auch nur im Geringsten sichtbar waren Körper. Außerhalb der Palisaden befanden sich zahlreiche stark befestigte Bauwerke oder Hütten. Die Festung selbst hatte eine dreieckige Form, mit einem Dach aus schweren grünen Baumstämmen, das mit einer dicken Schicht getrockneten Schlamms überzogen war, eine doppelte Sicherheit gegen Feuer, falls die Franzosen zum Einsatz von Brennstoffen übergehen sollten. Die imposanten Befestigungsanlagen wirkten selbst auf die Offiziere der französischen Truppen und noch mehr auf die Soldaten entmutigend.

Es wurde eine sorgfältige Inspektion durchgeführt und es blieb nichts anderes übrig, als den Angriff zu planen. Die Franzosen sollten die Schlacht eröffnen, und die Choctaws konnten nach Belieben angreifen. Die Indianer besetzten ein Lager in einiger Entfernung von den anderen und begannen, sich für den Kampf zu bemalen und auszurüsten. Sie standen bereit, als warteten sie auf den Beginn der Schlacht. Alle Pläne wurden vorbereitet, und um zwei Uhr nachmittags sollte der Kampf von Anfang an mit einem regelmäßigen Angriff beginnen.

SCHLACHT VON ACKIA

Am 26. Mai 1736 um zwei Uhr nachmittags wurde die Schlacht von Ackia von Chevalier Noyan eröffnet, der, als seine Truppen in Karabinerschussweite auf die Festung vorrückten, leicht englische Offiziere innerhalb der Palisaden erkennen konnte, die die Verteidigung leiteten.

Die Franzosen gingen zum Angriff im Freien vor, ohne persönliche Schilde, die zu schwer waren, um über eine so große Distanz gebracht zu werden, und sie mussten auf tragbare Brustwehren zurückgreifen, die aus schweren Seilen bestanden, die in Streifen von etwa einem Meter Breite eng miteinander verflochten waren Breite und etwa zwanzig Fuß Länge. Dieser breite Streifen Seil musste an beiden Enden von kräftigen Männern getragen werden, die natürlich ungeschützt waren, während die Schusslinie einigermaßen geschützt war. Diese Mantelets, so wurden die beweglichen Befestigungen genannt, wurden von Negern getragen, die die Franzosen zu diesem gefährlichen Dienst zwangen. Eine Breitseite von Musketen wurde auf die Festung abgefeuert, woraufhin die Garnison energisch reagierte und unter den Verlusten einen der Neger tötete, während ein anderer verwundet wurde, woraufhin jeder Schwarze, der die Kaminsimse stützte, sie niederwarf und floh vom Feld. Ohne in ihrer Linie zu schwanken, gingen die Franzosen zum Angriff über.

Die Grenadiere führten den Vormarsch an und rückten in das Außendorf vor. Die Schlacht war jetzt im Ernst, und einer der fähigsten französischen Kommandeure, Chevalier de Contre Coeur, wurde zusammen mit einer Reihe von Grenadieren getötet, aber die befestigten Hütten sowie einige kleinere wurden von außen eingenommen Bei letzterem wurde Feuer angewendet. Dieser schnell erlangte Vorteil führte zu der enthusiastischen Entschlossenheit, die Festung durch einen Angriff zu erobern. Noyan, der an der Spitze seiner Truppen stand, erkannte den Vorteil und war bereit, den Angriff anzuführen. Mit erhobenem Schwert befahl er den Vormarsch, aber als er zurückblickte, stellte er fest, dass alle Truppen bis auf eine Handvoll in die befestigten Hütten zurückgeflohen waren und die Offiziere zurückgelassen hatten. Der Feind nutzte diese Gelegenheit aus und feuerte noch heftiger, und ein weiterer tapferer Kommandeur, Kapitän DeLusser, derselbe, der in Fort Tombecke befehligte, fiel. Die Offiziere, die die Nachhut bildeten, drängten, flehten und ermahnten die Truppen, die in den Kabinen Schutz gesucht hatten, sich wieder ihren Offizieren anzuschließen, aber ohne Erfolg. Ihnen wurde die Belohnung einer Beförderung versprochen, aber das nützte nichts. Schließlich versuchten die Offiziere, an ihren Stolz zu appellieren, indem sie vorschlugen, diejenigen zu nehmen, die folgen würden, und selbst den Angriff durchzuführen, womit die Truppen alle einverstanden waren, aber sie hatten nicht vor, sich erneut dem vernichtenden Feuer der Chickasaws zu stellen. Den Taten entsprechend gingen die Offiziere zum Angriff über, für den sie hart bezahlen mussten, denn jeder prominente Anführer wurde verwundet abgeschossen – Noyan, Grondel, Montburn und De Velles. Obwohl er blutete und litt, ernährte sich Noyan von selbst und behauptete sich, sehr entblößt, mit einem Rest seiner Truppen. In der Hoffnung, diese aus den Hütten zu locken, befahl er einem Adjutanten, die geheimen Truppen aufzufordern, zu seiner Rettung zu kommen, da er verwundet war. Als der Beamte sich umdrehte, um zu gehorchen, wurde er erschossen.

Der Angriff war bis in die Nähe der Hauptmauern geführt worden, wo die aus ihren Wunden blutenden Offiziere lagen, der vorderste von ihnen war der tapfere Grondel. Eine Reihe indianischer Krieger verließen das Fort, um ihn zu skalpieren, woraufhin ein Sergeant mit vier Männern zu seiner Rettung eilte, die Indianer in das Fort zurücktrieb und seinen Körper hob, um ihn vom Feld zu tragen. Gleich zu Beginn wurden alle Retter getötet. Ein standhafter Franzose namens Regnisse, der sah, was passiert war, stürmte allein unter einem brennenden Feuer auf die Leiche zu, hob den Verwundeten auf seinen Rücken und trug ihn fort, allerdings nicht ohne von Grondel eine weitere Wunde zu bekommen.

Wo waren in der Zwischenzeit die mutigen Choctaws, die so begierig auf den Kampf waren und der Hauptgrund für den Ausbruch des Kampfes waren? Während die Franzosen einem heftigen Feuer ausgesetzt waren, blieben diese sechshundert bemalten Krieger in sicherer Entfernung auf der Ebene und ließen häufig laut schreien, kreischen und schreien, ab und zu tanzen und in die Luft schießen. Dies war der größte Dienst, den die Choctaw-Verbündeten erbrachten.

Obwohl Noyan mit einigen wenigen Mutigen in den Schatten der Festungsmauern geraten war, konnte er ohne Unterstützung nichts mehr tun und kehrte der Reihe nach zu den befestigten Hütten zurück, wo er seine Männer ängstlich zusammengekauert vorfand Er machte Bienville sofort auf die Gefahr der Situation aufmerksam. Er bat um eine Abteilung, die die Toten und Verwundeten abtransportieren sollte, und teilte dem Gouverneur mit, dass ohne Truppen, die ihn unterstützten, nichts mehr getan werden könne, um die Festung einzunehmen.

Zu diesem Zeitpunkt sah Bienville, wie die Wilden in der Festung von einer unerwarteten Seite aus eine Demonstration unternahmen, um die Hütten zu erobern, in denen sich die Männer und Offiziere versammelt hatten, und beeilte sich, Beauchamp mit achtzig Mann an die Spitze zu schicken die Bewegung abzuwehren, die Truppen zu retten und die Verwundeten und Toten abzuführen. Beauchamp bewegte sich schnell, wehrte die Bewegung ab, und obwohl viele der Toten und Verwundeten geborgen wurden, konnte er nicht alle bergen. Bei dieser Bewegung verlor Beauchamp eine Reihe von Männern. Das Feuer aus der Festung war so heftig, dass er gezwungen war, einen Teil der Barbarei der Chickasaws zu überlassen.

Als Beauchamp sich geordnet zurückzog, verließen die Choctaws mit großer Heftigkeit und Wut ihr Lager, als hätten sie endlich beschlossen, alles vor sich herzutragen. Schnell zu Fuß und die Luft mit ihrem wilden Geschrei erfüllend, stürmten sie auf die Festung zu, aber gerade in diesem Moment löste ein gezieltes Feuer der Chickasaws in ihren Reihen eine schnelle Flucht aus und sie flohen in alle Richtungen.

Hätte Bienville seine Kanonen so weit ins Landesinnere bringen können, hätte er die Festung in kurzer Zeit zerstört, aber so wie die Lage war, war alles gegen ihn. Anstatt dass seine Pläne wie ursprünglich geplant umgesetzt wurden, scheiterten sie Schritt für Schritt, und seine Niederlage war das größte Signal. Damit endete der Feldzug gegen die Chickasaws, den wildesten und kriegerischsten aller Stämme. Nach all der imposanten Pracht zu Beginn des Wahlkampfs endete dieser in einem Fiasko. Die Situation war viel ernster, als Bienville zu befürchten schien. Er befand sich im Herzen des feindlichen Landes und hatte keine nennenswerte Unterstützung. Seine Choctaw-Verbündeten hatten ihn im Stich gelassen, und in einer schweren Krise hatten ihn seine eigenen Männer im Stich gelassen. Nichts wäre für die Chickasaws einfacher gewesen, als ihn von seinen Booten abzuschneiden und das gesamte Kommando auszulöschen, aber da sie selbst nicht über die Bedingungen informiert waren, hielten sie sich innerhalb der Umzäunung der Festung auf. Dem unglücklichen Bienville standen weitere Schwierigkeiten bevor.

NACH DER SCHLACHT, WAS?

Die Schlacht von Ackia hatte drei Stunden gedauert, aber in dieser kurzen Zeit kam es, wie man sich vorstellen kann, zu einigen ebenso hervorragenden Tapferkeitsbeweisen wie auch zu traurigen Abtrünnigkeiten des Soldatentums. Alle dramatischen und tragischen Szenen beschränkten sich jedoch nicht nur auf die Schlacht, da weitere interessante Details folgen werden. Der Tag ging nun zu Ende. Etwa zwei Stunden lang herrschte völlige Stille am Tatort. Die lautstarken Choctaws in einem angrenzenden Lager waren seltsam still geworden. Von der Festung war keine Spur von Aktivität zu hören, kein Mann war zu sehen. Die Pferde und Rinder der Chickasaws, die zu Beginn der Schlacht in der Prärie weideten, waren weit über die Ebene geflohen, aber jetzt, da der Tag zu Ende ging und das Feuern aufgehört hatte, kamen sie über die Fläche zu einem kleinen Bach das am Fuße des Hügels floss.

In einer Gruppe standen die französischen Offiziere, diskutierten über die Schauplätze des jüngsten Konflikts und waren über das Verhalten der indischen Verbündeten empört; Sie wandten sich scherzhaft an Simon, den Negerkommandanten, und tadelten ihn wegen der Feigheit seiner schwarzen Mannschaft. Simon war höflich und klug und erfreute sich bei den Offizieren großer Beliebtheit. Während er lächelte, um die Scherzhaftigkeit der Offiziere zu erwidern, sah er sich um, ergriff plötzlich ein langes Seil und sagte: „Ich werde Ihnen beweisen, dass ein Neger genauso mutig ist wie jeder andere, wenn es nötig ist, „Und damit stürmte er auf die Rinder- und Pferdeherde zu, wählte eine milchweiße Stute aus, machte sich hastig ein Halfter, setzte sich auf ihren Rücken und raste um die Mauern der Festung herum, vielleicht eine Viertelstunde lang Meile. Er wurde von Hunderten von Gewehren aus der Festung beschossen, rannte aber unversehrt zu der Gruppe der Offiziere zurück, sprang vom Rücken der Stute, salutierte anmutig vor den Offizieren und verneigte sich, während sie seine Heldentat bejubelten. Niemand zweifelte nach dieser Leistung an Simons Mut.

In dieser Nacht schliefen die Franzosen auf ihren Armen. Aus der Festung kam keine Nachricht. Überall herrschte Trauerstille. Als jedoch am nächsten Morgen Licht über die Szene hereinbrach, bot sich den Franzosen ein schreckliches Schauspiel. Die Chickasaws waren in der Nacht ausgezogen und hatten die am Tatort zurückgebliebenen Toten in die Festung getragen, sie geviertelt und Teile der Leichen der unglücklichen Erschlagenen an die Wände gehängt. Dieser Akt des barbarischen Trotzes, der den Schmerz der Niederlage noch verschlimmerte, erzürnte viele der Offiziere und Männer, und sie verlangten, dass man ihnen eine weitere Chance bei den Chickasaws gebe und dass sie die Festung abreißen würden. Wütend und beleidigt wurden sie fast unkontrollierbar, aber Bienville ermahnte zur Kühle und Besonnenheit, denn er hatte genug und machte sich nun mehr Gedanken darüber, wie er mit seinem lahmgelegten Kommando davonkommen sollte. Da sich die Verbündeten der Choctaw von Anfang an als Belastung für Bienville und als Quelle des Ärgers und der Verlegenheit erwiesen hatten, dachte der Gouverneur daran, sie mit der Entfernung seiner Vorräte und der Verwundeten zu beauftragen. Diesem Vorschlag widersprachen sie zunächst, wurden dann mürrisch und schließlich widerspenstig und schlugen vor, die Franzosen völlig im Stich zu lassen, sie ihrem Schicksal zu überlassen und ihre Heimat im Süden erneut zu jagen.

Bienville war ein kluger Diplomat und scharfsinnig und wusste genau, dass die Choctaws im Falle eines solchen Notfalls zuerst die Boote erreichen, sie und die in Fort Oltibia verbliebenen Vorräte übernehmen, den Fluss hinuntertreiben und ihn und seine Männer zurücklassen würden in der Wildnis umkommen. Um dieses Unglück abzuwenden, verfolgte er eine Politik der Versöhnung. Es wurde festgestellt, dass Red Shoes der Anstifter der Unzufriedenheit war, der ebenso gnadenlos wie klug ehrgeizig in Bezug auf Einfluss und Führung war. Bienville fürchtete ihn und hatte ihm die ganze Zeit misstraut, aber es gab keine Möglichkeit, ihn loszuwerden, und er musste das Kommando begleiten. Der Gouverneur ließ den Häuptling rufen, der in Begleitung des verabscheuungswürdigen Red Shoes vor ihm erschien. Bienville überredete den Häuptling nicht nur, standhaft zu bleiben, sondern erlangte auch seine Zustimmung, seine Krieger zu Lastenträgern der Lagerausrüstung zu machen. Gegen diese Vereinbarung zwischen den beiden Anführern protestierte Red Shoes empört, riss in seiner Wut seine Pistole aus dem Gürtel und hätte den Häuptling auf der Stelle erschossen, wenn Bienville nicht seinen kräftigen Arm gepackt und die Begehung der Tat verhindert hätte.

Der Rückmarsch zu den Booten war ermüdend und mühsam, da er am ersten Tag nur vier Meilen zurücklegte. Zwei der Verwundeten starben unterwegs und wurden im Wald begraben. Die Regenschauer, unter denen der Marsch zur Festung vorherrschte, hörten für eine Woche oder länger auf, gefolgt von einer Jahreszeit heißen, trockenen Wetters, der Fluss war zu diesem Zeitpunkt geschrumpft und das Wasser hatte kaum noch Tiefe genug, um das Fahrzeug schwimmen zu lassen. So schnell wie möglich wurden die Dinge vorbereitet, die Choctaws wurden wieder sich selbst überlassen, und Bienville und sein Kommando trieben flussabwärts nach Fort Tombeckbe. Hier überließ er De Berthel das Kommando, mit einem Jahresvorrat an Proviant, einer Menge Waren für den Handel mit den Indianern, den Verwundeten, die bis zur Genesung versorgt werden sollten, und Bienville, dessen Geist über sein Unbehagen sehr gedemütigt und gedemütigt war, zurück zu Mobile.

Aber was war aus D'Artaguette und seinen dreihundert geworden? Sein Schicksal war das traurigste. Als er versuchte, der Bitte von Bienville nachzukommen, sich ihm bei der Expedition gegen die Festung anzuschließen, war er auf eine Gruppe von Chickasaws gestoßen, die ihn zahlenmäßig überwältigt hatten und ihn und sein gesamtes Kommando gefangen genommen hatten. Er selbst und seine Männer waren während des Gefechts Gefangene in der Festung, und die Munition, die die Chickasaws verwendeten, war die, die sie von der unglückseligen D'Artaguette erbeutet hatten. Bis zum Angriff auf die Festung wurden D'Artaguette und seine Männer so gut behandelt, wie Indianer die Gefangenen behandeln können, aber als Bienville sich zurückzog, wurden D'Artaguette und seine Männer an Pfähle gefesselt und verbrannt.

Für alle Katastrophen, die mit dem unglückseligen Feldzug einhergingen, einschließlich des Schicksals von D'Artaguette, wurde Bienville von der Pariser Regierung verantwortlich gemacht, bei der er die Gunst verlor, was zu einem Verlust an Einfluss und Macht führte. Bienville war ein Opfer von Zuständen, über die kein Sterblicher die Kontrolle hatte, aber es war ein Wendepunkt von Zuständen, der manchmal auch den verdienstvollsten Menschen betrifft, in den Bienville gebracht wurde, und er musste geopfert werden. Während seine Arbeit den Grundstein für die Zivilisation der drei südlichen Commonwealths legte, wurde er in Unehre abgesetzt, verließ den Schauplatz des Geschehens und verschwand für immer aus dem Blickfeld.

DIE RUSSISCHE PRINZESSIN

Um das Jahr 1721 erreichte eine Gruppe deutscher Kolonisten Mobile und ließ sich in der angrenzenden Region nieder. Unter ihnen war eine Frau von ungewöhnlicher persönlicher Schönheit und seltenem Charme. Ihre Kleidung und vor allem ihr Schmuck verrieten nicht nur ihren Stand, sondern auch ihren Reichtum. Sie machte deutlich, dass sie die Tochter des Herzogs von Braunschweig Wolfenbüttel und die Frau von Alexis Petrowitz, dem Sohn von Peter dem Großen, war, und begründete ihre seltsame Anwesenheit in der Wildnis von Südalabama mit der Tatsache, dass sie war vom russischen Thronfolger grausam behandelt worden; dass sie vor der Herrschaft des großen Petrus geflohen sei und aus Sicherheitsgründen die entfernteste ihr bekannte Region aufgesucht habe. Sie behauptete außerdem, der jüngere Peter habe den Tod seiner Frau ordnungsgemäß angekündigt, beharrte jedoch darauf, dass der monströse Muskowiter dies getan habe, um den Skandal um ihre erzwungene Flucht aus seinem Schloss zu verbergen und auch um ihre Abwesenheit zu erklären die Hofkreise von St. Petersburg.

Sie erklärte, dass dies alles nur eine List sei und dass sie die wahre Prinzessin sei, die seiner Tyrannei entkommen sei und die unwirtliche Wildnis eines fernen Kontinents dem königlichen Palast mit seiner tyrannischen Grausamkeit vorgezogen habe. Die Geschichte erlangte allgemeine Glaubwürdigkeit, da die Pracht ihrer Kleidung und ihre Vertrautheit mit den inneren Geheimnissen des russischen Hofes bewiesen, dass sie keine gewöhnliche Persönlichkeit war. Darüber hinaus gab es durch ihr Verhalten mehr Beweise. Ihr schönes Gesicht war traurig über ein offensichtliches Problem, über das sie zu grübeln schien, denn mit einem Blick in die Ferne saß sie stundenlang da und grübelte. Wie sonst ließe sich das alles erklären, außer durch die Geschichte, die sie erzählte? Dies ist genau der Beweis, nach dem man suchen würde, um eine Geschichte der Grausamkeit zu untermauern.

Das einnehmende Auftreten der Prinzessin, ihr immenses Vermögen und ihre Fähigkeit, russische Angelegenheiten zu besprechen, trugen dazu bei, nicht nur das Vertrauen aller, sondern auch ihre Sympathie zu gewinnen. Ihr Unrecht war die Last ihres Gesprächs, und ihre eigene Stellung im Leben löste große Ehrerbietung aus, die ihr von allen gleichermaßen gebührend und umgehend entgegengebracht wurde.

So groß die Glaubwürdigkeit auch war, durch die Aufzählung ihres Unrechts erhielt sie doch eine Verstärkung aus einer anderen Quelle, die sie außer Frage zu stellen schien. Chevalier d'Aubant, ein junger französischer Offizier, hatte die Frau des russischen Prinzen gesehen und erklärte, dass es sich dabei um niemand anderen als sie handele. Er konnte sich nicht täuschen, denn er hatte sie in St. Petersburg gesehen. Dieses Beharren bestimmte die Identität der Prinzessin in der Wertschätzung aller.

Aber d'Aubant blieb nicht bei diesem Punkt des bloßen Erkennens stehen. Sein tiefes Mitgefühl weckte Interesse, das ihn häufig in den Kreis der Reize der schönen Russin brachte, und sein Interesse vertiefte sich wiederum in Zärtlichkeit der Zuneigung. Für den lebhaften Franzosen war der Glanz des Reichtums keineswegs ein Hindernis für die Tapferkeit, mit der er die Zitadelle ihres Herzens angriff. Auf jeden Fall wurden der Chevalier und die Prinzessin eins, lebten jahrelang in verhältnismäßiger Pracht und zogen nach Paris, wo sie in prächtigen Gemächern bis zum Tod des Chevaliers residierten.

Der tiefe Schatten, der ihrer eigenen Geschichte zufolge in das Leben der Prinzessin gekommen war, gewann ihr Scharen von Freunden, die sie aufgrund ihres Charmes behalten konnte. Der bekannte Charakter des zweiten Petrus, ein liederlicher, wertloser Kerl, und die Tatsache, dass sein Vater ihn ins europäische Ausland geschickt hatte, um in der Hoffnung zu reisen, dass sein Verhalten durch einen größeren Beobachtungsspielraum für die Angelegenheiten von Petrus gebessert werden könnte der Welt, verlieh der erbärmlichen Geschichte mehr Glaubwürdigkeit und erregte erneut Interesse und Sympathie. Chevalier d'Aubant starb in dem Glauben, er habe die verstoßene Frau des ältesten Sohnes von Peter dem Großen von Russland geheiratet.

Aber eine fatale Offenbarung war unvermeidlich. Es heißt, dass sie eines Tages bei einem Spaziergang durch den Garten der Tuilerien dem Marschall von Sachsen begegnete, der sie als eine der Dienerinnen der russischen Prinzessin erkannte, eine bescheidene Frau, die ihrer Geliebten und ihrer Natur nach sehr ähnelte Sie hatte Kontakt mit den Vornehmsten der russischen Gesellschaft, hatte sich die Manieren der Besten angeeignet und hatte im Dienst der Prinzessin Zugang zu ihrer Garderobe und Handtasche, hatte sich heimlich bereichert und war zu einem unerwarteten Zeitpunkt aus dem Palast geflohen und floh nach Amerika. Der Chevalier d'Aubant, der die Prinzessin einmal gesehen hatte, ließ sich leicht von der Erscheinung dieser Frau, ihrem Reichtum und dem Ruf des russischen Prinzen täuschen. Er lebte jahrelang von ihrem unrechtmäßig erworbenen Reichtum und starb in glückseliger Unwissenheit über ihren riesigen Anspruch.

Es wird gesagt, dass der Prätendent schließlich in absoluter Armut in Paris starb und aus der Ehe mit Chevalier d'Aubant eine einzige Tochter hinterließ. Die Geschichte wurde in verschiedenen Formen von verschiedenen Autoren erzählt und war einst als sensationelle Romanze in den Literaturkreisen Europas weit verbreitet. Die Einzelheiten dieses seltenen Abenteuers sind in einem Großteil der Literatur dieser Zeit dokumentiert, wobei einige auf seiner Richtigkeit bestehen, während andere dies leugnen. Duclos, ein produktiver Autor europäischer Liebesromane, liefert die ausführlichsten Einzelheiten der Angelegenheit, während Schriftsteller wie Levesque in seiner russischen Geschichte; Grimm und Voltaire bestreiten in ihrem Briefwechsel sofort die Echtheit der Geschichte mit der Begründung, sie sei unwahrscheinlich. Die damaligen Vorfälle am russischen Hof, die Karriere von d'Aubant und vieles andere geben Anlass zu der Annahme, dass es im Grunde einen Anlass für eine so bemerkenswerte Romanze gibt.

Ohne hier auf ihre Echtheit zu bestehen, ist die Geschichte in einer ihrer Formen so, wie sie in der Gegenwart angekommen ist. Dies und vieles andere zeigt jedoch, wie viel Interessantes in den literarischen Minen steckt, die im Zusammenhang mit unserer Urgeschichte noch nicht bearbeitet wurden. Der literarische Geist des Südens wurde nie richtig durch angemessene Wertschätzung gefördert, was zur Folge hatte, dass es an Literatur mangelte. Der Industriegeist hat in anderen Jahren unsere Väter erfasst, und die sagenhafte Fruchtbarkeit unserer Böden, deren Bewirtschaftung unter glühendem Himmel und in einem gleichmäßigen Klima unsere Gedanken weitgehend verwirklicht hat und noch immer verwirklicht. Wer liest jetzt ein Buch? Wenn ja, welchen Charakter hat das Buch? Wir werfen täglich einen Blick auf den Morgen oder lesen in schläfriger Muße die Abendpresse, überfliegen die Zeitschriften, und das erzählt normalerweise die Geschichte. Vom Vater zum Sohn ist dieser Weg über Generationen hinweg eingeschlagen worden. Erlauben Sie die bloße Aussage ohne Moralisierung.

Die frühesten amerikanischen Siedler

Im Vorfeld des territorialen Aufbaus von Alabama wurde diese Region während der stürmischen Tage der Revolution von Anhängern der britischen Krone als Zufluchtsort gesucht, während andere, loyale Amerikaner, ebenfalls kamen, um den Schrecken des Krieges in den Carolinas zu entkommen. Sie alle durchquerten die dichten Wälder, die an diesem frühen Tag die dazwischen liegende Strecke zurücklegten. Sie flohen quer durch Georgia, die westlichste der dreizehn Kolonien, brachten die Chattahoochee zwischen sich und den Donner des Krieges und vergruben sich in der Dunkelheit der Wälder von Alabama. Diese Wälder waren von Anfang an ungebrochen geblieben und wurden nun hier und da von den breiten Trampelpfaden der Indianer durchzogen. Mehrere dieser Wege wurden in den Folgejahren zu einfachen Handelsstraßen, die von Endpunkten aus führten, die Hunderte von Kilometern voneinander entfernt waren.

Der Indianer wusste nichts von Straßen und Brücken, die letzte dieser Annehmlichkeiten kam ihm am nächsten, indem er umgestürzte Bäume jenseits der kleineren Bäche fand. Er hatte auch nicht die Mittel, sie zu konstruieren, da er auf die Feuersteingeräte angewiesen war, die er grob in Beile und Keile umbaute. Auf diese Weise baute er sein leichtes Kanu aus weniger schweren Hölzern wie Zeder und Birke, die sich im grünen Zustand leicht bearbeiten ließen, im trockenen Zustand jedoch fest und leicht wurden und sich gut zum Schwimmen auf dem Wasser der Bäche eigneten und Buchten. Im grünen Zustand wurden die Stämme dieser Bäume mit nach oben gebogenen Enden ausgehöhlt, und die Paddel bestanden aus Platten, die aus einigen leichten und starken Hölzern gespalten waren. Diese Kanus dienten ihnen zum Transport über die Bäche und ermöglichten ihnen den Fischfang und die Jagd. Bei Nichtgebrauch wurden solche Fahrzeuge mit Muscadine-Ranken an Bäumen befestigt. Dies waren die Bedingungen, die der Weiße vorfand, als er in das Herrschaftsgebiet der Indianer eindrang.

Mit seinen verbesserten Geräten aus Eisen und Stahl ließen sich Bäume leicht mit dem Bleichgesicht fällen, Flöße wurden gebaut, Brücken wurden gebaut und nach und nach, als die Bevölkerung wuchs, wurden Straßen eröffnet. Die Flüchtlinge vor den Kriegsstürmen, die um 1777 kamen, folgten den Indianerpfaden, wann immer sie konnten, aber hin und wieder mussten sie sich in die dichten Wälder stürzen, sich so gut es ging durch eine verworrene Wildnis bahnen und ihren Weg verfolgen an ihr Ziel. Durch Einwanderer wie diese wurde ein Teil des Territoriums, das sich von der Westgrenze Floridas bis zum Tombigbee erstreckte, in den ersten Jahren des 19. Jahrhunderts und mehr als zwei Jahrzehnte zuvor besiedelt.

Orte im heutigen Gebiet der Grafschaften Monroe, Clarke, Baldwin und Washington wurden bereits 1778 besetzt. Einige der weißen Männer im unteren Teil des Monroe County heirateten indianische Jungfrauen, aus denen einige der Familien hervorgingen, die später daraus wurden auffällig in den frühen Annalen des Staates. Zu diesen zählen die Weatherfords, Taits, Durants und Tunstalls. In den blutigen Szenen, die im Indianerkrieg folgten, traten einige von ihnen für die Sache einer Rasse ein, andere für die Sache einer anderen. Nach damaliger Einschätzung gelangten nicht wenige von ihnen zu Reichtum; Einige waren intelligent und einflussreich und übten einen heilsamen Einfluss auf die frühe Gesellschaft des Staates aus.

Durch das Aufkommen der Weißen wurde der primitive Handel auf den großen ausgetretenen Pfaden beschleunigt. Diese ursprünglichen Autobahnen erstreckten sich von den Häfen Mobile und Pensacola über weite Strecken ins Landesinnere. Eine davon verlief von Pensacola über Columbus, Georgia, nach Augusta, wo sich eine andere kreuzte, die bis nach Charleston reichte. Ein anderer verlief über Florence und Huntsville nach Nashville, von wo aus er sich bis nach Norden bis zum alten Vincennes am Wabash erstreckte. Über die Häfen von Mobile und Pensacola wurden Exporte in entfernte Gebiete getätigt, da in diesen Häfen immer primitive Schiffe auf diese Waren lauerten. Die Waren wurden auf Packpferden bzw. Ponys aus dem Landesinneren gebracht und bestanden aus Indigo, Rohhäuten, Mais, Rindern, Talg, Teer, Pech, Bärenöl, Tabak, Kanthölzern, Myrtenwachs, Zedernholzpfählen und -platten, gesalzen Wildrindfleisch, Kastanien, Pekannüsse, Gürtelrose, getrockneter Salzfisch, Sassafras, Sumach, Wildrohr, Dauben, Kopfreifen und Schalentiere.

Die Einführung der Baumwolle begann lange vor der Erfindung des Gins durch Eli Whitney im Jahr 1792. Die Samen wurden zunächst mit den Fingern aus der Baumwolle gepflückt, was später durch einige kleine Maschinen verbessert wurde, deren Aussehen als großartig gefeiert wurde Dies ist ein Fortschritt gegenüber früheren Methoden, und ein früher Chronist berichtet mit großer Begeisterung über die Tatsache, dass mit der Methode dieser kleinen französischen Maschinen an einem Tag bis zu siebzig Pfund Baumwolle von Samen befreit wurden. Die bereits genannten Waren wurden auf kleinen, dürren Ponys, die gewöhnlich „Indianerponys" genannt werden, zum Meer transportiert. Sie waren robust und verfügten über eine wunderbare Ausdauer gegenüber Strapazen und Müdigkeit. Die Transportkosten betrugen praktisch nichts, da diese Tiere mittags und nachts gehumpelt wurden und sich in vollem Umfang auf dem dichten Gras und den einheimischen Pfirsichen sowie, wenn sie sich in der Tieflandregion aufhielten, auf jungem Zuckerrohr grasten. Das Gewicht einer Ladung betrug normalerweise 180 Pfund, wovon ein Drittel in Bündeln oder Packungen auf beiden Seiten balanciert war, während ein Drittel in der Mitte auf dem Rücken des Tieres befestigt war. Zehn dieser Ponys wurden einem einzigen „Fahrer" zugeteilt, der am Ende der Herde ging und alles durch wildes Gebrüll unter Kontrolle brachte. Nach ein oder zwei Fahrten über denselben Weg kamen die Ponys, um zu erfahren, wo sie Wasser trinken und lagern können. Sie trugen oft Glocken in verschiedenen Tönen, deren wilder Klang den umliegenden Wald über große Entfernungen erfüllte. Wenn die Ponys beladen waren, stellten sie sich auf ein gegebenes Zeichen des „Treibers" in eine Reihe, wobei jedes seinen Platz in der Reihe kannte, und schlenderten mit zurückgeworfenen Ohren davon, wobei sie normalerweise jeden Tag eine Strecke von fünfundzwanzig Meilen zurücklegten. Einige der Bäche waren begehbar, während andere von diesen primitiven Schnellzügen durchschwommen werden mussten. Entlang der verschiedenen Routen wurden Campingplätze berühmt, an denen alle Herden zum Lagern zusammenkamen.

Als der Handel so wuchs, kamen bald Straßenräuber, die die Scharen ihrer Lasten beraubten. Einer dieser Räuber wurde in den englischen Annalen so berüchtigt wie Dare Devil Dick. Sein Name war Hare, und Turk's Cave im Conecuh County war der Ort, an dem seine Beute deponiert wurde. Mit den Jahren wurde dieses Hindernis beseitigt. Durch diesen Verkehr häuften nicht wenige beträchtliche Vermögen an, deren Reichtumstraditionen in den älteren Regionen noch immer lebendig sind und von vielen extravaganten Geschichten begleitet werden. Diese in einem Band zusammengefassten Geschichten würden einen Eindruck von den Höhen und Tiefen dieser frühen Zeiten in Alabama vermitteln.

Indische Probleme

Mit neidischen Augen betrachtete der Indianer den bleichen Eindringling, der es wagte, sich auf seinem Herrschaftsgebiet niederzulassen, für das er außer der Jagd nur wenig Verwendung hatte. Das Gesetz des ungebildeten Wilden ist Rache, und für den Indianer bedeutet Rache Mord. Die Sicherheit der Weißen lag in der Interessengemeinschaft und einem gemeinsamen Schutzband. In jeder größeren Siedlung oder Siedlungsgruppe wurde eine örtliche Schutz- und Verteidigungsanlage errichtet, während in einer bestimmten Region eine große Festung errichtet wurde, die im Falle einer ernsthaften Gefahr oder eines allgemeinen Angriffs besetzt werden konnte. Davon gab es im gesamten Gebiet Alabamas eine große Zahl. Es gab keine Grundlage, anhand derer der Inder beurteilt werden konnte. Er war ein heimlicher, verräterischer Kerl, der sich ständig in den Häusern der ersten Siedler aufhielt, um sich an den Frauen und Kindern zu rächen und diejenigen zu massakrieren, von denen die Indianer glaubten, dass sie die Männer zum Rückzug zwingen würden.

Zu den merkwürdigen Vorfällen im Zusammenhang mit der bedrohlichen Präsenz der Indianer in der Urzeit der Staatsgeschichte gehörte das Verhalten der Pferde und Kühe, wenn ein Wilder in unmittelbare Nähe kam. Ob beim Grasen oder bei der Arbeit, diese Tiere hoben instinktiv ihren Kopf und ihren Schwanz, während sie mit abstehenden Ohren dem Wilden die Richtung anzeigten. Darüber hinaus machten sie ihre Aufregung häufig dadurch zum Ausdruck, dass sie hin und her rannten und nur dann anhielten, um ihre Ohren in die Richtung des sich nähernden oder lauernden Indianers zu richten. Sie sahen ihn nicht, aber auf andere Weise, vielleicht durch ihren ausgeprägten Geruchssinn, konnten sie die Anwesenheit des Wilden erkennen, selbst als er noch in einiger Entfernung war. Dadurch wurden diese Tiere zu Gefahrensignalen, die niemand zu ignorieren wagte. Nicht selten blieb ein Pferd beim Pflügen stehen, hob den Kopf, schnaufte die Luft und gab andere Anzeichen von Aufregung ab, die einen gebührend auf der Hut machen würden. Durch dieses unfehlbare Zeichen wurde viel Gewalt abgewendet und viele Leben gerettet. Die Ohren der Tiere wurden für diese Pioniere fast so wertvoll wie die Kompassnadel für den Seefahrer, und sicherlich war das hervorstehende Ohr ebenso treffsicher wie die Spitze der Nadel.

Eine weitere Tatsache, die unter den primitiven Siedlern sprichwörtlich wurde, betraf die Anwesenheit von Aufregung und Gefahr bei kleinen Kindern, insbesondere bei hilflosen Babys. Nicht selten hatten Mütter nur ein paar Minuten Zeit, um in Sicherheit zum nächsten Gehege zu fliehen, und oft rissen sie ihre schlafenden Babys aus der Wiege, um hastig zu fliehen, und die bemerkenswerte Tatsache ist, dass die Kleinen dies nie taten weinen. Auf der Flucht stolperten und fielen Mütter manchmal mit ihren Babys im Arm, aber die Kleinen blieben ruhig. Diese Tatsachen wurden unter den Pionieren sprichwörtlich.

Der Zustand, an den man sich gewöhnen oder an den man sich gewöhnen kann, wurde im Pionierleben reichlich veranschaulicht. Gelegentliche Gefahren hätten das Leben fast unerträglich gemacht, aber wenn sie häufiger auftraten und man nicht wusste, wann ein Indianer ihn aus irgendeinem Versteck angreifen würde, wurde dies zu einer Angelegenheit ständiger Erwartung, und das war nicht mehr der Fall gedacht als jeder andere gewöhnliche Lebenszustand. Da die Gefahr immer drohte, bewaffneten sich die Männer natürlich, und die ständige Erwartung eines Angriffs reduzierte den Zustand auf einen ganz gewöhnlichen Zustand. Männer machten sich im Allgemeinen kaum Sorgen um sich selbst, aber sie machten sich ernsthafte Sorgen um ihre verlässlichen Familien. Diese zähen Grenzmänner waren gewöhnlich gegenüber persönlichen Gefahren gleichgültig, was den Wilden sehr beeindruckte. Obwohl er das Bleichgesicht hasste, fürchtete er sich davor, ihm zu begegnen. Nur unter Vorteilsbedingungen oder wenn er so unter Druck gesetzt war, dass nur noch geringe Hoffnung auf ein Entkommen bestand, würde der Indianer es wagen, sich auf einen offenen Kampf mit einem Weißen einzulassen. Die Fähigkeiten des Inders waren begrenzt, während die kühle Berechnung des Weißen es ihm ermöglichen würde, eine gegebene Situation leichter zu verstehen. Bei einer Wiederbegegnung würde der Inder immer mit Überlegenheit handeln, während der Weiße mit Berechnung handeln würde, selbst unter der Belastung aufregender Bedingungen. Dies zeigte sich oft im unterschiedlichen Verhalten der beiden Rassen.

Ein Hauptvorteil des Indianers gegenüber dem Weißen war, dass er ihm leicht entkommen konnte. Dem Indianer wurde von früher Kindheit an die Flinkheit des Fußes beigebracht. Er konnte in gebeugter Haltung schneller laufen als der Weiße in aufrechter Haltung.

Es war fast unglaublich, wie schnell der Indianer im Flug oder auf der Suche nach dem Vorteil eines Feindes in das verworrene Unterholz eindringen konnte. Sportliches Training war bei allen Stämmen üblich. Der Indianer verließ sich nur auf zwei Dinge, zum einen auf seine Schnelligkeit und zum anderen auf seinen Hinterhalt, es sei denn, er wurde in einen Zustand der Verzweiflung gezwungen, in dem er zum schrecklichsten aller Widersacher werden würde. Während die Sehnen des Indianers durch seine Lebensweise gestärkt wurden, blieben seine Muskeln in einem vollkommen flexiblen Zustand. Dies lag zum Teil daran, dass er sich ständig im Freien aufhielt. Er schlief und lebte im Freien. Die Folge war, dass die Konstitution der Indianer selten durch Krankheiten beeinträchtigt wurde. Aktive Bewegung, der er sich jeden Tag hingab, die frische Luft, einfaches Essen und das Schlafen auf der harten Erde machten ihn zu einem Sportler, und unter ihnen befanden sich oft Wunderwunder der Stärke.

Der Inder lehnte Bequemlichkeit ab und Kleidung war für ihn eine Belastung. Es war wie ein Kind, das in einen Schild gehüllt war. Andererseits sehnte sich der Weiße nach Entspannung. In jenen frühen Tagen und auch noch Generationen später empfand der weiße Mann ein Bett als unbequem, es sei denn, es bestand aus Federn, und er ging nie, wenn die Möglichkeit zum Reiten bestand. An körperlicher Stärke und Ausdauer war daher der Inder der Überlegene, während der Weiße an Kühle und Berechnung sowie im schnellen Umgang mit seinen Ressourcen immens im Vorteil war, was ihn zum dominierenden Faktor machte.

Dieses letzte Element hatten die Weißen im Verkehr mit den Indianern gut im Griff. Der Indianer, der bis zum Äußersten verräterisch war, wurde in seinem Anspruch auf Freundschaft zum Lehrstück für den Grenzer, und nur selten ließ er sich durch die vorgetäuschte Warnung eines Indianers aus der Fassung bringen. Häufiger als sonst wurde der Hinweis eines Indianers auf eine drohende Gefahr rückgängig gemacht, und Wilde wurden oft in grausamer Absicht von den Weißen abgefangen, die bereitwillig die verräterischen Absichten des Indianers erkannten. Kein Volk ließ sich leichter demoralisieren als die Indianer, als es plötzlich vereitelt wurde. Von diesen Merkmalen, die sich häufig zeigen, werden wir in diesen Skizzen Gelegenheit haben, sie zur Kenntnis zu nehmen.

ALEXANDER McGILLIVRAY

Der Name Alexander McGillivray ist untrennbar mit den frühesten Annalen der Geschichte Alabamas verbunden. Er war so berüchtigt, dass das Weglassen seines Namens in den Aufzeichnungen des Staates zu einer ernsthaften Lücke führen würde. Obwohl McGillivray ein Privatmann war, war er unter der Herrschaft der Macht praktisch ein Souverän. In der Verfassung dieses wunderbaren Mannes steckten außergewöhnliche Kraft, umfassender Einfallsreichtum, unbestrittene Anziehungskraft und finstere Zielstrebigkeit, die selten ihresgleichen fanden. Er wurde geboren, um zu dominieren, und seine Fähigkeit zum Planen und Intrigieren sowie zur Ausführung war phänomenal. Die Herrschaft seines Einflusses beschränkte sich auch nicht auf Alabama, denn sie erstreckte sich bis nach Georgia und Florida und erreichte sogar den Sitz der nationalen Regierung, die zu dieser Zeit versuchte, aus infantilen Verhältnissen herauszukommen.

McGillivray war der Machiavelli dieser frühen Zeiten. Mit einem Blick, der sich weit über den seiner Zeitgenossen erhob, plante er gewaltige Entwürfe, während die Geisteshaltung dieses bemerkenswerten Mannes so beschaffen war, dass er in den erforderlichen Einzelheiten der Ausführung die Bedingungen mit einer so wunderbaren Geschicklichkeit anpassen und anpassen konnte, und a Präzision so genau, dass er in der Lage war, alles zu erreichen, was er sich vorgenommen hatte.

Sein Geist war fruchtbar, seine Vision umfassend, sein Urteilsvermögen untrüglich, sein Geschick geschickt, sein schlauer Fuchs, seine Fähigkeiten scheinbar grenzenlos und seine Prinzipienlosigkeit so leer wie der Raum. Seine Pläne waren oft ein Netzwerk verworrener Pläne, die so ineinander verwoben waren, dass für die meisten darin verwickelten Männer keine Möglichkeit bestand, ihnen zu entkommen, aber unter der Manipulation dieses Meisters des Handwerks und der Intrigen konnten sie umgesetzt werden ein Höhepunkt, der mit so viel Plausibilität ausgestattet ist, dass er ihnen jeden offensichtlichen Anschein von Unrecht nimmt. McGillivray war immer kühl und gefasst, höflich und lächelnd und konnte Aufrichtigkeit und Unschuld so schön zur Schau stellen, gestützt durch eine überzeugende Behauptung, dass die Falschen oft die Maske der Wahrheit trugen.

Die Zeiten, in denen McGillivray lebte, waren für die Entwicklung seines Charakters äußerst günstig. Das, was er tat, wäre für einen gewöhnlichen Menschen unnatürlich gewesen, aber für Alexander McGillivray und die Zeit, in der er lebte, schien nichts natürlicher zu sein. Die Zeiten waren aus den Fugen geraten, seine angeborenen Begabungen waren außergewöhnlich, die Zeit bot genau den richtigen Rahmen für ihre Ausübung, und mit kühner

Unverfrorenheit nutzte er jede Gelegenheit, um seine bösen Pläne auszuführen.

Das Ende der Revolution hatte das Land in einem beklagenswerten Zustand zurückgelassen. Die Demoralisierung, die unweigerlich mit dem Krieg einhergeht, war für die junge amerikanische Nation von ungewöhnlicher Schwere. Zu der weit verbreiteten Katastrophe kam noch der plötzliche Übergang von den kolonialen Bedingungen unter der Krone zu denen der republikanischen Unabhängigkeit hinzu. Die Geschichte hat es versäumt, die moralischen und sozialen Bedingungen auf dem amerikanischen Territorium hervorzuheben, die mit der Revolution einhergingen und die unseren primitiven Staatsmännern eine Herkulesaufgabe auferlegten. Bestenfalls war die Unternehmung einer freien Regierung unter den damals vorherrschenden Bedingungen ein Experiment, dem die alten Nationen Europas mit zweifelndem Interesse entgegensahen.

Unter den Bedingungen der allgemeinen Demoralisierung wurde die Aufgabe übernommen, die verstreuten Elemente der Bevölkerung, deren Freiheit eher als Zügellosigkeit denn als Freiheit ansah, zu einem Zusammenhang zu verschmelzen, und bei einer solchen Interpretation gab es eine größere Tendenz zur Bösartigkeit und Kriminalität als zu ein patriotisches Interesse an der Errichtung einer stabilen Regierung. Auch damals streifte der ungebildete Wilde immer noch durch die Wälder, und seine Wigwam-Siedlungen erstreckten sich über die Grenzen des Territoriums der künftigen Nation. Der Wilde war rachsüchtig und widersetzte sich dem Eindringen der Weißen in sein rechtmäßiges Reich. Unter solchen Umständen trat der skrupellose McGillivray mit all seinen Verführungskünsten auf den Plan.

Was die Diplomatie anging, war er jedem Mann auf dem Kontinent ebenbürtig, während er in seiner schlauen Skrupellosigkeit von niemandem angesprochen werden konnte. Pläne zu schmieden war für ihn eine natürliche Gabe; Das Intrigieren war sein Vergnügen, und Intrigen waren für ihn bloßer Zeitvertreib. Seine Machenschaften waren so geschickt gestaltet, dass er es ihm ermöglichte, die gegensätzlichsten und widersprüchlichsten Kräfte zu seiner Hilfe zu sammeln, und dennoch konnte er in jeden seiner listigen Pläne den Eifer der Begeisterung einfließen lassen. Die von McGillivray verkörperte Gefahr bestand darin, dass er nicht nur schlecht, sondern auch so geschickt und grausam böse war. In seinen Adern floss das Blut dreier Rassen – Indianer, Schotten und Franzosen. Sein Großvater, Kapitän Marchand, war ein französischer Offizier, sein Vater ein Schotte und seine Mutter eine Halbindianerin. Alexander erbte die stärksten Eigenschaften dieser drei Rassen. Er hatte die schnelle, aber verführerische Auffassungsgabe der Franzosen, die kühle Berechnung und beharrliche Beharrlichkeit der Schotten und die subtile Schlauheit und Verräterei der

Inder. Da er diese Eigenschaften in herausragendem Maße besaß, wurden sie durch eine Ausbildung, die er an den besten Schulen seiner Zeit erhielt, erheblich verstärkt, da er in Charleston, South Carolina, ausgebildet wurde. Er war Chesterfield-typisch in seiner konventionellen Höflichkeit und ebenso geschmeidig wie Talleyrand in der Zweideutigkeit seiner Sprache. Offenbar war er der schönste und treueste aller Menschen und besaß eine unvorstellbare Tiefe der Ungerechtigkeit.

Sein Vater, Lachlan McGillivray, war als sechzehnjähriger Junge aus seinem schottischen Zuhause geflohen und etwa vierzig Jahre vor Ausbruch der Revolution nach Charleston gelangt. Mittellos und ohne Freunde verpflichtete er sich, mit Gütern beladene Packpferde zu den Indianersiedlungen am Chattahoochee zu fahren. Seine einzige Entschädigung für die Reise war ein großes Klappmesser, das sich als Keim für ein späteres Vermögen erwies. Nichts wurde damals höher geschätzt als ein gutes Klappmesser. Lachlan McGillivray tauschte sein Messer gegen eine Reihe von Hirschfellen, die auf den Märkten von Charleston einen exorbitanten Preis erzielten. Investitionen folgten auf Investitionen, die zu steigenden Dividenden für den schottischen Jungen führten, sodass er, als er ausgewachsen war, zwei Plantagen am Savannah River besaß, die beide mit Negersklaven bestückt waren. Später erwarb er große kommerzielle Beteiligungen sowohl in Savannah als auch in Augusta, und nachdem er in Alabama das Mischlingsindianermädchen geheiratet hatte, besaß er große Beteiligungen an diesem Staat. Er hatte außer Alexander drei weitere Kinder. Einer von ihnen heiratete einen französischen Offizier, Le Clerc Milfort, der Brigadegeneral in der Armee Napoleons wurde, während ein anderer die Frau von Benjamin Durant wurde, einem wohlhabenden Hugenottenkaufmann, dem Vorfahren der heutigen Durants in den Grafschaften Mobile und Baldwin. während ein anderer noch James Bailey heiratete, einen Mischling, der später ein auffälliger Verteidiger von Fort Mims war. Diese Namen weisen auf Quellenquellen der Geschichte hin. Diese kurze Einführung bereitet uns auf die bemerkenswerte Karriere von Alexander McGillivray vor.

DER INDISCHE „KAISER"

Zu den weiteren Charakterzügen von Alexander McGillivray gehörte seine unerträgliche Eitelkeit. Die Indianer erkannten ihn schließlich als ihren Häuptling an, aber er legte dies empört beiseite und nannte sich selbst „den Kaiser". Lachlan McGillivray hatte die Laufbahn seines Sohnes als Kaufmann geplant und ihm alle erdenklichen Bildungsvorteile verschafft, die die fortschrittlichsten Schulen bieten konnten, aber der junge Mann litt unter den Einschränkungen des Geschäftslebens und verließ das Haus seines Vaters, das jetzt existierte in Georgia, kehrte nach Wetumpka zurück, dem Ort seiner Geburt und Kindheit, und verbündete sich mit den Indianern dieser Region. Am günstigsten war die Zeit für den jungen McGillivray, denn die Creeks waren in schwere Unruhen mit den Weißen von Georgia verwickelt und waren auf der Suche nach einem kompetenten Anführer, der mit der Situation fertig werden konnte.

Die amerikanische Revolution war nun im Gange. Die Briten waren hier und dort im Süden durch die Tories aktiv, indem sie die wilden Indianer zum Aufstand anstachelten. Jedes Unrecht wurde übertrieben und viele vermeintliche Ungerechtigkeiten wurden geschaffen, um Streit zwischen den Weißen und den Indianern zu schüren. Als er Wetumpka erreichte, wurde der junge McGillivray als ihr Häuptling und als der Mann gefeiert, der für eine solche Zeit in das Königreich gekommen war. Der junge Mann, der noch keine akademischen Auszeichnungen erhalten hatte, war durchaus empfänglich für die Schmeicheleien der Indianer. Er proklamierte sich selbst zum Kaiser der Creeks, legte ihr Gewand an und wurde zu ihrem Idol. Er begann seine Operationen in einem für die Indianer so erfreulichen Ausmaß, dass er sofort ihr Vertrauen gewann.

Seine Bewegungen erregten die Aufmerksamkeit der britischen Behörden in Pensacola, und dort wurde ihm ein Oberstposten in ihrer Armee angeboten, ohne dass seine Anführerschaft im Indianerstamm beeinträchtigt wurde. Er wurde auf die Gehaltsliste der englischen Armee gesetzt und tauschte seine Kleidung des Indianerhäuptlings gegen die purpurrote Uniform des britischen Obersten. Dies war für die Indianer ein faszinierender Anlass, der sich über die Beförderung ihres jungen Häuptlings freute. McGillivray hatte nun alles nach seinen Wünschen. Er übte seine Verführungskünste aus und es gab nichts, was er wünschte, was ihm vorenthalten wurde. Die Indianer waren in ihn verliebt und der Stolz des jungen Mannes kannte keine Grenzen. Er erwies sich im Kampf als geschickter, mutiger und strategischer Anführer, sein Wirkungsbereich lag jedoch im Bereich der Diplomatie. Er überließ es anderen, den Kampf anzuführen, während er Indianer im Dienste des Königs von England um Hilfe bat. In den Reihen der Tories war niemand so effizient wie McGillivray, doch als der Krieg für die Krone katastrophal endete und die Briten keine Verwendung mehr für ihn hatten, überließen sie ihn seinem Schicksal, nahmen ihm seine Posten ab und kümmerte sich nicht mehr um ihn.

Während das Ergebnis für die britischen Streitkräfte katastrophal war, war es für die McGillivrays äußerst katastrophal. Der Vater war die ganze Zeit ein ergebener Loyalist gewesen, und als der Frieden erklärt wurde, wurde sein Eigentum beschlagnahmt, er hatte keinen Penny mehr und, was noch schlimmer war, die Whigs dürsteten nach seinem Blut. Sie versuchten, ihn zu finden, und ohne auch nur einen Cent in der Tasche zu haben, floh er aus dem Land und kehrte nach vielen knappen Fluchtversuchen nach Europa zurück, denn wäre er gefangen genommen worden, hätte er die Strafe für seine Treue gegenüber der britischen Krone bezahlt baumelt am Ende eines Seils. Alles, was Alexander den Hals rettete, war, dass er als Häuptling der Indianerstämme anerkannt wurde, die die Amerikaner unbedingt versöhnen wollten. Die durch das Ende des Krieges geschaffenen Bedingungen boten Colonel McGillivray eine neue Gelegenheit für neue Allianzen auf einem neuen Gebiet.

Durch das katastrophale Ergebnis der Revolution verarmt, war Colonel McGillivray eher wütend als entmutigt, und auf der Suche nach neuen Verbindungen wandte er sich an die Spanier, die die Dienste eines so wertvollen Verbündeten erkannten und nicht zögerten, ihn zu nutzen. Um ihre Pläne zu erleichtern, verliehen sie McGillivray das Amt eines Obersten in der spanischen Armee bei vollem Gehalt und machten ihn außerdem zum Kommissar der Creek-Indianer, denen ihnen offene Häfen angeboten wurden, um sie für die Loyalität Spaniens zu gewinnen die Golfküste für den Versand ihrer Pelzwaren.

Diese letztere Position verschaffte McGillivray einen enormen Vorteil, da es ihn nach spanischem Gold juckte, von dem er einen Großteil in dieser neuen Beziehung abwickelte. Da er das vertrauliche Ohr beider Parteien hatte, zögerte McGillivray nicht lange, seinen knappen Geldbeutel wieder aufzufüllen. Er war gleichermaßen der vertrauenswürdige Ratgeber beider und ließ sich von keinem Skrupel abhalten, den gebotenen Vorteil bestmöglich auszunutzen. Er war der Fürst der Verschwörer und der Inbegriff von Selbstsucht. In Augusta, Georgia, wurde zwischen den weißen Siedlern und den Creeks ein Vertrag über die Achtung des Landes geschlossen, der von den Indianerstämmen abgelehnt wurde und zu Gewaltausbrüchen seitens der Wilden führte. Diese Aktion wurde von McGillivray inspiriert, dessen Interessen in Aufregung und Unruhe lagen. Auf Anregung von McGillivray kam es zu allgemeinen Ausbrüchen, der nichts offen tat, sondern die Spanier dazu inspirierte, die Feindseligkeit der Wilden gegen die weißen Siedler zu schüren.

Die Lage nahm schnell ernste Ausmaße an, und die Ausbrüche wurden so weit verbreitet, dass die amerikanische Regierung die Angelegenheit ernst nehmen und versuchen musste, die Indianer zu besänftigen. Eine Kommission fähiger Männer wurde vom Kongress unter der Führung von General Andrew Pickens ernannt, um mit den Indianern zu verhandeln, mit dem Ziel, alle Differenzen auszugleichen. General Pickens richtete einen Brief an McGillivray, dessen Mitteilung ein Meisterwerk scharfsinniger Diplomatie war. Während es vor Drohungen nur so strotzt, ist es gleichzeitig von bedingter Versöhnung durchdrungen; Obwohl es sich energisch für die Unabhängigkeit ausspricht, ist der Ton dennoch nachgiebig, und obwohl es verheerende Folgen für den Fall verspricht, dass die Regierung die Rechte der Indianer nicht anerkennt, vermittelt es geschickt und auf herablassende Weise die Andeutung, dass die Amerikaner dies tun würden der der britischen Krone die Unabhängigkeit entrissen hatte, wäre froh, in der Lage zu sein, dem unglücklichen Indianer große Rücksicht zu schenken.

Obwohl General Pickens auf dem Gebiet der Staatskunst fähig war, war es ihm unmöglich, den Standard seines Charakters so weit zu senken, dass er mit der Schurkerei von McGillivray fertig werden konnte. Die Schwierigkeit lag darin, dass die beiden Männer von zwei entgegengesetzten Standpunkten aus arbeiteten. Pickens suchte eine Versöhnung, während McGillivray genau dies nicht wünschte. Pickens versuchte, einen schwerwiegenden Bruch zu heilen, während es im Interesse von McGillivray lag, ihn so offen wie möglich zu halten. Es wurden jedoch Verhandlungen vereinbart und die Kongresskommission sollte sich im Rat mit Colonel McGillivray in Golphinton treffen.

McGILLIVRAY'S CHICANERY

Unter großen Opfern und auf mühsamen Reisen machten sich die Regierungskommissare unter General Pickens auf den Weg nach Golphinton, wo, siehe da! McGillivray war nicht da. Stattdessen hatte er als Vertreter der Indianer die Häuptlinge zweier Städte geschickt, begleitet von etwa sechzig Kriegern. Da die Verhandlungen von McGillivray geführt worden waren und seine Anwesenheit für den Abschluss des vorgeschlagenen Vertrags erforderlich war, herrschte bei den Kommissaren nicht nur Enttäuschung, sondern auch große Empörung. Obwohl alle Häuptlinge anwesend waren, würde die Abwesenheit ihres Vertreters und Kommissars jede Vereinbarung ungültig machen, und das wusste McGillivray sehr wohl.

Die Regierungskommissare waren von seiner Abwesenheit verblüfft und erklärten den Anwesenden lediglich, was der Kongress erreichen wollte, und zogen sich zurück. Dies führte zu neuen Komplikationen, die nun einen dreieckigen Aspekt annahmen, da die Pläne der Bundeskommissare einerseits von den Kommissaren Georgias und andererseits von den Indianern abgelehnt wurden. Die Bedingungen wurden immer schlechter statt besser, sehr zur Freude von Alexander McGillivray, der einen solchen Wendepunkt herbeiführen würde, der zu seiner endgültigen Bereicherung führen würde. Ohne das Wissen einer der anderen Parteien zog er mit der Hand eines erfahrenen Intriganten an den Drähten. Nach all den Verhandlungen erwies sich die ganze Angelegenheit daher als Fiasko.

Dennoch muss etwas getan werden. Die Verhältnisse konnten nicht so bleiben, wie sie waren, und es drohte ständig ein Grenzkrieg. Die Regierung war durch die Revolution am Boden zerstört, und ein allgemeiner Krieg mit den Indianern könnte zu einer Einmischung sowohl Englands als auch Spaniens führen. Präsident Washington war sehr besorgt und ratlos und rief die fähigsten Berater zu Hilfe. Die Lage war äußerst ernst, und ein einziger Fehltritt könnte das Land in den verheerendsten Krieg stürzen.

Der nächste Schritt führte zur Ernennung von Dr. James White zum Superintendenten der Creek-Indianer. Dr. White war kühl und vorsichtig, ein erfahrener Diplomat und war mit dem Verrat der Indianer vertraut, hatte aber den Vorteil, bis zu einem gewissen Grad deren Vertrauen zu genießen. Ihm mangelte es bei diesem Unterfangen nicht an Selbstvertrauen, und wenn ihm die Ratifizierung eines Vertrags nicht gelingen sollte, würde er die Situation so genau untersuchen, dass er Fakten zusammentrug, die es der Regierung ermöglichen würden, die richtige Politik zu verfolgen. Er kannte McGillivray gut und war einer diplomatischen Auseinandersetzung mit diesem Erzverschwörer und Intriganten nicht abgeneigt. Er schrieb sofort von Cusseta aus an McGillivray und erläuterte ihm seine Mission und das, was er zu erreichen vorhatte. Die Antwort war zweideutig, langatmig, scharfsinnig und ausweichend. Es konnte alles oder nichts bedeuten und ließ verschiedene Interpretationen zu. Das Ergebnis der Korrespondenz war ein Treffen in Cusseta. Diesmal war McGillivray mit einem Vorschlag an den nationalen Kommissar anwesend, der verblüffend und überraschend war. Umgeben von einer großen Anzahl von Häuptlingen unterbreitete McGillivray seinen unvernünftigen Vorschlag. Dies geschah im April 1787.

Kurz gesagt, der Vorschlag bestand darin, dass die Regierung große und unangemessene Zuschüsse gewähren sollte, mit der Alternative einer sofortigen Annahme oder einer Kriegserklärung am ersten August des darauffolgenden Monats, also in nur vier Monaten. McGillivray wusste, dass die vorgeschlagenen Bedingungen nicht akzeptabel sein würden, und er wusste auch, welche Folgen ein Krieg für die junge Nation haben würde. Die Lage verbesserte sich nicht schnell. Dies war ein Wendepunkt, der höchste staatsmännische Fähigkeiten erforderte. Die Gesamtregierung und der Staat Georgia waren mit den Indianern ebenso uneinig wie beide. Es war eine Gelegenheit, die der begeisterte McGillivray nicht ungenutzt lassen durfte. Es handelte sich um eine Frage des Handels und Handelns mit ihm, und die Frage, die ihn am meisten beschäftigte, war, wie viel er daraus ziehen konnte.

Der Vorschlag war so verblüffend, dass Dr. White sich wie ein Zwerg vorkam, der es mit einem Koloss zu tun hatte, und nichts weiter tun konnte, als dem Präsidenten das Ergebnis des Treffens zu berichten. Währenddessen pflegte McGillivray mit den spanischen Behörden Geschäfte zu machen, um von ihnen große Goldsummen zu erpressen, während er aus einem ähnlichen Grund mit der amerikanischen Regierung heuchelte und den verblendeten Inder als Instrument zur Förderung seiner Pläne nutzte . Er würde den Indianer durch eine gespielte Fürsorge für ihn festhalten, während er Spanien bestimmte Ergebnisse für gegebene Beträge versprach und in der Zwischenzeit Washington mit einer Kriegsdrohung in Aufruhr versetzte. Männer und Interessen, so heilig sie auch sein mochten, waren für ihn Marionetten, die er für tiefsten Egoismus einsetzte. Er provozierte Feindseligkeitsdemonstrationen seitens der Indianer, um von interessierten Kaufleuten Tribut zu erpressen und die Unruhen zu unterdrücken. Er würde Spanien mit Amerika und Amerika mit Spanien bedrohen und dadurch besorgniserregende Bedingungen in der Handelswelt schaffen, und von Nationen und Kaufleuten gleichermaßen erntete er Beute.

Washington war so verärgert, dass es fast unkontrollierbar war, und dachte einst an einen Vernichtungskrieg, doch dieser würde das Leben und Eigentum der Menschen im gesamten Süden betreffen, das Land ernsthaft mit England und Spanien verwickeln und einen Makel auf den Amerikanern hinterlassen Regierung, und die Idee wurde aufgegeben. So einfallsreich er auch war, hatte Washington praktisch die Grenze seiner Eindringlichkeit erreicht, als ihm die Idee kam, einen Geheimagenten zu ernennen, der den Auftrag hatte, einen großen Rat der Indianerhäuptlinge einzuladen, die Strecke von Alabama und Georgia bis nach New York zu Pferd zurückzulegen , damals Sitz der nationalen Regierung, um sich persönlich mit ihm über die Beilegung aller Beschwerden zu beraten. Oberst Marinus Willett wurde vom Präsidenten für diese heikle und schwierige Funktion ausgewählt.

Colonel Willett nahm ein Schiff in New York und erreichte Charleston in nur vierzehn Wochen. Von dort aus machte er sich sofort zu Pferd auf den Weg zu den Indianerpfaden in die Region des Chattahoochee. Er wurde von treuen indianischen Führern betreut und gelangte nach vielen Tagen harter Fahrt zu seinem Ziel, wo er ein Treffen mit McGillivray und allen großen Häuptlingen vereinbart hatte. Die Bedingungen waren jetzt günstig für McGillivray, denn er wusste genau, dass er in der Landeshauptstadt große Besorgnis erregt hatte, und war auf das Ergebnis, das er jetzt erwartete, bestens vorbereitet. Nach vorheriger Absprache trafen sich Colonel Willett und Colonel McGillivray in der Stadt Ocfuske am Tallapoosa River. McGillivray fand seinen Gegenspieler in Colonel Willett, der ebenso geschickt in der Kunst der Diplomatie war wie McGillivray, jedoch ohne dessen Skrupellosigkeit.

EINE NEUE DEPUTATION

Die Diplomaten trafen sich – Willett und McGillivray. Willett war höflich, höflich im Umgang, sprachgewandt, einfallsreich, aber vorsichtig. McGillivray war höflich, übertrieben höflich, zweideutig in der Sprache, hinterlistig, vorgeblich großzügig, wenn auch so heimtückisch wie eine Schlange. Beide konnten. Jeder hatte viel mit Menschen und Angelegenheiten zu tun, aber die Motive der beiden waren so weitreichend wie die Pole. Im versammelten Rat zeigte Willett, dass er zu Hause war. Unter dem Deckmantel übertriebener Höflichkeit spielten die beiden mit dem Können ausgebildeter Fechter gegeneinander aus, um sich einen Vorteil zu verschaffen. Es gab eine Beherrschung des Selbstvertrauens, die beide gleichermaßen besaßen. Jeder sprach maßvoll und vorsichtig. In gegenseitigem Misstrauen wetteiferte jeder um den Höflichkeitston. Einwänden wurde entsprochen und verbale Schläge wurden mit einer Höflichkeit abgewehrt, die der Unterwürfigkeit nahekam. Es war Griechisch, das Griechisch traf. Den größten Ermessensspielraum hatte Willett bei der Organisation des vorgeschlagenen Rats in New York, wo die Indianerhäuptlinge vom „großen Präsidenten" zu einem Treffen mit ihm eingeladen wurden.

Mit der Beherrschung eines erfahrenen Disputanten wandte sich Colonel Willett an die versammelten Häuptlinge, zu denen natürlich auch Colonel McGillivray gehörte. Der Kern seiner Rede war, dass „unser großer Häuptling George Washington" ihn geschickt hatte, um ihnen eine Botschaft der herzlichen Zuneigung zu übermitteln und sie in sein großes Gemeindehaus in New York einzuladen, wo er mit seinen eigenen unterschreiben wollte Hand, zusammen mit Colonel McGillivray, einen Friedens- und Bündnisvertrag. Er versicherte ihnen die hohe Wertschätzung, die ihnen „unser großer Häuptling" entgegenbrachte, der ihr Land nicht haben wollte, sondern sie glücklich, zufrieden und beschützt sehen wollte. Er versicherte ihnen außerdem, dass Washington einen Vertrag „so stark wie die Berge und so dauerhaft wie die Flüsse" abschließen würde. Sein Anredeton und die Zusicherung seiner Aufrichtigkeit gefielen der Versammlung sehr.

Das Ergebnis des stundenlangen Treffens war, dass eine Abordnung von Häuptlingen zusammen mit Colonel McGillivray Willett zu Pferd nach New York begleiten würde. Es wurden Vorkehrungen für den Transport des Gepäcks auf Pferden getroffen und der Tag der Abreise festgelegt. Dementsprechend machten sich die Obersten Willett und McGillivray, ein Neffe von Oberst McGillivray, und eine Gruppe indianischer Häuptlinge am Morgen des 1. Juni 1790 von Little Tallassee in der Nähe von Wetumpka auf den Weg in die ferne Hauptstadt. Unterwegs wurde die Gruppe durch andere Häuptlinge zu Pferd verstärkt, die auf die Ankunft von Willett und McGillivray warteten. In Stone Mountain, Georgia, schlossen sich die beiden großen Häuptlinge der Cowetas und Cussetas der Gruppe an. Die Prozession zog weiter und erregte großes Interesse und an manchen Stellen nicht wenig Aufsehen. Als sie das Haus von General Andrew Pickens am Seneca River in South Carolina erreichten, wurden sie von diesem angesehenen Herrn mit größter Herzlichkeit empfangen , der für bequemere Reisemöglichkeiten sorgte. Hier schloss sich die Gruppe dem Tallassee-König Chinnobe, dem „großen Natchez-Krieger" und anderen an. Von nun an ritten die Indianer in Wagen, mit Ausnahme der vier Leibwächter von Colonel McGillivray, die ihn zu Pferd begleiteten, während Colonel Willett allein in einem Sulky ritt. In Richmond und Fredericksburg machte die Gruppe Halt, um sich auszuruhen, wo Oberst McGillivray große Rücksicht genommen wurde. Der gesamten Gruppe wurde in Philadelphia große Ehre erwiesen, wo sie drei Tage lang bewirtet wurde. Sie gingen in Elizabethtown, New Jersey, an Bord einer Schaluppe und landeten schließlich in New York.

Nun begann eine Reihe von Demonstrationen, die mehrere Tage dauerten. Die Beamten von Tammany Hall erschienen in vollem Ornat, trafen die Abordnung am Ufer des unteren Teils von New York, das zu dieser Zeit fast alles war, was die Stadt zu bieten hatte, und marschierten die Wall Street entlang, damals die Hauptverkehrsstraße der Stadt, vorbei zum Bundesgebäude, in dem der Kongress tagte, und dann zum Haus des Präsidenten, mit dem Pomp und der Zeremonie, die Washington so sehr liebte. Jedes Mitglied der Abordnung wurde dem Präsidenten vorgestellt, während die Augen der verzauberten Häuptlinge vor Freude glänzten, als sie kurzerhand die Szenen um sie herum in der Villa des Präsidenten betrachteten. Washington konnte Colonel McGillivray an Konventionalität bei der Begrüßung nicht übertreffen. Beide waren Männer von prächtiger Statur, McGillivray war nur 1,80 Meter groß, hatte breite Schultern, wohlproportioniert und so gerade wie eine Fahnenstange. Vom Haus des Präsidenten aus führte die Prozession zum Büro des Kriegsministers und von dort zum Herrenhaus von Gouverneur Clinton. Als alles vorbei war, wurden sie zur Unterhaltung zum wichtigsten Gasthaus der Stadt, der City Tavern, marschiert, wo sie sich aufhielten Zum Abschluss der Veranstaltungen des ersten Tages wurde ein Bankett für die einzigartige Deputation veranstaltet.

Andere bemerkenswerte Aufmerksamkeiten erregten den Reiz der besuchenden Häuptlinge, deren Hochgefühl über die neuartigen Szenen, in denen sie die Hauptakteure waren, allein durch die Besorgnis von Colonel McGillivray darüber, was dies alles für ihn bedeuten könnte, übertroffen wurde. Die Häuptlinge der Wildnis ließen sich von diesen überschwänglichen Aufmerksamkeiten leicht verführen, nicht jedoch der schlaue McGillivray. Mit großer Sorgfalt hielt er die Häuptlinge gut unter seiner Kontrolle, damit sie nicht in andere Hände fielen und dadurch von ihm entfremdet würden.

Nach einigen Tagen wurden Verhandlungen zwischen McGillivray und den Indianerhäuptlingen einerseits und Henry Knox, dem gewählten Vertreter der Regierung, andererseits aufgenommen. Mit vorsichtiger Wachsamkeit seitens Knox und McGillivray wurde jeder Schritt im Verfahren unternommen. Knox kannte seinen Mann, und McGillivray wusste, was er wollte, und alles andere wurde diesem Zweck untergeordnet. McGillivray war in der Ausübung seiner Kunst in der Metropole ebenso frei wie unter den einheimischen Eichen seines Stammes im fernen Coosa. Nichts ließ ihn einschüchtern, und mit Geschick setzte er seine Kunst ein, als die Situation angegangen wurde. Im Zusammenhang mit dem Verfahren kam es zu einer aufsehenerregenden Episode. Washington erfuhr, dass die Spanier von Florida und Louisiana, nachdem sie von der Abreise von McGillivray und seinen Häuptlingen zu dieser Mission gehört hatten, einen Geheimagenten mit einem Sack voll spanischem Gold per Schiff nach New York geschickt hatten, um die Häuptlinge zu bestechen und einen Angriff zu verhindern Vertrag. McGillivray trug ihre Uniform, hatte einen Auftrag als Oberst in ihrer Armee und war ihr Agent, aber ihr Vertrauen in ihn war nichtig, daher die Mission des Agenten. Dieser Agent wurde bei seiner Ankunft entdeckt und von dem Moment an, als er den Boden der Stadt berührte, von einem Beamten beschattet. Der Agent konnte die Indianer nie erreichen. Mit vollendetem Geschick ging der Wettbewerb von Tag zu Tag weiter, und McGillivray beschloss, die Initiative in dem Angebot zu erzwingen, bevor er sich bereit erklären würde, sich zu verpflichten. Er war ein plausibles Rätsel für die Staatsmänner in New York, die er zwang, ihre Hände zu zeigen, bevor er bereit war, seine Absichten und Wünsche preiszugeben.

Die Spannung ließ nach

Während mehrere frühere Artikel der berüchtigten Karriere von Alexander McGillivray gewidmet waren, gab es eine Phase der Situation, die logischerweise zu den interessanten Vorgängen in New York gehört und nicht ausgelassen werden sollte, und wenn man sie im Zusammenhang mit bereits dargelegten Fakten liest, kommt es zu vermehrten Ergänzungen Interesse an der Erzählung.

McGillivray behielt seine Pläne für sich und schmiedete in aller Stille Pläne, um die fähigen Männer in der Landeshauptstadt zu verblüffen. Tagelang wurden die Verhandlungen fortgesetzt, und es waren Tage voller großer Besorgnis und anhaltender Spannung für Präsident Washington. Das Verhandeln und Trödeln führte zu der Befürchtung, dass McGillivray so verblüffende Bedingungen vorschlagen würde, dass die ganze Angelegenheit in einem Fiasko endete und die Situation angesichts der jüngsten Demonstration auf eine Demütigung der Regierung reduziert würde. Andererseits. McGillivray befürchtete, dass seine beabsichtigten Vorschläge abgelehnt würden, daher seine taktische Verzögerung und Verhandlung. Knox war geduldig, McGillivray ungeduldig. Endlich gelang es Knox, dem schlauen Betrüger und geschmeidigen Diplomaten die Bedingung aufzuzwingen, dass er bereit wäre, den Vertrag zu unterzeichnen. Es erwies sich für das eine als auch für das andere als Anlass zu großer Hochstimmung. McGillivray lachte über seinen Erfolg, während die Regierung sich selbst zu der so einfachen Regelung der Bedingungen gratulierte.

Als McGillivray schließlich seine Bedingungen darlegte, lauteten diese, dass ihm die Regierung jedes Jahr fünfzehnhundert Dollar in Gold direkt zahlen sollte, zusammen mit anderen noch zu benennenden einfachen Bezügen und einer bestimmten Menge an Waren mit bestimmten begrenzten Beträgen Jedes Jahr erhielten die Indianer eine Geldsumme, wofür die riesigen Gebiete der Oconees aufgegeben werden sollten, während sie unter dem friedlichen Schutz der Vereinigten Staaten bleiben und keine Verträge mit anderen schließen sollten. Doch aufgrund dessen, was zu diesem billigen Vertrag führte, war viel Spannung und Schrecken entstanden und viel Blut vergossen worden, und nicht wenige Weiße befanden sich schon damals in der Knechtschaft der Indianer. Diese Sklaven sollten befreit werden und die beiden mächtigen Stämme, die Creeks und die Seminolen, sollten der allgemeinen Regierung unterworfen werden. So dürftig die Überlegung auch war, McGillivray erfüllte seine Wünsche und jubelte über das Ergebnis.

Die Schande dieses bösartigen Charakters wird mit der Untersuchung immer tiefer. Seine Manipulationen an verschiedenen Botschaften in der Vergangenheit, sein Judas-ähnlicher Umgang mit verschiedenen Nationen gleichzeitig, sein Anstiften zum Ausbruch der Stämme, sein Verschleppen dieser Indianerhäuptlinge durch das Land bis nach New York, das war das Unheimliche und dem schmutzigen Egoismus dieses bereits genannten perfiden Mannes sorgte McGillivray für seinen Lebensunterhalt, indem er zum Brigadegeneral der regulären amerikanischen Armee ernannt wurde und den vollen Lohn erhielt, der damals zwölfhundert Dollar betrug, während er als Regierungsagent eine zusätzliche Vergütung erhalten sollte zu den Indianerstämmen.

Voller Freude über seinen Erfolg führte McGillivray die Prozession auf dem Heimweg an, nach einem Glückwunschaustausch mit Präsident Washington, bei dem jeder in gestelzter Konventionalität miteinander wetteiferte. McGillivray schmeichelte den naiven Indianern in dem Glauben, er habe für sie einen Sieg errungen, und sie teilten mit ihm die Begeisterung über seine Hochstimmung. Seine Manöver waren geradezu geeignet, neue Verschwörungs- und Intrigenpläne für die Zukunft hervorzubringen. Bei seiner Rückkehr nach Hause legte er die Uniform des spanischen Obersten ab und legte die des amerikanischen Brigadiers an, was die Bewunderung der Indianer steigerte, während es dem General neue Gelegenheiten bot, tiefergehende Pläne zu schmieden und reichere Belohnungen zu ernten. Anlass für diesen Kurs waren die nun anzugebenden Gründe.

Eine unserer modernen Untersuchungen hätte die Tatsache aufgedeckt, dass der Vertrag zwar auf den genannten Bedingungen beruhte, sich dahinter jedoch, außerhalb der Sichtweite der Öffentlichkeit, ein Geheimvertrag zwischen Präsident Washington und General McGillivray befand, unter der Bedingung, dass er dies tun würde Verwalten Sie die Indianer so, wie es der Präsident wünscht. Als eine Art Geheimagent und um seine Position in der Wertschätzung der Indianer zu stärken, wurde McGillivray zu einem Kanal für die Übermittlung bestimmter Geschenke und Privilegien gemacht, die er zum Vorteil der Regierung nutzen sollte, für die er Es kümmerte ihn überhaupt nicht, und ohne die Aussicht auf persönliche Bereicherung wäre er nie zum heimlichen Lieferanten geworden. Er sollte den Indianern auf seine Weise die Gewissheit geben, dass ihr Handel über die Golf- und Seehäfen abgewickelt werden sollte, während er jedem Häuptling, wie von ihm selbst, in Wirklichkeit aber von der Regierung, einen gutaussehenden Mann präsentieren sollte Goldmedaille, außerdem eine jährliche Schenkung von einhundert Dollar in Gold. Darüber hinaus verfolgte die Regierung auf die gleiche geheime Art und Weise, jährlich vier der indischen Jugendlichen kostenlos zu unterrichten. All dies sollte auf eine Art und Weise geschehen, um den Eindruck zu erwecken, wie stark McGillivrays Macht und Einfluss auf die Gesamtregierung war, und so seinen Einfluss auf die Indianer aufrechtzuerhalten. Von Seiten der Regierung sieht das etwas unklar aus, aber es ist eine Frage der Geschichte und war damals nur wenigen Begünstigten bekannt. Die Geschichte hat wie das Meer verborgene Tiefen. Was Washington wollte, war, den lästigen Indianer unter Kontrolle zu halten; Was McGillivray wünschte, war die Steigerung seiner Bedeutung, um seine persönliche Eitelkeit zu befriedigen und auch um einen üppigen Geldbeutel zu haben. Das sind jedenfalls die Fakten. Was unsere modernen Mistkerle jetzt von einem Vorgehen wie diesem halten würden, weiß der Bevollmächtigte nicht. Während in den Staatsräten von New York stille und unterdrückte Freude über das Ergebnis herrschte, wurden im Herzen von Alexander McGillivray gleichzeitig neue Pläne ausgebrütet, als er in täglicher Meditation nach Süden ritt. Washington dachte, er hätte McGillivray erwischt, während McGillivray wusste, dass er Washington hinters Licht geführt hatte. Spätere Entwicklungen liefern neue Enthüllungen über den teuflischen Charakter von Alexander McGillivray.

Es folgte eine Zeit der Ruhe, die Washington als verheißungsvoll ansah, obwohl sie in Wirklichkeit bedrohlich war. McGillivray hatte nie die Absicht, die Vertragsbedingungen auszuführen, sondern nur insoweit, als sie seinen persönlichen Zielen förderlich waren, denn nach seiner Rückkehr in den Süden nahm er sofort geheime Verhandlungen mit den Spaniern auf. Er erklärte ihnen, dass sein Ausflug in die Hauptstadt nur eine List gewesen sei, um Informationen zu sammeln, um dem König von Spanien besser helfen zu können, und dass er gerade jetzt bereit sei, Spanien den effizientesten Dienst zu erweisen. Hier war also ein amerikanischer General, der sich in der Nationaluniform, mit Sporen, Stiefeln, Schulterklappen und allem anderen herumtrieb und die Regierung in die Hände eines ausländischen Feindes verriet. Während er den Sold eines Brigadiers bezog, erhielt er als geheimer Abgesandter Spaniens eine viel größere Summe.

Um seine Pläne endlich voranzutreiben, schürte er Streit und Unruhe unter den Häuptlingen, indem er sie zum Protest gegen die Vertragsbedingungen aufstachelte. In der Zwischenzeit teilte er der Regierung in New York mit, dass er sein Möglichstes tue, um die Bedingungen durchzusetzen, und über einen weiten Ermessensspielraum und ausreichend Zeit verfügen müsse, um das angestrebte Ziel zu erreichen. Zwischen ihm und dem Kriegsminister wurde ein reger Briefwechsel geführt, in dem der grausame Alexander McGillivray dem Kabinettsoffizier von Washington mehr als gewachsen war. So verliefen die Ereignisse jahrelang zusammen.

DER VORHANG FÄLLT

In den Aufzeichnungen des Rennens dürfte es schwierig sein, im Leben und in der Karriere von irgendjemandem seltsamere und widersprüchlichere Elemente zu finden als diejenigen, die in die Geschichte von General Alexander McGillivray eingegangen sind. Obwohl er zweifelsohne ein fähiger Mann war, wurde diese Fähigkeit in den allerhöchsten Kanal verwandelt; Er war hochbegabt mit den Elementen der Führung und widmete sich ausschließlich dem Ziel, seinen Geldbeutel aufzubessern. gnädig im Benehmen, höflich und vordergründig zuvorkommend in einem erstaunlichen Ausmaß, doch im Grunde waren all diese Demonstrationen nur ein kleiner Lockvogel, um die Ahnungslosen zu fangen, und selbst für die Misstrauischen waren sie häufiger als sonst nützlich; kühl und gefasst, gelassen und gelassen, es war nur ein Reiz, das Selbstvertrauen zu ergaunern, um eine finstere Vollendung zu erreichen, und obwohl es manchmal nachdrücklich mit einer scheinbaren Aufrichtigkeit war, diente es nur der Täuschung.

McGillivrays einzige Vorstellung von Recht war die der Selbstbefriedigung. Wenn es die produktivste Methode der Eigenwerbung wäre, jederzeit das Richtige zu tun, warum würde er dann diesen Weg einschlagen, aber nur aus Bequemlichkeitsgründen? Unbeeinträchtigt von Pflichtgefühl und Gewissensskrupel machten sein erstaunlicher Intellekt und seine fruchtbaren Ressourcen Alexander McGillivray zum gefährlichsten aller Menschen. Dennoch konnte er ausführlich auf die ganze Bedeutung eines Moralphilosophen über Pflicht und Verpflichtung, die Rechte des Menschen, die Verkommenheit des Unrechts, die Grausamkeit der Ungerechtigkeit, die Unmenschlichkeit der Täuschung und alles andere im Katalog der Moral eingehen. Seine Vertrautheit mit all dem gab ihm Raum für größte Schuldgefühle. Das Selbst war sein Maßstab, den er mit präziser Hand auf die widersprüchlichsten Bedingungen legte.

Die Größe seiner persönlichen Kräfte ermöglichte es McGillivray, das zu tun, was den Wenigsten gelingt: seinen gewundenen Kurs durch die verworrensten Umstände zu schlängeln und sich dabei mit einer Reihe widersprüchlicher Ursachen und Ursachen auseinanderzusetzen und dennoch alle gleichermaßen zu täuschen und es, wenn er gefasst wird, auch zu können zu seiner Verteidigung ausreichend Plausibilität aufbieten, um der gesamten Situation tatsächlich einen Anschein von Gerechtigkeit zu verleihen. In vielen Punkten widersprüchlich, könnte er allen den Aspekt der Konsequenz verleihen.

Der einzige Dienst, den Alexander McGillivray leistete, bestand darin, einen allgemeinen Ausbruch der Indianerstämme zu verhindern, was nicht so sehr auf seine Abscheu vor Blut zurückzuführen war, sondern vielmehr auf die Tatsache, dass er sich mithilfe des getäuschten roten Mannes behaupten konnte ihn als Objekt der Furcht hervorzurufen und so durch Aufregung und Besorgnis das hervorzurufen, was zu seiner Besoldung beitragen würde. Er tat nie das Richtige, es sei denn, es war zu seinem Vorteil, und die Lüge war der Wahrheit vorzuziehen, wenn sie seinem persönlichen Nutzen dienen würde. Er erhielt reichlich Ermutigung aus den Bedingungen seiner Umgebung, an die sein Charakter genau angepasst war. Der Mann und der Anlass trafen sich in Alexander McGillivray.

Als Agent der Regierung, der gemäß dem Geheimvertrag mit Präsident Washington mit der Verteilung der finanziellen und kommerziellen Geschenke an die Indianer betraut war, wusste niemand, wie viel oder wie wenig die armen roten Männer jemals erhielten. Die Tatsache, dass die Vereinbarung geheim war, war McGillivrays Zweck und Vergnügen. Die Regierung ist ihrer Verpflichtung umgehend nachgekommen, und es mangelt nicht an Beweisen dafür, dass damit jegliches Verpflichtungsgefühl endete. Dieser berüchtigte Mann ging mit tiefstem Misstrauen zu Grabe. Dieses ungeheuerliche Verhalten von Alexander McGillivray beschränkte sich auch nicht ausschließlich auf Verdacht. Unter bestimmten Bedingungen war eine Erkennung unumgänglich. Geheimagenten einer misstrauischen Regierung, die seine vielfältigen Transaktionen ausspionierten, deckten seine Gräueltaten immer wieder auf, aber in jedem Fall stellte sich heraus, dass er ein so erfolgreiches Verteidigungsnetzwerk geknüpft hatte, dass es möglich gewesen wäre, ihn mit Gewalt zu eliminieren Dem heiligen Gleichnis zufolge war es so, als würde man einen neuen Flicken aus einem alten Kleidungsstück herausreißen, dessen Riss dadurch noch schlimmer geworden wäre.

Die Regierung versuchte indirekt und nicht immer auf die glaubwürdigste Weise, das Vertrauen der Indianer durch gebührende Entlarvung zu zerstören, aber McGillivray wurde nie ohne Mittel ausgestattet, um die Angemessenheit jeder einzelnen Anklage zu begründen. Mit der Strategie eines Napoleon konnte dieser außergewöhnliche Mann alle seine Gegner übertrumpfen. Das war der Charakter und die Karriere von Alexander McGillivray.

Er war jetzt ein alter Mann. Der Stil der Fürsorge und der Verantwortung, den er sich in einer der grausamsten Situationen angeeignet hatte, hatte tiefe Furchen auf seiner Stirn hinterlassen. Sein silbernes Haar und sein schwankender Gang erinnerten ihn an die kurze Zeit, die ihm blieb, aber dieser Zustand lockerte nicht nur seinen Griff um die Dinge, die ihn die ganze Zeit bewegt hatten, sondern verstärkte ihn nur. Die Erfahrung hatte seinen Verstand geschärft, und die Schurkerei hatte ihn in der Ausübung seiner Kunst uneinnehmbar gemacht. Es war eine meisterhafte Leidenschaft, die angesichts des nahenden Endes neue Verzweiflung hervorrief. Er besaß ein riesiges Vermögen, und mit der Leidenschaft eines Mannes, der nie einen höheren Traum als den des persönlichen Gewinns hegte, verfolgte er es mit einer Hartnäckigkeit, die Männern im fortschreitenden Alter eigen ist, obwohl er inzwischen wusste, dass damit auch sein Ende kommen würde das des Einsatzes seiner immensen Mittel.

Er erlebte, wie er von allen gleichermaßen abgelehnt wurde. Er wurde von der amerikanischen Regierung abgelehnt, von den Spaniern vertrieben und nach und nach wurde er sogar von den Indianern misstrauisch. Jedes Gefühl der Reue war verschwunden, alle feineren Gefühle, die vor der öffentlichen Aufdeckung von Unrecht zurückschreckten, waren längst abgestumpft. Die moralische Neigung war vollkommen, und die verhärtete Ungerechtigkeit machte ihn unempfindlich gegenüber dem Stirnrunzeln des Vorwurfs, mit dem er überall konfrontiert wurde.

Von der Kriminalität eines langen Lebens erschöpft, suchte McGillivray in seinen letzten Tagen ein Zuhause in Little River im unteren Teil des Monroe County, wo er am 17. Februar 1793 starb. Seine sterblichen Überreste wurden nach Pensacola gebracht und dort beigesetzt die weitläufigen Gärten von William Panton, einem wohlhabenden schottischen Kaufmann, mit dem McGillivray seit langem geschäftliche Beziehungen pflegt. Sein sehr betagter Vater überlebte ihn und lebte immer noch in Dummaglass, Schottland, an den William Panton vom Tod seines berüchtigten Sohnes schrieb. So starb der größte Diplomat, den Alabama je hervorgebracht hat, aber er hinterließ der Nachwelt nichts Nachahmenswertes.

LORENZO DOW

Soweit festgestellt werden kann und die Tatsache außer Zweifel steht, war der erste Protestant, der jemals in Alabama predigte, der exzentrische methodistische Pfarrer Lorenzo Dow. Er vereinte in seinem Charakter eine Reihe seltsamer Elemente, von denen einige ziemlich stark waren, und durch seine lächerlichen Predigten bewegte er die Menschen, wohin er auch ging. Er war einzigartig in seiner Beschaffenheit und man konnte nicht vorhersagen, was er jemals sagen oder tun würde. Herr Dow erreichte bereits 1793 die entfernten Grenzsiedlungen Alabamas entlang des Tombigbee. Er war ein furchtloser, strenger, schlichter und unermüdlicher Prediger vom Typus der alten Zeit, der jede Gefahr verschmähte und sich mutig den schlimmsten Gefahren stellte die Grenze, damit er das Evangelium predigen könne. Er hatte eine bemerkenswerte Karriere, obwohl er noch ein junger Mann war, bevor er seinen Weg an die Spitze der westlichen Zivilisation fand.

Dow wurde während der stürmischen Tage der Revolution in Connecticut geboren, wurde in seiner Jugend Christ und war einige Zeit ratlos darüber, welche kirchliche Beziehung er eingehen sollte. Er schloss sich schließlich den Methodisten an, da der Eifer dieses Volkes eine Anziehungskraft auf sein hitziges Temperament ausübte. Sein fehlgeleitetes und willkürliches Verhalten machte ihn bald zu einer unerwünschten Akquise für die Methodisten, und obwohl er seine Beziehungen zur Kirche nicht abbrach, war er geneigt, der Absicht nachzugeben, ein allgemeiner Evangelist oder Missionar unabhängiger Art zu werden. Sein Gesundheitszustand war angeschlagen, und er kam auf die Idee, so weit nach Westen zu gehen, wie die vorgeschobene kaukasische Besatzungslinie vorgedrungen war, und seine junge Frau auf dieser gefährlichen Reise mitzunehmen.

Zu diesem Zeitpunkt war Herr Dow etwa siebenundzwanzig Jahre alt. Mithilfe der mühsamen und unbequemen Reisemethoden dieser frühen Zeit gelangte er von Neuengland zu den schmalen Siedlungen entlang des Tombigbee. Hier predigte er zusammen mit seiner Frau Peggy wie ein Sohn des Donners, aber als ob die Gefahren, denen er begegnete, seine Liebe zum Gefährlichen nicht befriedigen würden, suchte er lange Zeit seinen Weg durch die gefährliche Wildnis bis in die Region Natchez, Mississippi zuvor eine wichtige französische Siedlung gegründet. Für Dow übte die Gefahr eine Faszination aus, und wie in der Geschichte „Vikings of Saga" suchte er nach der Gefahr, um seinen Kampfwillen zu befriedigen. Nicht, dass er ein Mann körperlicher Gewalt gewesen wäre, aber seine Liebe zum Streit und zur Opposition war grenzenlos. Er liebte den Kampf um seiner selbst willen und war nie so friedlich wie in wortreichen Kriegen. Er gehörte zu der Sorte

Menschlichkeit, die Meinungsverschiedenheiten mit jemandem ungemein lieber hatte als stille Zustimmung. Er rostete, wenn er nicht benutzt wurde. Seine Klinge schimmerte nur durch ständiges Führen.

Aus der Gegend von Natchez kehrte er schließlich zu den Siedlungen Tombigbee und Tensas zurück, männlich, energisch, ungestüm und feurig. Sein Tagebuch, das offenbar heilig geführt wurde, berichtet von vielen romantischen Abenteuern unter den wilden Stämmen, von denen viele der führenden Geister ihn mit einem Schrecken betrachteten, der furchtbar heilig war, wegen seines völligen Mangels an Angst, seines verzehrenden Eifers und seine stürmische Predigt. Im Vorfeld der Wahl von St. Stephens als Landeshauptstadt besuchte er den Ort, als dort nur eine Familie lebte. Beeindruckt von der Lage, von der aus man den Fluss und das Land dahinter überblicken kann, prognostizierte Dow, dass dies ein Punkt von großer Bedeutung werden würde. Sowohl in seinem Tagebuch als auch in den „Wechselfällen" von Peggy Dow erfahren wir viel über die Abenteuer dieser ungewöhnlichen Seelengruppe. Er schlief unter freiem Himmel in den harzigen Regionen Südalabamas, wo das reichlich vorhandene Kiefernstroh zu einem Haufen zusammengeharkt werden konnte, um daraus eine Matratze zu machen, und wo er sich von der beruhigenden Monotonie der hohen Kiefern in den Schlaf wiegen ließ. Es besteht kaum ein Zweifel daran, dass das schwache System dieses wunderbaren Mannes verlängert wurde, indem er an der frischen Luft genährt, mit Terpentin belastet und durch Aktivität gestärkt wurde.

Mrs. Peggy hingegen fand, dem Ton ihres Tagebuchs nach zu urteilen, in diesem rauen und turbulenten Leben nicht so viel Befriedigung wie ihr unverbesserlicher Lehnsherr. In ihren Worten über die Einhaltung von Bedingungen, gegen die es keinen Rechtsbehelf gab, liegt ein unverhohlener Widerwille.

Eines der einzigartigsten Kapitel im Leben von Lorenzo Dow ging seiner Invasion im äußersten Südwesten voraus. Als er von der seltsamen Vorstellung gepackt wurde, er sei berufen, den Katholiken der Welt zu predigen, und als er erfuhr, dass Irland eine ihrer Hochburgen sei, versteckte er sich dorthin. Für die urigen Iren war er ein Wunder. Seine lautstarken Predigten und sein scharfer Eifer zogen große Menschenmengen an, aber manchmal war sein Weg nicht mit Primeln übersät, und das rauere Element der irischen Menge bot seinen prahlerischen Scherzen manchmal Kampf, aber nichts gefiel dem unbezwingbaren Lorenzo mehr. Er war bereit, jedem aufkommenden Notfall zu begegnen, selbst wenn er so schwerwiegend war wie die Angriffe der dürren Söhne der Grünen Insel.

Von Irland aus reiste er nach Großbritannien und führte die Gottesdienstmethode der Lagerversammlungen ein, die in England und später in den Vereinigten Staaten populär wurde. Soweit bekannt, war Lorenzo Dow der Begründer der Lagerversammlung mit ihrer Flexibilität und dem Verzicht auf Gottesdienste. Sein Weg in England war klarer als in Irland. Für den biederen Briten war er ein Objekt des Staunens, und seine natürliche Beredsamkeit und Exzentrizität in Sprache und Kleidung verschafften ihm grenzenlose Popularität, und die drängende Menge hörte ihm mit Begierde zu. Besondere Freude bereiteten ihm seine Angriffe auf die Jesuiten, die er als Verschwörer gegen die bürgerliche und religiöse Freiheit anprangerte.

So seltsam, stürmisch und umfangreich die Karriere von Lorenzo Dow auch war, er war kein alter Mann, als er starb, sondern erst siebenundfünfzig. Er bekämpfte konstitutionelle Schwächen und stemmte sich heldenhaft gegen das Eindringen von Krankheiten, mit der gleichen Kraft, mit der er alles andere tat. Jahrelang hielt er das dunkle Monster, den Tod, in Schach und weigerte sich grimmig zu sterben, um zu leben und zu kämpfen, was niemand lieber tat als der gefürchtete Dow.

Wie sich leicht ableiten lässt, war Dow ein Mann mit geringer Bildung, was Bücher betrifft, aber er war ein aufmerksamer und geschickter Kenner der Menschen und der Angelegenheiten, und aus seinem erworbenen Fundus predigte er mit großer Wirksamkeit, ohne durch Konventionalität eingeschränkt zu werden und ungehindert durch erstklassigen Anstand. Er sagte die Wahrheit so, wie er sie sah, nicht in einem Tonfall eleganter Diktion, sondern mit einer Kuriosität und Kühnheit und mit einer solchen Projektilkraft, dass er Überzeugung erregte und Taten hervorrief. Er entschied sich dafür, Methodist genannt zu werden, ärgerte sich jedoch über die auferlegten Beschränkungen seiner Kirche und trat trotzig alle Beschränkungen nieder, während er der Neigung seines eigenen süßen Willens folgte, der von niemandem kontrolliert wurde, nicht einmal von seiner Busengefährtin Peggy Auf die indirekten Vorschläge ihres Tagebuchs ist Verlass. Er wollte keine Kirchen gründen, sondern nur auf seine eigene wilde Art predigen. Manchmal vereinbarte er an abgelegenen Orten Termine ein Jahr im Voraus, traf sie aber pünktlich zur vereinbarten Stunde ein.

Was die Skurrilität angeht, hatte Lorenzo Dow nur wenige seinesgleichen, denn er wich vom Gewöhnlichen ab, für das er eine einzigartige Leidenschaft hegte, aber es wurde nie jemand gefunden, der Lorenzo Dow für einen Narren erklären konnte. Er war nicht ohne Extravaganz in der Sprache und im Auftreten, aber wenn er herausgefordert wurde, konnte er gerne eine dem Anlass entsprechende Stärke unter Beweis stellen.

Sein Sohn, Neal Dow, war Brigadier in der Unionsarmee und Autor des „Maine-Gesetzes", das seinem Staat ein Verbotsgesetz einbrachte.

WEATHERFORD, DER „ROTE ADLER"

Die malerischste Figur unter den Indianerführern der Alabama-Stämme war William Weatherford, der von den Creeks, deren prächtiger Anführer er war, Lamochattee oder Roter Adler genannt wurde. Er war ein Neffe von General Alexander McGillivray und hatte ebenso viel Blut in seinen Adern. Weatherford wuchs in der Nähe von Montgomery im Dorf Coosada auf, direkt unterhalb der Kreuzung der Flüsse Coosa und Tallapoosa, wo sein Vater eine Plantage, ein großes Geschäft und eine beliebte Rennstrecke besaß. Charles Weatherford, der Vater, war ein weißer Mann, der einen Mischling geheiratet hatte und bei den Indianern als Agent in wichtigen Funktionen bei Verhandlungen mit den Spaniern und Amerikanern sehr beliebt und einflussreich wurde.

Der Sohn war schon von Kindesbeinen an ein Liebling der Indianer, von denen er sehr verhätschelt und geschmeichelt wurde, und in deren wilde Beschäftigungen sich der Junge mit Begeisterung einließ. Mit ihnen jagte und schwamm er, übte Leichtathletik zu Fuß und zu Pferd, tanzte mit ihnen bei ihren wilden Ausgelassenheiten, wetteiferte mit den Besten im Umgang mit Pfeil und Bogen, Gewehr und Pistole, in all dem wurde er ein Experte , sehr zur Freude der Krieger. Er war besonders geschickt im Reiten, und sein Geschmack wurde durch die schönen Tiere in den Ställen seines Vaters, die zu Rennzwecken gehalten wurden, in höchstem Maße befriedigt.

Die ausgeprägte Stärke von Weatherfords Führung zeigte sich schon früh, als er sich an den gefährlichen Expeditionen seines Stammes gegen andere in den häufigen Kriegen entlang des Cumberland und des Chattahoochee sowie in anderen Regionen beteiligte. Der gutaussehende und ritterliche junge Mann wurde nicht nur wegen dieser Eigenschaften vergöttert, sondern auch wegen seiner begabten Redekunst. Er hatte eine gewandte Zunge, besaß eine wunderbare Überzeugungskraft und seine Kenntnis des indianischen Charakters ermöglichte es ihm, ihre flüchtigen Leidenschaften nach Belieben zu entfachen und zu beeinflussen.

Schon in jungen Jahren entwickelte sich Weatherford zu einer dominanten Figur unter den Stämmen und wurde bald zum großen Anführer ernannt. Er verstand den indischen Charakter vollkommen und sein Urteilsvermögen lehrte ihn, wann er sprechen und wann er schweigen sollte. Genie, Urteilsvermögen, Rednerkunst und Mut waren die wichtigsten Eigenschaften von Weatherfords Charakter, die ihn in Verbindung mit seiner natürlichen Anmut und Beweglichkeit zu einem Gegenstand machten, der bei den ungebildeten Stämmen kaum an Bewunderung mangelte. Doch das war noch nicht alles, denn zu diesen verdienstvollen Eigenschaften kamen noch andere hinzu, die zwar den Sinn für Vornehmheit verwehrten,

Weatherford jedoch in der Wertschätzung der Indianer stark steigerten. Er war geizig, heimtückisch, blutrünstig und ein Vielfraß und Ausschweifer niederen Ranges.

Schon früh gelangte er in den Besitz einer schönen Plantage, die er in jeder Hinsicht verschönerte, während sein Zuhause zum Aufenthaltsort der schlimmsten Laster wurde, denen der Indianer verfallen war, was alles dazu beitrug, sein Ansehen als Indianer zu steigern. Sein Körperbau verschaffte ihm einen weiteren Vorteil, denn er war groß, symmetrisch gebaut und trug die Aufrichtigkeit eines Fahnenmastes, während seine großen schwarzen Augen blitzten, seine Nase von griechischem Stil war und andere Gesichtszüge harmonisch miteinander verschmolzen. Das war der Rote Adler der Bäche, der in den kommenden stürmischen Jahren ihr großer Anführer und Champion werden sollte. Wie einst Hannibal gegenüber den Römern hatte Weatherford ihm schon früh eine tiefe Abneigung gegen die Weißen eingeflößt. Sein Onkel, General McGillivray, dem der junge Mann sehr verbunden war und für den er auch ein Ideal war, hatte dem Neffen schon früh Hass auf den weißen Mann und Feindseligkeit gegen ihn eingeflößt. Als er jung war, begleitete Weatherford seinen Lieblingsonkel nach Pensacola, und während er mit den Spaniern verkehrte, empfand er zusätzlichen Groll gegen die Angelsachsen. Für ihn bedeutete das Vordringen der weißen Bevölkerung auf Alabamas Boden Raub und Verderben für den Indianer, und das schlimmste Blut seiner Natur wurde in der Zeit, in der er zum Mann heranreifte, immer heftiger vergossen.

Weatherford war kaum dreißig Jahre alt, als Tecumseh, der berühmte Häuptling, 1812 die Muscogees besuchte. Die Beliebtheit und Haltung des jungen Günstlings der Creeks erregte die Aufmerksamkeit des klugen alten Häuptlings, der den jungen Mann sofort in sein Vertrauen zog , eröffnete seine Pläne für die Ausrottung der weißen Rasse in Alabama und schmeichelte ihm nicht wenig, als er Weatherford zum unerschrockenen Anführer der Stämme des Südens ernannte. Tecumseh wollte, dass er sich sofort in den Vernichtungskrieg stürzte, aber Weatherford bat um Zeit, um über die Annahme einer so schwerwiegenden Anklage nachzudenken, und versprach, in naher Zukunft seine endgültige Antwort zur Rückkehr von Tecumseh zu geben.

Die Wahrheit ist, dass Weatherford ernsthafte Bedenken hinsichtlich seiner Beziehung zu den bevorstehenden Problemen hatte, und trotz all seines Mutes und seiner Bosheit war er nicht ohne Urteilsvermögen und Unterscheidungsvermögen. Obwohl er den weißen Mann hasste, kannte er seinen Mut und seine Stärke und außerdem hatte er viele Verwandte und Freunde, die jeder Demonstration von Feindseligkeit seitens der Indianer widerstehen würden. Doch Tecumseh hatte mit seinem leidenschaftlichen Appell das Herz der Indianer entfacht, und die Stämme fieberten dem

Angriff entgegen. Unter diesen Bedingungen befand sich Weatherford in
einem Dilemma.

Er schlich sich leise von seiner Plantage in der Nähe von Wetumpka weg
und ging den Alabama River hinunter in die Region Little River im unteren
Teil von Monroe, um sich mit seinem Bruder Jack Weatherford und seinem
Halbbruder David Tait zu beraten. Die Situation wurde noch schwieriger, als
beide dem jüngeren Bruder rieten, mit den drohenden Problemen nichts zu
tun zu haben, und ihn drängten, in seine Heimat zurückzukehren und mit
seiner Familie, seinen Sklaven und seinem Viehbestand in die Region zu
fliehen, in der sie lebten residierte. Diese älteren Brüder sagten Weatherford
nicht nur eine Niederlage, sondern auch eine Katastrophe voraus, falls er den
Bitten der Stämme nachgeben sollte, ihr Anführer zu werden. Die Brüder
wiesen darauf hin, dass den Weißen zwar viel Schaden zugefügt werden
könnte, sie aber am Ende die Indianer vernichten würden; dass er gut daran
täte, sich nicht in den feindlichen Feldzug hineinziehen zu lassen. Der Rat
wurde angenommen, und William Weatherford kehrte in die oberen
Grafschaften zurück, mit der Absicht, den vorgeschlagenen Kurs zu
übernehmen, aber es war zu spät.

Erzwungene Zustimmung

Der leidenschaftliche Tumult, den Tecumseh auslöste, und die volle Kenntnis des Vorschlags, den er Weatherford gemacht hatte, sowie die wohlbekannte Tatsache seiner Verwandtschaft mit bestimmten einflussreichen Familien in Lower Monroe, ihrer Haltung gegenüber den Indianern und nicht zuletzt Vor allem das Zögern Weatherfords, das Kommando zu übernehmen, und sein seltsamer Besuch bei seinen Brüdern – all diese Dinge erweckten Misstrauen und ließen die Indianer auf der Hut sein. Hier kam es zu einer so plötzlichen und kraftvollen Umkehrung der menschlichen Gefühle. Weatherford war vergöttert worden, bis Verdacht geweckt wurde, und sein mutmaßlicher Verrat mit großer Spannung beobachtet wurde. Als Weatherford von dem Besuch bei seinen Brüdern zurückkehrte, war er betrübt und doppelt enttäuscht, als er feststellte, dass sein Anwesen überfallen, seine Familie, seine Sklaven und sein Vieh von den Indianern beschlagnahmt und streng bewacht worden waren, um seine Rückkehr zu verhindern. Nicht nur das, sondern sie ergriffen auch ihn und teilten ihm mit, dass sie ihn und die Seinen töten würden, wenn er sich ihnen nicht anschloss, und sie gegen die Weißen führen würden. Es ging nun um den Tod oder die Unterwerfung unter ihre Forderung, wobei letzteres für Weatherford schließlich nicht schwer war, denn die Anklage, die er von allen Seiten hörte, erweckte das alte Feuer in seinem Herzen wieder zum Leben, und so vollständig die Veränderung auch war, Als Ergebnis seines Besuchs bei seinen Brüdern gab er nun herzlich deren Forderungen nach und erklärte sich bereit, sie auf das Feld zu führen.

Unter diesen erzwungenen Bedingungen nährte Weatherford erneut seinen Hass auf die weiße Rasse, indem er sich an das erinnerte, was ihm sein Onkel eingeflößt hatte, und mit seinem ganzen Wesen engagierte er sich für die Sache der Indianer und wurde der brillanteste und erbittertste aller Indianerführer . Da nichts anderes übrig blieb, als den Forderungen der Indianer nachzugeben, steigerte sich Weatherford zu unstillbarem Hass und marschierte mutig an der Spitze der urkomischen und gelbbraunen Tapferen ins Feld. Er sammelte alle Ressourcen für einen erbitterten Krieg zu seiner Unterstützung und rief jeden verfügbaren Krieger des Stammes, tausend an der Zahl, zu seiner Hilfe, um sich für den Marsch in die Grafschaften im Süden bereit zu machen. Im südlichen Teil des Staates waren bereits Feindseligkeiten ausgebrochen, und der anfängliche Sieg der Indianer in der Schlacht von Burnt Corn stärkte seine Stimmung und führte dazu, dass er die Gefühle, die er hegte, völlig ablehnte, als er die Häuser verließ seine Brüder, nur ein paar Wochen zuvor.

An der Spitze einer so wilden Armee, wie sie noch nie in einer Region gestanden hat, machte sich Weatherford auf den Weg nach Süden, um die Mission der völligen Vernichtung zu erfüllen. Jeder Tag des Marsches schärfte seine Begeisterung für den Kampf, ebenso wie die seiner erbitterten Anhänger auf dem Kriegspfad. Er schlüpfte so heimlich wie möglich nach Süden, und als er den Schauplatz drohender Feindseligkeit erreichte, stellte er fest, dass die Weißen sich in einen starken Palisadenzaun begeben hatten, der um die Residenz eines der Siedler namens Mims errichtet worden war, dessen Name genannt wurde zur Festung. Zusammen mit seinen ausgewählten Kriegern inspizierte er heimlich und unbeobachtet die Festung, studierte ihre Schwächen und Stärken und begab sich in den tiefen Wald, um die Zeit zum Angriff abzuwarten.

Er erkannte, dass der Versuch, die starke Barrikade zu stürmen, für seine Armee eine Katastrophe bedeutete, und mit echtem Generalgenie beschloss er, den günstigen Moment abzuwarten, um den tödlichen Schlag zu führen. Er versteckte seine Krieger in den tiefen Wäldern, an einem Punkt, der so weit von der Festung entfernt war, dass er nicht entdeckt wurde. Er ließ zu, dass nachts keine Lagerfeuer brannten und keine Demonstrationen, die in der Festung Alarm auslösen würden, während er täglich die Situation erkundete , und beobachten Sie, wie das Leben innerhalb der Palisaden ablief.

In Fort Mims verging Tag für Tag in Stille, Stille verwandelte sich in Untätigkeit, dann in Gleichgültigkeit und diese wiederum in Nachlässigkeit. Das Wachstum dieses Geistes innerhalb der Festung war für Weatherford außerhalb der mehrere Meilen entfernten Festung eine Ermutigung, und er war überzeugt, dass dieser Geist weiter wachsen würde. Wenn es zu einem Geist der Mattigkeit hätte werden sollen, zu dem es tendierte, dann würde Weatherford zuschlagen. Das Faulenzen innerhalb der Mauern der Umzäunung löste eine außerordentliche Unruhe aus, und nach und nach machten sich die Bewohner der Festung auf die Suche nach Blumen und wilden Früchten, während innerhalb der Umzäunung Abwechslung und Spiele eingeführt und beliebt gemacht wurden. Außerdem durfte das große Tor, das zunächst verschlossen gehalten worden war, nun nicht nur tagsüber, sondern auch nachts offen bleiben. Heftige Regenfälle hatten den Sand gegen das Tor gespült, so dass es, wenn man es wünschte, nur mit großen Schwierigkeiten geschlossen werden könnte. Den Insassen war die Situation gleichgültig geworden und sie hatten tatsächlich aufgehört zu glauben, dass es irgendeinen Grund zur Besorgnis gab.

Von all dem wusste Weatherford, der im benachbarten Wald lauerte, und während sich seine Krieger über die Verzögerung noch mehr ärgerten, wurden die Bewohner der Festung immer gleichgültiger, was beides dem Ziel des schlauen Weatherford förderlich war. Für den wachsamen Häuptling war es nicht leicht, seine Krieger in Schach zu halten, aber er überzeugte sie täglich davon, dass die Birne noch nicht reif sei und dass der Sieg zu gegebener Zeit leichter fallen würde. Weatherford war sich völlig darüber im Klaren, dass er sich, wenn die Kriegshunde freigelassen würden, ausschließlich auf die Kraft ihrer Raserei und Erfolgsfreude verlassen musste, während er die Sammelqualitäten der Weißen durchaus verstand, die sich, selbst wenn sie überrascht wurden, zusammenschlossen und im Allgemeinen mit einer wachsenden Kühle im Kampf.

So wurden die Tage für die Bewohner der Festung gleichermaßen eintönig und die Krieger versteckten sich in den Wäldern, aber die Wirkung war für jeden völlig unterschiedlich. Dies war genau so, wie Weatherford es sich gewünscht hatte, und obwohl es ihm nicht leicht fiel, seine nach Blut dürstenden Krieger in Schach zu halten, gelang es ihm, dies zu tun, bis der verhängnisvolle Tag kam.

Massaker in Fort Mims

Der verhängnisvolle Morgen des 30. August dämmerte über Fort Mims. Das Wetter war heiß und die Bewohner der Festung erwachten langsam aus dem Schlaf. Nach dem Frühstück begann der Tag mit der üblichen Routine der Gleichgültigkeit gegenüber den Verhältnissen: Die kleinen Kinder begannen, in den Blockhäusern zu spielen, Männer versammelten sich in kleinen Gruppen um das Gehege, plauderten, rauchten, lachten oder spielten Karten, während später eine Geige hereingeholt wurde Eine Schar Jugendlicher requirierte eine Oldtimerrolle, während die älteren Frauen in stillen Gruppen saßen und nähten, redeten und strickten. Der anfangs so gefürchtete Angriff war nun Gegenstand scherzhafter Kommentare, und die Männer scherzten darüber, was sie tun würden, wenn die Indianer auftauchen würden.

Inmitten der fröhlichen Szene erscheint ein Neger frisch aus dem Wald und erzählt aufgeregt, er habe eine Gruppe Indianer gesehen, die sich schnell dem Fort näherten. Major Beasley, der Kommandant, der mit anderen Offizieren Karten spielt, befiehlt, den Schwarzen aufzuhängen und auszupeitschen, weil er falschen Alarm ausgelöst hat. Das Tor steht immer noch weit offen, die Sandwälle sind dagegen aufgeschüttet, und die Ruhe innerhalb der Festung ist dieselbe geblieben.

Plötzlich wird die Ruhe durch das Abfeuern von Musketen draußen unterbrochen, begleitet von den abscheulichen Schreien der Wilden. Sie befinden sich in der Nähe des Eingangs, und als sie sicher sind, den Weg in die Festung zu finden, demonstrieren sie ihre Freude. Bestürzung erfasst die Insassen. Jetzt ist das rauschende Trampeln der herannahenden Angreifer zu hören, und als ein Trupp herbeieilt, um seinen Platz im Tor einzunehmen, sind die Indianer nur wenige Meter entfernt in voller Sicht. Bevor Beasley seine Männer versammeln konnte, stürmten ein paar Indianer durch das Tor. Der Vormarsch der Indianer wird abgewehrt und man hört Beasleys Stimme, die seine Männer auffordert, sich am Tor zu versammeln. Sie versuchen, es zu schließen, aber die Indianer rücken jetzt schnell vor, und es wird jedermann benötigt, um sie zurückzuhalten. Wenn der enge Durchgang des Tores den Zugang der Wilden einschränkt, behindert er auch die Verteidigung der Garnison. Eine feste Masse von Wilden, halbnackt und mit dem Funkeln der Wut in den Augen eines jeden, drängt sich dicht zusammen, um sich den Durchgang zu erzwingen. Die Verteidiger erschießen sie in ihrer Verzweiflung oder erstechen sie einen nach dem anderen mit ihren Bajonetten. Es bleibt keine Zeit für Ordnung und die Verwirrung ist vollkommen. Am Tor kommt es zu einem Handgemenge, bei dem die Offiziere Befehle erteilen und die Indianer wie Dämonen schreien und mit Macht drängen, um sich den Zutritt zu erzwingen. In der Festung schreien

Frauen und Kinder weinen in wilder Verwirrung. Bisher ist nur der Vormarsch der Indianer zu erkennen, die anderen nähern sich der Reihe nach auf der Flucht, unter der Führung von Weatherford. Berge von Leichen, Indianer und Weiße, füllen bereits das Tor.

Major Beasley steht an der Spitze seiner Männer, stellt sich den Wilden und kämpft wie ein Dämon. Er feuert seine Männer an, während er mutig führt. Er ist durch und durch mutig und jeder tut sein Möglichstes. Inspiriert vom Mut der Männer eilen die Frauen zur Rettung. Beasley fällt und wird durch seinen Körper getroffen. Er liegt niedergestreckt im Gang, sein Leben vergeht schnell, während er im Tod versinkt, und appelliert an seine Männer. Ein tapferer Leutnant tritt an seine Stelle, ist bald mit Blut aus seinen eigenen Wunden bedeckt, kämpft aber weiter und gerät vor lauter Kraftlosigkeit ins Wanken und stürzt. Zwei tapfere Frauen stürmen herbei, ziehen seinen Körper aus dem Totenhaufen, tragen ihn zurück, geben ihm Wasser, und plötzlich erhebt er sich, taumelt zum Tor und erneuert den Kampf. Nach einer halben Stunde Kampf wird das Tor geschlossen, als Weatherford mit achthundert frischen Kriegern erscheint. Vom Tor ausgeschlossen, beginnen die Indianer unter Weatherford damit, die Pfosten rund um die Festung niederzuschlagen, und während Löcher in die Pfosten gebohrt werden, wird das Feuern fortgesetzt. Der Vorteil liegt nun auf der Seite der Wilden. Schlag auf Schlag bringt schließlich einen Teil der Mauern zum Einsturz, und wie eine überfließende Flut strömen die schreienden Dämonen hinein. Draußen werden die Trockenmauern und Pfosten von den Wilden in Brand gesteckt, die Dächer stehen bald in Flammen, während die Zerstörungsarbeit zügig voranschreitet. Auf den Knien flehen Frauen um ihr Leben, während sie ihre Kinder an sich drücken, doch sie werden auf der Stelle erschlagen und skalpiert. Weder Alter noch Geschlecht bleiben verschont. Von den fünfhundertfünfzig innerhalb der Festung dürfen nur wenige Neger und Mischlinge leben.

In einer Ecke der Festung sieht man einen Indianer, der seine Gefährten in Schach hält, die versuchen, eine Gruppe zusammengedrängter Mischlinge, eine Mutter und ihre Kinder, zu erreichen. Der indische Verteidiger schlägt jeden nieder, der versucht, ihn zu erreichen. Die Erklärung dieser seltsamen Szene wird im nächsten Artikel erscheinen. Abgesehen von den so Geretteten bleiben nur neun der gesamten Zahl innerhalb der Festung verschont. Von den tausend Wilden, die die Festung stürmten, wurden dreihundertfünfzig getötet.

Es wurde gesagt, dass Weatherford versuchte, seine Krieger von dem mutwilligen Blutvergießen abzuhalten, aber im Gegenteil, er war mitten im Getümmel, versetzte die tödlichsten Schläge und spornte seine Männer durch sein Beispiel zur größten Zerstörung an. Als Weatherford hatten die Weißen nie einen unerbittlicheren und blutrünstigeren Feind. Sein Ziel war die Ausrottung der Weißen, und in dieser ersten Schlacht würde er ihnen eine Lektion über brutale Kriegsführung erteilen, die sie daran erinnern würde, wogegen sie zu kämpfen hatten. Er war ein ebenso gnadenloser Dämon wie unter den Männern des Waldes. Als Weatherford in späteren Jahren erkannte, dass seine Sache verloren war, er sich General Jackson ergab und in den unteren Teil von Monroe zog, um dort zu leben, gab es in Fort Mims den Versuch, den Eindruck seiner geplanten Sanftmut zu erwecken es ist völlig unbegründet.

Der Schrecken der schrecklichen Szene wurde durch die vernichtenden Flammen noch verstärkt. Die Dächer und Mauern fielen auf die Toten, sie wurden verbrannt oder auf einem einzigen Haufen verbrannt, und Weatherford, obwohl er später ein guter Bürger in derselben Region wurde, freute sich über die mörderische Verwüstung, die dadurch angerichtet wurde . Sein Entzücken war teuflisch, seine Rachsucht bedrohlich. Das war Weatherford am 12. August 1812.

Die Nachricht von dem schrecklichen Massaker löste überall Bestürzung aus. Es war der Hinweis auf das Aussterben der einen oder anderen indianischen oder weißen Rasse. Die Bestürzung wich der Rache, und überall griffen die Menschen zu den Waffen. Von da an lautete der Schlachtruf der Weißen: „Denkt an Fort Mims." Aus dem Norden marschierte Jackson aus Tennessee, und aus dem Westen kam Claiborne mit seiner Mississippi-Miliz. Weatherford hatte einen Sturm entfacht, den er niemals unterdrücken konnte.

INDISCHE DANKBARKEIT

Aus der allgemeinen Einschätzung des Charakters der Indianer würde man kaum glauben, dass ein Wilder zur Dankbarkeit fähig ist, aber selbst bei den Indianern fehlen Beispiele dieser Tugend nicht ganz; eines davon wurde bei dem schrecklichen Massaker von Fort Mims gezeigt. Unter den siebzehn, die dieser Tragödie aus Blut und Feuer entkamen, waren eine Mutter und ihre acht Kinder.

Dass sie gemeinsam von einem gewissen indischen Krieger gefunden wurden, der seine Dankbarkeit voll zum Ausdruck bringen konnte, war eine Vorsehung. Die Geschichte verdient durchaus einen Platz in unseren Annalen. Jahre vor diesem schrecklichen Holocaust in Fort Mims fand ein indischer Junge, ein Ausgestoßener und Waisenkind, auf seiner freundlosen Wanderung den Weg zum Haus eines Schotten in der Wildnis von Südalabama, dessen Name McGirth war und der eine Hälfte geheiratet hatte -züchten. Die gute Mrs. McGirth war berührt von dem Zustand des abtrünnigen indischen Waisenkindes und fütterte und kleidete ihn nicht nur, sondern nahm ihn auch zu Hause auf, kümmerte sich um ihn und zog ihn wie ihren eigenen Sohn auf. Der Indianerjunge Sonata wuchs unter dem McGirth-Dach zum Mann heran und teilte mit den Kindern der Familie die bescheidenen Annehmlichkeiten des Grenzheims.

Nachdem Sonata ein Mann geworden war, verabschiedete er sich von zu Hause und schloss sich dem Creek-Stamm an, dem er angehörte. Die McGirths verloren Sonata aus den Augen, die Sonata seiner Wohltäter. Jahre mit ihren Veränderungen vergingen und gingen, und Sonata war mit seinem Volk in den oberen Grafschaften.

Als der Krieg begann, gehörte er zu den Tapferen, die sich unter Weatherford für den Vernichtungsfeldzug engagierten, der zum Gemetzel in Fort Mims führte. Er gehörte zu den Ersten, die die unglückselige Festung betraten und eine tödliche Hinrichtung durchführten. Bei seinen tödlichen Schlägen traf Sonata plötzlich auf eine Frau, die schon etwas fortgeschrittener war, hinter der eine Reihe von Kindern kauerte. Mit erhobenen Händen flehte sie wie alle anderen darum, dass sie und die ihren verschont blieben. In der wilden Flut des Todes, während das Gemetzel seinen Höhepunkt erreichte, wurde die erhobene Hand von Sonata plötzlich gestoppt. In der Stimme der flehenden Frau lag etwas, das dem Ohr des Wilden bekannt vorkam, und sein Tomahawk wurde mitten in der Luft festgehalten. Er sah ihr ins Gesicht, und obwohl die Frau ihn nicht erkannte, tat er es, und in der Aufregung des Blutbades, das grassierte, ließ er seinen Tomahawk fallen, führte die Frau und ihre Kinder in eine Ecke der Festung und nahm sie ein eine Verteidigungsposition in ihrem Namen. Immer wieder wurden Versuche unternommen, sie zu erreichen, aber er wachte über der Gruppe und ließ nicht ein Haar ihrer Köpfe zu, indem er behauptete, dass sie seine Sklaven seien und nicht gestört werden dürften. Es war seine Pflegemutter, Mrs. McGirth.

Es geschah, als die Siedlungen zum ersten Mal alarmiert wurden, dass sie das Fort reparieren sollten, Mr. McGirth war geschäftlich unterwegs in einem anderen Teil des Landes, denn er war Händler, und kehrte erst nach dem Massaker zurück an der Festung. Als die Schrecken des Massakers vorüber waren, bestieg Sonata seine Gefangenen zu Pferd und trieb sie zu seinem Haus weit oben am Coosa. Er befürchtete, dass er, wenn sie in der Nähe der Festung blieben, selbst im Lager der Indianer, die Wildheit der Wilden nicht zurückhalten könnte, weshalb sie in das Oberland flohen. Der dankbare Schützling verließ seine frühere Pflegemutter und ihre Gruppe auch nicht, bis er sie in seinem eigenen Wigwam neben dem Coosa bequem fand. Dies geschah, und er eilte zurück, um sich wieder seinem Kommando anzuschließen. Als die Feindseligkeiten im Süden teilweise nachließen, suchte Sonata erneut sein Zuhause auf, um dafür zu sorgen, dass für Mrs. McGirth gesorgt wurde.

Der Kriegsschauplatz wurde vom Süden in die oberen Grafschaften verlegt, und Weatherford bereitete sich auf die Begegnung mit General Jackson vor, der von Tennessee herabstieg, um Weatherford und sein Kommando zu zerstören. Sonata war schon seit einiger Zeit zu Hause, und als er es für seine Pflicht hielt, sich erneut gegen Jackson zu melden, veranlasste er die Flucht von Mrs. McGirth und ihren Kindern, falls er im Kampf fallen sollte.

Im blutigen Konflikt von Cholocco Litabixee, wo tausend bemalte Krieger im Kampf gegen Jackson antraten, überlebten nur zweihundert. Unter den Ermordeten befand sich auch die dankbare Sonata, deren Tod Mrs. McGirth erfuhr und sie mit ihrer Familie in den Süden eilte. Alle, die sie zuvor gekannt hatten, hielten sie nur für tot, darunter auch ihren gebrochenen Ehemann, der seine Familie schon vor langer Zeit aufgegeben hatte, ebenso wie diejenigen, die in Fort Mims umgekommen waren. Er hatte sich als trauriger und gebrochener Mann in Mobile niedergelassen und suchte Ablenkung von seinem Kummer im Geschäft. Eines Tages, als er am Kai von Mobile arbeitete, wurde plötzlich seine gesamte Gruppe, noch ungebrochen, in seine Gegenwart geführt. Er starrte sie an, als hätten sie das Land der Toten verlassen. Er stand wie eine Statue da, sein Gesicht war so ausdruckslos wie die Oberfläche eines Sees. Er war dumm. Darauf folgte eine Nervosität, die ihn wie vor einem Fieber zittern ließ. Er starrte, bis ihm klar wurde, dass ihre Erlösung wahr war, dann brach er in unkontrollierbares Weinen aus und weinte, bis er keine Kraft mehr zum Weinen hatte.

Die Geschichte nach seiner Rückkehr nach Mobile nach dem Massaker war traurig. Er war sofort zum Ort des Massakers gegangen, in der Hoffnung, seine Lieben wiederzuerkennen und ihnen ein würdiges Begräbnis zu ermöglichen, aber die Flammen hatten die Gesichter aller entstellt, die nun verkohlt und geschwärzt vom Tod dalagen, und das Beste, was er tun konnte, war zu helfen bei der Beerdigung aller, vorausgesetzt, dass sich irgendwo unter ihnen seine eigenen Lieben befanden.

Der geretteten Mrs. McGirth verdankt die Geschichte größtenteils eine detaillierte Beschreibung der Szenen, die sich in Fort Mims abspielten. Obwohl sie eine ungebildete Frau war, verfügte sie über einen bemerkenswerten gesunden Menschenverstand und berichtete ohne Extravaganz ausführlich über das schreckliche Gemetzel. Ihre Freundlichkeit gegenüber dem armen indischen Jungen rettete sie in der schlimmsten Not ihres Lebens. „Wirf dein Brot auf das Wasser, denn nach vielen Tagen wirst du es finden.“

DER KANU-KAMPF

Der Indianer beherrschte den Umgang mit dem Ruder auf den größeren Bächen und in den Binnenbuchten ebenso gut wie den Umgang mit dem Tomahawk, dem Skalpiermesser und dem Bogen. Es wird angenommen, dass der Name eines der Alabama-Stämme von ihrem geschickten Umgang mit dem Ruder abgeleitet wurde. In seiner Creek Migration Legend schlug Gatschat vor, dass Mobilian „Paddeln" bedeutet. Es ist sicher, dass die frühen Siedler die Indianer als geschickt im Umgang mit dem Boot oder Kanu empfanden.

Die Geschicklichkeit, mit der der Indianer sein Kanu lenken konnte, und die Geschicklichkeit, mit der er es plötzlich von einem vorgegebenen Kurs ablenken konnte, waren wunderbar. Er hatte die Kraft oder Geschwindigkeit der Strömung eines bestimmten Baches mit größter Genauigkeit studiert und konnte auf einen Blick jeden Punkt berechnen, an dem er auf der gegenüberliegenden Seite ankommen würde, wenn er von der Ausgangsseite ausging. An Land waren die Weißen im Kampf mit den Indianern im Allgemeinen im Vorteil, aber auf dem Wasser waren die Indianer im Allgemeinen überlegen.

Das blutige Massaker in Fort Mims hatte bei den Weißen einen Geist der Rücksichtslosigkeit hervorgerufen. Der Krieg wurde zu einer Art Jagdausflügen, und die Gebiete wurden wie auf der Suche nach wilden Tieren durchkämmt. Das Massaker hatte den Weißen Feuer in die Knochen gelegt, und eine langwierige Rache war die Folge. Danach warteten sie nie mehr darauf, dass ein Indianer vorrückte, sondern wollten einfach nur wissen, wo die Wilden zu finden waren. Die Indianer nutzten die fruchtbaren Böden nur für die Jagd, und als die Weißen versuchten, sie zu bebauen und praktisch zu nutzen, während sie gleichzeitig versuchten, friedliche Beziehungen mit den Roten aufrechtzuerhalten, strebten die Indianer nach deren Vernichtung. Die Moral der Frage der Enteignung des Indianers drehte sich um diesen Punkt und nicht um den vorsätzlichen Raub, wie so oft behauptet wird. Die weißen Siedler wollten das Land für landwirtschaftliche Zwecke kaufen, aber der Indianer wollte, dass die Urwälder unberührt blieben, damit er jagen konnte. Da die Roten mit Weatherford an der Spitze den Schrei der Vernichtung erhoben hatten und in Fort Mims gezeigt hatten, dass nichts anderes als die völlige Ausrottung angestrebt wurde, akzeptierten die Weißen das Problem, und unter Bedingungen wie diesen tobte der Konflikt. Dieser Zustand verwandelte jeden Weißen in einen Soldaten, einen Patrioten, einen Vernichter.

Zu den mutigsten und unerschrockensten indischen Kämpfern jener frühen Tage gehörte General Sam Dale. Er war ein Riese an Größe und Stärke, furchtlos wie ein Löwe und mit der Kriegslist der Indianer vertraut. Niemand leistete in jenen frühen Tagen der indischen Kriegsführung tapferere Dienste als er. Mehr als jeder andere Weiße fürchteten die Indianer Dale, den sie „Big Sam" nannten. Seine bekannte Anwesenheit würde bei den Indianern bei jeder Gelegenheit Bestürzung hervorrufen.

Während einer Erkundungstour entlang der Ufer des Alabama entdeckte Dale ein Kanu, das mit elf tapferen Kriegern den Bach hinunterfuhr. Als Dale sah, dass sie auf einen dichten Rohrstock zusteuerten, befahl er seinen Männern, ihm schnell zu folgen, und sieben erreichten den Rohrstock, gerade als die Wilden landen wollten. Dale und seine Männer eröffneten das Feuer auf sie, überholten sie jedoch, als zwei der Indianer ins Wasser sprangen. Als sie aufstanden, tötete Dale einen und Smith den anderen. Die restlichen neun begannen, das Boot rückwärts zu fahren, um die Strömung zu erreichen und zu entkommen, wobei drei die Ruder benutzten, während die anderen flach auf dem Boden des Bootes lagen. Es scheint, dass Weatherford in Rufweite war, denn einer der Krieger rief ihm zu, er solle ihnen zu Hilfe kommen. Um die Bewegung des Bootes zu erleichtern, war einer der Krieger über Bord gesprungen und richtete es auf die Strömung. Als er bis zur Brust im Wasser stand, rief er Dale spöttisch zu, er solle schießen, während er dabei seine Brust entblößte. Dale schoss und zerschmetterte seinen Schädel. Bald war das Boot gut in der Strömung und bewegte sich flussabwärts.

Dale befand sich auf der gegenüberliegenden Seite des Flusses, auf der sich seine Boote befanden, und rief seinen Männern über den Fluss zu, sie sollten die Boote bringen. Sechs sprangen in ein Boot und machten sich auf den Weg nach Dale, aber als sie nahe genug kamen, um zu sehen, dass das Kanu mit flach liegenden Wilden gefüllt war, rasten sie zurück. Direkt darunter befand sich ein freier Neger namens Caesar mit einem Boot und einer Waffe, und Dale rief ihm zu, er solle sein Boot bringen, und als der Neger ablehnte, schrie Dale ihm zu, dass er den Fluss überqueren und töten würde, wenn er nicht sofort käme ihn, als Caesar hundert Meter unter dem Kanu der Indianer überquerte. Dale und zwei seiner Männer sprangen hinein und Caesar erhielt den Befehl, das Boot der Indianer zu verlassen.

Sobald sich die Boote berührten, sprang Dale auf und stellte einen seiner Füße in jedes Boot. Der nächste Krieger richtete seine Waffe auf ihn, aber sie blitzte. Er schlug schnell mit der Keule, versetzte Dale einen Schlag auf den Kopf, wich aus und zerschmetterte mit seiner Waffe den Kopf des Indianers. Austill sprang auf, wurde aber von einem Indianer niedergeschlagen, der ihn im nächsten Moment getötet hätte, aber Dale zerschmetterte seine Waffe am Kopf des Kriegers. Austill ergriff das Fass und wiederholte den Angriff. Da Dale keine Waffe hatte, reichte ihm Caesar seine Waffe mit befestigtem Bajonett. Die Boote trieben auseinander, Dale sprang allein in das Indianerboot, während das andere davonlief. Smith feuerte und verwundete den Indianer, der Dale am nächsten stand, der jetzt wie ein Denkmal im Boot der Indianer stand, von denen zwei tot zu seinen Füßen lagen. In seinem Rücken richtete der verwundete Wilde seine Waffe mehrmals auf Dale, während vier mächtige Krieger vor ihm standen. Der vorderste Mann war zu nah zum Schießen und versetzte Dale mit seiner Waffe einen Schlag, der ihn mit seiner Waffe abwehrte und dann das Bajonett durch ihn trieb. Der nächste machte einen Angriff, wurde aber von Austill getötet. Der dritte kam, wurde aber mit dem Bajonett durchbohrt. Der letzte war ein riesiger Wrestler, den Dale gut kannte, und als er über die liegenden Körper seiner Gefährten schritt, schrie er: „Big Sam, ich bin ein Mann – ich komme – komm schon!"

Damit sprang der große Athlet vor und schlug mit seiner schweren Muskete auf Dale ein. Er schlug Dale mit solcher Heftigkeit auf die Schulter, dass sie ausgerenkt wurde, woraufhin Dale das Bajonett in seinem Körper versenkte. Es flog um die Rippen herum und bohrte sich fest in sein Rückgrat. Dale hielt ihn fest, während er darum kämpfte, sich zu erholen, und als Dale ihn herauszog, sprang er auf und sprang mit einem wilden Schrei wütend auf den großen weißen Mann los, aber Dale war bereit mit dem Bajonett, das er ihm ins Herz rammte. Innerhalb von zehn Minuten waren elf Indianer getötet worden, sechs von ihnen starben durch Dales Hände.

EIN SPRUNG FÜRS LEBEN

Es gibt keinen ehrgeizigeren Zweck in dieser Reihe unprätentiöser Skizzen, als die bemerkenswerten oder mehr als gewöhnlichen Ereignisse darzustellen, die die reiche Geschichte unseres Staates prägen. Die Skizzen sind bloße Bruchstücke, die hier und da aus dem historischen Zusammenhang herausgelöst wurden, nur insoweit, als dieser Zusammenhang dazu dient, einen angemessenen Rahmen zu geben. Obwohl mehrere Artikel der ereignisreichen Karriere von Red Eagle gewidmet sind, wird hier oder anderswo in der Serie kein Versuch unternommen, sein schneidiges Leben als Idol seiner düsteren Gastgeber durchgehend zu verfolgen, sondern sie werden so dargestellt, dass ihnen die gebührende Beachtung geschenkt wird für die Chronologie der Ereignisse.

Das Erscheinen von General Jackson in Alabama führte dazu, dass Weatherford in die Zentralregion des Staates zurückkehrte, um seinen Aufstieg in Frage zu stellen. Obwohl Weatherford in der Wissenschaft des Kriegs nicht ausgebildet war, wusste er sie instinktiv, wie jeder andere natürliche Militärmann auch. Er hatte alle Eigenschaften eines großen Soldaten, sonst hätte er den Kräften seiner furchtbaren Gegner nicht so lange standhalten können. Sein Territorium war von allen Seiten freigelegt, und um den von Mississippi und Tennessee auf ihn zukommenden Widrigkeiten zu begegnen, musste er nicht nur seine Streitkräfte konzentrieren, sondern auch Vorräte ansammeln, mit denen er seine Armee auf dem Feld unterstützen konnte.

Weatherford erkannte schnell, dass der Kampf gegen organisierte Streitkräfte unter kompetenten und erfahrenen Kommandeuren mehr als nur eine planlose Kriegsführung seinerseits erforderte, und machte sich daher an die Arbeit für einen langen und anstrengenden Feldzug. Der Erfolg in Fort Mims, wo Weatherford mit ungewöhnlichem Geschick den Feldzug leitete und alle weißen Kommandeure übertrumpfte, machte ihn zum einzigen großen Häuptling der Indianer. Unter ähnlichen Bedingungen wäre dies für jedes Volk und jeden Menschen der Fall gewesen. Er war immer noch der Rote Adler, aber seine verehrenden Anhänger fügten dem noch die Bezeichnung Tustenuggee oder mächtiger Häuptling hinzu. Während der eitle Krieger durch die Bewunderung seiner Anhänger übertrieben war, wusste er, wie gering seine Zahl und seine Ressourcen waren. Aufgrund dieser Umstände und weil er als Häuptling gefeiert wurde, wusste er zu schätzen, was es für ihn in seiner schwierigen Lage bedeutete. Zum ersten Mal sollte er seine ungeübten Krieger gegen gedrillte Truppen anführen. Es war die Tapferkeit der Einheimischen gegen Mut und Können, die Strategie der Einheimischen gegen wissenschaftliche Taktiken, der Krieg der Wilden gegen den des zivilisierten weißen Mannes.

Innerhalb eines Monats wurden vier Schlachten ausgetragen – Tallahatchee, Talladega, Hillabee und Autossee – alle im November 1813, also vor hundert Jahren. Auf Echanachaca, dem heiligen Boden, konzentrierten sich Weatherfords Vorräte sowie die Frauen und Kinder seines Stammes. Dieser Punkt befand sich am Südufer des Alabama, zwischen Pintlalla und Big Swamp Creek, in der heutigen Region Lowndes County. Für die Inder war der Heilige Boden das, was Jerusalem für die alten Stämme Israels war. In diesem Waldgebiet wohnten ihre wichtigsten Propheten, die einen Kreis um sie herum gezogen hatten, und der verblendete Wilde wurde zu der Überzeugung überredet, dass es für einen Weißen den sofortigen Tod bedeuten würde, seinen Fuß auf diesen geweihten Boden zu setzen.

Der Heilige Boden war von einer Region voller Schönheit umgeben. Sieben Monate im Jahr war der unberührte Boden der Prärie mit üppigen Gräsern bedeckt, die hier und da mit rosa und purpurnen Blütenflecken übersät waren, während wilde rote Erdbeeren in gelegentlichen Beeten einheimischer Schönheit zusätzlichen Charme verliehen. Der Heilige Boden galt als uneinnehmbar, da er von hohen Pfosten umgeben war, die von wilden Händen grob zerrissen wurden, und vom magischen Kreis der Propheten umgürtet war. Hier wurde Weatherford am 23. Dezember 1813, einen Tag vor Heiligabend, von General Claiborne an der Spitze der Mississippi-Miliz angegriffen. Dem Kommando von Claiborne war eine Truppe befreundeter Choctaw-Indianer unter Pushmataha unterstellt.

General Claiborne begann den Angriff mit einem Sturm. Weatherford führte seine Truppen mit vollendetem Können und unbestrittenem Mut, aber mit wenig Erfolg. Die Tatsache, dass er, der berüchtigte Anführer von Fort Mims, das Kommando hatte, weckte in den Mississippiern den Wunsch, ihn nicht nur zu besiegen, sondern ihn gefangen zu nehmen. Trotz der falschen Sicherheit, die ihre Propheten den Indianern versprochen hatten, und trotz der Tapferkeit ihres Götzenhäuptlings, schmolzen sie schnell vor dem tödlichen Ziel der Hinterwäldler von Mississippi zusammen. Als er erkannte, dass der Kampf gegen ihn ausfallen würde, schickte Weatherford mit seinem Geschick, das jedem großen Befehlshaber würdig wäre, die Frauen und Kinder über Alabama, während er noch mit Geschick kämpfte und während seine Männer haufenweise um ihn aufgetürmt waren, kämpfte er bis zum bitteren Ende und verließ als Letzter das Feld. Als alle Hoffnung verschwunden war, bestieg er sein edles Streitross und raste wie ein Pfeil davon in Richtung Alabama River.

Er wurde heftig von einer Abteilung Dragoner verfolgt, die den Häuptling fast umzingelten, bevor er vom Feld floh. Auf dem breiten Weg, der zum

Fluss führte, donnerten die Hufe der Pferde der Verfolgten und der Verfolger. Für Weatherford gab es keine Hoffnung auf ein Entkommen, außer den Fluss früher zu erreichen und über ihn zu schwimmen. Von allen Seiten eingeengt, musste er einen Gipfel erreichen, von dem aus man den Bach überblicken konnte, und zwar auf einer Höhe von fast hundert Fuß senkrechter Steilküste. Am Abgrund blieb der kühne Anführer für einen Moment stehen, wie ein Denkmal vor dem fernen Himmel. Prächtig saß er auf seinem Pferd, während seine Verfolger auf ihn zudonnerten und ihm mit höhnischem Geschrei zuriefen, dass er endlich gefangen sei. Kalt hob er sein Gewehr ans Auge und stürzte den vordersten Reiter, dann bog er langsam eine tiefe Schlucht hinunter, die niemand zu betreten wagte, und ließ sein Pferd die steinige Oberfläche hinabgleiten, die etwa fünfzig Fuß über dem Fluss abrupt abbrach. Es gab dem schönen Tier die Sporen an die Seite und sprang mit seinem tapferen Reiter auf dem Rücken in die brodelnde Strömung unten. Kurz bevor das Wasser erreicht war, sprang Weatherford vom Rücken des Pferdes. Das Pferd ging zu Boden, um sich nicht mehr zu erheben, während Weatherford, immer noch mit einer Hand sein Gewehr hochhaltend, auf die gegenüberliegende Seite schwamm und so mit größerer Rache an dem weißen Mann als je zuvor davonkam. Er musste seine Truppen noch in anderen Schlachten anführen und kämpfen, solange noch Hoffnung auf Erfolg bestand.

Die Welt ehrt instinktiv einen tapferen Mann. Dieser tapfere Häuptling hatte den überwältigenden Massen tagsüber standgehalten, seine Frauen und Kinder gerettet, und nun, als die Dezembernacht auf diesen traurigen Tag der Niederlage hereinbrach, stand er am Nordufer des Alabama, durchnässt und kalt, aber genervt von einem Ein so heroischer Geist wie nie zuvor hatte Platz im Schoß des Menschen. Obwohl Weatherford ein Inder war, war er ein idealer Held. Angst kannte er nicht, und obwohl er der kühnste aller Kämpfer war, war er nie rücksichtslos. Seine Sammelkraft war einfach großartig.

WEATHERFORDS STURZ

Weatherford erlitt seinen Untergang in der Schlacht von Tohopeka. Dies war die letzte Schlacht, die jemals von den Indianern in Alabama ausgetragen wurde. In einer langen Reihe von Gefechten hatte Weatherford, obwohl er tapfer kämpfte, eine Niederlage erlitten. Nachdem seine Krieger fast bis zum letzten Mann getötet worden waren, würde er eine weitere Streitmacht sammeln und seinen wilden Truppen neue Hoffnung und neuen Mut einflößen. und bieten General Jackson erneut den Kampf an. Die Grenze seiner Kräfte lag nun in der Streitmacht, die er am Tallapoosa zusammengestellt hatte, wo die Indianer mit ungewöhnlicher Verzweiflung beschlossen hatten, den letzten Widerstand zu leisten.

Weatherford hatte sich für den Endkampf sein eigenes Gelände ausgesucht, und es war gut gewählt. In einer langen Flussschleife nahe dem anderen Ende des Eingangs befand sich ein Indianerdorf namens Tohopeka. Über dem Eingang oder Hals war ein Bollwerk aus schweren, abgelagerten Baumstämmen errichtet, dessen Befestigung sich von Ufer zu Ufer des Baches über eine Entfernung von etwa dreihundert Metern erstreckte. Diese Verteidigung war etwa zehn Fuß hoch und verfügte über eine doppelte Reihe von Bullaugen, aus denen die Indianer gleichzeitig schießen konnten, da ein Teil aufrecht stand und der andere auf den Knien feuerte. Geschützt durch den Fluss an den Flanken und im Rücken konnten sie ihr Feuer ausschließlich auf die Front konzentrieren. Mit einem tödlichen Ziel und geschützt durch ihre Brustwehr aus Baumstämmen hatten sie das Gefühl, sie könnten die angreifende Gruppe einen nach dem anderen ausschalten und so die Armee von Jackson völlig vernichten.

Hinter diesem beeindruckenden Bollwerk versammelten sich eintausendzweihundert Indianerkrieger aus den Städten Oakfuskee, Hillabee, New Yauka und Eufaula. Dies waren verzweifelte Männer, gut bewaffnet und jeder davon überzeugt, dass er Jacksons Armee den letzten Schlag versetzen würde. Weatherford hatte zu diesem Anlass die wichtigsten Propheten der Nation zusammengerufen, die den düsteren Verteidigern den Glauben einflößten, dass es für sie unmöglich sei, zu fallen, weil ihnen in dieser gegenwärtigen Notlage der Große Geist den Sieg bescheren würde. Um die Truppen noch mehr zu inspirieren, schlugen die Propheten selbst vor, sich an der Schlacht zu beteiligen, und bekleideten sich in ihre roten Decken, ihre Köpfe trugen Kränze aus verschiedenen Federn, während sie um ihre Schultern Umhänge aus leuchtendem Gefieder in Rot, Schwarz, Blau und Weiß trugen. Grün und Gelb schlossen sie sich den indischen Reihen an. An ihren Knöcheln hingen winzige Glöckchen in verschiedenen Tönen, deren Klingeln sie während der Schlacht aufrechterhielten, während sie hin und wieder in Anlehnung an die Krieger sprangen, tanzten und heulten. Weatherford war ein zu vernünftiger Mann, um der Heiligkeit ihrer Ansprüche irgendeine Bedeutung beizumessen, aber er war bestrebt, die Kampfkraft seiner Männer bis zum Äußersten herauszufordern. Zu den unhöflichen und lächerlichen Beschwörungsformeln der Propheten fügte er seine unvergleichliche Beredsamkeit hinzu, um seine Truppen auf den Höhepunkt der Verzweiflung zu bringen.

Die Frauen und Kinder waren aus dem Dorf mit seinen Hütten und Zelten hinter die Garnison gebracht worden, während hinter dem Dorf immer noch die Kanus der Indianer am Flussufer festgemacht waren, um im Notfall einer Niederlage eingesetzt zu werden. Aber während Jackson an der Front erschien, erschien General Coffee mit einer starken Streitmacht im hinteren Teil von Weatherford, mit dem Fluss zwischen ihm und dem Dorf Tohopeka. Eines der ersten Anliegen von Coffee bestand darin, eine Truppe zu schicken, um die Boote zu holen, mit denen er den Fluss überqueren und die Indianer im Rücken angreifen konnte.

Jackson erhielt von Coffee das Signal, dass dieser für den Angriff an der Front bereit sei, als sich am Morgen des 27. März 1814 gegen zehn Uhr zwei Feldgeschütze auf der Brustwehr aus Baumstämmen öffneten. Die Artillerie hatte keinerlei Einfluss auf die Blockhütten und Jackson beschloss, die Befestigungen zu stürmen. Unter einem heftigen Feuer marschierten die Truppen mit doppelter Geschwindigkeit und begannen, über die Brustwehr zu strömen, wobei viele bei dem herannahenden Angriff fielen und viele weitere auf den Mauern und innerhalb der Festung stürzten. Es entwickelte sich ein Hand-gegen-Mann-Kampf um die Vorherrschaft, und die Indianer wurden von ihren Werken zurückgeschlagen und kämpften inzwischen mit verzweifeltem Mut.

Während des Angriffs an der Front überquerte Coffee seine Streitkräfte in den Booten und fügte den Indianern zusätzliches Unbehagen hinzu, indem er das Dorf in ihrem Rücken beschoss. Zwischen einem Kreuzfeuer kämpften die Indianer mit größerer Verzweiflung als je zuvor. Im Lärm der Schlacht war die belebende Stimme des heldenhaften Weatherford zu hören, der seine Truppen zur Verzweiflung trieb, während er in den Reihen wie ein gewöhnlicher Krieger kämpfte. Als Jackson sah, dass alle Hoffnung für die Indianer verschwunden war, schickte er einen Boten mit Angeboten zur Kapitulation. Dies wurde mit Verachtung behandelt und die Antwort war, dass kein Viertel verlangt wurde und auch keins gegeben würde. Zu diesem Zeitpunkt begannen die amerikanischen Truppen mit neuer Verzweiflung und begannen mit der Vernichtungsarbeit. Hinter Büschen, Baumstümpfen oder anderen Hindernissen kämpften die Indianer bis zum Einbruch der Nacht. Viele der Krieger versuchten zu fliehen, indem sie in den Fluss sprangen, aber sie wurden von den Schützen erwischt und das Wasser des

Tallapoosa war von ihrem Blut gerötet. Einige konnten entkommen, aber auf dem Feld wurden die Leichen von fünfhundertfünfzig Kriegern gezählt. Es wurde geschätzt, dass nicht mehr als 25 der Armee von Weatherford überlebten.

Zu den bemerkenswerten Vorfällen der Schlacht gehörte der eines Kriegers, der inmitten anderer Getöteter verwundet abgeschossen wurde und der ihm das Leben rettete, indem er die Körper zweier anderer über sein eigenes zog und so aussah, als wäre er verletzt tot und wurde bei der Besichtigung des Feldes am Ende des Tages zu den Toten gezählt. Als es dunkel wurde, schleppte er seinen blutenden Körper zum Fluss und schwamm mit Mühe hinüber. Ein anderer namens Manowa wurde schwer verwundet, schaffte es jedoch, den Fluss zu erreichen, in dem er seinen Körper vier Fuß tief ins Wasser versenkte, ihn festhielt, indem er eine Wurzel eines Baumes packte, und sein Leben aufrechterhielt, indem er in das Gelenk stieß ein Stock über der Oberfläche, durch den er atmete. Später nutzte er die Dunkelheit und entkam schließlich. In späteren Jahren zeigte er, dass er fast in Stücke geschossen wurde, doch mit stoischer Ausdauer ertrug er die Qualen von Stunden unter Wasser, entkam und überlebte.

Aber wo war Weatherford? Diese Frage war in aller Munde. Sie konnten ihn unter den Ermordeten nicht finden, und man nahm an, dass er vielleicht zu denen gehörte, die auf dem Fluss ums Leben kamen, als sie fliehen wollten. Aber wie üblich kämpfte er bis zum Letzten, gehörte zu den Letzten, die das Feld verließen, als er auf seinem schönen Ross zum Fluss flüchtete, sich versteckte, bis es dunkel wurde, und dann auf seinem Pferd den Fluss hinunter um die Biegung trieb Er passierte das amerikanische Lager und machte sich auf den Weg in die Hügel südlich des Tallapoosa River. Hier blieb er einige Zeit, während der General Jackson eine Belohnung für ihn auslobte, ob tot oder lebendig. Über den Zustand seines romantischen Wiederauftauchens wird im nächsten Artikel berichtet.

WEATHERFORD kapituliert

Einige Zeit nach der Schlacht von Tohopeka kamen die Krieger herein und ergaben sich Jackson. Keiner von ihnen schien etwas über Weatherford zu wissen, denn er hatte sich seit dem tödlichen Kampf nicht mehr gezeigt. Weatherford war fest entschlossen, nicht gewaltsam gefangen genommen zu werden, und beschloss, freiwillig in das Lager von Jackson zu gehen, einen Antrag für die Frauen und Kinder zu stellen und sich dann zu ergeben, damit mit ihm so umgegangen werden konnte, wie es der amerikanische Befehlshaber wünschte.

Er verließ seinen einsamen Rückzugsort in den Hügeln, bestieg mit gut geladenem Gewehr sein feines Grau und wandte sich dem amerikanischen Lager zu. Auf seinem Weg kam ein großes Reh in Schussweite, das er erschoss, es hinter seinen Sattel schnallte, sein Gewehr nachlud und sich auf den Weg zum Lager von Jackson machte. Sein einziges Ziel war es, sich als Gefangener darzustellen und eine angemessene Behandlung zu fordern. Sollte ihm diese Behandlung verweigert werden, wollte er Jackson auf der Stelle töten und mutig die Konsequenzen tragen. Als er die Außenposten erreichte, fragte er höflich nach dem Weg zum Zelt des Kommandanten, als die Streikposten ihn beschimpften, ohne zu wissen, wer er war, und ihm keine Genugtuung verschafften. Ein grauhaariger Zivilist, der in der Nähe war, zeigte freundlich auf das Zelt von General Jackson, der direkt darin saß und mit einigen seiner Offiziere sprach. Als Weatherford heranritt, erspähte Jackson ihn, aber nur ein paar Meter entfernt, und er erhob sich vom Campingstuhl und begrüßte ihn mit: „Nun, Bill Weatherford, endlich haben wir dich!" Es folgten beleidigende Worte, auf die Weatherford erst antwortete, als er zu Ende sagte: „Ich habe keine Angst vor Ihnen, General Jackson." Ich bin ein Creek-Krieger und fürchte keinen Mann. Ich bin nicht hier, um mich beleidigen zu lassen, und wenn Sie das tun, werde ich Ihnen eine Kugel ins Herz schießen. Du kannst mich nicht beeindrucken, aber ich möchte einige Dinge sagen, und wenn ich fertig bin, kannst du mit mir machen, was du willst, aber diese Dinge wirst du hören. Ich bin freiwillig gekommen, um mich zu ergeben, und Sie werden mich nicht beleidigen, Sir, bis ich mit dem Reden fertig bin." Jacksons Augen blitzten vor Wut, während Weatherford kühl sprach, während er auf seinem Pferd saß. Inzwischen versammelte sich eine große Menschenmenge um den Tatort.

Weiter sagte Weatherford: „Es ist klar, dass ich nicht länger gegen Sie kämpfen kann. Wenn ich könnte würde ich. Es ist nicht die Angst, die mich zur Kapitulation führt, sondern die Notwendigkeit. Meine tapferen Krieger sind tot und ihr Kriegsgeschrei verstummt. Könnte ich mich an sie erinnern, sollte ich bis zum Letzten gegen dich kämpfen. Ich komme, um nichts für mich selbst zu verlangen. Ich bin jetzt dein Gefangener. Es ist mir gleichgültig, was du mir antun wirst, aber es geht mir nicht um die Frauen und Kinder meiner toten Krieger. Diese Hilflosen hungern jetzt im Wald. Ihre Felder und Krippen wurden von deinem Volk zerstört, und sie sind Wanderer in den Wäldern, ohne Ähren. Alles, was ich jetzt verlange, ist, dass Sie Gruppen aussenden, sie hereinbringen und ihnen etwas zu essen geben. Ich weiß, dass ich für das Massaker an den Frauen und Kindern in Fort Mims verantwortlich gemacht werde , aber ich konnte die Wut meiner Krieger dort nicht zurückhalten, obwohl ich es versuchte. Wie auch immer Sie das sehen, ich mache mir keine Sorgen mehr um mich selbst. Ich bin mit dem Kämpfen fertig, aber diese hilflosen Frauen und Kinder im Wald sind meine größte Sorge. Sie haben dir nie etwas zugefügt, aber ich habe getan, was ich konnte, und nur der Mangel an Männern hindert mich daran, den Kampf fortzusetzen. Ich habe mein Bestes gegeben. Hätte mehr getan, wenn ich könnte. Ich bin jetzt in deinen Händen, und wenn es der Wunsch der Weißen ist, kannst du mich töten."

Die Menge, aufgerüttelt durch seinen Trotz, rannte mit Rufen um ihn herum: „Tötet ihn!" Töte ihn!" Während Weatherford den Kopf senkte und sein Gewehr immer noch vor sich hatte, schritt Jackson empört vorwärts und befahl mit dröhnender Stimme Stille und sagte dann in strengem Tadel: „Jeder Mann, der einen so tapferen Mann wie diesen töten würde, würde es tun." raubt die Toten aus." Der Menge wurde streng befohlen, sich zu zerstreuen, und Jackson, bezwungen von der Beredsamkeit des tapferen Häuptlings sowie von seinem Mut, lud ihn in sein Zelt ein und erwies ihm alle Höflichkeiten, die einem angesehenen Gast gebührten. Das Pferd wurde einem Pfleger übergeben, und die tapferen Männer, die sich gegenübersaßen, vergaßen den Streit der Vergangenheit und waren nun Freunde. Es folgte ein längeres Interview, in dem ein Vertrag geschlossen wurde und der Krieg zwischen der roten und weißen Rasse in Alabama vorbei war. Jackson arrangierte, für die Frauen und Kinder der Indianer zu sorgen, und als alles ordnungsgemäß geklärt war, überreichte Weatherford General Jackson freundlicherweise den Bock, den er geschossen hatte, und sie schüttelten sich die Hände, als Weatherford auf sein Pferd stieg und davonritt. Jackson und nicht Weatherford machten sich Sorgen um die Sicherheit des anderen, denn er kannte die Stimmung des Volkes und die Rache, die es an Weatherford hegte. Tatsächlich war Jackson vom Geist des Häuptlings entzückt und beschloss, ihn vor der Wut derer zu retten, die unter dem Massaker von Fort Mims gelitten hatten.

Weatherford suchte nun sein Zuhause in Little River im Monroe County, wo seine Brüder freundlicherweise ihre Besitztümer mit ihm geteilt hatten und ihn bequem auf einer guten Plantage mit Negersklaven untergebracht hatten. General William Henry Harrison, der als Generalmajor der regulären Armee zurückgetreten war, wurde aufgelöst und die Truppen kehrten nach Hause zurück. ihn. Der Krieg mit den Indianern war vorbei, die Tennessee-Truppen wurden außer Dienst gestellt, die Armee wurde aufgelöst und die Truppen kehrten nach Hause zurück.

Im südlichen Teil des Staates befand sich die Mississippi-Miliz noch in organisierter Form, ein großer Teil davon befand sich in Fort Claiborne am Alabama River. Das war etwa ein Jahr vor der Schlacht von New Orleans. Da dies nicht in den Rahmen dieser Erzählung fällt, verlieren wir hier General Jackson aus den Augen, es sei denn, er wird im folgenden Artikel in einer neuen Beziehung zu Weatherford erscheinen, der seine Umgebung zu Beginn nicht besonders sympathisch fand Wohnsitz am Little River. Von den Gefahren, die ihn in dieser Gegend bedrohten, werden wir im nächsten Artikel sehen. Mit der Präsentation dieses Artikels wird Weatherford aus der Erzählung verschwinden. Aber das Folgende spiegelt den Geist wider, der sowohl Weatherford als auch Jackson bis zum Ende beseelte.

WEATHERFORDS LETZTE TAGE

Die Anwesenheit von William Weatherford in Little River als ständiger Bürger wurde von den Bewohnern dieses Viertels nicht geschätzt. Nicht weit von diesem Ort entfernt hatte sich die schreckliche Tragödie des Massakers erst etwa zwei Jahre zuvor ereignet, und die Trauer über das Abschlachten geliebter Menschen war immer noch groß und die Sensibilität rau. Während bei Weatherford alles vorbei war, war das bei denen, deren geliebte Menschen ermordet wurden, nicht der Fall, und schon bald machten Gerüchte die Runde, dass Gewalt auf den Kopf des Ex-Chefs kommen würde.

Um sich zu schützen, wurde ihm geraten, sich nach Fort Claiborne, etwas weiter flussaufwärts, zu begeben, bis die Wut vorüber war. Dorthin reparierte er sich, wurde vom Kommandanten freundlich empfangen und in ein Zelt in der Nähe seines Zeltes gebracht, um das herum eine Kette von Soldaten aufgestellt war. Dennoch ließ die Wut nicht nach, und die Gerüchte über die Absicht, ihn zu töten, waren derart, dass sie die größte Sorge um seine Sicherheit weckten. Er blieb etwa zwei Wochen hier, als er zu einer stillen Besprechung mit dem Kommandanten gerufen wurde, die dazu führte, dass Weatherford in der darauffolgenden Nacht von einem einzelnen Wachmann mit einer Notiz an den Rand des Lagers eskortiert wurde Offizier des Außenpostens, Kapitän Laval. Als Laval die Nachricht erhielt, nahm er Weatherford ruhig am Arm und führte ihn durch die pechschwarze Dunkelheit zu einem bestimmten Baum, wo ein gutes Pferd angespannt gefunden wurde, und Weatherford wurde gesagt, er solle es besteigen und um sein Leben fliehen. Er schüttelte Laval die Hand, sagte: „Auf Wiedersehen, Gott segne dich", sprang in den Sattel und raste wie ein Pfeil durch die dichte Dunkelheit davon. Laval stand da und lauschte dem Rasseln der Pferdefüße, bis der Häuptling eine Meile oder mehr entfernt war.

Weatherford suchte am Vorabend seiner Rückkehr nach Tennessee das Lager von Jackson auf, und Jackson versicherte ihm seinen Schutz. General Jackson brachte seinen ehemaligen Gegner in die Eremitage, kümmerte sich mit größter Gastfreundschaft um ihn und schickte ihn dorthin, als ihm versichert wurde, dass es für Weatherford völlig sicher sei, nach Little River zurückzukehren. Die Haltung dieser Helden zueinander war für beide gleichermaßen lobenswert.

Weatherford kehrte auf möglichst ruhige Weise auf seine Plantage zurück und war in seinem späteren Leben einer der vorbildlichsten Bürger des Landkreises. Als Nachbar gab es keinen besseren. Er gewann schnell das Vertrauen der Gemeinschaft, dann die Wertschätzung, und der Groll ließ schnell nach.

Ein Vorfall in seinem Leben veranschaulicht deutlich den Geist des Mannes. Bei einem privaten Verkauf in der Grafschaft, bei dem alle Elemente der Gesellschaft vertreten waren, nutzten zwei Tyrannen einen alten Bürger namens Bradberry aus, dessen Sohn ein Leutnant in der Armee gewesen war, an der Schlacht von Burnt Corn teilgenommen hatte und dabei war schließlich im Kampf getötet. Nachdem diese beiden Tapferen Schwierigkeiten mit dem ehrwürdigen Bradberry hervorgerufen hatten, zerbrach einer von ihnen einen Krug über seinem Kopf, während der andere auf ihn zulief und ihn in den Nacken stach, und der alte Mann fiel tot zu seinen Füßen. Weatherford war die ganze Zeit über Zeuge der Szene. Seine indianische Natur kam ihm wieder zum Vorschein, sein Blut brannte in Flammen und es gelang ihm nicht, sich zurückzuhalten. Umso erbitterter war er, als die Gruppe der Mörder auf dem öffentlichen Platz Stellung bezog und mit trotzig geschwungenen Revolvern jeden herausforderte, sich ihnen zu nähern. Ein anwesender Friedensrichter forderte die Menge auf, die Täter zu verhaften, aber niemand wagte es, sich ihnen zu nähern, denn ihre Namen waren in der Region seit langem ein Schrecken. Weatherford stand neben dem Richter und sagte: „Vielleicht ist das die Art und Weise des weißen Mannes, Dinge zu tun, aber wenn ein Tropfen Indianerblut in den Adern dieses Toten wäre, würde ich diese Kerle unter Lebensgefahr verhaften." Der Richter forderte ihn dann auf, sie zu verhaften. Weatherford zog leise seinen Dolch mit Perlmuttgriff hervor, während er seinen schweren Hickorystock in die linke Hand nahm, und ging auf den Mörder von Mr. Bradberry los. Der Mörder warnte ihn, zurückzutreten, aber Weatherford ging mit festem Schritt kühl auf ihn zu und befahl ihm, seine Waffen sofort abzugeben, als der Mörder tat, was ihm geheißen wurde. Dann umklammerte Weatherford die Kehle des Mörders mit einem Schraubstock, rief nach einem Seil, fesselte seine Hände sicher auf dem Rücken und übergab ihn dem Beamten.

Der andere brüllte weiter und schwor, dass er jeden Mann töten würde, der ihn verhaften wollte. Ohne Rücksicht auf seine Drohungen wandte sich Weatherford nun an ihn. Als er näher kam, sagte der Kerl: „Ich meinte nicht dich, Billie Weatherford", worauf Weatherford keine Beachtung achtete, und indem er ihm die Waffen abnahm, packte er ihn ebenfalls, fesselte ihn still und übergab ihn zum Offizier.

Auf die Frage, warum er es gewagt habe, sich auf diese Art und Weise zu wagen, gab Weatherford eine Erklärung, die wirklich philosophisch ist. Er erklärte, dass nicht der laute Mann zu fürchten sei, sondern der coole Mann. Dann wollte er wissen, was an dieser Transaktion lauter und kühler war. Die Tapferkeit lässt nach, wenn sie mit Mut konfrontiert wird. Weatherfords Idee war, dass der Mann, der immer kämpfen wird, niemals ohne einen Vorteil kämpfen wird. Er versucht, andere mit seinem Mut zu beeindrucken, wird aber erst kämpfen, wenn er einen ungerechtfertigten Vorteil gegenüber einem Gegner erlangt hat.

Dies machte Weatherford zu einem Helden in der Gegend, in der er lebte. Durch sein Verhalten als Nachbar und Bürger wurde er immer beliebter und es gelang ihm, die Bitterkeit gegen ihn in Liebe umzuwandeln. Zwölf Jahre lang lebte er in der Gemeinde Little River und erfreute sich zunehmender Beliebtheit. Er war ein wohlhabender Plantagenbesitzer, der sich an allem beteiligte, was das Wohl der Gemeinschaft betraf, er schreckte bei der Erfüllung seiner Pflichten als Bürger nie zurück, und als er starb, wurde sein Tod allgemein bedauert. Bei einer ermüdenden Bärenjagd in den Sümpfen entlang des Flusses überforderte er seine Kräfte und starb 1826. Sein ganzes Leben lang beklagte er die überstürzte Tragödie in Fort Mims, und zweifellos führten ihn seine anschließenden Überlegungen dazu, darauf zu bestehen, dass es nicht sein Wunsch war dass die Frauen und Kinder umkommen sollten. Nachkommen, die seinen Namen tragen, leben noch immer in diesem Viertel des Staates und werden für ihren Wert als ruhige und würdige Bürger geschätzt.

AARON BURR IN ALABAMA

Kaum eine auffälligere, um nicht zu sagen verblüffendere Persönlichkeit als Aaron Burr gab es im öffentlichen Leben Amerikas. Aufgewachsen in den höchsten Kreisen der Gesellschaft, von Natur aus hochbegabt, mit den größtmöglichen Vorteilen in der Bildung, ein tapferer Offizier in der Revolution, Vizepräsident der Vereinigten Staaten und kurz davor, Präsident zu werden, und der Enkel des Dieser beliebte Glückssohn des großen Philosophen Jonathan Edwards war ein Flüchtling, dem für seine Festnahme eine Belohnung ausgesetzt wurde. So unterschiedliche Seiten kommen im Leben eines Menschen selten vor. Aaron Burr wurde verhaftet, vor Gericht gestellt und schließlich freigesprochen, und doch war sein Privatleben so, und der Verdacht gegen ihn war so groß, dass seine früheren Freunde ihn verließen und Henry Clay es einmal ablehnte, seine Hand zu nehmen. wenn angeboten.

Die Geschichte von Burr ist zu lang, um hier auch nur in kurzen Abrissen dargestellt zu werden, obwohl sie durchgehend spannend ist, und bis zum heutigen Tag bleiben seine Bewegungen geheimnisvoll, da Burr in seiner letzten Stunde jeden Zweck der Zerstückelung der Union ablehnte. Dies war einer der Hauptvorwürfe, die ihm zu Lebzeiten vorgeworfen wurden. Dass er tiefgreifende Absichten hatte, steht jedoch außer Frage, und mit der Verbreitung von Proklamationen mit Belohnungsangeboten für seine Verhaftung und seinen Versuch, das Land zu verlassen, werden die Zweifel an seiner Schuld und seiner Mitschuld an einem schändlichen Plan sofort zerstreut . Er war auf dem Weg nach Pensacola, als er in diesem Zustand in der Tensas-Siedlung kontrolliert wurde, was zu seinem Prozess führte.

Die Nacht vom 18. Februar 1807 war für diesen Breitengrad ungewöhnlich kalt. Die Bodenoberfläche war gefroren, und nichts war so ungewöhnlich, als dass Reisende im Ausland auf den Autobahnen unterwegs waren. In dem kleinen Dorf Wakefield im Washington County befanden sich einige Hütten der frühen Siedler dieser Region. In einem davon saßen um zehn Uhr zwei junge Männer völlig in eine Partie Backgammon vertieft. Im großen Kamin brannte ein Feuer aus Baumstämmen und Kiefernzweigen, das Dorf lag still im Schlaf, und vielleicht war das Licht, das durch die Ritzen der Hütte zu sehen war, das einzige, das im Dorf sichtbar war. Diese jungen Männer, die sich mit dem Spiel beschäftigten, hörten das Geräusch von Pferden, die sich schnell ihrer Hütte näherten. Als jemand vor der Hütte, in der die jungen Männer saßen, stehen blieb, rief eine Stimme, und als man die Tür öffnete, sah man im Licht zwei berittene Männer, von denen einer fragte, wo die Taverne sei und wie weit es bis zum Haus sei von Colonel Hinson. Ihnen wurde gesagt, dass das Haus sieben Meilen entfernt sei, die Straße holprig und dunkel sei und dass ein gefährlicher Bach dazwischen ströme. Als die beiden Reisenden auf ihren Pferden saßen und das Licht der Hütte vollständig auf sie fiel, erkannte man, dass einer von ihnen viel mehr als ein gewöhnlicher Mann war, aufgrund der Charakteristik seiner Sprache, seines markanten Gesichtsausdrucks und der offensichtlichen Angst, die sich in einer ungewöhnlichen Sprache ausdrückte Während er einen Schlapphut und die Kleidung eines einfachen Bauern trug, offenbarten seine exquisiten Stiefel und sein hervorragendes Pferd die Diskrepanz in den Bedingungen.

Ungeachtet des Ratschlags des jungen Mannes, nicht das Risiko einzugehen, das Haus der Hinsons zu finden, holten sich die Reisenden in einer dunklen Nacht wie dieser ihre Informationen und ritten davon. Die beiden jungen Männer in der Hütte waren Nicholas Perkins, ein Anwalt, und Thomas Malone, ein Gerichtsschreiber. Nachdem die Reisenden gegangen waren und die jungen Männer wieder in der Kabine waren, äußerte Perkins die Meinung, dass der Mann von ungewöhnlichem Aussehen Aaron Burr sei, da dies genau der Beschreibung in den Proklamationen entspreche, und schlug vor, dass sie ihm folgen und seinen Mann besorgen sollten Festnahme.

Auf diesen Vorschlag hin lehnte Malone ab und sagte, das sei nicht ihre Sache, die Nacht sei sehr kalt und es sei absurd, einen Fremden auf bloßen Verdacht hin durch die kalte Dunkelheit und unter Lebensgefahr zu jagen. Aber Perkins ließ sich nicht so leicht einschüchtern und begegnete jedem Einwand energisch. Malone konnte jedoch nicht in die Bemühungen einbezogen werden, und Perkins machte sich auf die Suche nach dem Sheriff Theodore Brightwell, mit dem er bald zu Pferd saß, und sie machten sich auf den Weg zu Colonel Hinson. Inzwischen hatten Burr und sein Begleiter gegen zwölf Uhr Hinsons Haus erreicht. Colonel Hinson war abwesend, und als Reaktion auf den Ruf am Tor blickte Mrs. Hinson durch das Fenster, sah zwei Männer aufsitzen und ging wieder zu Bett, ohne zu antworten. Die Reisenden stiegen aus, gingen in die Küche, wo noch ein Feuer brannte, und wärmten sich, als der Sheriff, ein Verwandter von Mrs. Hinson, die Küche betrat, nachdem er Perkins am Straßenrand zurückgelassen hatte, um auf seine Rückkehr als Perkins zu warten hielt es für unklug, sich zu zeigen, nachdem er in Wakefield mit ihm gesprochen hatte. Burr verbarg sein Gesicht teilweise mit seinem Taschentuch und war zunächst der einzige Bewohner der Küche, da sein Begleiter mit den Pferden in einen Stall gegangen war.

Nach ein paar hastigen Worten weckte der Sheriff Mrs. Hinson, ein Abendessen wurde improvisiert, die Fremden begannen zu essen, Burr war umgänglich und gesprächig, entschuldigte sich ausführlich für die unpassende Unterbrechung und lobte das ausgezeichnete Abendessen. Der Sheriff hatte Mrs. Hinson darauf vorbereitet, nach Möglichkeit festzustellen, ob einer der beiden Männer Burr war, und während der Sheriff mit dem

Rücken zur Firma am Feuer stand und Burr sich in die Küche zurückgezogen hatte, fragte sie seinen Begleiter, ob sie hatte nicht die Auszeichnung, Colonel Burr zu unterhalten. In großer Verwirrung stand der Begleiter ohne ein Wort der Antwort auf und gesellte sich zu Burr in die Küche.

Der Sheriff gesellte sich wieder zu ihnen, unterhielt sich, und bald waren alle im Bett. Am nächsten Morgen drückte Burr seine Enttäuschung darüber aus, dass er Colonel Hinson nicht getroffen hatte, und bestieg seltsamerweise bald sein Pferd, zusammen mit dem Sheriff und seinem Begleiter, wobei der Sheriff vorschlug, den Reisenden den Weg aus dem Land und weiter in Richtung zu zeigen Pensacola.

In der Zwischenzeit wurde Perkins seinem Schicksal überlassen. Als Perkins gegen Morgen feststellte, dass der Sheriff offenbar nicht die Absicht hatte, zurückzukehren, machte er sich auf den Weg nach Fort Stoddard, indem er schnell zum Fluss ritt, wo er ein Boot besorgte und einen Neger beauftragte, es den Fluss hinunter zu rudern. Bei Tagesanbruch wurde die Festung erreicht, Perkins benachrichtigte Kapitän Gaines, den Kommandanten, über alles, was geschehen war, und bei Sonnenaufgang saß eine Truppe in ihren Sätteln und folgte Gaines und Perkins in Richtung der Straße, die nach Pensacola führte. Gegen neun Uhr trafen sie die drei Männer zu Pferd – Burr, seinen Begleiter und Sheriff Brightwell. Sie waren in bester Stimmung und unterhielten sich scherzhaft, als ihnen plötzlich eine Truppe Regierungskavallerie gegenüberstand. Burr erkannte Perkins sofort als den jungen Mann, mit dem er am Abend zuvor im Dorf Wakefield gesprochen hatte. Dann kam eine Wende.

Burrs Verhaftung

Mit dem Blick seines Adlerauges erfasste Burr die Situation sofort und war im Nu darauf vorbereitet. Captain Gaines begrüßte ihn und fragte, ob er die Ehre hätte, mit Colonel Burr zu sprechen. So höflich die Begrüßung auch war, so tat Burr doch große Empörung, als er einem Fremden das Recht verweigerte, einem Reisenden auf der Autobahn eine so unhöfliche Frage zu stellen. Gaines brach die Taktik des Anlasses ab, indem er sagte: „Ich verhafte Sie auf Veranlassung der Bundesregierung." In einem Ausbruch der Empörung verlangte Burr erneut, sein Recht und seine Befugnis zu kennen, einen Reisenden zu verhaften, der auf der öffentlichen Straße privaten Angelegenheiten nachginge. Gaines antwortete vollkommen kühl, dass er ein Offizier der Armee sei und im Besitz der Proklamationen des Gouverneurs von Mississippi und des Präsidenten der Vereinigten Staaten sei, die seine Verhaftung angeordnet hätten. Burr erinnerte Gaines daran, dass er, obwohl er ein Beamter sei, jung und unerfahren sei und sich der Verantwortung, die mit der Verhaftung von Fremden einhergeht, möglicherweise nicht bewusst sei. Gaines antwortete allen, dass er bereit sei, die Verantwortung zu übernehmen und seine Pflicht zu tun.

Von der hartnäckigen Kühle und offensichtlichen Entschlossenheit des jungen Offiziers erhitzt, begann Burr, die Proklamation als ungerechtfertigten Ausdruck von Groll und Böswilligkeit anzuprangern, und nahm seinen Rat wieder auf, Gaines vor der Gefahr zu warnen, die er durch eine unangemessene Einmischung einginge Fremde auf einer öffentlichen Straße. Mit eiserner Kühle beendete Gaines das Gespräch, indem er Burr mitteilte, dass er sich entschieden habe und dass er ihn auf eine Art und Weise behandeln wolle, die seinem hohen Amt als Vizepräsident der Vereinigten Staaten angemessen sei, und dass all dies gebührend respektiert werden würde, solange er Burr sei verhielt sich höflich, musste ihn aber als Gefangenen nach Fort Stoddard bringen. Burr saß da und seine Augen leuchteten, während er Gaines ansah. Ohne weitere Zeremonie übermittelte Gaines seinen Männern einen Befehl, und Burr unterwarf sich.

Das Verhalten von Sheriff Brightwell wurde nie erklärt. Er hatte Perkins in der Nacht zuvor am Straßenrand in einiger Entfernung von Hinsons Haus zurückgelassen, Burr nicht verhaftet und war nun mit Burr auf dem Weg zu Carson's Ferry auf der Tombigbee, um Burr zu ermöglichen, nach Mobile zu gelangen und zu machen seinen Weg nach Pensacola. War der Sheriff beeindruckt von der beeindruckenden Präsenz des angesehenen Mannes, wurde er ungebührlich überzeugt, durch verführerische und irreführende Logik aus der Fassung gebracht, oder wurde er durch die Tatsache beeinflusst, dass sein Verwandter, Colonel Hinson, Burr einige Monate zuvor in Natchez getroffen hatte? war von ihm entzückt und hatte ihn zu sich nach Hause eingeladen, um dort etwas Zeit zu verbringen, oder war bei der Transaktion eine Bestechung im Spiel?

Burr wurde nach Fort Stoddard gebracht, wo er darauf bedacht war, sich durch sein höfliches Benehmen und seine angenehme Ansprache möglichst angenehm zu machen, und die Tage damit verbrachte, mit Mrs. Gaines, der Frau des Mannes, der ihn verhaftete, und der Tochter von Judge Schach zu spielen Harry Toulmin von Mobile. Burr war besonders darauf bedacht, einem Bruder des Kommandanten im Fort, der ein Invalide war, jede erdenkliche Freundlichkeit zu erweisen. Tatsächlich gewann er die Herzen aller durch seine Freundlichkeit und Fröhlichkeit.

In der Zwischenzeit liefen die Vorbereitungen, um den bekannten Gefangenen zur Verhandlung nach Richmond, Virginia, zu bringen. Als die Vorbereitungen abgeschlossen waren, wurde Burr mit dem Boot den Alabama River hinaufgeschickt, an dessen Ufer sich neugierige Menschenmengen versammelt hatten, um einen Blick auf den berüchtigten Gefangenen zu erhaschen, darunter viele Frauen, die, als sie ihn als hilflosen Gefangenen sahen, Einige von ihnen brachen in Tränen aus, und eine von ihnen war so fasziniert von seinem Verhalten und Verhalten, dass sie ihm später einen Sohn nannte.

An einem Punkt namens „The Boat Yard" wurde Burr der Obhut von acht ausgewählten Männern übergeben, die ihn zu Pferd quer durch das Land nach Richmond zum Prozess begleiten sollten. Zwei der Wachen gehörten der Bundeskavallerie an, alle waren kühle und entschlossene Männer, und die Wache wurde unter das Kommando von Nicholas Perkins gestellt, dem jungen Mann, der für seine Verhaftung gesorgt hatte.

Burr trug das gleiche Gewand, das er bei seiner Verhaftung trug: einen runden, selbstgesponnenen Mantel, ein Paar Copperas-Hosen und einen abgewetzten Biberhut, der einst weiß, jetzt aber sehr schmuddelig war und an den Spitzen herabhing, sowie ein Paar zierliche Stiefel. Eine klaffende Menschenmenge war anwesend, um den Aufbruch zu beobachten, und als Burr sein Pferd bestieg, um davonzureiten, lüftete er seinen Hut auf eine Weise, die so anmutig war, dass er einen mitreißenden Jubel weckte. Er ritt dasselbe Pferd, auf dem er gefangen wurde, und sein reiterliches Aussehen und seine Qualitäten waren hervorragend. Für seinen Komfort wurde ein Zelt bereitgestellt, und nachts, während es streng bewacht wurde und während die Wölfe in den benachbarten Wäldern heulten, schlief er mit allem Komfort, den ein Lager bieten konnte. Die Gruppe zog durch die Grafschaften Monroe, Butler und Montgomery und von dort nach Chattahoochee. Die beiden Bundessoldaten ritten dicht neben ihm, und wenn sie einen Sumpf betraten, versammelte sich die gesamte Gruppe dicht um ihn.

Zu den Vorfällen auf der Reise gehörte auch der Fall eines Wirts gleich hinter dem Chattahoochee, der, als er erfuhr, dass die Gruppe, die in seiner ländlichen Herberge übernachtet hatte, aus der Gegend der Tensas gekommen war, seine Gäste mit vielen befragte Als er Fragen stellte und zur Verlegenheit aller seine Geschwätzigkeit auf das Gerücht richtete, das ihn über die Verhaftung „dieses gefährlichen Schurken Aaron Burr" erreicht hatte, wollte er wissen, ob sie etwas davon wüssten. Alle Anwesenden senkten verwirrt die Köpfe, aber Burr, der seine blitzenden Augen auf den geschwätzigen Kerl richtete, und als der Wirt begann, Burr anzuprangern und sagte, was er gerne für ihn tun würde, wenn er „ihn sehen könnte", Burr richtete sich mit seinen feurigen Augen auf und sagte: „Ich bin Aaron Burr, was haben Sie jetzt?" Der Wirt verschwand in einem Augenblick, und seine Lippen waren hermetisch verschlossen, bis die Gesellschaft ging, während seine Aufmerksamkeit äußerst intensiv war.

Burr unternahm nur einen Fluchtversuch. In South Carolina, wo sein Schwiegersohn, Col. Joseph Alston, der spätere Gouverneur von South Carolina, lebte, hatte Burr das Gefühl, einigermaßen bekannt zu sein, und eines späten Nachmittags, als sich die Truppe dem Gerichtsgebäude von Chester näherte und am … vorbeikam In der Taverne, in der sich eine große Menschenmenge versammelt hatte, sprang Burr von seinem Pferd und rief: „Ich bin Aaron Burr, meine Herren, ich stehe unter Militärarrest und beanspruche den Schutz der Zivilbehörden." Perkins und einige der Wachen stiegen ab und befahlen ihm, wieder auf sein Pferd zu steigen, was er trotzig ablehnte, als Perkins seine Arme um ihn warf und ihn in seinen Sattel warf und die Gruppe davon galoppierte. Die Menge schaute staunend zu, und für sie war es nur ein seltsamer Vorgang eines bewachten Gefangenen, der fliehen wollte, und die Empfindung erwies sich als nur vorübergehender Natur. Ein Fahrzeug wurde gekauft, Burr wurde mit einer Wache darin untergebracht, und bis zum Ende der Reise gab es keine weiteren Probleme.

EIN TRAUM VOM REICH

Der Sturz Napoleons bei Waterloo löste bei seinen Anhängern Bestürzung aus. Als sie sich ihm nach seiner Rückkehr von Elba wieder anschlossen, setzten sie alles auf seinen Versuch, das Reich zurückzugewinnen. Als er fiel, ging es seinen Anhängern noch schlimmer als ihm. Einige der Besten wurden erschossen, darunter Marschall Ney, während viele andere mittellos in verschiedene Teile der Erde flohen, darunter eine große und angesehene Gruppe, die nach Amerika kam. Dazu gehörten Marschall Grouchy, dem vorgeworfen wurde, der Auslöser der Niederlage bei Waterloo gewesen zu sein, und andere, deren Namen in dieser Erzählung auftauchen werden. Diese Flüchtlingsgruppe segelte nach Amerika, wo sie hoffte, in einem abgelegenen Viertel des amerikanischen Kontinents ein Miniaturimperium aufzubauen, mit einer Konstruktion, die es ihnen ermöglichen würde, ihr Leben in Frankreich nachzuahmen, indem sie ihre eigenen lokalen Gesetze einführten Gleichzeitig bringen sie sich praktisch in Übereinstimmung mit der Verfassung der Vereinigten Staaten. Wir werden sehen, wie vollständig ihr Traum verwirklicht wurde.

Als sie in Amerika ankamen, gewannen sie die Hilfe und Kooperation eines Dr. Brown aus Kentucky, der viel Zeit in Frankreich verbracht hatte, das französische Volk kannte und bei ihm beliebt war. Dr. Brown fungierte als Vermittler zwischen der französischen und der Bundesregierung bei der Einführung der Flüchtlingsfrage. Was sie anstrebten, waren die äußersten Grenzen der westlichen Besatzung, und zwar aus zwei Gründen, zum einen wegen der Billigkeit des Landes und zum anderen wegen seiner Segregation. Zu dieser Zeit war Tombigbee die westliche Grenze. Hier sollte ein neues Frankreich mit seinem Wachstum von Olivenbäumen und Weinreben entstehen. Für die leidenschaftlichen Franzosen war dies ein rosiger Traum, und an diesen westlichen Grenzen sahen sie in Visionen Villen und Paläste, weitläufige Anlagen und den Wohlstand der fröhlichen Gesellschaft, an den sie in ihrer eigenen glänzenden Hauptstadt an der Seine gewöhnt waren. Träume wie diese machten den Gastgebern Mut, stellten alle Sorgen und Sorgen in den Schatten und vertrieben die Plage des Übels, dem sie ausgesetzt sein sollten. In Philadelphia angekommen, verweilten sie viele Monate lang während der Verhandlungen mit der amerikanischen Regierung über ein Landgebiet im fernen Tombigbee. Sie beauftragten einen französischen Staatsmann, Nicholas S. Parmentier, als ihren Agenten mit der Umsetzung des Plans. Dementsprechend verabschiedete der amerikanische Kongress im März 1818 einen Gesetzentwurf, der diesen Flüchtlingen vier Townships am Black Warrior River in der heutigen Grafschaft Marengo gewährte. Dieses Land wurde für 2 Dollar pro Hektar verkauft, zahlbar innerhalb von vierzehn Jahren, vorausgesetzt, dass Oliven und Wein angebaut wurden. Das Land wurde als Aktiengesellschaft untereinander aufgeteilt, wobei jede der dreihundertvierzehn Familien Anteile von achtzig bis vierhundertachtzig Acres beanspruchte. Im Hinblick auf den Bau einer Stadt wurde jedem Familienoberhaupt zusätzlich ein Grundstück innerhalb der geplanten Stadt und eines in den Vororten zugewiesen.

Nachdem diese Vereinbarung abgeschlossen war, sollte die neue Kolonie sofort auslaufen und sie besetzen. Dementsprechend wurde ein Schoner, die „McDonough", gechartert, um die insgesamt etwa 1.500 Mann starke Kompanie nach Mobile zu transportieren, wo sie sich flussaufwärts zu ihrem endgültigen Bestimmungsort begeben sollte. Mit ihrem vielfältigen Hausrat segelten die lebhaften Franzosen im April 1818 von Philadelphia aus in See und segelten mehr als einen Monat lang langsam die Atlantikküste entlang.

Im darauffolgenden Mai sah Leutnant Beal, der Kommandeur von Fort Bowyer in der Nähe von Mobile, eines späten Nachmittags in der Ferne ein Schiff, das mit einem Sturm kämpfte, der dieses Viertel des Meeres fegte. Durch sein Glas konnte der Kommandant die Richtung sehen, in die das Schiff fuhr, während es vom Wind, der mit furchtbarer Geschwindigkeit wehte, heftig hin und her getrieben wurde. Der Kapitän der McDonough hatte eine veraltete Karte und Beal sah, dass das Schiff schnell auf Gefahr zusteuerte. Als Alarmpistole feuerte er eine Kanone ab, in der Hoffnung, dadurch den falschen Kurs des Schiffes aufhalten zu können. Der Tag war inzwischen weit fortgeschritten und Dunkelheit legte sich über das Meer. Beal traf die Vorsichtsmaßnahme, um entlang des Ufers Lichter aufzustellen, und irgendwann in der Nacht hörte er die Notsignale des unglücklichen McDonough.

Während der Wind immer noch sehr stark und heftig wehte, glaubte Beal nicht, dass das Schiff seinem Schicksal überlassen werden sollte, und rief diejenigen, die sich freiwillig bereit erklärten, dazu, mit ihm in dem großen Boot zu gehen, das ihnen zur Verfügung stand, um sie zu retten auf dem Schiff. Die McDonough war gestrandet und lag in der dichten Dunkelheit, den Wellen ausgeliefert, im Sand, in den der Kapitän eine veraltete Karte geführt hatte. Begleitet von fünf tapferen Männern stürzte sich Beal mit dem Boot in die Dunkelheit, und geleitet von den schwachen Lichtern des Schiffes gelang es ihm, es kurz nach Mitternacht zu erreichen. Alles an Bord des Schiffes war in Aufruhr, da jede neue Welle es zu verschlingen drohte, aber Beal schlug kühl vor, die Frauen und Kinder zu retten, wenn er könnte, die er in sein Boot drängte und sich auf den Rückweg zur Festung machte die dichte Dunkelheit. Nach langem Kampf wurde das Boot sicher zur Festung gebracht und die Frauen und Kinder gerettet. Glücklicherweise wurde das Schiff später von den Wellen aus seinem gefährlichen Zustand im Sand befreit und am frühen Morgen in tieferes Wasser gespült. Obwohl es durch den Unfall verkrüppelt war, konnte es gerettet und zu gegebener Zeit in den Hafen von Fort Bowyer eingefahren werden. Nachdem alles vorbei war, herrschte unter den Franzosen große Freude und Spaß, da sie sich gegenseitig über das Geschehene lustig machten. Sie vergaßen bald den Ernst der Lage, der sie erst wenige Stunden zuvor ausgesetzt waren, und gaben sich wieder der Fröhlichkeit und dem Gesang hin.

Als Ausdruck ihrer gerechten Dankbarkeit gegenüber dem tapferen Leutnant, der Gelegenheit zu so viel rechtzeitiger Hilfe gegeben hatte, schlugen sie vor, ihn mit nach Mobile zu nehmen und ihm ein Bankett zu geben. Dies geschah entsprechend, die Lebhaftigkeit herrschte inmitten von Sekt und grenzenloser Fröhlichkeit, und die fröhliche Menge im Bankettsaal ähnelte kaum einer Kolonie, die durch eine Katastrophe aus ihrem Heimatland vertrieben wurde und so kürzlich dem Tod ausgesetzt war.

In Mobile wurde die McDonough entlassen, und es wurden sofort Pläne angenommen, Flachboote und Lastkähne bereitzustellen, um die Gesellschaft den kurvenreichen Tombigbee hinauf zu ihrem zukünftigen Zuhause in der Wildnis von West-Alabama zu befördern. Von ihren zukünftigen Erfahrungen werden wir später hören.

Die Reise und die Abwicklung

Es war eine fröhliche und fröhliche Menge, die sich am Morgen der Abreise der Franzosen zu ihrer Siedlung weit oben am Tombigbee an Bord der groben Flachboote am Kai von Mobile versammelte. Man hätte meinen können, es handele sich um eine riesige Picknickparty und nicht um ein Volk, das vor der Unterdrückung flieht, mit allen Neuheiten einer ungezähmten Region, mit der man sich auseinandersetzen muss. Unter ihnen waren angesehene französische Generäle, Männer, die jahrelang an den blutigen Feldzügen Napoleons teilgenommen hatten. Es gab auch bedeutende Männer der Wissenschaft, Pädagogen, Kaufleute und Staatsmänner mit ihren Frauen und Kindern. Die zarten französischen Frauen, die immer noch ihren Pariser Stil trugen, und wunderschön gekleidete Kinder, junge Männer und Frauen sowie ein paar Bedienstete bildeten die Menge, die sich nun langsam von Mobile zu einer langen und qualvollen Fahrt flussaufwärts aufmachte. Unpassendere Verhältnisse sind kaum vorstellbar.

In jenen primitiven Tagen vor dem Einsatz von Dampf mussten die Lastkähne schwer gegen die stromaufwärts gerichtete Strömung gezogen werden, und zwar mithilfe langer Stangen, die vom Heck des Schiffes aus in das Flussufer gepflanzt wurden, und gleichzeitig langer Stangen mit Eisen Schnäbel wurden vom Bug aus verwendet, indem sie an Bäumen oder vorspringenden Felsen befestigt wurden. Das Verfahren war ziemlich quälend, aber nichts konnte die Begeisterung dieser überschäumenden Franzosen dämpfen, und jeder Vorfall verwandelte sich in einen neuen Ausbruch von Fröhlichkeit, und die Ernsthaftigkeit wurde in den Wind geschlagen.

Nachts machten sie ihre Lagerfeuer am Ufer des Flusses am Rande der Urwälder, und nach dem Abendessen wurden Geige, Gitarre und Akkordeon in Beschlag genommen, um langweilige Sorgen abzuwehren, und sich daran erfreuen langwierige Passage. Die wilden Blumen blühten, und die frühen Früchte reiften bereits im Wald, und nicht selten hielt die Gesellschaft an einem einladenden Ort an und verbrachte einen Tag damit, Blumen und Früchte zu pflücken, im Wald herumzutollen und herumzutollen.

So vergingen zwei oder drei Monate, in denen sie von Mobile zum heutigen Standort Demopolis unterwegs waren. Natürlich fehlten ihnen kompetente Führer, die sie zu ihrem zukünftigen Zuhause in der wilden Prärie führten, und als die Kreuzung von Tombigbee und Black Warrior erreicht war, landeten sie an den weißen, kalkhaltigen Ufern, um dort ihr Leben zu beginnen Der Frontmann. Entlang des Ufers lagen über eine ganze Strecke ihre Haushaltsgegenstände aller erdenklichen Gegenstände verstreut – Koffer mit ovalem Deckel und großen Messingnägeln, Reisetaschen, Truhen in verschiedenen Farben und unterschiedlicher Größe, sorgfältig verpackte Bündel, Korbflaschen, Militärsättel, Schwerter, Schulterklappen, Schärpen, Sporen, Spielbüchsen, Geigen, Gitarren und vieles mehr, aus denen sich das Gemisch von mehr als dreihundert Familien zusammensetzte, die im Begriff waren, in den Prärien von West Alabama ein Leben in der Wildnis zu beginnen.

Sie hatten sich mit ein paar Zelten ausgestattet, die sofort in Betrieb genommen wurden, während zunächst aus den hohen Stöcken, die wild am Fluss wuchsen, und aus den geschmeidigen Setzlingen, die aus den hier und da verstreuten Baumgruppen geschnitten wurden, improvisierte Behausungen errichtet wurden die Prärie vorbei. Die Prärien erstrahlten jetzt in ihrer blumigen Schönheit, während das junge, zarte Schilfrohr gerade spross, bedeckt mit üppigem Gras und hier und da einem Hauch Walderdbeeren. Bei trockenem Wetter war die Oberfläche des Landes steinig und voller Risse, während sie sich während der Regenzeit in weichen, wachsartigen, schwarzen Schlamm verwandelte. Diese klugen und hübschen Französinnen, die an die vergoldeten Salons und festlichen Szenen von Paris gewöhnt waren, fanden in dieser wilden und unwirtlichen Region eine völlige Umkehrung der Verhältnisse vor, doch ihre angeborene Fröhlichkeit ließ sie nie im Stich. Neuheiten und Fehler wurden in Gelächter verwandelt und Rauheit in Heiterkeit. Sie würden sich sofort an die Bedingungen anpassen und ihnen mit einem Ausbruch von Fröhlichkeit nach dem anderen entgegentreten. Sie teilten die Meinung des trivialen John Gay, der schrieb:

> „Das Leben ist ein Scherz, und alle Dinge zeigen es,
> das dachte ich einmal, und jetzt weiß ich es."

Diese unbesiegbaren Französinnen, die ihre zierlichen Gewänder anzogen, zögerten nicht, in ihren Gärten und Höfen zu kochen, zu waschen, zu bügeln, zu hacken oder sich ihren Männern bei ernsthafteren Arbeiten, bei der Bodenbearbeitung und beim Bau von Blockhäusern anzuschließen. Ihre Leichtigkeit im Herzen war eine Wohltat in der wirklich düsteren Situation, mit der sie manchmal konfrontiert waren, aber sie würden niemals murren und es ablehnen, die Umstände ernst zu nehmen.

Das Personal dieser neuartigen Kolonie war höchst interessant. Marschall Groughy wurde von ihnen wegen der Waterloo-Affäre dem von Herrn Roosevelt als „unerwünschte Bürger" bezeichneten Segment der Gesellschaft zugeordnet und blieb in Philadelphia zurück, obwohl er einer der Zuteilungsberechtigten des erworbenen Landes war, aber einen anderen bekam es für ihn zu besetzen. Das Stigma der Niederlage von Waterloo trug ihn, und das machte ihn äußerst unbeliebt. Aber Graf Desnoettes, ein Kavalleriegeneral in Napoleons Armee und ein großer Favorit des Kaisers, gehörte zur Kolonie. Napoleon liebte Desnoettes wegen seiner kämpferischen Qualitäten und wegen seiner überaus attraktiven Persönlichkeit. Er begleitete Bonaparte auf dem denkwürdigen Rückzug aus Russland, und als sich die französischen Offiziere am Vorabend von Napoleons Abreise nach Elba in Fontainebleau versammelten und alle weinten, umarmte er Desnoettes und sagte, dass er dieses Mittel nutzen würde, um alle zu bitten Lebewohl.

Penier war ein angesehener Staatsmann; Oberst Raoul war ein angesehener Kavalleriekämpfer, der Napoleon bei seinem Exil auf Elba begleitet hatte und anschließend die Vorhut bei der Rückkehr des Kaisers nach Frankreich anführte, nachdem er aus seiner Gefangenschaft auf der Insel geflohen war. Madame Raoul war eine hübsche Italienerin und stammte aus Neapel. Cluis war einer der Helfer von Marschall Lefebvre; Chaudoin war ein bedeutender französischer Dichter; Clausel war ein Graf; L'Allemand war Generalleutnant der Artillerie unter Napoleon; Lackonel war ein Gelehrter, der während der Herrschaft Napoleons zusammen mit anderen gleichrangigen Persönlichkeiten an der Spitze der Bildungsabteilung des Kaiserreichs stand.

Alle diese Persönlichkeiten waren einst Einwohner von Alabama und erlebten in den westlichen Ebenen die Bedingungen des Pionierlebens. Über einige der Höhen und Tiefen dieser seltsamen Kolonie wird im nächsten Artikel etwas gesagt.

LEBEN IN DER FRANZÖSISCHEN KOLONIE

Aus dem, was bereits über diese eigenartigen Kolonisten gesagt wurde, die sich in den frühen Jahren des 19. Jahrhunderts am Zusammenfluss von Tombigbee River und Black Warrior River niederließen, lässt sich leicht schließen, dass das Leben unter solchen Bedingungen durchweg auffallend neuartig gewesen sein muss. Es war ein Versuch, eine außergewöhnliche europäische Zivilisation mit all ihren traditionellen Besonderheiten vieler Jahrhunderte in die rohen Wildnisbedingungen der westlichen Zivilisation einzupfropfen und die Bräuche der fröhlichen gallischen Hauptstadt Europas in den Prärien aus schwarzem Schlamm intakt zu bewahren in Alabama. Die Blockhütten, die die Straßen des ursprünglichen Demopolis säumten, waren so nah wie möglich an Paläste gebaut, und die Straßen selbst waren nachts beleuchtet, in Anlehnung an die französische Hauptstadt. Es war eine Spielpuppenvorstellung, ebenso erbärmlich wie patriotisch und loyal.

Die Franzosen gründeten und nannten Demopolis „die Stadt des Volkes" und versuchten so, ein Miniatur-Paris mit demokratischem Gefühl zu verbinden. Vergeblich versuchten diese Menschen, auf einem unfreundlichen Boden Olivenbäume und Weinreben anzubauen, und der Versuch wurde nach und nach aufgegeben, und mit allen möglichen Notbehelfen verdienten sie sich ihren Lebensunterhalt. Auf fruchtbarem Boden ließen sich problemlos Gemüse und Mais anbauen, und damit und mit den Vorräten, die sie aus dem Wild des Waldes bekommen konnten, kämpften sie trotz aller Widrigkeiten weiter. Sie waren nicht ohne Ärger über die Indianer und noch mehr über die amerikanischen Siedler, die nun begannen, in dieses Viertel des Alabama-Territoriums einzudringen. Letztere verschanzten sich auf dem Land der Franzosen, was zu großen Spannungen führte, und ein Agent musste nach Washington gehen, um Schutz vor solchen Invasionen zu beantragen. Dies führte zu Widerstand gegen die „Furreners", wie die Franzosen im Volksmund genannt wurden, in den benachbarten Blockhütten der amerikanischen Hausbesetzer.

Als Zeichen dafür, in welche Notlage die Franzosen geraten waren, musste Oberst Raoul, ein großer, gutaussehender und würdevoller Kavallerieoffizier der napoleonischen Armee, eine Fähre auf dem Fluss errichten, um Reisende von einer Seite zur anderen zu befördern, während seine Schönheit Die königliche Frau verkaufte am Ufer, auf der Fähre, Lebkuchen und Kakibier. Mit ihren zarten, juwelenbesetzten Fingern stellte sie diese groben Erfrischungen her und servierte sie mit viel Anmut den unhöflichen Pionieren.

Jahre später, als Raoul das Vertrauen der französischen Regierung wiederhergestellt hatte und eine lukrative Position in Paris innehatte, nachdem er einige Zeit in der mexikanischen Armee gedient hatte, wurde er von John Hurtel besucht, der ebenfalls einer der französischen Kolonisten war , aber jetzt ein wohlhabender Händler in Mobile. Intim und sogar liebevoll wie Freunde, gab Oberst Raoul seinem Mobile-Freund ein Abendessen und lud viele seiner angesehenen Pariser Freunde zum Bankett ein. Raoul erzählte einer Gruppe von seinen Pioniererfahrungen als Fährmann, die alle lachend bezweifelten, als Raoul Hurtel in einem anderen Teil des Raumes rief, er solle sich ihnen anschließen. Dann fragte er Hurtel, was er (Raoul) in Demopolis gemacht habe. Er antwortete, dass er eine Fähre besitze. „Und was hat die Madame getan?" fragte Raoul. „Es wurden Ingwerkuchen und Simmon-Bier verkauft", sagte Hurtel, was alles mit schallendem Gelächter quittiert wurde.

Als Ausdruck seiner Hingabe an seinen kaiserlichen Herrscher errichtete General Desnoettes in der Nähe seiner Blockhütte eine Baracke, die er sein „Heiligtum" nannte. In der Mitte dieses bescheidenen Museums stand eine Bronzestatue Napoleons, umgeben von Kriegsrelikten, die Desnoettes erbeutet hatte – Schwerter, Pistolen, Speere, Sporen und Sättel –, während die erbeuteten Banner in anmutigen Falten an den Wänden hingen. Die Bräuche der Menschen waren oft ebenso grotesk wie erbärmlich. Nach Tagen des Kampfes und der Arbeit verbrachte man die Abende mit Musik und Tanz in den Blockhütten, oder in den engen, grasbewachsenen Straßen des Dorfes erklangen bis spät in die Nacht die Klänge von Musikinstrumenten. Die großen Generäle aus hundert Schlachten bewahrten ihre militärische Würde und Konventionalität, während sie in ihren Arbeitsgewändern mit Kraft und Kraft arbeiteten und ihre breitkrempigen Hüte um ihre Köpfe flatterten. Jeder Fremde wurde mit dem militärischen Gruß begrüßt, egal wer er war.

Gemäß den Anforderungen der Territorialgesetze musste sich jeder männliche Bürger eines bestimmten Alters an einem vom befehlshabenden Milizionär festgelegten Ort zum Exerzieren treffen. Davon waren die Franzosen nicht ausgenommen, und diese Experten der Militärwissenschaft waren gezwungen, sich in die Reihen der wilden Freibauern auf dem Schlachtfeld einzureihen und die groben Entwicklungen zu vollziehen, die ihnen aus der Zeit ihrer Kadettenzeit bekannt waren.

Dies waren die Tage des Landlebensmittelladens und des Kreuzungslebensmittelladens, die untrennbar mit dem Sammelplatz und dem ländlichen Drill verbunden waren, und ihre Anwesenheit bedeutete Handgreiflichkeiten, aufgeschlitzte Augen, gebrochene Nasen und ausgerenkte Zähne. Die Stimmung gegenüber dem „Furrener" war jedenfalls nicht gerade positiv, und gerade in dieser Gegend herrschte die Neigung, ihn in Schwierigkeiten zu bringen. Es wird berichtet, dass einmal ein Tyrann, der unter dem Einfluss von Alkohol stand, einen Streit mit einem der Franzosen suchte, der damit endete, dass der Franzose von dem groben Milizsoldaten niedergeschlagen und darauf gesprungen wurde. Der arme Kerl konnte kein Wort Englisch und weinte in seiner Verzweiflung, dass das französische Wort „bravo" „genug" sei, von dem er wusste, dass es etwas mit Kämpfen zu tun hatte. Er schrie wiederholt „Bravo" in der Hoffnung, dass jemand seinen Angreifer wegziehen würde, aber der Angreifer interpretierte es als Ausdruck des Trotzes und schlug brutal auf den Gallier ein. Einige der Umstehenden erkannten anhand des Tons seines Appells richtig, was der Franzose meinte, und brachten den Grobian zum Narren.

In den geografischen Namen dieser Region – Arcola, Agleville (Eagleville), Linden (Hohenlinden) und Marengo, ganz zu schweigen von Demopolis – findet man Hinweise auf die frühere Besetzung durch die Franzosen. Während der ersten ein oder zwei Jahre kamen eine Reihe anderer Franzosen aus Frankreich und schlossen sich der Kolonie an, aber ihr Ziel, Weintrauben und Oliven anzubauen, scheiterte, und die Kolonie löste sich allmählich auf, und die Auswanderer zogen in verschiedene Richtungen. und in Mobile und New Orleans, wie auch anderswo, kann man die Nachkommen einiger dieser ursprünglichen Kolonisten finden, die noch immer die Namen ihrer Vorfahren von vor fast einem Jahrhundert tragen. Noch lange nachdem das besetzte Gebiet aufgegeben worden war, waren im Wachsschlamm der Gegend von Demopolis die Abdrücke der zarten Schuhe dieser Pariserinnen zu sehen.

PRIMITIVE NÄHE

Nur wenige sind sich der Extreme bewusst, zu denen die ersten Siedler Alabamas bei ihrer Migration aus den alten Kolonien in diese Region gezwungen wurden, als es noch ein Territorium war. Man kann sagen, dass der ursprüngliche Bestand der Siedler in Alabama im Allgemeinen von der besten angelsächsischen Männlichkeit und Weiblichkeit war. Von Natur aus hatten sie keine Vorgesetzten auf dem Kontinent. Man kann sie sich nicht als Abenteurer vorstellen, die ruhelos in eine neue Region ziehen und deren Unzufriedenheit im bloßen Akt des Umzugs nach Erleichterung sucht, denn Abenteurer hätten niemals das erlebt, was diese Väter erlebten, als sie ihre Häuser in der Wildnis aufschlugen von Wilden und wilden Tieren heimgesucht. Die Tatsache, dass sie das taten, was getan wurde, kennzeichnet den Charaktertyp dieser ursprünglichen Gründer des Commonwealth.

Hinter ihrer Migration aus Virginia und den Carolinas, aus denen die meisten der ursprünglichen Siedler Alabamas stammten, lag eine Tatsache, die ihre Abwanderung maßgeblich beeinflusste. Die neue Republik befand sich noch im Aufbau. Die Revolution hatte in den älteren Kolonien einen chaotischen Zustand hinterlassen, und standhafte Männer kamen auf die Idee, weit nach Westen zu gehen, wo sie neue Bedingungen schaffen und für die Zukunft bauen konnten. Sie waren nicht unvorbereitet auf die Entbehrungen, die ihnen bevorstanden, und auch nicht völlig unwissend darüber, aber angesichts dieser schwebenden Schwierigkeiten waren sie von echter kaukasischer Entschlossenheit genervt. Eine Reihe solider und substanzieller Menschen würde zusammenkommen und sich darauf einigen, in den Westen zu ziehen, mit dem gemeinsamen Verständnis allgemeiner Anteilseigner an einem gemeinsamen Interesse, wodurch ein Gefühl des mitfühlenden Schutzes vermittelt würde, die weite Entfernung zurückgelegt und eine bestimmte Gemeinschaft auf neue Weise besetzt werden würde Territorium und bauen gemeinsam ihr Vermögen auf.

Die einfachsten Annehmlichkeiten waren rar, Utensilien und Werkzeuge waren kaum zu bekommen, Schuhe und Kleidung waren dürftig, die Fortbewegungsmittel unhöflich, und so waren diese ursprünglichen Gründer von Alabama aufs Äußerste reduziert. Als Transportmittel dienten ein paar Pferde und Ochsen, die von einer Gruppe zäher Kolonisten gemeinsam genutzt wurden. Auf den Pferden saßen die Frauen und Kinder, auf den Ochsen der dürftige Hausrat; Der Bestand wurde in einer gemeinsamen Herde zusammengefasst, bestehend aus Rindern, Schweinen und Schafen, die von den Männern und Jungen zu Fuß getrieben werden sollte, wobei jeder von ihnen mit einer Waffe oder einem Werkzeug ausgestattet war und so ihren Marsch in eine Region beginnen würde Sie wussten nichts, außer dass es keine Bevölkerung gab, dicht bewaldet und ohne andere Bewohner als die der Indianer und wilder Tiere.

Sogar dort, wo man auf dem Weg auf Straßen und Brücken traf, waren diese unwegsam, und westlich der Grenzen von Georgia war die Wildnis nur von wilden Wilden durchquert, deren schmale Pfade sich durch die Wälder schlängelten. Soweit diese Wege verfügbar waren, wurden sie genutzt, aber häufiger als sonst mussten sich diese mutigen Pioniere einen Weg durch die Wälder bahnen und beim langsamen Voranschreiten Wege freimachen. Von diesem Zeitpunkt an wirkten diese primitiven Veränderungen lächerlich, aber Männer und Frauen waren nie ernster als diese altmodischen Mütter und Väter. Sie waren die groben Keime, aus denen eine in ihren Elementen in der Geschichte unübertroffene Zivilisation entstand. Ehefrauen, Mütter und Töchter, barhäuptig oder mit der alten Fliegenhaube, saßen auf armen Pferden, mit Kindern auf dem Schoß oder von hinten festgehalten, während auf beiden Seiten des beladenen Tieres Pakete baumelten, die das meiste enthielten von dem, was sie in dieser Welt besaßen. Vorher hackten Männer mit Äxten schnell das Unterholz weg, um einen kahlen Durchgang zu schaffen, während die meckernde Herde folgte, hauptsächlich angetrieben von den größeren Jungen. Die kleineren Bäche wurden durchgewatet, während man zur Überquerung der größeren Bäche Flöße baute, deren Balken durch die einheimischen Lianen zusammengehalten wurden, während Tiere, die schwimmen konnten, dazu gezwungen wurden.

Es herrschte eine Flut von Fröhlichkeit und Scherzhaftigkeit, die als Würze für die harten Bedingungen dienten, und als die Lagerfeuer angezündet wurden, das Vieh sich von den einheimischen Gräsern ernährte und das Abendessen gegessen wurde, Männer plauderten und rauchten, sangen und Witze erzählten, während die ... Fleißige Ehefrauen und Töchter beschäftigten sich mit Stricknadeln. Abwechselnd wurde das Lager für die Nacht vor möglichen Eventualitäten bewacht, und am nächsten Morgen sollte der gleiche beschwerliche Marsch wieder aufgenommen werden.

Als das Ziel endlich erreicht war, begannen die Kämpfe gegen die Schwierigkeiten ernsthaft. Die Grenzen des ausgewählten Landes würden durch das Einschneiden von Gürteln um die Bäume mit einer besonderen, persönlichen Markierung gekennzeichnet und würden dann auf die zukünftige vollständige rechtmäßige Inbesitznahme warten. Beim Bau von provisorischen Häusern wetteiferten die Kolonisten mit ihrem Einfallsreichtum miteinander. Die gebräuchlichste Methode bestand darin, Bäume als Ecken der Behausung auszuwählen und dann zwischen den dazwischen liegenden Ecken Setzlinge zu flechten, während das Dach aus Rinde und Häuten wilder Tiere bestand. Gekocht wurde ohne, in ein oder zwei kleinen Utensilien. Das umliegende Gelände wurde so weit vom Unterholz befreit, dass man es bepflanzen konnte. Dies geschah üblicherweise, indem man keilförmige Stäbe Schlag für Schlag in den nährstoffreichen Boden rammte, den Samen fallen ließ und ihn mit dem Fuß bedeckte. Beim Fleisch gab es leichte Schwierigkeiten, da es reichlich Hirsche, Truthähne und Eichhörnchen gab. Schuhe und Kleidung würden bald Anlass zu ernster Besorgnis geben, aber der Mangel würde durch die Aneignung von Tierhäuten behoben, aus denen groteske Kleidungsstücke hergestellt würden, während die Füße mit Streifen umwickelt würden, die gerade ausreichend groß seien, um sie zu bedecken Das Fell ist nach innen gedreht und wird von Schnüren gehalten, die um jeden Fuß gebunden sind. Der glückliche Besitz eines Paars guter Schuhe löste in der Nachbarschaft Neid aus. So geschätzte und geschätzte Gegenstände wie echte Schuhe wurden nur zu besonderen Anlässen getragen. Lange nach der ursprünglichen Besiedlung Alabamas war es für viele Brauch, ihre Schuhe unter den Arm zu nehmen, wenn sie in die Kirche gingen, und sie kurz vor dem Erreichen des Gotteshauses anzuziehen. Knarrende Schuhe wurden besonders geschätzt, da sie Aufmerksamkeit erregten.

Es wurden kleine Wassermühlen errichtet, und es war nicht ungewöhnlich, dass jemand seinen Mais auf dem Rücken zwanzig Meilen weit trug, um ihn mahlen zu lassen. Das bedeutete eine drei- bis viertägige Abwesenheit von zu Hause. Von den ersten Jahren des vergangenen Jahrhunderts an hielten diese Bedingungen in Teilen des Landesinneren von Alabama bis 1815 und sogar noch später an. Die Schlacht von New Orleans bedeutete viel für den damaligen Südwesten, zu dem auch Alabama gehörte. Nicht wenige der künftigen herausragenden Familien in der Geschichte des Staates gingen aus Bedingungen wie den hier beschriebenen hervor. Aus der Armut heraus gelangten sie zu den reichsten des Staates.

LAFAYETTES BESUCH

Als LaFayette im April 1825 Alabama besuchte, war der Staat etwa sechs Jahre alt. Die Bedingungen waren immer noch sehr schlecht, es gab nur wenige Straßen, und in einer Regenzeit waren sie schon schlimm genug; aber es gab nur wenige Dörfer; das Land war dünn besiedelt; Der Indianer war immer noch im Land, aber jetzt war er unterworfen und friedlich, und ein paar Boote befuhren die Gewässer der Flüsse. Israel Pickens war damals Gouverneur, und sein patriotisches Unterfangen als wachsamer Gouverneur veranlasste LaFayette, sich von Augusta, Georgia, abzuwenden und die Überlandreise nach Cahaba, der neuen Hauptstadt von Alabama, zu unternehmen, anstatt nach Charleston zu fahren ein Boot nach New Orleans nehmen.

LaFayette war jetzt etwa achtundsechzig Jahre alt, aber er war immer noch kräftig und aktiv, und eine Tour durch eine Region, die größtenteils Wildnis war, hielt ihn nicht davon ab, er wollte sie unbedingt unternehmen. Als er von Augusta nach Westen kam, wurden die Bedingungen immer rauer, aber es wurden alle möglichen Vorkehrungen getroffen, um es ihm bequem zu machen. Monatelang war er gemeinsam als Gast im Land gewesen, und der Charakter der Empfänge war in jeder Hinsicht unterschiedlich, mit Ausnahme der grenzenlosen Herzlichkeit der Menschen.

Der amerikanische Kongress hatte ihn offiziell zu einem Besuch nach Amerika eingeladen, wobei dieser Einladung ein doppeltes Motiv zugrunde lag: Er wollte den Revolutionären seines eigenen Landes, deren Rache LaFayette zum Opfer gefallen war, seine demokratische Haltung zeigen Prinzipien, dass Amerika sein treuer Freund war und dass es einer neuen Generation von Amerikanern ermöglicht werden sollte, einem Patrioten Frankreichs, der sein Blut für die Unabhängigkeit, die sie genossen, sein Blut vergossen hatte, ihre Dankbarkeit auszudrücken. Von dem Moment an, als er auf unserem Boden landete, war seine Reise eine triumphale Reise, und er wurde mit einem allgemeinen Tumult der Ehre und des Lobes gefeiert. Aus Prinzipiengründen war er vergleichsweise ein armer Mann. Obwohl er über große Ländereien in Frankreich verfügte, wurden diese aufgrund seiner republikanischen Prinzipien von der französischen Regierung beschlagnahmt. Der amerikanische Kongress stimmte ihm für 200.000 Dollar in Gold und eine Gemeinde Land zu. Er war zutiefst berührt von der Dankbarkeit und Liebe der jungen Nation, und oft zitterte seine Stimme vor Rührung, wenn er auf die Begrüßung reagierte. Nebenbei sei gesagt, dass am hundertsten Jahrestag der Schlacht von Yorktown im Jahr 1881, an der LaFayette teilnahm, ein Vertreter seiner Familie als Gast der Nation anwesend war.

Als LaFayette 1825 Washington erreichte, wurden ihm fast überwältigende Ovationen zuteil. Das einfache Volk war von weit her gereist, einige zu Fuß, andere zu Pferd, in Ochsenkarren, Wagen, Kutschen und auf allen möglichen Wegen, Männer, Frauen und Kinder, um einen Blick auf den großen Verbündeten Washingtons und Patrioten zu erhaschen Revolution, und rund um die Stadt draußen waren ihre schreienden Maultiere, wiehernden Pferde und brüllenden Ochsen inmitten eines ununterbrochenen Lagers, das von der Landbevölkerung gebildet wurde. In erdrückender Menge drängten sie sich in echter demokratischer Manier um LaFayette und versuchten, seine Hand zu ergreifen, eine Demonstration, die LaFayette ebenso sehr gefiel wie sie selbst. Henry Clay war damals Sprecher des Repräsentantenhauses, und seine Begrüßungsrede an LaFayette ist einer der großartigsten Rednerausbrüche, die jemals über seine musikalischen Lippen kamen. Die Antwort des angesehenen Franzosen machte ihm große Ehre. Es ist schade, dass diese großen Befreiungen in alten und muffigen Büchern begraben sind, über die nur wenig bekannt ist. Wo immer LaFayette in Washington auftauchte, stürmten die hemmungslosen Massen hektisch auf ihn zu, als wollten sie ihn verschlingen.

Von Washington aus plante er seine Reise nach Süden und Westen oder in den großen Südwesten, wie Alabama, Mississippi und Louisiana damals genannt wurden. Als er seine Daten im Voraus festlegte, wusste er praktisch nichts über die Natur des Landes, nichts über die Schwierigkeit des Reisens, so dass er, als er die Ostgrenze Alabamas erreichte, mehrere Tage hinter der Zeit zurückblieb. Weit davon entfernt, die Begeisterung der Menschen abzukühlen, hatte die Verzögerung genau den gegenteiligen Effekt. Das Interesse vertiefte sich, weitete sich aus und brodelte inzwischen, und seine angekündigte Ankunft in einer bestimmten Region verschlang alles andere. Sogar die Indianer von Georgia und Alabama wurden von der ansteckenden Begeisterung erfasst, und obwohl sie wenig oder gar nichts über LaFayette oder seine Karriere wussten, erfuhren sie, dass er der Freund Washingtons und ein großer Krieger war, und schlossen sich daher der einheimischen Begeisterung an in die Aufregung seines Empfangs. Eine Schar bemalter Krieger mit vielfältigem und farbenfrohem Gefieder und in verschiedenen Farben befleckten Körpern, die rote und gestreifte Decken trugen, bestand darauf, Teil seiner Eskorte durch Georgia zu werden, und schätzte das Privileg, ihm mit äußerster Unterwürfigkeit zu dienen. Die Menschheit hat immer eine gute Seite, wenn wir sie nur erreichen. Für die Indianer war es eine besondere Freude, unterwegs einen Bock abzuschießen und ihn dem höflichen Franzosen zu präsentieren, zwischen dessen kultivierter Konventionalität und der rohen, aber rührend aufrichtigen Freundlichkeit des Indianers ein amüsanter Unterschied bestand.

Mit großer Anstrengung und Opferbereitschaft hatte Gouverneur Pickens alle erdenklichen Vorkehrungen für eine erhabene Demonstration getroffen, die der junge Staat dem angesehenen Gast der Nation bieten konnte. Seine Pläne waren bis ins kleinste Detail perfekt, denn er war ein ausführender Herr, wie die im Besitz des Autors befindlichen Korrespondenzen zwischen ihm und den Milizkommandanten sowie mit den Zivilbehörden und prominenten Bürgern belegen. Die Hauptschwierigkeit schien darin bestanden zu haben, ausreichend Mittel für eine Demonstration aufzubringen, die dem großen französischen Patrioten würdig war, denn in jenen jungen Tagen des Kampfes war das Geld äußerst knapp, aber Pickens war unermüdlich und hatte eine Art und Weise, alles zu erreichen, was er sich vorgenommen hatte Hände zu. Zum Glück für Gouverneur Pickens war die Verzögerung von LaFayette, da er dadurch die umfangreichen und schwierigen Pläne im Zusammenhang mit der Reihe von Empfängen auf dem Siegeszug von LaFayette durch Alabama besser ausführen konnte . Tagelang blieb LaFayette der Öffentlichkeit verborgen, als er die Wildnis durchquerte, in deren Tiefen er sich verlor, und unter dem Schutz der Georgia-Eskorte aus Milizen und bemalten Indianerkriegern so gut er konnte von der Savanne zum Chattahoochee gelangte. Aus der Korrespondenz geht hervor, dass man tagelang nichts von ihm hören konnte, aber am Ufer des Chattahoochee wartete die bereitgestellte Eskorte Tag für Tag auf sein Erscheinen. Endlich kam er in Sichtweite und die Demonstration begann, und sie war ziemlich neuartig. Darüber erfahren wir im nächsten Artikel mehr.

LAFAYETTE'S EMPFANG

Große Lastkähne standen bereit, um die Gruppe über den Chattahoochee auf die Seite von Alabama zu befördern, wo sich eine Vielzahl angesehener Bürger, eine Truppe Alabama-Milizen unter General Taylor und eine Gruppe indianischer Krieger in ihrer einheimischen Kleidung versammelt hatten, die enthusiastischer zu sein schienen als die anderen. Während die Lastkähne zum Ufer glitten, erhoben die Indianer einen Schrei nach dem anderen und stürmten an den Rand des Wassers, um sie zu empfangen. Sie standen unter dem Kommando von Chilly Mackintosh oder dem Kleinen Prinzen. Sobald die Lastkähne zur Landung bereit waren, stürmten die Indianer an Bord, spannten das Pferd vom Sulky, der LaFayette trug, und wetteiferten mit dem anderen darum, den schnellsten Dienst zu leisten, und zogen das Fahrzeug mit jedem auf die Spitze des steilen Ufers Zeichen der Freude.

Als alles vorbei war, waren Begrüßungsreden und die Antwort angesagt. Hier traf LaFayette einen seiner ehemaligen Adjutanten, der ihm als junger Mann während der Revolution gedient hatte, jetzt aber schon etwas fortgeschrittener im Leben war – Rev. Isaac Smith, ein methodistischer Missionar bei den Indianern. LaFayette erkannte ihn und begrüßte ihn herzlich und liebevoll. Im Überschwang seines Eifers flehte der Missionar sie an, sich im Gebet zu verneigen. Dort unter den hohen Bäumen am Flussufer verneigte sich die Gruppe in feierlichem Gebet, LaFayette und die Indianer schlossen sich an, und mit erhobener Stimme betete Mr. Smith den Segen des Himmels für den großen Patrioten. Die Indianer, die ihr Interesse zeigen wollten, schlugen vor, zur Unterhaltung von LaFayette eine Partie Ball zu veranstalten, woraufhin Mr. Smith ihn in sein bescheidenes Zuhause einlud, wo sie einander die Szenen ihres Lebens erzählten, seit sie sich bei der Desorganisation von LaFayette trennten der Armee, etwa dreiundvierzig Jahre zuvor.

Nach einer Ruhezeit brach LaFayette mit der Kavalkade auf einer Straße auf, die fast hundert Meilen durch eine unbewohnte Region führte. Er saß in einer schönen Kutsche, die von vier wunderschönen Grauschimmeln gezogen wurde und von den uniformierten Staatssoldaten und den Indianern begleitet wurde schlugen vor, ihn sicher durch ihr eigenes Territorium zu bringen. Die von Gouverneur Pickens getroffenen Vorkehrungen waren so vollständig, dass in angemessenen Abständen entlang des trostlosen und eintönigen Weges reichlich Vorräte an Erfrischungen, Essen, Unterkunft und Ruhe vorhanden waren.

Bei Line Creek, zwanzig Meilen vom Dorf Montgomery entfernt, wurde die Grenze des Territoriums der Indianer erreicht, und hier verabschiedeten sie sich offiziell von LaFayette. Ihr Häuptling, der Kleine Prinz, hielt in seiner

Muttersprache eine bewegende Rede an LaFayette, von der LaFayette kein Wort verstand, und allein von der Gestik und dem Gesichtsausdruck des Häuptlings geleitet, antwortete der alte Patriot auf Englisch, ohne ein Wort Davon wussten die Indianer. Mit viel Zeremonie schüttelten sie LaFayette die Hand und machten sich dann leise auf den Weg zu ihren Häusern im Wald.

In Line Creek wurden die Reihen der Kavalkade größtenteils durch die Hinzufügung einer neuen Truppengruppe und vieler angesehener Bürger verstärkt, die aus verschiedenen Richtungen durch das Land gereist waren, um an der Demonstration teilzunehmen. Einmal innerhalb der Grenzen der Zivilisation, wurde die Reise nach Montgomery und darüber hinaus durch die kultivierten Felder des weißen Mannes erleichtert, auf denen jetzt junge und vielversprechende Pflanzen blühen, und durch die Häuser der Vornehmheit, die über das ganze Land verstreut sind. Dies war eine große Erleichterung für LaFayette, die fast eine Woche lang in den Tiefen einer unbebauten Wildnis begraben lag. Die verbesserten Straßen ermöglichten es der Prozession, schneller in Richtung des Dorfes Montgomery zu fahren.

Auf einer Hügelkette, etwa zwei Meilen vom Dorf entfernt, hatte man Vorkehrungen getroffen, damit die Kavallerie anhalten konnte, damit der Gouverneur, der aus Cahaba angereist war, um den angesehenen Gast an diesem Punkt zu empfangen, einen formellen Empfang geben sollte. Auf jeder Seite der Straße befand sich ein großes, schneeweißes Zelt, zwischen dem sich über der Straße ein Bogen von wunderschöner künstlerischer Konstruktion befand, unter dem Gouverneur Pickens und sein Gefolge standen und auf die Ankunft des hohen Gastes warteten. Als die Kutsche, die LaFayette beförderte, unter dem Torbogen anhielt, ging Gouverneur Pickens auf ihn zu, um ihn zu begrüßen, und nach einer gegenseitigen Vorstellung ging der Gouverneur daran, die Höflichkeiten des neuen Staates in treffenden und wohlgewählten Worten auszudrücken, für die er bemerkenswert war: und es folgte die Antwort von General LaFayette in ebenso glücklicher Ausdrucksweise. Darauf folgte eine Art improvisierter Empfang vor Ort, bei dem die angesehenen Bürger des Staates einer nach dem anderen LaFayette vorgestellt wurden. In der Zwischenzeit blieben die Damen, die gekommen waren, um dem Anlass die Ehre zu erweisen, in den Zelten, und der Gouverneur nahm den großen Gast am Arm, führte ihn in die Zelte und stellte ihn den Damen vor. Dies geschah um 12 Uhr am Sonntag, dem 3. April 1825, und unmittelbar nachdem diese ersten Zeremonien beendet waren, nahm die Prozession wieder die Marschlinie in Richtung des Dorfes Montgomery auf, wobei LaFayette nun in der Kutsche von Gouverneur Pickens mitgenommen wurde. Eine Musikkapelle begleitete die Prozession, deren Töne sich mit dem Beifall der Menge vermischten, wobei die Lautstärke des Tons zunahm, je näher man sich Montgomery näherte, als neue Mitglieder der Prozession beitraten. Jeder Gegenstand, der Lärm und Lärm erzeugen konnte, wurde zum Einsatz gebracht, darunter auch Pulverdetonationen, die mangels Kanonen so begrenzt waren, dass sie eine laute Explosion verursachten, und Glocken jeder Größe wurden geläutet, das Volk offenbar entschlossen, den Bevölkerungsmangel durch Lärm auszugleichen, denn zu dieser Zeit war Montgomery nichts weiter als eine kleine Stadt.

In der Stadt angekommen, wurden LaFayette und seiner Gruppe die prächtigsten Unterkünfte zur Verfügung gestellt, und obwohl er müde war, drängten die Leute herbei, um ihn zu begrüßen. LaFayette und der Gouverneur aßen privat zusammen und besuchten am Abend gemeinsam den Gottesdienst.

Der Montag bescherte LaFayette einen arbeitsreichen Tag. Bürger aus allen Teilen des Staates waren gekommen, um ihm die Hand zu schütteln, darunter einige alte Veteranen, die unter ihm in den Kampagnen der Revolution gedient hatten. Beim Anblick eines Revolutionssoldaten leuchteten seine Augen auf, und seine Begrüßung war stets von leidenschaftlicher Zuneigung geprägt. Er musste wohl mit jedem alten Soldaten, der zu ihm kam, ein kurzes Gespräch führen. Auf einen arbeitsreichen Tag folgte ein Ball zu Ehren des bedeutenden Soldaten und Patrioten. Dies dauerte bis 11 Uhr nachts, als sich eine Prozession formierte, um ihn zur Flusslandung zu begleiten, wo drei kleine Dampfer darauf warteten, die Gruppe flussabwärts nach Cahaba zu bringen – die Henderson, Balize und die Fanny.

Der nächste Artikel schließt den Bericht über den bemerkenswerten Besuch von LaFayette in Alabama ab.

LAFAYETTES ABREISE

Wenn man nun vom Bahnhof aus die Commerce Street in Montgomery hinaufgeht, findet man etwa auf halbem Weg zwischen dem Bahnhof und dem Exchange Hotel auf der rechten Straßenseite eine Bronzetafel in der Wand, auf der dieses wertvolle Stück eingraviert ist Historische Informationen: „An dieser Stelle stand bis Dezember 1899 das Haus, in dem Marquis de LaFayette am 4. April 1825 während seiner letzten Reise durch die Vereinigten Staaten einen öffentlichen Empfang und einen Ball erhielt." Diese Tafel wird von der Society of the Sons of the Revolution im Bundesstaat Alabama in bleibender Erinnerung an diesen berühmten Patrioten und Soldaten der Revolution, den Freund Washingtons und den jugendlichen Verfechter der Freiheit angebracht. 4. April 1825 – 4. April 1905." Auf derselben Tafel erscheint die Figur von LaFayette mit den dazugehörigen Daten von 1776 und 1883, und darunter erscheinen die Worte „Die Söhne der Revolution". Während unser Volk bei der Erhaltung bemerkenswerter Orte im Allgemeinen nachlässig gehandelt hat, ist es ein Anlass der Dankbarkeit gegenüber den Söhnen der Revolution, dass sie diese Stätte so umsichtig vor der völligen Zerstörung bewahrt haben.

Die Flottille setzte die Erzählung dort fort, wo sie im ersten Artikel aufgehört hatte, und zwar in Bezug auf LaFayette und die große Eskorte, die ihn auf den Booten flussabwärts begleitete. Am nächsten Morgen erreichte die Flottille das Dorf Selma, wo ein Zwischenstopp eingelegt wurde, um eine Überfahrt zu ermöglichen eifrige Menschenmenge, die sich aus verschiedenen und entfernten Richtungen versammelt hatte, um einen Blick auf den berühmten Gast der Nation zu erhaschen und seine Hand zu ergreifen. Der Aufenthalt war notwendigerweise kurz, denn die Boote mussten schnell nach Cahaba weiterfahren, wo die Menschen der neuen Hauptstadt sehnsüchtig darauf warteten, LaFayette einen wirklich herzlichen Empfang zu bereiten.

Der Anblick der Boote, die den Fluss hinunterfuhren, reichte aus, um aus den Kehlen der versammelten Menge am Ufer des Flusses einen lauten Beifall zu ertönen, begleitet vom Schwenken von Taschentüchern, Hüten, Regenschirmen und Bannern, begleitet von lautem Dröhnen von Waffen und dem Läuten von Glocken. Für LaFayette war es schwierig, die Gangway hinunterzusteigen, so sehr wollten die Leute ihn erreichen und seine Hand nehmen. An Land angekommen hielt Herr Dellet, der mit der Begrüßungsrede beauftragt war, seine Rede, die gebührend beantwortet wurde, als sich eine lange Prozession formierte, die zum Gerichtsgebäude marschierte, das durchgehend geschmackvoll dekoriert war und es fand ein feierlicher Empfang statt. Nachdem dies vorbei war, stand ein üppiges

Abendessen bereit, und nach dem Essen wurde LaFayette ein paar Stunden Ruhe gegönnt. Nachdem er sich durch Schlaf erfrischt hatte, erschien er wieder, und der Einfallsreichtum des Volkes schien in den Methoden erschöpft zu sein, die man sich ausgedacht hatte, um ihm Ehre zu erweisen.

Sein Aufenthalt in Cahaba war kürzer, da er an anderen Stellen bereits mehrere Tage überfällig war. Es war geplant, einen Tag lang in Claiborne im Monroe County anzuhalten, damals eine der größten und sparsamsten Städte des Bundesstaates, die heute aber praktisch ausgestorben ist, aber die Fehlkalkulation bei der Festlegung früherer Termine verhinderte einen Aufenthalt von nur wenigen Stunden in diesem geschäftigen kleinen Flusszentrum. Zu Ehren des französischen Helden war in Claiborne ein aufwendiger Ball vorbereitet worden, aber er konnte nicht bleiben, und nach einigen Stunden Verspätung fuhren die Boote mit der LaFayette-Partei, dem Gouverneur und seinem Stab sowie einer Vielzahl von anderen Schiffen südwärts Begleiter auf den verschiedenen Dampfern.

Der nächste wichtige Punkt, der erreicht werden musste, war Mobile. Auf all seinen Reisen gab es keinen Ort, der die in dieser Stadt in Alabama gebotene Demonstration übertraf. Die Kais waren voller eifriger Menschenmengen, die auf das erste Auftauchen der Boote warteten, die den Fluss hinunterfuhren, und ihr Erscheinen war das Signal für die Rufe der Menge, das Läuten der Kirchenglocken und das Dröhnen großer Kanonen. Die üblichen Zeremonien bestanden aus Empfangs- und Antwortreden, Banketten und Empfängen, an denen LaFayette mit der Schnelligkeit und dem Elan eines Jungen teilnahm. Die Fahrt auf dem Fluss hatte ihn sehr erfrischt und gestärkt, und diese ungewöhnliche Ruhe verlieh ihm neue Spannkraft. Er schien alle Zurückhaltung abzulegen und gab sich hingebungsvoll den Feierlichkeiten und Fröhlichkeiten des Anlasses hin. Er war nicht glücklicher als Gouverneur Pickens, der darauf bedacht war, dem nationalen Gast die größtmögliche Gastfreundschaft entgegenzubringen, und das umso mehr, als er so darauf bestand, dass er in den jungen Staat kam. Zur Ehre von Gouverneur Pickens muss gesagt werden, dass es von dem Zeitpunkt an, als LaFayette den Boden Alabamas betrat, bis zu seinem endgültigen Verlassen Alabamas, keinerlei Erschütterungen oder Stöße in dem ausgefeilten Plan und der Vereinbarung gab, die er erdacht und buchstabengetreu ausgeführt hatte .

Der Aufenthalt in Mobile wurde aus den bereits genannten Gründen etwas verkürzt, da New Orleans bereits auf LaFayettes Ankunft wartete. Gouverneur Pickens blieb bei LaFayette, bis er die äußerste Grenze des Staates verließ. Das schönste Boot, das bisher für südliche Gewässer gebaut wurde, die Natchez, sollte LaFayette nach New Orleans bringen. Die Natchez wurde von anderen Dampfern begleitet, die die große Eskorte trugen, aber Gouverneur Pickens und LaFayette segelten aus dem Hafen von

Mobile nach Mobile Point, wo Gouverneur Pickens sich liebevoll von seinem angesehenen Gast verabschiedete. Die Trennung dieser beiden bedeutenden Männer war am schmerzlichsten, da sie sich gegenseitig sehr verbunden fühlten. Es wurde vereinbart, dass sie weiterhin korrespondieren sollten, solange beide am Leben seien. LaFayette bat darum, ihm eine Kopie des Papiers mit einem Bericht über seinen Besuch in Alabama zuzusenden, in dem der folgende Brief erläutert wird:

„Sehr geehrter Herr, meinem Versprechen entsprechend habe ich Ihnen ein Papier geschickt, das Sie in Pittsburg treffen soll, und Ihnen noch einmal eines beizufügen. Dies enthält nur einen Teilbericht über unsere Taten, als Sie bei uns waren. Sie werden ein Paket erhalten, das ich Ihnen nach Boston schicken ließ und in dem ich an jedem Ort, an dem Sie auf Ihrer Reise durch diesen Staat Halt gemacht haben, einen Bericht erhalte, in der Hoffnung, dass es für Sie oder einige Ihrer Freunde zufriedenstellend sein könnte einen Hinweis auf die Vorfälle geben, die sich hier zu einem erfreulichen Anlass für unsere Bürger des jungen Bundesstaates Alabama ereigneten.

„Ich hoffe, dass Sie Boston zum gewünschten Zeitpunkt bei guter Gesundheit und guter Laune erreicht haben, nach einer Reise, die weder in unserer Zeit noch in irgendeiner anderen Zeit beispiellos war. Ein so ausgedehnter, so schneller und gleichzeitig so triumphaler Marsch war noch nie zuvor die Prahlerei einer Persönlichkeit und er ist wirklich eine Quelle gemeinsamer Glückwünsche unter den Freunden republikanischer Institutionen und der freien Gesellschaftsordnung auf der ganzen Welt.

„Ich bin mir der Strapazen Ihrer späten Reise und der erfreulichen Aufmerksamkeiten, die Sie erwarten werden, wenn dies Sie erreicht hat, zu bewusst, als dass ich ihnen durch einen längeren Brief etwas hinzufügen könnte, ohne dass es für Sie interessant wäre.

„Wenn Sie später die Ruhe Ihres eigenen häuslichen Kreises genießen werden, hoffe ich, das Vergnügen zu haben, gemäß Ihrer freundlichen Einladung, als ich mich von Ihnen trennte, mit Ihnen zu korrespondieren.

„Mit Gefühlen von tiefem Respekt und Hochachtung spreche ich Ihnen die herzlichsten Grüße aus,

„ISRAEL PICKENS.

„General LaFayette.“

Dies ist eine wörtliche Transkription des ersten Briefes von Gouverneur Pickens an General LaFayette.

ALTE SCHULE

Keine spätere Veränderung war radikaler als die in unseren Schulen. Die Disziplin, die Leitung, die Unterrichtsmethode und der allgemeine Geist der Schule haben alle einen tiefgreifenden Wandel erfahren. In der Anfangszeit war die alte Rechtschreibprüfung in den Grundschulen eine unabdingbare Voraussetzung. Seine Wortkolonnen und -bataillone, die von den am wenigsten buchstabierbaren Wörtern bis hin zu achtsilbigen und sogar darüber hinausgehenden Wörtern reichten und die alle auswendig gelernt werden mussten, machten viele zu hervorragenden Buchstabierern des Englischen. Die moderne Methode, die Fähigkeit zur Rechtschreibung zu erwerben, mag überlegen sein, aber jemand, der jemals den alten Blue-Back beherrschte, war nie dafür bekannt, dass er ein gleichgültiger Rechtschreiber war. Der Blaurücken mag in der Schwebe des Schrotthaufens verbannt sein, aber um ihn zu beherrschen, musste man sich die meisten der gebräuchlichen Wörter und noch mehr darüber aneignen.

Früher wurde der Standort einer Landschule im Hinblick auf eine größtmögliche Schirmherrschaft ausgewählt, während viele Jungen und Mädchen gezwungen waren, jeden Morgen mehrere Kilometer zurückzulegen, um dorthin zu gehen, und jeden Nachmittag die gleiche Strecke nach Hause zurücklegen mussten. Die Eimer mit gebogenen Drahtgriffen enthielten die Abendessen der Kinder einer bestimmten Familie. Die Schulzeit dauerte von acht Uhr morgens bis vier Uhr nachmittags, mit drei kurzen Pausen tagsüber. Für eine gut organisierte Schule bestand die Einrichtung aus schlichten, unbemalten Sitzen, die nicht besonders bequem waren, und unbemalten Schreibtischen. Wo die Sitze nicht so gut reguliert waren, bestanden die Sitze aus gespaltenen Baumstämmen, ohne Rückenlehne, mit Stiftstützen und ohne Schreibtische, außer dem Lehrertisch, der zu unterschiedlichen Zeiten von einer bestimmten Klasse von Schülern genutzt wurde, um beim Lehrer Schreibunterricht zu nehmen.

Dieser Lehrer saß auf einer Plattform, die leicht erhöht war, um die vollständige Aufsicht über jeden Schüler zu gewährleisten. In seinem Schreibtisch waren die Sehnen der Disziplin sicher aufbewahrt, in Form einer Reihe gut abgelagerter Hickorybäume, flexibel, zäh und gerade lang genug für eine treue Ausführung. Diese waren für alle gleichermaßen eine Quelle des Schreckens, denn aufgrund der Natur der Disziplin gab es angesichts bestimmter Verstöße keine Immunität.

Die Regeln der Disziplin waren im Allgemeinen hart, hart und drastisch, der Inbegriff des Unvernünftigen. Ein Schüler, der eine bestimmte Anzahl von Wörtern nicht buchstabieren oder eine bestimmte Anzahl richtiger

Antworten nicht geben konnte, wurde sofort niedergeschlagen. Dies geschah auf höchst mechanische Weise, da die Disziplinierungsmaschinerie natürlich regelmäßig laufen muss. Es wurde nichts gesagt, aber der Lehrer würde die Auspeitschung durchführen und direkt mit seiner anderen Arbeit fortfahren. Die Angst vor Bestrafung wirkte nicht als Anreiz, sondern als barbarisches Hindernis. Das Studium wurde nicht so sehr zum Vergnügen betrieben, sondern aus Angst vor Strafe.

Ein „großer Junge", der in der Regel älter als sechzehn war, hatte die Wahl zwischen einer Auspeitschung in Anwesenheit der Schule oder einer regelrechten Entlassung. Es wurde kein Respekt vor dem Unterschied zwischen einem fleißigen, ernsthaften Schüler, der möglicherweise nur langsam lernt, und einem klugen und flinken Schüler geachtet, obwohl ersterer der solidere von beiden sein könnte und das oft auch war. Der Schulunterricht erfolgte nach bestimmten willkürlichen Regeln und nicht nach dem Grundsatz des gesunden Menschenverstandes. Die meisten Schulen wurden daher von den Schülern als Schrecken und nicht als Orte geistiger Freuden angesehen. Ein „strenger" Lehrer, wie der strenge Disziplinarist genannt wurde, war sehr gefragt. So mancher Pädagoge würde die Gelegenheit verpassen, eine Schule zu bekommen, weil er „locker" war oder, wie wir heute sagen würden, weil er vernünftig war und kein Zirkusdirektor mit seiner Peitsche. Es gab kein höheres Lob, als dass man selbst die größten Jungen auspeitschen würde. Als Folge dieses Zustands in der frühen Schule wurde der Lehrer fast überall in Ehrfurcht empfunden, ohne dass ein Anflug von Sympathie gegenüber irgendeinem Schüler bestand.

Bei allen Rezitationen, mit Ausnahme der Lese- und Rechtschreibübungen, saßen die Schüler. Der Rechtschreibunterricht war einigermaßen benotet und beim Rezitieren stand man in einer Reihe vor dem Lehrer, der die zu buchstabierenden Wörter „austeilte". Jede Silbe musste nicht nur buchstabiert und artikuliert werden, bei der Rechtschreibung wurde auch jede vorangehende Silbe ausgesprochen, sogar bis zum Ende des Wortes. Wenn zum Beispiel das Wort „Berühmtheit" gegeben würde, würde der Schüler no, no, to, noto, ri, notori, e, notorie, ty, te, notoriety buchstabieren. Wenn es darum ging, lange Wörter zu buchstabieren, wurden sie mit einer oft erstaunlichen Geläufigkeit heruntergerattert. Es war interessant zu hören, wie Wörter wie Unbrennbarkeit und Ehrenhaftigkeit auf diese Weise geschrieben wurden. Wie bei einer Stimmgeschosse klapperte der Schüler lange Wörter herunter und steigerte sie dabei, während der Lehrer mit leicht geneigtem Kopf dastand, um zu hören, wie es richtig ausgeführt wurde. Welchen anderen Effekt diese Übung auch hatte, sie sorgte für Klarheit in der Artikulation. Wenn ein Wort falsch geschrieben wurde, wurde es mit einem „Weiter!" an den nächsten Schüler weitergegeben. vom Lehrer weg, und wenn er von dem nächsthöheren erfolgreich gezaubert wurde, würde er denjenigen „ablehnen", der versagt hat, oder, mit anderen Worten, seinen Platz in der Reihe einnehmen und denjenigen, der versagt hat, näher an den Fuß des Lehrers schicken Klasse. Wie zitternde Übeltäter standen die Schüler so während der Rezitation da, und jeder, der eine bestimmte Anzahl von Wörtern nicht richtig geschrieben hatte, ging mechanisch auf den Lehrer zu und nahm dessen Schläge auf sich. Jede Klasse von Buchstabierern war nur eine Gruppe von Schuldigen, die vor Gericht standen.

Einer der beliebtesten Streiche jener frühen Tage war es, „den Lehrer rauszuschmeißen". Wenn ein Feiertag gewünscht wurde und zuvor abgelehnt worden war, war es fast sicher, dass es zu einem Aufstand kam. Es wurde ein geheimes Konklave der „großen Jungs" abgehalten, eine Meuterei ausgeheckt, ein furchtloser Rädelsführer gewählt, die Pläne geschmiedet und der Zeitpunkt der eigentlichen Auseinandersetzung abgewartet. Am Morgen des gewünschten Feiertags erreichten die jungen Verschwörer die Schule ein oder zwei Stunden im Voraus, verbarrikadierten jede Tür und jedes Fenster, damit niemand eintreten konnte, und warteten ruhig auf die Ankunft des Lehrers . Gewöhnlich forderte er die Öffnung des Hauses, wobei ihm der Anführer mitteilte, dass dies nur unter der Bedingung geschehen würde, dass er ihnen Urlaub gönne.

Der Einfallsreichtum, das Taktgefühl oder die körperliche Stärke des Lehrers wurden durch einen solchen Zeitpunkt oft stark beansprucht. Es war jedenfalls keine leichte Sache, mit einem halben Dutzend oder mehr entschlossenen Jungen umzugehen, die gerade ins Mannesalter kamen, und solchen, deren stiller Groll den Wunsch nach einer Neigung weckte, und der Lehrer musste entweder nachgeben und danach den Halt verlieren, oder Ergreifen Sie das Risiko einer schwierigen Situation, in der die Chancen gegen ihn stehen. Die übliche Lösungsmethode bestand darin, einen Waffenstillstand auszuhandeln und auf einer zufriedenstellenden Grundlage einen Kompromiss zu finden. Ein Vorteil lag immer auf der Seite des Lehrers – egal, wie streng oder streng seine Anpassungsmethode bei der Unterdrückung der Rebellion war, er würde die moralische Unterstützung der Eltern haben, aber es war ein Vorteil, der sich als mehr als eine verlassene Hoffnung erweisen konnte. wenn er eine Gruppe muskulöser Landjungen angreifen sollte.

Glücklicherweise sind diese Zeiten vorbei, mit vielleicht einigen kleinen Vorteilen gegenüber einigen der gegenwärtigen Methoden, aber mit immens größeren Nachteilen. Zumindest sind die Tyrannei und Brutalität der alten Tage dem gesunden Menschenverstand gewichen.

Das Cross Roads Lebensmittelgeschäft

Zu den nicht mehr existierenden Institutionen einer vergangenen Ära in der Geschichte des Staates gehört der Country Grogshop, der damals als „Kreuzstraßen-Lebensmittelladen" bekannt war, ein Name, der sich aus dem Unternehmergeist der Besitzer solcher Orte bei der Suche nach Orten ableitet die Straßen kreuzten sich, um mehr „Handel" zu ergattern. Viele dieser Country Saloons wurden zu berüchtigten Ferienorten. Diese Orte waren in jenen fernen Tagen der Treffpunkt der Rustikalen der urkomischen Sorte. Diese unhöflichen Rendezvous-Orte waren der wöchentliche Schauplatz grober Sportarten, grober Heiterkeit und heftiger Schlägereien. Hierher versammelten sich die Raufbolde aus einer weiten Gegend, tranken ausgiebig, schrien laut und stritten sich nicht wenig. Die monatliche Kundgebung der Miliz fand normalerweise in Verbindung mit einer dieser ländlichen Einrichtungen statt, und hierher kamen „die Jungs" für einen ganztägigen Ausflug. Bei der Übung wurden zwar Eichhörnchengewehre und alte Feuerstein- und Stahlgewehre verwendet, diese wurden jedoch nie requiriert, wenn die Kämpfe normalerweise folgten. Damals kam es weitaus seltener zu Schüssen und Stechen als heute, denn der Beweis für die Männlichkeit lag in der Beweglichkeit, Kraft und der Geschosskraft der Faust. Es gab Tyrannen, nicht wenige, und wenn einer so weit in Bewegung kam, dass er wie ein Comanche-Indianer einen Schrei ausstoßen konnte, galt das als trotziges Geplänkel. Diese Art von „Sport" kam normalerweise als letzter Akt der Tragödie des Tages.

Zu den Ablenkungen des Tages gehörte auch die Prüfung der Treffsicherheit. Bei den Einsätzen handelte es sich in der Regel um Steaks oder, um die damalige Terminologie zu verwenden, um „ein Viertel Rindfleisch". „Ins Schwarze treffen zu können", wie die Zielscheibe genannt wurde, war ein würdiger Ehrgeiz eines jeden Bauern. Eine so bemerkenswerte Leistung machte ihn zum Löwen des Tages, und sein Ruf wurde in der folgenden Woche ausführlich diskutiert. Keine größere Ehre konnte einem zuteil werden, als ein Viertel zu gewinnen, und „das Lebensmittelgeschäft" wurde als prominenter Erholungsort in einer weiten Gemeinde bezeichnet. Es gab auch „Renntage", die sowohl für Fußrennen als auch für Pferderennen galten. Für jeden gab es eine Laufbahn direkt neben dem „Lebensmittelgeschäft", und bei den Fußläufen zogen sich die Läufer bis zur Hüfte nackt aus, zogen ihre Schuhe aus und liefen mehrere hundert Meter. Eine Gruppe von Läufern nach der anderen testete im Laufe des Tages ihre Geschwindigkeit, wobei der unterlegene Teilnehmer stets „das Publikum verwöhnen" musste.

Dies wurde wiederum je nach Pferderenntag variiert. Für diesen Pferdesport wurden vom Lebensmittelhändler immer zwei parallele Gleise in Ordnung gehalten. Dürre Ponys, die die ganze Woche über gepflügt hatten, wurden am Samstag auf die Rennbahn mitgenommen, Wetten wurden frei genossen, die Besitzer waren ihre eigenen Jockeys, und es waren viele der auf diese Weise durchgeführten Rennen amüsant.

Eine weitere Sportart, die an sich schon grausam genug war, war das „Ganderziehen“. Ein großer Ganser mit gefettetem Hals wurde an einem flexiblen Ast aufgehängt, der über die Straße hinausragte, und einer nach dem anderen ritten die Reiter in vollem Tempo, packten den Hals der Gans und versuchten, ihn abzuwringen, während ihr Pferd in voller Fahrt war . Unter vielem kläglichen Hupen drehte die Gans hier und dort den Kopf, um nicht ergriffen zu werden, und es war nicht einfach, die erforderliche Leistung zu erbringen. Die übliche Belohnung für den erfolgreichen Teilnehmer war eine bestimmte Geldsumme. Dieser grausame Sport, der vor mehr als 75 Jahren existierte, gehörte zu den ersten, die aus dem Programm ländlicher Freizeitaktivitäten verschwanden. Der Leser von „Georgia Scenes“ wurde mit dieser Sportart vertraut gemacht, die einst sehr beliebt war.

Der „Mustertag“, der einmal im Monat stattfand, war normalerweise ein Tag voller blutiger Heiterkeit. Nachdem die groben Entwicklungen auf dem Spielfeld vorbei waren, kehrten „die Jungs“ zum Lebensmittelladen zurück, und nachdem sie mehrmals großzügig an der Bar bedient worden waren, waren sie bereit für den Spaß, der normalerweise mit einem Ring- oder Boxkampf begann Jemand, der keinen Erfolg hatte, verwandelte die Szene in einen regelrechten Kampf. Wenn die Stimmung die Oberhand gewann, was unter der Bedingung des freien Trinkens nicht schwer war, forderte ein heftiger Schlag den nächsten heraus, und die Menge bildete einen Ring um die Kriegführenden und rief: „Zurücktreten!“ und „Fairplay!“ wäre überall zu hören. Wenn jemand zugunsten eines Verwandten oder Freundes eingriff, wurde er von einem anderen angegriffen, und nicht selten waren bis zu einem Dutzend Männer in einen Faustkampf verwickelt. Nichts außer der Faust wurde geduldet. Nicht einmal ein Stock konnte verwendet werden, obwohl es als erlaubt galt, die Zähne zu benutzen oder sogar die Augen eines Gegners mit Sand zu füllen, um ihn zum Aufschrei zu bringen, wenn man unter seinem Gegner lag. Als der Schrei der Niederlage erklang, wurde der erfolgreiche Gegner abgezogen und jemand behandelte ihn sofort.

Auf diese Weise wurden damals Tyrannen produziert. Manchmal kam ein Tyrann aus einer anderen Region, in der er das Feld gekehrt hatte, um sein Können mit einem örtlichen Tyrannen zu testen. Wetten würden im Voraus abgeschlossen, und die Bekanntgabe in der Region etwa eine Woche im Voraus würde dazu dienen, eine ungewöhnliche Menschenmenge an den Schauplatz des Faustkampfes zu locken. Ein Ring wurde in den Sand gezogen, und während der Kampf mit einer Boxübung begann, entwickelte sich daraus irgendwann ein königlicher Kampf mit den Fäusten. Die Verfechter verschiedener Stadtteile waren der Meinung, dass nicht nur ihr eigener Ruf, sondern auch der ihrer Gemeinde auf dem Spiel stand. Bullen auf den Weiden würden nicht mit größerer Heftigkeit kämpfen als diese rauen Rowdys. Wenn der eine oder andere „aufgab", kam es zu einer allgemeinen Meinungsverschiedenheit unter den betrunkenen Wettenden, und die gesamte Menge geriet in einen allgemeinen Handgemenge.

In der Samstagnacht kam es meist zu neuen Zufällen aus der Nachbarbevölkerung, und häufig dauerten die Schlägereien die ganze Nacht über. Gebrochene Finger, Nasen, abgekaute Ohren und ausgerenkte Zähne zählten in der Regel zu den Opfern des Tages. Obwohl viele von ihnen verprügelt und geschlagen wurden, würden sie in der nächsten Woche ihre gewohnte Arbeit wieder aufnehmen, während die Szenen vom vorangegangenen Samstag Gegenstand allgemeiner Kommentare sein würden, und am Ende der folgenden Woche würden sie sie im Lebensmittelladen wiederfinden.

Diese sogenannten Lebensmittelgeschäfte waren im gesamten Süden bis zum Beginn des Bürgerkriegs verbreitet, und es wird angenommen, dass die Kriegslustigen während dieser Zeit auf Feldern anderer Art ihre volle Befriedigung fanden. Unter den Veränderungen, die der Krieg in unserem gesellschaftlichen Leben mit sich brachte, gehörte dies nicht zu den geringsten. Bemühungen, den „Lebensmittelladen" der „guten alten Zeiten" nach der Rückkehr einiger weniger von den Schlachtfeldern des Krieges wiederzubeleben, erwiesen sich als erfolglos und so verschwand diese beliebte Institution in den Staaten des Südens.

FRÜHE NAVIGATION

Die groben Boote, die einst auf unseren herrlichen Flüssen schwammen, waren ziemlich grob und primitiv und stellten den Einbaum oder Kanus der roten Männer nur einen kleinen Fortschritt dar. Das schwere, schwerfällige Plattboot wird teils durch lange Ruder angetrieben, die von der Hand benutzt werden, teils durch lange Stangen, die vom Rand des Bootes herabgelassen und durch den Druck des Körpers langsam vorwärts getrieben werden, und durch den Einsatz von Enterhaken Das Boot flussaufwärts ziehen, waren bis weit in die zwanziger Jahre des 19. Jahrhunderts im Einsatz. Diese Boote hatten eine begrenzte Oberflächenkapazität, waren schwierig zu steuern und außerordentlich langsam. Ein Hinweis auf ihre schleppende Fortbewegung ist die Tatsache, dass der ehrenwerte Henry Goldthwaite im Jahr 1819, als er von Mobile nach Montgomery reiste, um die letztere Stadt zu seiner Heimat zu machen, gerade einmal drei Monate auf der Reise den Alabama River hinauf war. Mit langsamer Bewegung und geräuschlos wurden diese schweren Fahrzeuge den Fluss hinaufgetrieben, und wenn sie sich einem bestimmten Punkt näherten, signalisierten die Bootsführer ihre Annäherung, indem sie eine kleine Kanone abfeuerten, die zu diesem Zweck auf jedem Lastkahn aufbewahrt wurde. Nach der Erfindung der heute weit verbreiteten Dampfpfeife durch Adrian Stephens aus Plymouth, England, kamen Pfeifen sofort auf allen amerikanischen Gewässern in Gebrauch.

Seit Jahrhunderten strömten diese großen Ströme mutwillig ins Meer, und nach der Besetzung Alabamas durch die Weißen erkannte man sofort die natürlichen Vorteile, aber da man damals nichts über die Dampfmaschine wusste, blieb natürlich nichts anderes übrig, als sie einzusetzen das am besten verfügbare Fahrzeug für den Transport. Lange Zeit wurden nur die unhandlichen Lastkähne und Flachboote genutzt. Es ist leicht zu erkennen, wie die Einführung von Dampfschiffen auf unseren Flüssen den Wohlstand des Einzelnen und der Gesamtheit fördern würde, der durch den bereits erwähnten langsamen Prozess der Schifffahrt so lange verzögert worden war.

Obwohl Robert Fultons erster grotesker Dampfer bereits 1807 auf den Gewässern des Hudson auftauchte und in dieser Gegend noch kein Dampfer gesehen worden war, gründeten unternehmungslustige Geister in Erwartung des bevorstehenden Einsatzes von Dampfschiffen eine Kompanie in St. Stephens , der Landeshauptstadt, im Jahr 1818, das Unternehmen wurde vom Gesetzgeber des Alabama-Territoriums ordnungsgemäß genehmigt und trug den Namen St. Stephens Steamboat Company. Zwei Jahre später folgte eine weitere, die unter dem Namen Steamboat Company of Alabama gegründet wurde, und ein Jahr später kam noch die Gründung der Mobile Steamship Company. Wenn man annimmt, dass die Väter in jenen frühen

Tagen kein Unternehmen hatten, wird dies dazu dienen, den Geist aller Zweifler eines Besseren zu belehren. Sie handelten mit Dampf-Futures, waren aber auf die bevorstehende Welle des Dampf-Fortschritts vorbereitet. Im Laufe der Zeit führten diese rivalisierenden Organisationen Dampfschiffe auf den Flüssen des Staates ein, doch diese bewegten sich nicht schnell, waren anfangs klein, eher aufwändig verziert und boten einer begrenzten Anzahl von Passagieren ein gewisses Maß an Komfort. Diese winzigen schwimmenden Schiffe wurden nach und nach durch größere Schiffe ersetzt, ihre Zahl vervielfachte sich, und 1845 wurden prächtige Pakete von den Decks herabgelassen und wurden zu „schwimmenden Palästen" auf unseren Gewässern.

Zunächst wurde ein Dampfer durch je ein Rad an jeder Seite angetrieben, dies wurde jedoch nach und nach durch ein einzelnes Rad am Heck ersetzt. Die Karriere dieser prächtigen Dampfer war kurz und dauerte nicht länger als fünfzehn oder zwanzig Jahre bis zum Ausbruch des Bürgerkriegs.

Eisenbahnen waren in Alabama noch praktisch unbekannt und Dampfschifffahrten erfreuten sich außerordentlicher Beliebtheit. Auf den besten und schönsten Dampfern war die Unterhaltung kaum zu übertreffen. Die Kabinen waren oft elegant und immer komfortabel, und die Tische waren Banketttafeln. An den Anlegestellen wurden die besten Landprodukte gesammelt, und die Speisen waren eine der Prahlereien der Dampfer. Die prächtigsten Teppiche lagen auf den Böden der Passagiersalons, während die prächtigen Möbel sowohl optisch ansprechend als auch praktisch im Gebrauch waren. Die Boote waren mit drei Decks ausgestattet, die als Unterdeck, Mitteldeck oder Passagierdeck und Oberdeck oder Hurrikandeck bezeichnet wurden.

Während der Baumwollsaison, die von September bis März dauerte, also etwa die Hälfte des Jahres, fuhren die Boote auf jeder Fahrt mit Hunderten von Ballen Baumwolle die Flüsse hinunter und kehrten mit Waren beladen zurück, während in beide Richtungen Meistens gab es ein Gedränge an Passagieren. Auf einigen der elegantesten Dampfschiffe befanden sich Kalliopen, deren Musik nachts über viele Meilen des von den Flüssen durchzogenen Gebiets erklang. Auf einem First-Class-Dampfer wurde in den 1940er und 1950er Jahren nichts an Unterhaltung oder Komfort vernachlässigt.

Viele der Anlegestellen an den Flüssen befanden sich auf hohen Klippen, durch die eine Treppe vom Gipfel zum Rand des Wassers führte, deren Länge manchmal mehrere hundert Fuß überstieg. Neben der nicht überdachten Treppe befand sich eine Straßenbahn für ein breites Auto, das nichts weiter als eine Plattform auf Rädern war, deren Räder auf zwei Holzbalken liefen, deren Oberfläche mit Eisen beplankt war. Der Wagen wurde über einen Flaschenzug auf dem Gipfel angetrieben, der wiederum von einem Maultier oder Pferd bewegt wurde, das sich in einem kreisförmigen Gehege bewegte. Die Fracht des Dampfers wurde unten am Ufer aufgereiht und im darüber liegenden Lagerhaus untergebracht. Wenn Baumwolle von der Spitze der Klippe verschifft werden sollte, begaben sich mehrere Matrosen auf die Treppe, und jeder Ballen wurde über die Straßenbahn zum Boot geschoben. Der Ballen würde von vorne beginnen und mit sausender Geschwindigkeit herabsinken, auf das untere Deck aufprallen, von den Händen unten ergriffen und an seinen Platz gebracht werden.

Großartig waren die Zeiten der Dampfschiffherrschaft! Obwohl die Fahrt mit dem Dampfschiff im Vergleich zu späteren Reisemethoden langsam war, bot sie den Höhepunkt von Komfort und Vergnügen. Das gesellige Vergnügen war unübertroffen. Während es mehrere Tage dauern würde, zwei- oder dreihundert Meilen mit dem Boot zurückzulegen, spielte das Zeitelement in jenen gemächlichen Tagen keine so große Rolle wie heute, und man bedauerte oft, dass die Zeit für die Überfahrt nicht länger war. Während der Hochsaison war der Fahrplan der Boote äußerst unregelmäßig, und nicht selten warteten die Passagiere vierundzwanzig Stunden und manchmal sogar länger auf die Ankunft des Bootes.

Es war interessant, der Konkurrenzkampf zwischen den konkurrierenden Booten im Fracht- und Passagierverkehr. Um für die Beliebtheit eines bestimmten Dampfers werben zu können, werben die untergeordneten Offiziere und andere Mitglieder der Besatzung in den Hotels der Terminalstädte um Passagiere und boten ihnen manchmal nicht nur freie Durchfahrt, sondern tatsächlich eine Gegenleistung an eine kleine Geldsumme zusätzlich zu dem, was dazu führen würde, dass man sich für diesen Dampfer gegenüber einem anderen entscheidet.

Der Krieg hat die Schifffahrt auf den Flüssen stark lahmgelegt, und mit der Erholung und Rehabilitation des Südens von den Auswirkungen des Krieges kam bald die Eisenbahn in Betrieb, und die Dampfer verschwanden weitgehend von unseren Flüssen.

HARRY, DER MÄRTYRER-HAUSMEISTER

Das Howard College, damals in Marion, wurde in der Nacht vom 15. Oktober 1854 niedergebrannt.

Dr. Henry Talbird war zu dieser Zeit Präsident der Institution und es war seine Gewohnheit, jeden Abend das Gelände und die Gebäude gründlich zu inspizieren, um sicherzustellen, dass alles in Ordnung war. Nachdem er am besagten Abend seinen gewohnten und einheitlichen Rundgang gemacht hatte, ging er kurz nach zehn Uhr zu Bett. Er war in tiefen Schlaf gefallen, als er durch das Läuten der Glocken und den lauten Ruf „Feuer!" geweckt wurde. Feuer! Feuer!" Als er hinausstürmte, stellte er fest, dass die untere Etage des Wohnheims völlig in Flammen stand und das Feuer bereits begonnen hatte, die Treppe hinaufzusteigen.

Bis heute ist der Ursprung des Feuers ein Rätsel. Es war im Herbst des Jahres, das Wetter war noch warm und es gab keinen Grund für einen Brand im Gebäude. Der Keller war eine einzige Masse rollender Flammen, als man das Gebäude zum ersten Mal erreichte. In einem Haus in der Nähe schlief der Hausmeister, ein 23-jähriger Negerjunge, und als er den Tatort erreichte, zogen die Flammen stetig die Treppe hinauf. Er machte eine Bewegung, als wollte er sich in die Flammen stürzen, als er gewarnt wurde, sich fernzuhalten. Er antwortete, dass er die Jungen retten müsse, die in den beiden oberen Stockwerken schliefen, und stürzte sich durch Feuer und Rauch und verschwand dahinter.

Innerhalb kurzer Zeit versammelten sich viele Menschen aus der Stadt und die Jungen begannen, einer nach dem anderen, zu Boden zu springen. Leitern wurden in Beschlag genommen, um denjenigen im obersten Stockwerk die Flucht zu erleichtern. Jeder Schüler wurde von dem heldenhaften farbigen Hausmeister erregt, und bis auf einen waren alle sicher zu Boden gesunken.

Der junge Mann, der immer noch vermisst wurde, erschien bald an einem Fenster und wurde durch die Bemühungen des verstorbenen Dr. Noah K. Davis, verstorbenen Professors für Philosophie an der University of Virginia, und mehrerer anderer gerettet.

Ungefähr zu dieser Zeit erschien der Negerjunge, fast nackt verbrannt und wund von seinen Verbrennungen, mit verbrannten Haaren vom Kopf und ohne Augenbrauen und Wimpern, an einem der höchsten Fenster und warf sich etwa sechzig Fuß tiefer auf den Boden.

Er rollte wie ein toter Mann im Gras herum.

Sein Körper wurde dem Einfluss der starken Hitze entzogen und es wurden alle Anstrengungen unternommen, um das Leben wiederherzustellen, aber er war verbrannt und hatte sich offensichtlich aus dem Fenster gestürzt, um zu verhindern, dass sein Körper im brennenden Gebäude verzehrt wurde.

Das schreckliche Feuer geriet nun in den Hintergrund der Aufmerksamkeit, die dem treuen Neger-Hausmeister entgegengebracht wurde, aus den Augen. Er hatte sein Leben für andere gegeben.

Am nächsten Morgen wurden ausführliche Vorbereitungen für die würdevolle Beerdigung des heldenhaften Harry getroffen. Als Negersklave wurde er von der führenden weißen Kirche der Stadt mit einer Beerdigung geehrt.

Das Gebäude war voller wohlhabender Pflanzer, Kaufleute, Anwälte und ihrer Familien, um dem Helden des Feuers Ehre zu erweisen.

Während der Trauerfeier erhoben sich nacheinander führende Bürger, um Lobreden auf den toten Sklaven auszusprechen.

Blumen gab es in Hülle und Fülle, und die Prozession zum Friedhof bestand aus den Kutschen der Reichen. Eine größere Auszeichnung hätte dem bedeutendsten Bürger der Stadt nicht zuteil werden können.

Am Grab wurde jede erdenkliche Rücksicht genommen, und die große Menschenmenge wandte sich traurig vom Grab eines bescheidenen Sklaven ab. Sofort wurde eine Geldsumme aufgebracht, um an seinem Grab einen hohen Marmorpfeiler anzubringen, und auf dem Friedhof von Marion steht er immer noch gut sichtbar, mit den Inschriften, die von den Stürmen von mehr als einem halben Jahrhundert unberührt geblieben sind. Auf der Vorderseite des Schafts befindet sich die Inschrift: „Harry, Diener von HH Talbird, DD, Präsident des Howard College, der in der Nacht des 15. Oktober durch Verletzungen ums Leben kam, als er die Studenten beim Brand des College-Gebäudes weckte." , 1854, im Alter von 23 Jahren." Auf einer anderen Seite erscheint die Inschrift: „Als beständiges Mitglied der Baptistenkirche veranschaulichte er den Charakter eines christlichen Dieners, der ‚treu bis zum Tod' war." Auf einer anderen Seite erscheint die Formulierung: „Als dankbare Hommage an seine Treue und Zur Erinnerung an eine edle Tat wurde dieses Denkmal von den Studenten des Howard College und der Alabama Baptist Convention errichtet." Die vierte Seite des Denkmals trägt diese Inschrift: „Er war als Kellner im College angestellt, und als er um Mitternacht von den Flammen alarmiert wurde und gewarnt wurde, um sein Leben zu fliehen, antwortete er: ‚Ich muss zuerst die Jungen wecken'." und rettete so ihr Leben auf Kosten seines eigenen."

Hier hat sich die Menschheit voll durchgesetzt. Jeder würdige Mann und jede würdige Frau war bereit, einem toten, aber heldenhaften Sklaven die Verdienste zu gewähren, die er verdiente, ohne von irgendeiner anderen

Überlegung beeinflusst zu werden, als davon, dass sich ein junger Mann in einer schlimmen Krise als Held erwiesen hatte.

Zu dieser Zeit wurde das Land durch die heftige Diskussion über die häusliche Sklaverei erschüttert, in der der Neger im Norden ebenso verschwenderisch ausgebeutet wie im Süden entwertet wurde; So sehr, dass es im Süden als unklug galt, ihm andere als gewöhnliche Rücksicht zu gewähren. Aber in einer Situation wie dieser behauptete sich die Menschlichkeit, und dem treuen Neger-Hausmeister wurde jede nur erdenkliche Ehre erwiesen. Denn als ein unwissender Sklavenjunge zu einem seltenen Helden wurde und freiwillig sein Leben für andere gab, war an der Bar der geprüften Menschlichkeit vorerst alles andere vergessen.

Der Name Harry wurde in der Presse des Landes verkündet, und auf dem Plenum des Baptist State Convention of Alabama lobten ihn wohlhabende Sklavenhalter als Helden und öffneten großzügig ihre Geldbörsen, um ihrer Wertschätzung für sein ritterliches Verhalten bei der Rettung des Staates Ausdruck zu verleihen Leben so vieler.

> „Weltweit getrennt und doch verwandt,
> Wie gezeigt, dass das menschliche Herz für immer
> weiterschlägt wie in der Antike."

EIN UNVERGESSLICHES EINFRIEREN

Das Jahr 1849 gilt als das bemerkenswerteste in der Geschichte des Staates. Der Winter läutete mit Milde ein, während der gesamten Jahreszeit gab es kaum raues Wetter und der Winter ging früh in die Milde des Frühlings über. In den grünen Wiesen begann sich pflanzliches Leben zu entwickeln, die Blüten strömten in Hülle und Fülle, Vögel sangen und brüteten, Gemüse wuchs schon früh zur Vollkommenheit, und die guten Hausfrauen achteten sorgfältig darauf, die Winterkleidung mit Schutzmaßnahmen gegen Motten und andere zerstörerische Insekten zu verstauen.

Die Pflanzer waren bereit, die fortgeschrittene Jahreszeit praktisch zu nutzen, die Felder wurden gepflügt und bepflanzt, und die jungen Pflanzen begannen unter dem milden und glühenden Himmel schnell zu wachsen. Aufgrund dieser günstigen Bedingungen waren die Ernten weit fortgeschritten und die Früchte nahmen rasch an Größe zu. Alle Anzeichen deuteten auf ein erfolgreiches Jahr hin, und in den Augen jedes Pflanzers blitzte Zuversicht auf. Hin und wieder gab es kühle Schnappschüsse, aber sie waren nicht so beschaffen, dass sie Anlass zur Sorge gaben, und die jungen Pflanzen wuchsen schnell. Mais war früh gepflanzt worden und überall waren hervorragende Bestände zu sehen. Die besondere Jahreszeit erregte großes Staunen und gab Anlass zu nicht wenigen Bemerkungen. Überall herrschte ein geschäftiges Treiben. Baumwolle wurde früh gepflanzt, abgeholzt und wuchs rasch nach.

Mitte April brach praktisch die Sommerflut aus, in den Gärten gab es reichlich Gemüse, und das kalte Wetter galt nur noch als Erinnerung. Die Ältesten erklärten, dass sie noch nie ein Jahr wie dieses erlebt hätten, und es deutete alles darauf hin, dass die Ernte mindestens einen Monat früher als in den Vorjahren erfolgen würde. Frühfrüchte begannen zu reifen, und fortschrittliche Hausfrauen wetteiferten miteinander um die Produktion von Frühobst und -gemüse und insbesondere um die Menge der gesammelten Eier.

Gegen Ende April desselben Jahres kam es zu einer plötzlichen Veränderung. Die Atmosphäre kühlte schnell ab, aber da die Schnappschüsse zu unterschiedlichen Zeiten erfolgten, löste dies keinen ernsthaften Alarm aus.

Doch das Wetter wurde immer eisiger und die Kleidung wechselte rasch. Die plötzliche Veränderung gipfelte in einem der schlimmsten Frostereignisse seit Jahren. Der Mais war hüfthoch, die Baumwolle ganze zwölf Zoll hoch und völlig frei von Gras. Am Morgen nach dem starken Frost offenbarte sich eine große Einöde der Trostlosigkeit. Welke, Fäulnis und Tod waren überall.

Das tiefste Grün wurde fahl, und überall herrschte Trostlosigkeit. Von Grün war nichts zu sehen. Gärten, Felder und Weiden waren gleichermaßen von der allgemeinen Trostlosigkeit betroffen. Kein Ton eines Vogels war zu hören, viele der Sänger wurden tot aufgefunden und die Natur schien das Unkraut der Trauer anzulegen.

Die Begeisterung der Pflanzöffentlichkeit schlug in Bestürzung um. Überall herrschte Bestürzung. Die Saison war weit fortgeschritten, das Saatgut war knapp und schwer zu bekommen, und der plötzliche Rückgang war ein Schock. Die Schwierigkeit bestand darin, dass nur wenige wussten, was angesichts eines so bemerkenswerten Phänomens zu tun war. Aber seitens der fortschrittlichen Pflanzer gab es kein Halten. Sie nahmen ihre Tätigkeit wieder auf und machten sich an die Arbeit, erneut zu pflanzen. Der Boden war in ausgezeichnetem Zustand, das Saatgut wurde sparsam eingesetzt und schon bald wurde eine weitere Feldfrucht gepflanzt. Das Wetter änderte sich schnell wieder und es wurde wieder wärmer, es folgten Schauer, und die Jahreszeiten waren von da an ideal. Alle Bedingungen begünstigten die Keimung und das Wachstum, die Kultivierung verlief zügig und innerhalb weniger Wochen erstrahlten die Felder wieder in frühlingshafter Frische. Die Blätter kamen langsam wieder an die Bäume, obwohl viele Bäume starben. Die Früchte waren völlig ausgeblieben und nicht wenige Obstbäume wurden getötet.

Als Ausgleich für das Gleichgewicht folgte ein langer Sommer, gefolgt von einem Spätherbst, die Ernte wuchs schnell und perfekt, alle Bedingungen begünstigten die Bodenbearbeitung und die abschließende Ernte, was zu einer der ertragreichsten Ernten führte, die bis zu diesem Zeitpunkt im Staat produziert wurden .

Hickorynüsse, Walnüsse, Eicheln und Sumpfmastbäume dienten im Allgemeinen reichlich zur Rettung des Kleinwilds im Wald und zur zusätzlichen Unterstützung der Schweinezüchter, und es gab keine Unannehmlichkeiten, außer dass alles rückständig war.

Die Eröffnung des Baumwollmarktes verzögerte sich um einen Monat oder sechs Wochen, aber der Preis war gut, und das Jahr 1849 erholte sich von seiner Katastrophe und erwies sich als eines der wohlhabendsten, das es je gegeben hatte. Händler, die es gewohnt waren, nach Norden zu gehen, um ihre Vorräte zu besorgen, hatten etwas Verspätung, aber auch die Jahreszeiten änderten sich, und gegen Ende des Jahres waren die Bedingungen weitgehend ausgeglichen, und die Ereignisse nahmen ihren gewohnten und einheitlichen Lauf.

Sicherlich behaupteten hier und da wissenschaftliche Gelehrte, dass sich die Jahreszeiten änderten, so wie es immer der Fall ist, wenn Phänomene auftreten, aber praktische Menschen gingen ihren Weg, die Bauern wurden sparsamer und vorsichtiger, aber als 1949 zurückging, wurde es zu einem Jahr Während der damaligen Generation wurde viel darüber gesprochen, und mit der Zeit wurde es zu einer Tradition und stellte eine bemerkenswerte Ausnahme unter den Jahren dar.

Bemerkenswerte meteorologische Phänomene sind in allen Epochen der Geschichte aufgetreten, und während sie einer bestimmten Klasse sogenannter Wissenschaftler angebliche Daten lieferten, mit denen sie nicht wenige Theorien verflochten, blieb die Temperatur in den verschiedenen Zonen seit jeher bestehen , und während alberne Theorien in den Wind geschlagen wurden, haben die Jahreszeiten wie von jeher ihren gewohnten Lauf fortgesetzt.

Die Änderung der Temperatur kann das Ergebnis bestimmter Bedingungen sein, etwa der Entblößung unserer Wälder und anderer, doch es besteht kaum eine Aussicht auf eine wesentliche Veränderung, denn solange der Golfstrom seinen Weg fortsetzt, ist das Klima nicht der Fall unterliegen jeder beschlossenen Änderung.

ZWEI SKLAVENMISSIONARE

Inmitten der Schatten und Schattierungen der Sklaverei gab es zwei Ereignisse in der Geschichte Alabamas, die es wert sind, aufgezeichnet zu werden. Während des Sklavereiregimes war in den Kirchen der Weißen für die Unterbringung der Sklaven gesorgt, in den größeren Kirchen durch geräumige Galerien und in den kleineren durch Rücksitze. Letzterer Brauch herrschte größtenteils in den ländlichen Kirchen vor.

Unter den verschiedenen Konfessionen waren die Baptisten und Methodisten führend bei der Bereitstellung der Mittel zur Evangelisierung der Sklaven. Diese beiden Konfessionen ernannten jedes Jahr weiße Missionare für die Schwarzen auf den Plantagen, und an den unter solchen Bedingungen abgehaltenen Gottesdiensten nahmen sowohl Weiße als auch Schwarze teil. Es war eine Mitgliedschaft der Sklaven in den Kirchen der Weißen vorgesehen, wo sie die gleichen Privilegien genossen, auf die gleiche Weise aufgenommen und getauft wurden wie die anderen und in gleicher Weise an der Gemeinschaft teilnahmen. Als die Sklaven befreit wurden, wurden sie ermutigt, eigene Kirchen und andere Institutionen zu gründen, wobei die freundlichen Weißen ihnen auf jede erdenkliche Weise halfen.

Bereits 1828, bevor die Auseinandersetzung mit der Sklavereifrage ernsthaft begann, wurde in der Presse, in den Schulen und im Kongress der Vereinigten Staaten der Christianisierung der Sklaven große Aufmerksamkeit geschenkt. Dieser Geist wurde etwas später durch die Gründung der Untergrundbahn und andere Methoden, die von den Abolitionisten heimlich zur Befreiung der Sklaven im Süden eingesetzt wurden, gebremst. Diese geheimen Methoden werden in der Ausübung von Gegenmaßnahmen als solche der Umgehung bezeichnet. Zu den letztgenannten gehörte die gesetzliche Verhängung einer Strafe gegen jeden, der einem Sklaven das Lesen oder Schreiben beibrachte, ein Gesetz, das im Allgemeinen in den Sklavenstaaten erlassen wurde, und das andere war das Gesetz über flüchtige Sklaven, das erlassen wurde 18. September 1850.

Zwischen den gesetzgebenden Körperschaften und den christlichen Konfessionen gab es keinen offensichtlichen Konflikt, und doch erkannten diejenigen, die sich für die Evangelisierung der Sklaven interessierten, die Notwendigkeit von Intelligenz, um das Evangelium wertzuschätzen. Das praktische Ergebnis war, dass die Legislative ihre Gesetze erlassen würde und die Kirchen ihre eigenen Wege auf ihre eigene Weise verfolgen würden. In der Alabama Baptist Association wurde 1828 ein Schritt unternommen, der eine der positiven Seiten der Sklaverei offenbarte. Zu dieser Zeit umfasste die Alabama-Vereinigung eine Reihe von Landkreisen im Herzen des

„Schwarzen Gürtels“, in denen sich viele der größten Sklavenhalter des Staates befanden.

Auf dem Territorium dieser Vereinigung lebte ein bemerkenswerter Neger namens Caesar, der John R. Blackwell gehörte. Dieser Sklave zeigte nicht nur bemerkenswerte Fähigkeiten als Prediger, sondern besaß auch einen seltenen Charakter, der von den Weißen hoch geschätzt wurde. Der damalige Sklavenmissionar war Rev. James McLemore, den Caesar schnell für sich gewinnen konnte. Er nahm den Sklavenprediger oft mit auf seine Touren und ließ ihn nicht selten an seiner Stelle predigen. Herr McLemore machte die Vereinigung auf den Wert dieses Mannes aufmerksam und schlug vor, ihn von seinem Herrn zu kaufen, ihm die Freiheit zu geben und ihn als Missionar für die Sklaven auf den Plantagen einzusetzen. Dies geschah dementsprechend durch ein Komitee der Körperschaft, und die Summe von 625 Dollar wurde für Caesar aus der Kasse der Vereinigung bezahlt, und der Rest von Caesars Leben wurde ausschließlich dem Predigen als freier Mann gewidmet. Obwohl Cäsar überaus schwarz war, hörten ihm weiße Auditoren gerne zu, da er auf seinen Missionsreisen hier und da durch das Land reiste.

In einem anderen Fall versuchte der Staatskonvent von Alabama, einen begabten Sklaven für denselben Zweck zu kaufen. Dort gehörte John Phillips aus Cotton Valley, Macon County, ein Sklave namens Dock, ein großer, muskulöser und wertvoller Mann, der auf der Plantage seines Herrn als Schmied arbeitete. Er und sein Herr waren zusammen aufgewachsen und einander sehr ergeben. In seinen jungen Jahren hatte Dock von seinem jungen Meister Lesen und Schreiben gelernt, der ihn schließlich aus dem Nachlass seines Vaters erbte. Herr Phillips unterrichtete weiterhin Dock, der unter seinem Volk ein angesehener Prediger wurde und von den Weißen wegen seines christlichen Wertes, seines weisen Einflusses auf die Sklaven und auch wegen seiner Begabung als Prediger weithin geschätzt wurde. Er erregte die Aufmerksamkeit einiger prominenter Mitglieder des Konvents und es wurde der Vorschlag gemacht, seine Freiheit zu erkaufen und ihn als Missionar unter die Schwarzen zu schicken. Es wurde ein einflussreiches Komitee ernannt, zu dem auch der verstorbene Dr. Samuel Henderson gehörte, und zu gegebener Zeit besuchte das Komitee den Kapitän, um über den Kauf zu verhandeln.

Als die Angelegenheit dem Herrn vorgelegt wurde, antwortete er, dass er nicht verhindern wolle, dass unter den Sklaven das Größte Gute getan werde, und gab zu, dass Dock für sein Volk ein Turm der Stärke sei, fügte jedoch hinzu, dass er Dock für seine Plantage als unverzichtbar ansehe. weil er sein wichtigster „Fahrer“ und sein einziger zuverlässiger Schmied war. Nach langer Diskussion stimmte der Kapitän zu, die Angelegenheit Dock selbst zur Regelung zu überlassen. Daraufhin begaben er und das Komitee angesehener Prediger sich in die Schmiede und riefen Dock heraus, der seine lange Lederschürze trug und die Ärmel bis zu den Schultern hochgekrempelt hatte, während sein Gesicht voller Rauch und Ruß war. Herr Phillips schwieg und erlaubte den Predigern und Dock, über seinen Kauf und die daraus resultierende Freiheit zu verhandeln.

Dock hörte schweigend zu, während sie ihm die Vorteile zeigten, die ihm aus seiner Freiheit und der Ausübung seiner Gaben als Prediger erwachsen würden. Als das Komitee zu Ende war, fragte Dock seinen Freund und Meister, was er zu einem so neuartigen Vorschlag zu sagen hätte, und der Meister sagte ihm, dass es ihm überlassen sei, darüber zu entscheiden. Der Schmied sagte dann: „Marse John, wir sind zusammen aufgewachsen und waren immer wie Brüder. Du gibst mir alle Freiheiten, die ich will. Du hast mir ein Pferd zum Reiten überlassen, wann immer ich es wollte, und es hat nie ein Wort zwischen uns gegeben. Ich könnte keine größere Freundlichkeit erfahren, wenn ich frei wäre, aber wenn du mich verkaufen willst, werde ich gehen, nicht weil ich es will, sondern weil du mich loswerden willst. Natürlich gehöre ich zu dir, und wenn du es mir überlässt, werde ich bei dir bleiben, bis der eine oder andere von uns stirbt." „Das ist die Sache, meine Herren", sagte der Kapitän und wandte sich an Dock. „Sie können sich wieder Ihrer Arbeit widmen." Dock lebte viele Jahre, war ein Sklavenprediger der Macht, war aber nie frei. Es gibt einen Großteil der inneren Geschichte des Südens, von dem die Welt nichts weiß.

DAS CAMP-TREFFEN

Für die Lagerversammlung, die im Süden so lange eine beliebte Institution war, sind wir den sogenannten Methodisten zu Dank verpflichtet. Der Urheber des Lagertreffens scheint Lorenzo Dow gewesen zu sein, der es in den ersten Jahren des 19. Jahrhunderts als beliebte Methode zur Kontaktaufnahme mit dem englischen Volk übernahm. Es war so erfolgreich, dass die frühen Methodisten es mit großem Vorteil in den neuen und wachsenden Staaten Amerikas übernahmen. Andere übernahmen diese Methode teilweise, aber keine konnte in ihrer Vorgehensweise jemals mit dem Erfolg der Methodisten mithalten. Es blieb bis zum Beginn des Bürgerkriegs eine beliebte Institution.

Das in vielerlei Hinsicht einzigartige Lagertreffen gewann schnell die Gunst der Bevölkerung. Obwohl religiös, hatte das Lagertreffen die einladende Seite eines Ausflugs und die Prise eines gemeinsamen Picknicks, mit der Unbeschwertheit, die eine Zeit religiöser Anbetung im Wald begleitete. Sein Mangel an Formalität und Konventionalität, wie sie im kirchlichen Gottesdienst üblich sind, verlieh ihm eine besondere Beliebtheit. Bei der Lagerversammlung herrschte eine Einigkeit im Geiste, wobei die Günstlingswirtschaft völlig ausgelöscht wurde und die Menschen beten konnten, ohne befürchten zu müssen, sich an die Regeln der gestelzten Anstandsregeln zu halten, und ohne sich an den Stil oder irgendetwas anderes als an den gesunden Menschenverstand der Anstandsregeln halten zu müssen. Der Prediger konnte so lange predigen, wie er wollte, und das Volk konnte unbegrenzt singen und schreien. Die frische, offene Luft, die Zeltplätze, soziale Kontakte und die Freiheit der Religionsausübung waren die Hauptelemente eines Lagertreffens in alter Zeit. Bestimmte Punkte im gesamten Süden wurden als Lagerplätze berühmt und blieben dies ganze fünfzig Jahre oder länger. Dass die Lagerversammlung ein Anlass von großem Nutzen war, würde niemand, der damit vertraut ist, leugnen. Für Alt und Jung war es immer einer der zukünftigen Brennpunkte echten Vergnügens. Es war etwas Neues, eine Woche oder zehn Tage abseits der lauten Welt zu leben, inmitten der angenehmsten Gemeinschaft. Das Herannahen der Saison für das Lagertreffen spornte den Bauern dazu an, seine Ernte „zurückzulegen", und erregte den Fleiß der guten Hausfrau, Eier, Butter und Honig zu horten und die Truthähne und Hühner zu mästen, alles für „die kommendes Lagertreffen." Auch die Idee des Konfessionalismus ist den Menschen nie in den Sinn gekommen. Obwohl es sich um eine methodistische Institution handelte, waren Mitglieder anderer Konfessionen gleichermaßen an ihrer Förderung und ihrem Erfolg beteiligt. Die gebotene Erholung war körperlich, geistig, sozial und spirituell von höchster Qualität.

Üblicherweise wurde ein ebener Landstrich in unmittelbarer Nähe einer großen Wasserquelle ausgewählt, von Unterholz und umgestürzten Baumstämmen befreit, inmitten einer bevölkerungsreichen Region und in einer Umgebung voller Überfluss, um gegen Notfälle bei Mensch und Tier vorzusorgen . Das Gelände war im Allgemeinen in regelmäßiger Reihenfolge nach Art eines Lagers angelegt, und jeder, der dies wollte, wurde eingeladen, seine Zelte aufzuschlagen und am allgemeinen Vergnügen des Anlasses teilzunehmen. Die einzigen Einschränkungen, die auferlegt wurden, waren die der guten Ordnung und die Einhaltung angemessener Anstandsregeln in Bezug auf das eigene Zelt. Störungen jeglicher Art wurden toleriert und, wenn sie entdeckt wurden, umgehend beseitigt. Es gab keine starren Regeln, das Gesetz beruhte auf dem gesunden Menschenverstand, der auf Anstand und Anstand basierte.

Das Lagertreffen fand zu einem jährlich festgelegten Zeitpunkt statt und wurde von der christlichen Gemeinschaft mit einer Freude erwartet, die der der alten Israeliten auf ihren jährlichen Pilgerfahrten nach Jerusalem ähneln muss. Mindestens eine Woche vor Beginn des Treffens waren einige aktiv damit beschäftigt, das Gelände für die bevorstehende Veranstaltung vorzubereiten, während diejenigen, die auf dem Gelände zelten sollten, damit beschäftigt waren, Vorräte zu lagern und für Komfort zu sorgen der Bewohner der auf dem Gelände errichteten Zelte und Hütten. Die Zelte waren dicht mit Hafer- oder Weizenstroh besät und mit Vorhängen getrennt, um den verschiedenen Geschlechtern gerecht zu werden.

Das Hauptgebäude auf dem Gelände war die Kultstätte oder die Stiftshütte. Dies war normalerweise ein Pavillon mit festem Dach und Sitzplätzen, der tief mit Stroh bedeckt war. Manchmal war es ein riesiges Zelt, das jedes Jahr aufgebaut wurde. Der Gottesdienst begann mit einem Gebetstreffen bei Sonnenaufgang, zu dem das Publikum wie bei allen anderen Gottesdienstanlässen durch das Blasen eines großen Kuhhorns aufgerufen wurde. Es fanden vier Gottesdienste pro Tag statt, einer bei Sonnenaufgang, einer mittags, ein dritter nachmittags und einer in der Nacht. Für die Leistungen gab es keine zeitliche Begrenzung. Sie konnten genauso gut vier bis fünf Stunden dauern wie eine. Die Angelegenheit wurde durch die Zinsen und nicht durch die Uhr entschieden. Oft waren die Gottesdienste auch nach Mitternacht noch im Gange.

Nahe der Mitte des Geländes befand sich die sogenannte Feuerstelle, eine kleine, tief mit Sand bedeckte Plattform von vier bis fünf Fuß im Quadrat, auf der die ganze Nacht über mit hellem Holz ein Feuer brannte. Diese Plattform wurde von vier starken Stützen getragen und die harzige Flamme bestrahlte das gesamte Gelände und den umliegenden Wald. Rund um das Lager befanden sich Ställe für das Vieh, und die schreienden Maultiere und wiehernden Pferde erinnerten an die häuslichen Verhältnisse im Lager.

Diese Anlässe waren Galaveranstaltungen für die jungen Leute, die in Kinderwagen auf dem Gelände hockten und über Themen diskutierten, die „in Luft aufgelöst" waren, während unter dem Dach des Tabernakels ernstere Themen besprochen wurden. Keine Klasse begrüßte die Lagerversammlung mit größerer Freude als der alte, sparsame Sklave, der mit einfachen Artikeln zum Verkauf auf der Bildfläche erschien. Die alte schwarze Mutter war anwesend, mit ihrem weiten Bandana um den Kopf und ihrer schneebedeckten Schürze, während sie ihre langen Ingwerkuchen verkaufte, während der alte Onkel aus einem irdenen Krug gutes „Simmon-Bier" oder Maisbier ausschenkte andere waren Wassermelonen- und Zuckerrohrverkäufer.

Andere Organisationen, die formeller und beeindruckender sind, sind an die Stelle der alten Lagertreffen getreten, aber es ist zweifelhaft, ob sie die gleichen positiven Ergebnisse erzielen. Das Lagertreffen war ein sozialer Kitt, der sich wunderbar mit dem Spirituellen in einer weiten Region vermischte, und durch seine Unterbrechung entstand eine Lücke, die durch nichts geschlossen werden konnte.

DER GESTOHLENE SKLAVE

Rev. Dr. IT Tichenor, der viele Jahre lang Pastor der First Baptist Church of Montgomery, später Präsident des Polytechnic Institute in Auburn und noch später korrespondierender Sekretär der Home Mission der Southern Baptist Convention war, erzählt die folgende Geschichte der Grausamkeit im Zusammenhang mit seinem Pfarramt in Montgomery. Es war die Gewohnheit von Dr. Tichenor, während seiner langen Pfarrzeit in dieser Stadt jeden Sonntagnachmittag den Sklaven von Montgomery zu predigen.

Unter den vielen hundert Sklaven, die zum Gottesdienst kamen, befand sich ein großer, muskulöser, gelber Mann von weit fortgeschrittenem Alter, dessen Gebrechlichkeit durch einen großen Hickorystock gestützt wurde, dessen eigenartiger Schlag immer das Kommen dieses alten Mannes in die Kirche signalisierte . Der Pfarrer fühlte sich wegen seiner Hingabe, seines ausgeprägten Schweigens und seiner körperlichen Gebrechlichkeit mitfühlend zu dem alten Mann hingezogen. Dieser besondere Sklave lächelte selten, und wenn der Pfarrer ihn zum Beten aufrief, was er manchmal tat, antwortete Jesse Goldthwaite, der verkrüppelte Sklave, mit einer Inbrunst, die man selten hört.

Als infolge des Kriegsendes die Sklavenbefreiung erfolgte, herrschte großer Jubel, doch Jesse Goldthwaite schien davon nicht betroffen zu sein. Im Bewusstsein, dass sein Ende nahe war, konnte ihm die Freiheit nur wenig nützen. Der angesehene weiße Pfarrer bemerkte, dass der alte Mann inmitten der wilden Demonstrationen der Rassenfreude nicht im geringsten fröhlich war und der Schatten des Kummers, unter dem der alte Sklave lebte, nie verschwand. Nachdem die Sklaven einige Zeit frei gewesen waren, kam Jesse eines Tages in der Woche in das Arbeitszimmer von Dr. Tichenor und redete ihn, wie er es zu tun pflegte, mit „Meister" an und wollte wissen, ob er brav sein würde genug, um ein paar Briefe für ihn zu schreiben.

Dr. Tichenor versicherte ihm, dass es eine Freude sein würde, ihm zu dienen. Mit Mühe nahm der alte Ex-Sklave den Platz ein, der ihm angeboten wurde, und begann, auf seinen großen Stock gestützt, mit der Aussage, dass sein Vater, seine Mutter, drei Brüder und eine Schwester damals in einem Haus lebten, als er aus seinem Haus in Maryland gestohlen wurde sparsames Dorf in diesem Staat, dessen Name dem Dorf gegeben wurde. Aber das war erst zweiundfünfzig Jahre her. Jesse hegte die Hoffnung, dass einige von ihnen noch lebten, obwohl er seit seiner Entführung im Alter von achtzehn Jahren nichts mehr von ihnen gehört hatte.

Da Dr. Tichenor seine Geschichte noch nie gehört hatte, ermutigte er ihn, sie zu erzählen. Jesses Vater und seine Familie waren frei. Die Familie lebte am Rande eines Dorfes in Maryland, wo der Vater ein gutes Haus und eine kleine Farm besaß. Als er die Gelegenheit hatte, Jesse mit einer Besorgung an die Küste des Chesapeake zu schicken, wurde der kräftige, muskulöse, große, aktive und kluge Achtzehnjährige von einigen Sklavenhändlern gefangen genommen und gewaltsam an Bord eines kleinen Schiffes gebracht und nach Richmond gebracht, wo Auf dem Sklavenmarkt wurde er blockweise verkauft. Er protestierte, dass er frei sei und wurde gewaltsam hierher gebracht, aber seiner Verteidigung wurde keine Aufmerksamkeit geschenkt. Von Virginia wurde er nach Montgomery gebracht und von den Goldthwaites gekauft, zu deren Familie er seit mehr als fünfzig Jahren gehörte. Als er in Montgomery verkauft wurde, protestierte er erneut, wurde aber mit der Aussage beantwortet, dass er in gutem Glauben gekauft worden sei und die Schuld nicht bei seinen jetzigen Besitzern liege. Dies, sagte er, zerstörte alle Hoffnung, und er wusste, dass er zu einem Leben in der Sklaverei verdammt war, gegen die es keinen Rechtsweg gab. Dies brachte ihn zur Verzweiflung und er entschloss sich zu einem Kurs der ewigen Rebellion. Seine Geliebte hatte Mitleid mit ihm in seinem Zustand, nachdem sie seine Geschichte erfahren hatte, und versuchte, ihm jede erdenkliche Freundlichkeit zu erweisen, aber sein widerspenstiges Wesen brachte ihn unter die strenge Disziplin seines Herrn, der ihn um jeden Preis zu unterwerfen versuchte. Obwohl er gezwungen war, nachzugeben, konnte er sich nicht mit seinem Schicksal abfinden und wehrte sich auf jede erdenkliche Weise. Er war als Dieb, Lügner und gottloser Schwörer berüchtigt, und in seiner Verzweiflung beschloss er, seine Sorgen in Trunkenheit zu ertränken. Die Exposition in kalten Nächten, während er betrunken war, löste Rheuma aus und beeinträchtigte sein Sehvermögen fast bis zur Blindheit.

Die Jahre vergingen mühsam, und als er unter den Einfluss der Predigten von Dr. Tichenor geriet, wurde Jesse Christ und versuchte fortan ein zurückhaltendes und unterwürfiges Leben zu führen, aber sein Körper war jetzt ein Wrack. Das zunehmende Alter hatte seine Gestalt verformt, und er konnte nur noch schwer sehen. Jesse war zwar unterwürfig, aber nie fröhlich, sondern lebte unter der Last eines aufgezwungenen Unrechts, aus dem es keine Möglichkeit einer Befreiung gab. Jetzt, im Alter von zweiundsiebzig Jahren, kam er zu Dr. Tichenor mit der Bitte, nach Maryland zu schreiben und wenn möglich zu erfahren, ob einer seiner Verwandten, die nie von seinem Schicksal wussten, noch überlebte. Es wurden Briefe geschrieben, einer an den Postmeister des Dorfes und an andere, die Dr. Tichenor persönlich kannten, in Baltimore und anderswo.

Mehrere Wochen lang schleppte sich der alte Mann mühsam zum Arbeitszimmer des Pfarrers, um das Ergebnis der Briefe zu erfahren, aber es kam keine positive Antwort. Um den alten Mann aufzuheitern und die

Hoffnung zu stärken, schrieb Dr. Tichenor noch an andere, aber über den Aufenthaltsort der von Jesse Goldthwaite Gesuchten konnte man nichts erfahren. Der alte ehemalige Sklave verließ die Gegenwart des Pfarrers jedes Mal mit einem schweren Stöhnen und äußerte die Hoffnung, dass er, wenn er das nächste Mal käme, vielleicht etwas über seine Lieben von damals erfahren könnte. Schließlich hörte der alte Mann auf zu kommen. Es wurde angenommen, dass anhaltende Entmutigung seine Besuche gehemmt hatte, doch als Dr. Tichenor von der seltsamen Abwesenheit von Jesse erfahren wollte, stellte er fest, dass dieser schon seit Wochen tot war. Er war in einer Negerhütte in Montgomery gestorben und von seinen eigenen Leuten stillschweigend auf dem Armenfriedhof begraben worden.

In den Annalen der Schrecken der Sklaverei gibt es vielleicht keine Geschichte, die die vom Untergang von Jesse Goldthwaite übertreffen könnte. Als freier Mann geboren und in der Blüte seiner robusten Jugend gestohlen, gefesselt und in die Sklaverei verkauft, lebte er mehr als ein halbes Jahrhundert in diesem Zustand, und als er starb, wurde er in einem Grab der Armut begraben.

HAL'S LAKE

In der Gabelung der Flüsse Alabama und Tombigbee, etwa fünfzig Meilen oberhalb von Mobile, soll sich ein wunderschöner und klarer See befinden, der Hals Lake genannt wird. Der Name leitet sich von einem Vorfall aus der Zeit der Sklaverei ab. Ein entlaufener Sklave von einer Plantage in Mississippi fand in diesem trostlosen Ferienort Zuflucht und Abgeschiedenheit und lockte hierher andere Sklaven, die alle für eine unbekannte Zeit in der Region des Sees lebten.

Nachdem er von einer Plantage in Mississippi geflohen war, machte sich Hal, ein standhafter Sklave, auf den Weg über den Tombigbee, und als er den Sumpf aus großem Zuckerrohr, verworrenem Unterholz und großen Bäumen erreichte, fand er mit großer Mühe den Weg hinein, wo er entdeckte dass die Bären des Sumpfes regelmäßige Wege hatten, deren hohe Stöcke an den Seiten von ihrem Fell glatt abgenutzt waren. Ein oder zwei Tage lang ernährte sich der Ausreißer von den wilden Früchten des Sumpfes, aber als er weiter nach Norden erkundete, entdeckte er mithilfe eines Stücks Holz, dass es auf der gegenüberliegenden Seite des Alabama River Plantagen gab Um ihn beim Überschwimmen zu unterstützen, machte er sich als hungriger Mann nachts auf den Weg zu einer Plantage, wo er seine Geschichte erzählte und Essen besorgte.

Hal entwickelte sich bald zu einem erfahrenen Sammler, wie der gelegentliche Verlust eines Schweins, Lamms, einer Ziege oder eines Truthahns von der Plantage zeigte. Er war mit seiner eigenen Freiheit nicht zufrieden und beschloss, seine Familie in diesen sumpfigen Rückzugsort zu bringen. Auf dem Weg zurück in sein fernes Zuhause gelang es ihm, seine Familie nachts auf zwei oder drei ausgewählte Pferde zu besteigen, und da er mit dem Land in dieser Region vertraut war, beschloss er, in der ersten Nacht und am nächsten Morgen auf Plantagenpfaden zu reisen Nachdem er das Haus verlassen hatte, waren er und seine Familie ganze dreißig Meilen entfernt. Die Pferde wurden freigelassen und der Rest der Reise wurde nachts fortgesetzt, während die flüchtenden Sklaven tagsüber schliefen. Als Tombigbee erreicht war, gelang es ihm, seine Familie herüberzubefördern, indem er einige Baumstämme zusammenschnürte. Nach einer gefährlichen Passage erreichten sie schließlich den Sumpf und machten sich daran, am See ein vorübergehendes Zuhause zu schaffen, indem sie eine Hütte aus Stöcken und Setzlingen bauten und sie mit Rinde bedeckten.

Bei seinen Ausflügen zu den benachbarten Plantagen auf der anderen Seite des Flusses, um Bedarfsgüter zu besorgen, überredete Hal andere Sklaven, sich ihm auf seinem sicheren Rückzugsort anzuschließen. Nach einiger Zeit gründete er eine Kolonie in einem Viertel, in das noch nie ein weißer Mensch gegangen war, und an den Ufern des Sees aßen Hühner und Truthähne, während sich das Gequiek der Schweine und das Blöken der Ziegen vermischten.

Hal war der Herrscher des kleinen Staates, und mit der Zeit hielt er es für unnötig, selbst auf Nahrungssuche zu gehen, und schickte andere. Dennoch wuchs die Bevölkerung der Kolonie, da gelegentlich ein entlaufener Sklave dazu gebracht wurde, sich ihr anzuschließen. In jenen Tagen der „Untergrundbahnen" wurde die andauernde Abwesenheit eines Sklaven von einer Plantage als Beweis dafür angesehen, dass er auf einem der zahlreichen Fluchtwege geflohen war, und nach einer gewissen Zeit wurde die Suche nach den Vermissten aufgegeben. Es kam nicht nur zu einem mysteriösen Verschwinden von Sklaven, sondern auch von Schweinen, Hühnern, Schafen und anderen Haustieren. Das Geheimnis dieses Sklavenlagers war gut gehütet, und die Nachricht von seiner Sicherheit wurde für eine große Anzahl von Sklaven, einige aus beträchtlicher Entfernung, zu einem Anreiz, sich Hals Kolonie am See anzuschließen.

Hal war nicht nur autokratisch in seiner eingemauerten Festung zwischen den Flüssen und im Dschungel aus Zuckerrohr, sondern er wurde auch tyrannisch, was wiederum eine Revolte provozierte. Ein stämmiger Sklave weigerte sich, seinem Diktat zu gehorchen, und Hal vertrieb ihn sofort aus der Kolonie und verbannte ihn. Auf Rache bedacht, machte sich der Verbannte auf den Weg zurück zu seinem Herrn, ergab sich und erzählte die Geschichte, die für Hals Kolonie tödlich war. So wurden die Pflanzer an den Flüssen über die Geheimnisse mehrerer Jahre aufgeklärt. Der Verbannte wurde zum Führer zum Rückzugsort, wo sich die Sklavenkolonie befand, und mit Rudeln von Hunden und Gewehren wurde die Festung umzingelt und die Sklaven gefangen genommen. Aber den Hunden wurde leichter Widerstand geleistet, und die unterwürfigen schwarzen Männer und ihre Familien wurden über den Fluss gebracht, der Besitz jedes einzelnen wurde festgestellt, und jeder wurde unter Bewachung zu seinem Besitzer geschickt. Was Hal und seine Familie betrifft, so benachrichtigte der Sheriff den Besitzer auf der fernen Mississippi-Plantage über ihre Gefangennahme, und dieser kam zu gegebener Zeit, stellte seine Habe unter Beweis und sie wurden in ihr ursprüngliches Zuhause zurückgebracht.

Wie lange sie ohne die Intoleranz des ursprünglichen Anführers in diesem sicheren Rückzugsort geblieben wären, lässt sich nicht sagen. Hal war vielen anderen nicht unähnlich und hatte weitaus größere Vorteile – Macht machte ihn kopflastig und sanfte Verführungen verwandelten sich in Tyrannei, was uns alles an den Kommentar von Artemus Ward zum Verhalten der Puritaner von Neuengland erinnert. Artemus sagte: „Sie kamen in dieses Land, um Gott nach ihrem eigenen Gewissen anzubeten und um andere Menschen davon abzuhalten, ihn nach ihrem eigenen Gewissen anzubeten."

Die Gefangennahme von Hal und seiner Gruppe führte nicht nur zur Entdeckung dieses phänomenalen, klaren Gewässers in diesem inneren Rückzugsort, sondern auch zur Entdeckung von Bären, was es viele Jahre lang zum Jagdrevier für Großwild machte. Man sagt, dass es in der Region zwischen den beiden großen Flüssen immer noch viel Großwild gibt.

Wie viel Wahrheit in den Details dieser Geschichte steckt, die uns aus der alten Sklavenzeit überliefert wurde, kann niemand sagen, aber sie offenbart uns eines der Merkmale des Sklavenlebens. Dass die Geschichte tatsächlich ihre Grundlage hat, scheint kein Zweifel zu sein, und sie ist in diesem Teil des Staates immer noch eine Tradition.